行政复议原理

PRINCIPLE OF ADMINISTRATIVE RECONSIDERATION

王青斌 著

法律出版社
LAW PRESS · CHINA
北京

图书在版编目(CIP)数据

行政复议原理 / 王青斌著. -- 北京 : 法律出版社,
2023(2024.4 重印)
ISBN 978-7-5197-8545-1

Ⅰ. ①行… Ⅱ. ①王… Ⅲ. ①行政复议-研究-中国
Ⅳ. ①D922.122.4

中国国家版本馆 CIP 数据核字(2023)第 219732 号

行政复议原理
XINGZHENG FUYI YUANLI

王青斌 著

策划编辑 徐 菲
责任编辑 徐 菲
装帧设计 鲍龙卉

出版发行 法律出版社
编辑统筹 法律出版社
责任校对 裴 黎
责任印制 胡晓雅
经 销 新华书店
开本 710 毫米×1000 毫米 1/16
印张 20.5 **字数** 301 千
版本 2023 年 11 月第 1 版
印次 2024 年 4 月第 2 次印刷
印刷 唐山玺诚印务有限公司

地址:北京市丰台区莲花池西里 7 号(100073)
网址:www.lawpress.com.cn
投稿邮箱:info@lawpress.com.cn
举报盗版邮箱:jbwq@lawpress.com.cn
销售电话:010-83938349
客服电话:010-83938350
咨询电话:010-63939796

书号:ISBN 978-7-5197-8545-1
定价:86.00 元
凡购买本社图书,如有印装错误,我社负责退换。电话:010-83938349

序　一

行政复议是政府系统内部解决行政争议的救济制度和自我纠错的监督制度。现行《行政复议法》于1999年施行，于2009年、2017年部分修正，于2023年全面修订。行政复议在维护群众合法权益、促进社会和谐稳定、加快建设法治政府方面发挥了重要作用，是推进法治政府建设的重要抓手。

2010年，应松年教授公开发表了《行政复议应当成为解决行政争议的主渠道》一文，该文观点迅速引起法律界普遍共鸣，被有关部门采纳。2011年，中共中央首次提出“充分发挥行政复议作为解决行政争议主渠道的作用”。此后，2020年2月，中央全面依法治国委员会第三次会议再次强调了行政复议作为“化解行政争议的主渠道”的定位。之所以提出这一命题，主要是随着我国经济社会的发展，社会矛盾急剧增加，但是行政复议化解矛盾的优势和潜力尚未充分发挥出来，申请行政复议的人的数量还不如提起诉讼的人多，更无法和信访的人数相比。在这一背景下，行政复议制度迫切需要改革和完善。以应松年教授为代表的中国行政法学界多次呼吁关注行政复议在解决纠纷中的“主渠道”作用。2020年11月，司法部发布的《行政复议法（修订）（征求意见稿）》以及2023年通过的《行政复议法》，均在第1条明确将“发挥行政复议化解行政争议的主渠道作用”写入立法目的条款,这意味着行政复议制度的目的、结构、体系将迎来全方位的调适。

王青斌教授撰写的《行政复议原理》一书,立足于行政复议实践,深刻洞察、思考和解读了当代中国行政复议的历史演进脉络。阅读完本书会有两个很直观的感受:一是作者试图构建具有中国特色的学术话语体系,对“复议”概念进行了基于我国本土实践的解释。其指出行政复议在各个国家和地区的名称不尽一致,“复议”一词在我国并非固定的法律用语,与其含义相近的用语有诸如“复查”“复核”“申诉”“再审查”等。二是作者充分运用理论思维分析中国问题,譬如从理论上解释了行政复议吸纳和化解行政争议的能力,坚持复议为民、提高行政复议公信力,将行政复议打造成为化解行政争议的主渠道等重要问题。可以说,本书是构建中国自主行政法学知识体系的一次有益尝试。

毛泽东曾在 1944 年指出:“我们既反对盲目接受任何思想也反对盲目抵制任何思想。我们中国人必须用我们自己的头脑进行思考,并决定什么东西能在我们自己的土壤里生长起来。”〔1〕实际上,在我国行政法学科体系初创阶段,西方法学话语对我们产生了较大影响,这也在一定程度上造成了我们在研究方法上的“路径依赖”;少数学术研究存在“言必称希腊”的话语惯性,忽视了本土国情和文化影响。很显然,简单的制度移植不能有效解释中国的现象,更不可能妥善解决中国的问题。习近平总书记曾指出:“只有以我国实际为研究起点,提出具有主体性、原创性的理论观点,构建具有自身特质的学科体系、学术体系、话语体系,我国哲学社会科学才能形成自己的特色和优势。”〔2〕《行政复议原理》一书便是以我国行政复议制度实践为研究对象,试图提出关于行政复议的主体性、原创性的原理命题,在一定程度上体现了中国行政法学的学术话语特色。

本书对行政复议发展历程的历史性回顾,回答了近现代以来中国行政复议制度缘起何处、何以至此。要对这个发展历程进行充分的理论解说,毫无疑问超出了“行政复议原理”的范畴,甚至超脱了行政法学的思维框架,属于近现代中国与行政法治邂逅的整体叙事的一部分。我想行政法上还有许多类似的话

〔1〕 中共中央文献研究室编:《毛泽东文集》(第 3 卷),人民出版社 1996 年版,第 192 页。

〔2〕 习近平:《在哲学社会科学工作座谈会上的讲话》,人民出版社 2016 年版,第 19 页。

题很值得做这种“历史生成论”，譬如行政诉讼、国家赔偿、行政许可等。申言之，我们不可能凭空从德国、日本、美国搬来一座行政法制度的“飞来峰”，我们所有行政法制度的“历史生成”，必然有其特定的理论根基和文化依凭。《行政复议原理》一书在本土语境下把握中国行政复议制度的“历史生成”，体现了作者强烈的主体意识，而不是简单地到奥托·迈耶、盐野宏、理查德·J. 皮尔斯等人的经典中寻找中国行政复议制度的源头和本相。坦言之，这展现了中国行政法学者的理性与自信。

2023 年，中共中央办公厅、国务院办公厅印发的《关于加强新时代法学教育和法学理论研究的意见》中要求：“紧紧围绕新时代全面依法治国实践，切实加强扎根中国文化、立足中国国情、解决中国问题的法学理论研究，总结提炼中国特色社会主义法治具有主体性、原创性、标识性的概念、观点、理论，把论文写在祖国的大地上，不做西方理论的‘搬运工’，构建中国自主的法学知识体系。”在《行政复议法》修订完成之际，王青斌教授出版这部《行政复议原理》正逢其时。本书围绕中国特色社会主义行政复议制度与实践，提出了一系列具有主体性、原创性、标识性的概念、观点、理论，为构建中国自主的法学知识体系尤其是行政法学知识体系做出了贡献。未来，期望青年行政法学者继续努力，把论文著作写在祖国的大地上，努力构建中国自主的行政法学知识体系，不断完善具有中国特色、中国气派、中国风格的行政法学理论体系。

是为序。

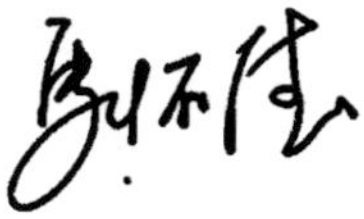

2023 年 9 月 1 日

序　二

行政复议是现代行政法治不可或缺的一环，它通过对行政机关的行政行为进行监督和制约，保障了公民的合法权益，促进了行政公正和行政效能的提升。随着中国行政体制改革向纵深推进，行政复议制度在我国的法律体系中得到了逐步完善和发展。我国行政复议制度的理论与实践探索可追溯至1978年党的十一届三中全会。当时，行政复议立法极度分散且未形成统一体系，呈现出原则抽象、操作性差、概念不统一等缺点。自1999年《行政复议法》施行后，行政复议制度正式摆脱了配套性质，提高了立法层次，以法律的形式实现了独立和统一，与《行政诉讼法》《国家赔偿法》共同构成了中国行政法治发展早期的行政救济制度体系。在此后十余年的运行中，行政复议制度得到了持续性的完善。但是，实务界和理论界对行政复议的定位并没有完全达成共识，并持续将此与行政诉讼的制度定位进行比较争论。

党的十八大以来，习近平总书记高度重视社会矛盾纠纷化解和源头治理，并亲自决策开展行政复议体制改革。在2018年8月召开的中央全面依法治国委员会第一次会议上，习近平总书记提出："要研究建立健全行政纠纷解决体系，推动构建行政调解、行政裁决、行政复议、行政诉讼有机衔接的纠纷解决机制。"在2019年1月召开的中央政法工作会议上，习近平总书记提出，要坚持把非诉讼纠纷解决机制挺在前面。在2020年2月召开的中央全面依法治国委员会第三次会议上，习近平总书记明确指出："要落实行政复议体制改革方案，优化行政复议资源配置，推进相关法律法规修订工作，发挥行政复议公正高效、便民为民的制度优势和化解行政争议的主渠道作用。"为避免我国成为"诉讼大国"，就必须推进更多法治力量向引导和疏导端用力，尤其要重视行政复议制度在争议发生后、诉讼发生前的关键作用。正是基于这样的清醒认识和理论自觉，王青斌教授一直深耕行政复议原理的研究。

《行政复议原理》是一本兼具理论探索性质和实践指导价值的学术专著。本书从行政复议的历史、地位和作用入手，从以下三个方面探讨了纠纷多元解决机制视野下的行政复议。

第一，对行政复议原理的守正创新。我国学界对行政复议的研究成果较为丰富，但一些基础性的理论问题仍然没有获得定论，包括行政复议与行政诉讼的对比衔接等。一方面，作者通过对学界行政复议研究的挖掘分析，对行政复议理论的内涵，包括行政复议的本质、原则、目的、功能等进行了深入探讨。另一方面，本书坚持关切行政复议实践现状，回应时代发展需求，积极探索了新时代背景下的理论创新，对行政复议原理进行了创新性的阐述。身处世界百年未有之大变局，本书探讨行政复议制度如何适应和应对新的行政现象和问题，以及如何为国家治理体系和治理能力现代化做出贡献。这种守正创新的研究态度，不仅凸显了本书的学术价值，也体现了作者的理论担当。

第二，对行政复议立法的精准解读。本书采用体系研究的视角，将我国行政复议立法工作置于整个行政法治规范体系之中予以研究，始终把握行政复议在行政救济制度体系中的重要地位，以及行政复议作为化解行政争议主渠道的重要作用。本书结合理论与实务两方面内容，对我国现行行政复议法及其相关规范进行了详尽解读，指出了立法中存在的问题和不足，并结合实际案例提出了改进措施。通过对立法条文的精准解读，本书揭示了行政复议制度在法律规定中的内在逻辑和实践要求，为我们正确运用和发展行政复议制度提供了理论支持。

第三，对行政复议实务的全面关切。本书作者以丰富的典型案例、裁判文书为基础，对行政复议实践予以评估，深入探索行政复议法治进路，剖析了行政复议实务操作中的规范与要求，提出了独具特色的见解和思路。本书通过对行政复议申请人资格认定典型案例的深入分析，明晰了行政复议申请人资格认定环节在实务中的操作流程和注意事项，使读者对行政复议实务有了更加清晰的认识，不仅有助于提升行政复议实务工作的水平，更具有完善现有行政复议规范的理论效用。

“亦余心之所善兮，虽九死其犹未悔。”改革开放以来，一代又一代中国行政法学人前赴后继地投身于中国行政法理论的求索和法治政府的建设中。正是在无数老中青学者的热忱付出、接续传承和不断创新之下，行政复议理论与实务实现了从无到有、从分散化到体系化、从政策化到法治化的长足进步。可以说数十年来，在行政法理论界与实务界的共同努力下，行政复议作为行政救济手段，旨在维护公民权益、规范行政行为、实现行政权力制衡的初心没有改变；行政复议旨在促进社会公平正义、保障人权、优化行政决策等方面的使命没有改变。

“看似寻常最奇崛，成如容易却艰辛。”无论是学术探索还是法治建设，从来都没有捷径可走。进入新时代，中国行政法学界对行政复议在行政救济体系中的地位和作用的理论争鸣持续展开，对于“行政复议主渠道”的探索为行政复议制度进一步完善和发展提供了一个新的起点。王青斌教授的《行政复议原理》通过对行政复议制度深入浅出的理论探索，以回答中国之问、世界之问、人民之问、时代之问为学术己任，从中国特色、国际视野、时代发展和人民需求等不同角度，积极创新行政复议理论体系，重新审视现行规范和实务问题，对我国行政法治建设和行政法学研究进行了有益的思考，为构建具有中国特色的行政法学自主知识体系做出了实质贡献，是新时代一部具有代表性的优秀法学著作。

是为序。

2023 年 9 月 1 日

目录

第一章 行政复议概要

第二章 纠纷多元解决机制视野下的行政复议

第三章 行政复议的范围

第四章 行政复议当事人

第五章 行政复议机关与管辖

第一章　行政复议概要

第一节　行政复议概念与特征

一、行政复议的概念

“概念乃是解决法律问题所必需的和必不可少的工具。没有限定严格的专门概念,我们便不能清楚地和理性地思考法律问题。”[1]“没有概念,我们便无法将我们对法律的思考转变为语言,也无法以一种可理解的方式把这些思考传达给他人。如果我们试图完全否弃概念,那么整个法律大厦就将化为灰烬。”[2]因此,在讨论行政复议的整体制度之前,首先需要对行政复议的概念进行整体把握。

目前,尽管行政复议在各个国家和地区的名称不尽一致,但行政复议却普遍存在于相关国家或地区的行政法律体系之中,并发挥着重要作用。例如,英国的行政裁判所制度、美国的行政法官制度、日本的行政不服审查制度、韩国

---

〔1〕 Max Rheinstein, *Education for Legal Craftsmanship*, 30 Iowa Law Review 408(1945). “主张在思考中抛弃概念的倡议,就像建议做音乐不用曲调,说话不用发声,看而不用形象一样,毫无意义。”参见[美]E. 博登海默:《法理学:法律哲学与法律方法》,邓正来译,中国政法大学出版社 2017 年版,第 504 页。

〔2〕 [美]E. 博登海默:《法理学:法律哲学与法律方法》,邓正来译,中国政法大学出版社 2017 年版,第 504 页。

的行政审判制度。

从语义上讲,“复”即再次、重新之意,而“议”即议决、审议等。简言之,复议就是对原来的决定进行重新审议。“复议”一词在我国并非固定的法律用语,与其类似的用语包括“复查”“申诉”“再审查”等。“复议”作为固定用语被广泛接受乃肇始于《行政诉讼法》的出台。在该法出台之前,应松年教授曾指出,“复议”和“申诉”“复核”“复审”等词语在立法中同时使用,容易造成概念上的含混,因而主张予以统一。[1] 这一主张亦得到了其他学者及实务界的认同,故1989 年通过的《行政诉讼法》采用了“复议”一词。至此,“复议”一词在我国已经成为被广泛接受的法律术语。

主流概念认为,行政复议是指公民、法人或者其他组织等行政相对人,不服行政主体作出的具体行政行为,认为该行为侵犯其合法权益,按照法定的程序和条件,向作出该行为的上一级行政机关或者法律、法规规定的行政机关提出申请,由受理该申请的行政机关依照法定程序和权限,对引起争议的原具体行政行为的合法性和适当性进行全面审查并作出决定的活动。[2] 但也有部分学者将“行政复议”描述为“法律制度”,如姜明安教授主编的教材将行政复议界定为:“行政复议,是指相对人认为行政主体的具体行政行为侵犯其合法权益,依法向行政复议机关提出复查该具体行政行为的申请,行政复议机关依照法定程序对被申请的具体行政行为进行合法性、适当性审查,并作出行政复议决定的一种法律制度。”[3] 与此类似的定义也见诸其他行政法学的著作、教材中。[4]

从语义上讲,行政复议也应当是一种“活动”而非“法律制度”。虽然人们也经常使用“行政复议制度”这一术语,但是从前述两种定义来看,前者更符合

---

〔1〕 参见应松年、朱维究主编:《行政法与行政诉讼法教程》,中国政法大学出版社 1989 年版,第 201 页。

〔2〕 参见张越:《行政复议法学》,中国法制出版社 2007 年版,第 5 ~ 6 页。学界对概念的表述大致相同,尽管在具体表述方面可能存在细微的差别,其他文献参见应松年主编:《行政法学新论》,中国方正出版社 2004 年版,第 313 页;石佑启、杨勇萍编著:《行政复议法新论》,北京大学出版社 2007 年版,第 2 页。

〔3〕 姜明安主编:《行政法与行政诉讼法》(第 7 版),北京大学出版社、高等教育出版社 2019 年版,第 415 页。

〔4〕 参见罗豪才、湛中乐主编:《行政法学》(第 2 版),北京大学出版社 2006 年版,第 453 页;王学辉主编:《行政法学》,中国检察出版社 2002 年版,第 257 页;胡建淼:《行政法学》(第 2 版),法律出版社 2003 年版,第 516 页。

字面意义,即将行政复议定义为行政复议机关的特定活动。

我国现在通行的行政复议的定义与《行政复议法》具有高度的一致性,在很大意义上是由2023年修订前的《行政复议法》第2条转化而来的。但是,以该法第2条为基础作出的定义也存在一定的缺陷,即拘泥于现行法律规范的约束,从而会对行政复议制度的发展和变革造成一定的限制。2023年修订前的《行政复议法》的定义主要存在以下两个方面的问题:一是将申请复议的对象局限为"具体行政行为",这必然会限制行政复议范围的扩展;二是将行政复议机关的活动主要描述为"作出行政复议决定",这在一定程度上限制了行政复议机关处理复议案件的形式,妨碍和解、调解等方式在行政复议中的运用。对此问题,2023年修订后的《行政复议法》第2条第1款作出了较大的调整,规定:"公民、法人或者其他组织认为行政机关的行政行为侵犯其合法权益,向行政复议机关提出行政复议申请,行政复议机关办理行政复议案件,适用本法。"

本书认为可以将行政复议定义为:行政复议是指行政复议机关对公民、法人和其他组织认为侵犯其合法权益的行政行为,基于申请而予以受理、审查并作出裁决的行为。该定义与通行的定义相比,主要具有两个特点:一是用"行政行为"取代了"具体行政行为",为行政复议范围的扩展保留了余地;二是用"作出裁决的行为"取代了"作出行政复议决定",为丰富行政复议机关处理行政复议案件的形式提供了可能。作出行政复议决定的含义是明确的,这也是行政复议审查后最常见的裁决方式,但是,"作出行政复议决定"不包括调解、和解等裁决形式在内。因此,用"作出裁决的行为"取代"作出行政复议决定",更有利于将当前已经被《行政复议法》规定的复议调解、和解等结案形式纳入其中。

二、行政复议的特征

第一,行政复议是依申请的行政行为。行政复议具有救济性质,行政复议机关不会主动对行政行为进行审查,类似于行政诉讼中的"不告不理"。当公民、法人或者其他组织作为行政相对人认为其合法权益被侵犯时,可以向行政复议机关申请行政复议以获得救济。

第二,行政复议是一种准司法行为。在性质上,准司法行为既类似于一般的司法行为,也与之存在区别。行政复议十分类似于司法行为,有三点原因:一是行政复议在性质上是救济行为,其核心功能是保障公民权利;二是行政复议程序在设计之初就完全参照了行政诉讼程序;三是行政复议机关不能被简单看作被申请行政机关的监督机关,其在复议两造中担当的是中间裁决者的地位,居中公平裁决行政争议,这一点从域外的行政复议机关被称为"裁判所"也能看出。同时,行政复议又不是完全的司法行为,有三点原因:一是行政复议决定的作出者不是法院,而是行政机关;二是行政复议在实质上也承担了一定的监督功能,即行政复议机关对被申请行政机关的监督;三是行政复议决定在一般情况下并非最终决定,行政复议申请人仍可以主张司法救济。

第三,行政复议是行政系统内部的救济方式,其对于申请人的救济更为全面。行政复议机关与被申请行政机关不仅是裁决者与被裁决者的关系,还是监督者与被监督者的关系。一般而言,行政复议机关是被申请行政机关的上级机关,无论是从行政体制还是从中国的国情来说,行政复议机关对被申请行政机关拥有绝对权威。故而与一般的司法程序相比,行政复议机关可以在行政复议中给予行政相对人更为全面的救济。行政复议机关的审查程度更深,其不仅对行政行为的合法性进行审查,还对行政行为的合理性进行深度审查,而行政诉讼中法院囿于自身地位无法做到后者。审查的深度性在行政复议程序末端映射为行政复议决定的深刻性:行政复议机关可以不被"裁量时机、余地"等因素困囿,而直接根据审理结果作出行政复议决定,如作出履行决定、变更决定等决定。

第二节 行政复议的发展历程

我国行政复议制度总体上可以分为四个阶段,即 1949 年中华人民共和国成立前的行政复议制度、1949 年中华人民共和国成立后到 1990 年的行政复议制度、1990 年到 2023 年的行政复议制度以及 2023 年后的行政复议制度。

一、1949 年前的行政复议制度

我国行政复议制度的历史可追溯至 1912 年。《中华民国临时约法》第 8 条

规定“人民有陈诉于行政官署之权”，此处的“陈诉”即“诉愿”。1914 年 5 月 18 日，北洋政府公布《诉愿条例》，该条例是我国历史上第一部现代意义上的行政复议立法。[1] “诉愿”一词作为法律术语也正式确立。1930 年 3 月，南京国民政府公布了《诉愿法》，该法与《诉愿条例》一脉相承。

二、1949～1990 年的行政复议制度

中华人民共和国成立后，我国的行政复议制度经历了从萌芽到发展的艰难过程。我国行政复议制度建立于新中国成立初期，最早有关行政复议的规定，是 1950 年 1 月 15 日政务院批准、财政部公布的《财政部设置检查机关办法》，该办法第 6 条规定：“被检查的部门对检查机构之措施认为不当时，得具备理由，向其上级检查机构申请复核处理。”这里的“申请复核处理”其实就是行政复议。1950 年 12 月 15 日，政务院政务会议通过的《税务复议委员会组织通则》，第一次在法规中正式出现了“复议”二字，并明确规定了税务复议委员会的性质、任务及受案范围，标志着我国的行政复议制度的建立。而后，政务院颁布的《印花税暂行条例》（1950～1988）、《暂行海关法》（1951～1987）等法律法规，都规定了行政复议制度。

1950 年《印花税暂行条例》第五章“罚则”中第 31 条规定，被处罚人不服税务机关之处罚，得于 5 日之内提请复议，或向上级税务机关申诉。1951 年《暂行海关法》对行政复议的有关规定则更加详细。该法第二章“海关的组织与职权”第 9 条第 8 项规定，海关总署的职权之一是“审核各地海关对于走私及违章案件的处理情形，并审理上述案件当事人对海关所提出的申诉”。该法第十七章“走私案件的处理”第 188 条规定：“受处分人不服海关处分时，得于接到处分通知书或公告之日起十四日内向（机）关提出申诉书，关长应重予审核，并得变更原处分。如维持原处分时，应加具意见转报海关总署审理。受处分人对变更处分仍不服时，应于接到变更处分通知之日起七日内，提出申诉，由（机）关转报海关总署审理。在上列期限内不提申诉，处分即属确定。”第 189 条规定：“海关总

[1] 参见徐红军：《改革开放以来中国行政复议制度变迁研究（1978—2018）》，华东政法大学 2021 年博士学位论文，第 23 页。

署对申诉案件的决定,应制成决定书,发由原海关送达申诉人,无法送达时,应公告之。海关总署的决定为最后决定。"该法的规定有四个特色:(1)与《印花税暂行条例》中的"复议"不同,该法仍以"申诉"代之,可见 20 世纪 50 年代"复议"概念并未在法律法规中得到统一;(2)规定了变更决定和维持决定两种复议决定形式;(3)详细规定了行政复议的过程、法定期限、书面形式、送达程序等法定程序内容;(4)规定了复议决定的效力。这四个特点说明,该法的复议部分规定已经初具行政复议的制度面貌。

改革开放后,随着国家的法制建设加强,行政复议制度有了较大的发展。规定有行政复议内容的法律、法规数量日益增多,如《海关法》《商标法》《专利法》《集会游行示威法》等法律都规定了行政复议制度。1982 年《宪法》的颁布为行政复议提供了宪法依据。1982 年《宪法》第 41 条第 1 款规定:"中华人民共和国公民对于任何国家机关和国家工作人员,有提出批评和建议的权利;对于任何国家机关和国家工作人员的违法失职行为,有向有关国家机关提出申诉、控告或者检举的权利,但是不得捏造或者歪曲事实进行诬告陷害。"这是宪法首次规定了公民的申诉权。到 1990 年年底,我国已有 100 多部法律、行政法规规定了行政复议条款。

三、1990~2023 年的行政复议制度

1989 年,第七届全国人民代表大会第二次会议通过了我国第一部《行政诉讼法》。该法不仅规定了 6 个行政复议相关条款,更示范了一个救济制度的整体框架与具体条文设计模式,对行政复议法的立法有重要的启发和影响。1990 年 12 月,国务院通过了《行政复议条例》,对行政复议制度作了全面系统的规定。1994 年,国务院对《行政复议条例》进行了微调,修改了行政复议机关的管辖规则。

在经过近十年的行政复议实践后,第九届全国人民代表大会常务委员会第九次会议于 1999 年 4 月 29 日通过了《行政复议法》,这是新中国第一部行政复议领域的法律。2007 年 5 月,为了配合《行政复议法》的实施,国务院第 177 次常务会议通过了《行政复议法实施条例》,对于《行政复议法》进行了更为细化的规定。此后,《行政复议法》在 2009 年和 2017 年经历了两次修正。

回顾历年来对于行政复议相关法律法规的修改，可以发现行政复议主要沿循以下三个路径进行完善与扩展：第一，扩大行政复议申请范围，从已有法律法规来看，行政复议申请事项的范围一直在扩大。第二，行政复议受理规定的完善，如扩大行政复议的申请人资格、申请条件，完善行政复议机关做被告的制度，完善行政复议受理期限等。第三，行政复议管辖体制一直在不断完善与改进，如条块管辖等制度的建立。

2021 年，中共中央发布《法治中国建设规划（2020—2025 年）》，对行政复议体制机制改革方向提出了明确要求："加强和改进行政复议工作，强化行政复议监督功能，加大对违法和不当行政行为的纠错力度。推进行政复议体制改革，整合行政复议职责，畅通行政复议渠道，2022 年前基本形成公正权威、统一高效的行政复议工作体制。健全行政复议案件审理机制，加强行政复议规范化、专业化、信息化建设。规范和加强行政应诉工作。"这对今后行政复议法的继续修改与完善提出了纲领性要求，为新时代的行政复议制度定下了总基调。

四、2023 年后的行政复议制度

2023 年，修订后的《行政复议法》正式颁布，这意味着行政复议制度开启了新的篇章。2023 年修订的《行政复议法》的最大特点在于修法时较大程度地借鉴了《行政诉讼法》的立法模式，《行政复议法》立法的科学性、体系性和完备性极大增强。此次修法具有诸多亮点，主要包括：（1）在立法目的条款中明确了行政复议在行政救济体系中的主要地位——"发挥行政复议化解行政争议的主渠道作用"。（2）更新了行政复议受案范围规定，将原先的"具体行政行为"标准修改为"行政行为"标准，确立了"概括条款 + 正面清单 + 负面清单"的受案范围规定模式。（3）更新了行政复议的管辖体制，建立了相对集中管辖的体制，更加有利于提高行政效能。（4）完善了行政复议的审理程序，规定了"行政复议委员会"这一复议组织，增加了听证程序等正当程序规则，详细规定了具体的审理和决定程序。（5）增加规定了行政复议的证据规则。（6）完善了行政复议的法律责任体系，追究法律责任范围更广、追责力度更强。

第三节　行政复议的性质

一、研究行政复议性质的意义

行政复议性质的定位是行政复议领域的“顶层设计”问题。自行政复议制度确立伊始至今,关于行政复议性质的讨论一直在延续。行政复议的性质问题之所以引起广泛关注和争论,原因在于行政复议的性质定位对于行政复议的制度设计有着极为重要的影响。

我国长期热衷于讨论行政复议的性质问题,主要有以下三个方面的原因:

一是行政复议的性质决定行政复议的功能。有学者认为,行政复议的性质决定功能。[1] 性质决定功能,不同性质的事物,其功能也是不同的。虽然不同性质的事物可能具有一些相同的功能,但这是因为功能具有多元性,而在两者的核心功能上,通常还是存在差异。就行政复议而言,如果将其定性为司法活动,则其主要的功能必然是提供权利救济;如果将其定性为行政活动,则其主要功能可能是监督行政行为或其他。

二是行政复议的定性涉及行政复议是否应该“司法化”的问题。行政复议是否应该“司法化”,在我国行政法学界和实务界都是一个热门话题,争论的根源还是在于行政复议的“性质”问题。如果行政复议是司法活动,那么在进行制度设计时自然应当遵循司法规律与规则,如在行政复议机关和行政复议机构的选择、行政复议程序的设计等问题上必然应当“司法化”,至少应当借鉴司法领域行之有效的程序规则。

三是行政复议的定性涉及行政复议与行政诉讼的关系问题。司法公正是社会公正的最后一道防线,这是人们的共识。司法的功能是解决争议,这也是共识。首先,在已经存在行政诉讼的情况下,行政复议独立于行政诉讼的价值何在?如果行政复议的性质是纯粹的司法活动,完全按照司法的规则运行,则行政复议或许就没有存在的必要。其次,在行政复议与行政诉讼的衔接关系问

[1] 参见张越:《行政复议法学》,中国法制出版社2007年版,第27页。

题上,更涉及行政复议的性质。“在与行政诉讼的衔接问题上,特别值得提及的是,如果我们把复议定位为司法或‘准’司法,复议就是一种‘初审’,不服初审,提起诉讼,就以纠纷原来两造为诉讼当事人,而不是去告复议机关,这对于解决行政复议维持率居高不下有决定性意义。”[1]

二、有关行政复议性质的现有学说

纵观我国有关行政复议性质的论述,主要有四种学说:行政说、司法说、准司法说、综合说。

(一)行政说

在我国行政复议制度建立初期,主张行政复议性质为行政性的观点较多,其中以实务界为主。“一部分同志,尤其是行政机关工作人员更偏向认为行政复议是完全的行政行为,可以按照一般的具体行政行为的要求处理。”[2]持“行政说”者认为行政复议就是一种具体行政行为,与其他的具体行政行为没有本质上的区别。学界亦有持“行政说”的观点。如熊文钊教授提出,行政复议是一种特殊的行政行为,是行政主体行使行政裁决权的一种行政裁决行为。[3] 张旭勇教授指出,行政复议具有行政性、层级监督性和单向裁决性,因而行政性更强。[4] 王子晨博士从组织社会学角度指出,行政复议机关具有行政一体人格和个案裁决人格的双重人格,但行政一体人格凭借行政复议过程中更为宽泛的沟通协商程序获得更大的活动空间与行动能力,具有更为绝对的优势。[5] 游伟博士指出,主观目的与客观功能的监督定位反映出行政复议制度对效率价值

[1] 刘莘:《行政复议的定位之争》,载《法学论坛》2011 年第 5 期。
[2] 杨海坤主编:《跨入 21 世纪的中国行政法学》,中国人事出版社 2000 年版,第 530 页。
[3] 参见熊文钊:《现代行政法原理》,法律出版社 2000 年版,第 347 页。
[4] 参见张旭勇:《论行政复议的“三位一体”功能及其实现的制度优势——兼论〈行政复议法(征求意见稿)〉之完善》,载《苏州大学学报(哲学社会科学版)》2022 年第 3 期。
[5] 参见王子晨:《论行政复议机关的多重人格——一个从组织社会学的观察视角》,载沈岿主编:《行政法论丛》第 28 卷,法律出版社 2022 年版。

的寻求，凸显了行政性。[1]

（二）司法说

"司法说"的观点主要有以下三个角度：（1）行政复议内容。如有观点认为，行政复议的过程就是解决行政纠纷的过程，而且在程序上具有司法活动的特点。[2] 行政复议不同于一般的具体行政行为，在行为性质、行政机关法律地位等方面与一般的具体行政行为都存在较大差异。相反，行政复议具有明显的司法活动的特点，如不告不理等。（2）行政复议主体。应当从行政复议权力的本质属性而非行政复议主体判断行政复议活动的性质。有观点基于行政复议机关并非纠纷的一方主体、具有中立性的理由认为行政复议具有司法性。[3]（3）行政复议之所以是司法行为，还在于社会需要一个不同于传统意义上的法院，而不是需要一个行政机关。因为行政机关承担部分司法职能，除程序简便、时间迅速、费用低廉和具有灵活性外，更主要的是近现代许多社会中发生的争端需要专门知识才能处理。"行政复议与行政诉讼一样，是复议机关站在第三方的立场上对当事人双方的争议进行裁决的活动，客观上可能起到监督行政机关依法行政的作用，但性质上是司法行为而非行政行为，不是对下级行政机关的一种层级监督活动。"[4] 此外，也有学者通过委任司法原理解释行政复议权属于司法权，认为行政复议是法律直接授予行政机关解决行政纠纷的权力，这种权力与行政权和层级监督关系都没有关联，而是一种司法性的权力，这决定了行政复议必须满足司法规则的最低要求。[5]

（三）准司法说

"准司法说"又称"行政司法说"。"行政司法说"由龚祥瑞教授在 20 世纪

---

〔1〕 参见游伟：《行政复议的行政性研究》，载姜明安主编：《行政法论丛》第 21 卷，法律出版社 2017 年版。

〔2〕 参见江必新、李江编著：《行政复议法释评：兼与行政复议条例之比较》，中国人民公安大学出版社 1999 年版，第 28 页。

〔3〕 参见陈锦波：《难以承受之重：行政复议双被告制之省思》，载《内蒙古社会科学》2022 年第 4 期。

〔4〕 金国坤：《行政复议委员会：行政复议困局的突破口》，载《国家行政学院学报》2009 年第 6 期。

〔5〕 参见沈开举：《委任司法初探——从行政机关解决纠纷行为的性质谈起》，载《郑州大学学报（哲学社会科学版）》2007 年第 1 期。

80 年代提出，他将行政司法与行政行为作为两个并列的概念，同时强调“并不是行政当局所有的行为都是行政行为”，提出要从行为的权力来源和行为的法律效力两个方面来判断一个行为是否属于行政行为。[1] 与“行政说”和“司法说”相比，我国持“准司法说”的学者更多。虽然在表述上存在不同，但持“准司法说”的学者均认为行政复议兼具行政性与司法性。应松年教授认为，“复议机关是在行政争议中居中裁决的机关，因而带有司法性”[2]；叶必丰教授也认为，“应当把行政复议作为行政机关处理纠纷的机制，强化准司法程序制度”[3]。吴庚、张文郁认为，行政复议既是行政内部的自我管控，也是准司法性的救济程序。[4] “准司法说”不仅在理论界得到了广泛接受，在实务界同样得到了部分认可。“‘准司法说’是在承认行政复议带有一定程度的行政活动外在形式的前提下，谈论行政复议所具有司法行为本质的问题，从而使这一学说看起来更加具有本土的适应性和理论说服力。”[5]事实上，相较于“行政说”和“司法说”的截然对立，“准司法说”虽然看似折中说，但事实上却更偏向于“司法说”。正如刘莘教授所言：“司法说和准司法说没有本质区别，因为‘准司法’的‘准’字无非是想标明这种‘司法’是行政机关作为的；而认定其司法性质，是强调活动的性质，并没有否定复议制度放在行政系统内的合理性。”[6]

（四）综合说

“综合说”者认为，对于行政复议，“很难对行政性、司法性、行政司法性作出绝对的对错判断”[7]，认为行政行为的性质可以从三个方面来认识：一是行政复议是有司法性因素的特殊行政行为，是具有双重色彩的行为和程序；二是行政复议是行政机关内部监督和纠错机制的环节；三是行政复议是国家行政救济

---

[1] 参见龚祥瑞：《比较宪法与行政法》，法律出版社 2003 年版，第 433 ~461 页。
[2] 应松年：《对〈行政复议法〉修改的意见》，载《行政法学研究》2019 年第 2 期。
[3] 叶必丰：《行政复议机关的法律定位》，载《法学》2021 年第 5 期。
[4] 参见吴庚、张文郁：《行政争讼法论》（修订 9 版），台北，元照出版公司 2018 年版，第 50 ~51 页。
[5] 郜风涛主编：《行政复议法教程》，中国法制出版社 2011 年版，第 65 页。
[6] 刘莘：《行政复议的定位之争》，载《法学论坛》2011 年第 5 期。
[7] 姜明安主编：《公法理论研究与公法教学》，北京大学出版社 2009 年版，第 427 ~428 页。

机制的重要环节。[1] 也有学者认为行政复议的性质体现在四个方面，即行政复议是公民权利的救济方式，是行政纠纷的解决机制，是行政系统内的层级监督制度，是行政责任的追究形式。[2]

三、对行政复议性质的分析

(一) 不同性质说的争议焦点

分析上述有关行政复议性质的不同学说，可以发现除了"综合说"外，其他三种学说的争议焦点主要集中在"行政""司法"的含义及范围上。主张"行政说"者认为行政复议是行政权运行的结果；主张"司法说"以及"准司法说"者则认为行政复议是行政机关运用司法权的结果。那么，行政复议权到底是行政权还是司法权呢？我们不妨从"行政""司法"两个词的原初含义予以分析。

"行政"在《现代汉语词典》中的含义是："行使国家权力""机关、企业、团体等内部的管理工作"。[3] "行政"对应的英文词汇 Administration 以及德文词汇 Verwaltung 皆有经营及管理之义。《英汉大词典》对 Administration 的释义除了"行政"外，还有"管理""执行""实施"等意思。[4] 由此观之，行政的基本含义是"执行"与"管理"。与"行政"一词不同，"司法一词的原始含义是指'用法律裁决纠纷'"[5]。"司法是指用法律处理纠纷。"[6] 上述的语义虽然为区分"行政"和"司法"提供了一定的依据，但事实上，"行政"与"司法"的划分在现代依然有较多争论。关于"行政"的界定主要存在两种标准：一种是实质标准，即以某种职能活动是否具有执行、管理性质为界定行政的依据。这种划分方式更多

[1] 参见姜明安主编：《行政法与行政诉讼法》（第7版），北京大学出版社、高等教育出版社2019年版，第365～366页。
[2] 参见杨海坤、章志远：《行政法学基本论》，中国政法大学出版社2004年版，第267～269页。
[3] 中国社会科学院语言研究所词典编辑室编：《现代汉语词典》（第7版），商务印书馆2016年版，第1466页。
[4] 参见陆谷孙主编：《英汉大词典》，上海译文出版社1993年版，第22页。
[5] 皮纯协、胡建森主编：《中外行政诉讼词典》，东方出版社1989年版，第19页。
[6] 应松年、袁曙宏主编：《走向法治政府：依法行政理论研究与实证调查》，法律出版社2001年版，第271页。

地为行政学学科所采用。[1] 另一种划分方式则是依据形式标准,较为主流的是采取排除式的定义,即将"立法"和"司法"以外的活动解释为行政。[2] 就实质意义上的行政而言,其在功能上与司法存在较为明显的区别,如毛雷尔认为,行政是具有积极性、面向未来性的塑造活动,法院就具体争执事件适用法规,并作成有确定力之裁判,处于被动及超然第三者之立场。[3]

从上述分析中可以发现,有关行政复议性质争论的学说中,"行政说"与"司法说"之所以产生不同的结论,主要的原因在于两者对"行政"所采取的界定方式不同。"行政说"者采取形式的标准,认为行政机关作出的活动就是"行政"性质的;而"司法说"者则采取实质意义的标准,即认为"裁决纠纷"的活动就是"司法"性质的。由此观之,事实上"行政说"与"司法说"并非水火不容,有些持"行政说"者更是在很大程度上认可"司法说"者所主张的行政复议是解决纠纷的活动这一定位。"行政复议与其他行政制度的一个根本区别,就是它是专门为解决行政纠纷而设立、存在的制度或程序。"[4]

(二)我国行政复议的性质定位

行政复议本质上是一种准司法性的制度,从性质上讲属于司法权的范畴。对于司法权的理解,应当采取实质标准。形式意义的司法将司法权主体限定于法院而略显狭隘,实质意义的司法则是指"无利害关系的国家机关按照专门程序适用现行客观法、认定案件事实,作出具有确定力的裁决活动"[5]。行政复议具有纠纷处理程序的中立性和交涉性的准司法化性。[6] 司法权是一种判断权和裁判权,"司法活动具有特殊的性质和规律,司法权是对案件事实和法律的判断权和裁判权"[7]。司法权是解决纠纷的国家权力,而行政复议本身就是一种纠纷解决机制;因此,从本质属性上讲,行政复议权具有司法权的属性。

---

〔1〕 参见王名扬:《法国行政法》,北京大学出版社2016年版,第3~10页。
〔2〕 参见吴庚:《行政法之理论与实用》(增订8版),中国人民大学出版社2005年版,第4页。
〔3〕 参见[德]毛雷尔:《行政法学总论》,高家伟译,法律出版社2000年版,第7页。
〔4〕 杨小君:《我国行政复议制度研究》,法律出版社2002年版,第9页。
〔5〕 当然,除了争议裁决之外,司法也具有法律保护和法律监督的作用。参见[德]汉斯·J.沃尔夫、奥托·巴霍夫、罗尔夫·施托贝尔:《行政法》(第1卷),高家伟译,商务印书馆2003年版,第177页。
〔6〕 参见叶必丰:《行政复议机关的法律定位》,载《法学》2021年第5期。
〔7〕 中共中央文献研究室编:《习近平关于全面依法治国论述摘编》,中央文献出版社2015年版,第102页。

一方面,“准司法说”充分肯定了行政复议的本质是解决纠纷的活动。从行政复议的产生历程、存在的意义等方面来看,其是解决行政纠纷的活动,这符合司法的实质意义,因而具有司法性。“行政复议是一种纠纷解决机制,认可这一点,就应当承认行政复议制度由此应当具有司法的秉性。”[1]

另一方面,“准司法说”也体现了行政复议机关的行政复议活动与司法机关的司法活动在主体上的差异性。“准司法说”认为行政复议权从本质属性上讲属于司法权,但也不否认该权力的行使主体是行政机关,区别于传统上由司法机关行使的司法权,而“准”字也很好地阐释了这一区别。值得注意的是,必须正视行政复议权的主体是行政机关这一特点,不能将其与普通的司法机关混同,也就是不能实现完全的司法化,在行政系统内部再造一个独立的司法系统。行政复议的“准司法”性要求我们在构造行政复议制度时,必须正视其双面性,在“司法”与“行政”之间实现平衡。

第四节　行政复议的功能

行政复议的功能定位对于行政复议制度的构建而言具有举足轻重的作用。这不仅涉及整个行政复议制度的定位和取向,还关涉行政复议制度的具体设计。

行政复议的功能是在研究行政复议制度的构建时,除行政复议性质外的另一个无法回避的重要内容。行政复议的功能即行政复议的作用。从语义学的角度上讲,功能的基本含义之一就是“作用;效能”[2]。从作用的角度对功能所作的经典定义是:“功能的基本涵义是指一定组织或体系所发挥的作用,以及为发挥作用而应完成的一整套任务、活动与职责。”[3]行政复议的功能,实际上包括两个层面,即其应当发挥的作用和实际发挥的作用。在研究行政复议制度的

〔1〕 刘莘:《行政复议的定位之争》,载《法学论坛》2011年第5期。

〔2〕 中国社会科学院语言研究所词典编辑室编:《现代汉语词典》(第7版),商务印书馆2016年版,第454页。

〔3〕 [法]莫里斯·迪韦尔热:《政治社会学——政治学要素》,杨祖功、王大东译,华夏出版社1987年版,第180页。

建构时,主要着眼于行政复议制度所应当发挥的作用,即制度设计者所欲实现的功能。

一、我国当前对行政复议功能的认识

对于我国行政复议制度的功能定位,学界有较多的争论。《行政复议法》第1条规定:“为了防止和纠正违法的或者不当的行政行为,保护公民、法人和其他组织的合法权益,监督和保障行政机关依法行使职权,发挥行政复议化解行政争议的主渠道作用,推进法治政府建设,根据宪法,制定本法。”关于行政复议的功能,目前主要存在下列四种不同的观点:一是认为行政复议具有多种功能并平行安排各种功能,即严格按照《行政复议法》第1条立法宗旨的表述及顺序,平行安排行政复议制度的各项功能;二是突出重点,强调行政复议制度的某一项或两项功能;三是强调行政复议的单一功能,否认其他功能;四是强调不同功能间的联系和体系。[1] 讨论行政复议的功能之前,首先梳理当前对行政复议应具有功能的表述与观点。

1. 防止和纠正违法或不当的具体行政行为。该功能来源于《行政复议法》第1条立法宗旨中的表述“为了防止和纠正违法的或者不当的行政行为”。

2. 保护行政相对人权益的功能。这不仅在《行政复议法》的立法宗旨中有具体的表述,也得到了学者们的肯定与支持。学者们认为“行政复议是行政相对人保护自身合法权益的基本法律制度之一”[2]“权利救济是行政复议制度的基本功能”[3]。行政复议作为救济制度,保护行政相对人的权益是其必然应具有的功能,我国台湾地区学者亦认可该功能。[4]

3. 行政救济功能。行政救济就是在公民、法人或者其他组织的合法权益遭受违法的或者不当的行政行为侵害时,由有权的国家机关根据受害人的请求,

---

〔1〕 参见张越:《行政复议法学》,中国法制出版社2007年版,第39～40页。

〔2〕 姜明安主编:《行政法与行政诉讼法》(第7版),北京大学出版社、高等教育出版社2019年版,第364页。

〔3〕 章剑生:《论作为权利救济制度的行政复议》,载《法学》2021年第5期。

〔4〕 参见蔡志方:《行政救济法新论》,台北,元照出版有限公司2007年版,第27～28页。该书中,作者将我国台湾地区诉愿制度的功能概括为五项:维护人民之权益;确保行政之合法行使;行政妥当性之确保;统一行政步调、做法或措施;减轻行政法院之负担。

给予其法律上的保护。[1] 行政复议的救济功能,不仅得到了我国学者的一致肯定,而且部分域外国家和地区的法律亦明确肯定了行政复议的救济功能,如《韩国行政复议法》第 1 条规定:“本法的目的是,通过行政复议程序,对于因行政机关的违法或者不当处分以及其他公权力的行使等所造成的对国民权利或者利益的侵害进行救济,同时以期实现行政的合理运作。”《日本行政不服审查法》第 1 条第 1 款规定:“本法律的目的在于,对于行政厅的违法或不当的处分及其他属于行使公权力的行为,通过对国民开设对行政厅的不服申诉的途径,通过简易而迅速的程序,谋求对国民的权利利益救济,同时确保行政的公正运行。”上述三部法律无一例外地将为公民提供权利救济规定为立法目的,从而显示出立法者均认为行政复议的权利救济功能是其基本功能。

4. 监督和保障依法行政功能。行政复议制度“监督和保障依法行政”的功能来自 2023 年修订前的《行政复议法》立法宗旨中的表述,这一表述几经法律修改,依然保留。监督和保障依法行政功能主要表现为两个方面:一是保障功能,即行政复议机关对行政机关依法行使职权的行为予以维护,对于行政机关合法、适当的行政行为,行政复议机关通过作出维持决定的方式达到维护依法行政的目的;二是监督功能,即监督行政机关是否依法行政,对于行政机关违法、不适当的行政行为,行政复议机关予以撤销,从而实现对行政机关的监督。国务院在《关于贯彻实施〈中华人民共和国行政复议法〉的通知》中明确指出:“行政复议是行政机关自我纠正错误的一种重要监督制度。”行政复议作为行政机关内部自我纠正错误的监督制度是指“行政机关依据领导和被领导、指导和被指导关系所形成的监督形式,这是我们认识行政复议的基本出发点。行政复议的基本制度、原则、原理和程序也都是以此为基础的”[2]。学术界对于行政复议制度的监督功能批评较多,如金国坤教授提出:“行政复议是一种中立性的裁决活动,虽然客观上起到监督行政机关依法行政的作用,但本质上仍然是司法行为,而不是属于一种层级监督活动。”[3] 但事实上,不仅我国当前偏重行政复议制度的监督功能,在其他国家和地区亦存在类似情况,比如

〔1〕 参见郜风涛主编:《行政复议法教程》,中国法制出版社 2011 年版,第 62 页。
〔2〕 曹康泰主编:《中华人民共和国行政复议法释义》,中国法制出版社 1999 年版,第 1 页。
〔3〕 金国坤:《行政复议委员会:行政复议困局的突破口》,载《国家行政学院学报》2009 年第 6 期。

"德国的行政复议制度显然是将监督职能定位为主要功能,将复议程序定性为行政程序"[1]。

5. 化解行政争议的主渠道。纠纷是不同社会主体之间的冲突,是人类社会不可避免的现象。在社会的不同时期,抑制和解决纷争的方式和手段在内容和形式上也会有所不同。[2] 有部分观点认为,化解争议的主渠道应作为行政复议的首要功能定位。[3]《行政复议法》在2023年修订后增加了"化解行政争议的主渠道"的规定,这是重大修改,对于行政复议的功能提出了更高要求,即尽量在行政复议阶段就解决争议,避免其进入行政诉讼。

二、我国行政复议功能的重新定位

(一)《行政复议法》的目的与功能辨析

行政复议功能与《行政复议法》的立法目的密切相关。两者之间究竟是何种关系?首先需要说明的是,目的与功能是经常相互关联的主题,如美国著名的大法官卡多佐认为:"哲学在告诉我们法律应当努力达到的目的之时,也将同时告诉我们法律的合理功能。"[4]《行政复议法》的立法目的与行政复议的功能之间虽然具有十分紧密的联系,但两者之间并不能画等号。可以将两者之间的关系概括为以下四个方面:首先,《行政复议法》的立法目的不等同于复议的功能。《行政复议法》的立法目的是立法者希望通过建立行政复议制度所达到的目的。立法目的是否能够达成,关键是行政复议的功能能否得到发挥。为了实现一个目的需要多个事物的功能发挥作用,而一个事物的功能发挥可能有助于多个目的的达成。其次,目的具有价值取向,功能则相对客观。目的是主观的,通常具有价值取向;但就功能而言,其则较少具有价值取向与政治色彩,相对客

---

〔1〕 李洪雷:《行政复议制度改革应处理好四组关系》,载《法学研究》2004年第2期。

〔2〕 参见马怀德主编:《司法改革与行政诉讼制度的完善——〈行政诉讼法〉修改建议稿及理由说明书》,中国政法大学出版社2004年版,第3页。

〔3〕 参见莫于川、杨震:《行政复议法的主渠道定位》,载《中国政法大学学报》2021年第6期;练育强:《功能与结构视野下的行政复议制度变革》,载《法学》2021年第6期。

〔4〕 [美]本杰明·N.卡多佐:《法律的成长,法律科学的悖论》,董炯、彭冰译,中国法制出版社2002年版,第63页。

观。再次,立法目的预设了功能。目的是一幅理想蓝图,《行政复议法》的立法目的描绘了行政复议制度的蓝图,这幅蓝图也就相应地预设了行政复议制度的功能。目的不同,需要的功能也就不同;因此,通过立法目的,能够预设行政复议制度的功能,即希望行政复议制度发挥何种作用。这也是讨论行政复议功能定位的主要原因。最后,立法目的不能完全决定功能。立法目的虽然具有预设行政复议功能的作用,但是这种预设的功能能否得到实现,还取决于事物的性质。如果预设的功能与事物的性质不符合,则无疑违背了自然规律,是“缘木求鱼”。不适当的立法目的会使行政复议制度陷入困境。

此外,立法目的通常具有多层次性,可以分为宏观、中观及微观目的。如就宏观目的而言,几乎所有行政领域的立法都可以用“实现依法治国、建设法治政府”等予以概括;但在具体的立法中,这种宏大表述的实际意义极为有限,难以凸显立法的真实意义。因此,在具体的立法中,应该凸显立法的中观目的或微观目的。中观目的或微观目的与功能的关系更为密切,甚至能够画等号。

(二)我国行政复议的功能定位

从我国当前的立法来看,行政复议的功能定位主要是“法治监督”。2023年修订前的《行政复议法》第1条立法目的条款中有“保障和监督行政机关依法行使职权”的字样,而且在具体制度的建构上也围绕这一功能来实施。《行政复议法》的立法进程亦可充分佐证这一点。第九届全国人民代表大会常务委员会第五次会议上,时任国务院法制办公室主任的杨景宇对《行政复议法(草案)》作说明时,开篇即提出“行政复议是行政机关内部自我纠正错误的一种监督制度”,在这一说明的后续部分也提出“体现行政复议作为行政机关内部监督的特点,不宜也不必搬用司法机关办案的程序,使行政复议‘司法’化”。[1] 这一功能定位长期以来受到的非议较多,学界对此也有不同的观点。

应松年教授认为,“解决行政争议是复议的基础功能,监督和保护是具体的目标”“在此基础上构建整个行政复议制度,不能后退”[2]。叶必丰教授则认

---

〔1〕 参见杨景宇:《关于〈中华人民共和国行政复议法(草案)〉的说明》,载中国人大网,http://www.npc.gov.cn/zgrdw/npc/zfjc/xzfyfzfjc/2013-10/11/content_1809238.htm。

〔2〕 应松年:《对〈行政复议法〉修改的意见》,载《行政法学研究》2019年第2期。

为，化解纠纷是行政复议的直接目的，没必要再建立一种以实施监督为目的的行政复议制度，不能把行政复议机关定位为依法行政的监督者和保障者。[1]还有学者提出要让行政复议的“权利救济”功能回归本位，如刘莘教授认为需要“修改行政复议的相关法律法规，以更好地为行政复议申请人提供权利救济作为行政复议制度设计的出发点和归宿”[2]。此外，还有学者指出应当跳脱出行政复议的内部视角，将行政复议打造为与行政诉讼合理分工、优势互补的一项制度：“将决定‘高效’优势的监督行政功能与决定‘公正’色彩的纠纷解决功能并列作为行政复议的首要功能或称主导功能。”[3]

那么，我国的行政复议功能究竟应当如何定位？

行政救济功能应当是行政复议的首要功能。从性质上讲，行政复议是“准司法”的，而司法的基本任务就是为当事人提供权利救济途径以及解决纠纷。如果行政复议的功能定位不以行政救济功能为首要功能，则行政相对人根本不会选择这种机制。就行政内部的层级监督而言，我国当前有诸多机制，如上级机关的主动检查、下级机关的定期汇报、规范性文件的审查等。但这些层级监督机制一般都不涉及行政争议的解决，也不依赖行政相对人。行政复议存在的首要意义就是解决行政纠纷，这就必须以为行政相对人提供权利救济为其首要功能。当前我国的行政复议案件数量相对有限，行政相对人之所以不愿选择行政复议，核心原因就在于行政复议的功能错位，不能为行政相对人提供有效的权利救济。

与“行政救济功能”相近的表述，还有“保护行政相对人合法权益功能”和“解决行政纠纷功能”等，但最为恰当的表述无疑是“行政救济功能”。这是因为：(1)“保护行政相对人合法权益”的表述虽然常见于我国具有行政救济性的法律之中，如《行政诉讼法》第1条中即提到“保护公民、法人和其他组织的合法权益”，《行政复议法》中也有相同的表述，但这种表述并不能很好地反映行政复议的特点，原因在于能够“保护权益”的制度较多，司法、行政执法都可以“保护权益”。正如周佑勇教授所说：“立法目的的核心必须具有价值评价的功能，有着最基本的价值核心。行政复议法虽然也有着‘监督行政’‘解决行政争议’的

[1] 参见叶必丰：《行政复议机关的法律定位》，载《法学》2021年第5期。

[2] 刘莘：《行政复议的定位之争》，载《法学论坛》2011年第5期。

[3] 梁君瑜：《行政复议的功能定位再辨——兼评〈行政复议法（修订）（征求意见稿）〉》，载《苏州大学学报（法学版）》2021年第2期。

立法目的,但其无法上升到价值的层面,它们最多也只能作为制度实施所追求的目标,而不能当作价值的评价标准。”[1](2)“解决纠纷”的表述主要是从结果而言,没有与“权利”密切相关。“利益”与“权利”是人类活动的重要目的,作为法律制度,首要关注的也必然是“利益”与“权利”。与“解决纠纷”的表述相比,“行政救济”的表述无疑更为科学。众所周知,“有权利必有救济”。“救济”的目的就是保护“权利”或“利益”,而且“救济”本身即隐含了需要由当事人主动提出请求的意义在内,与行政复议制度的特点更为契合。因此,在行政复议制度的首要功能上,最为恰当的表述应当是“行政救济功能”。

行政复议还具有监督功能。“监督功能”不应是行政复议的首要功能,但不可否认,行政复议在客观上具有监督下级机关依法行政的功能。但这种功能的实现建立在救济功能实现的基础上,是行政救济的附带效果,属于行政复议的“附属目的”。[2] 离开了救济功能,监督功能也就无法发挥。因此,在救济功能与监督功能上,救济功能是根本;离开了救济功能,行政复议制度的监督功能也就成了“无源之水、无本之木”。

现有有关行政复议功能的表述中,“防止和纠正违法的或不当的具体行政行为”也是表述之一,但是这种表述实际上也是“监督功能”的另一种表述方式。“防止和纠正违法的或不当的具体行政行为”是监督所要求实现的结果,将其单独表述为行政复议的功能,不够恰当。

第五节　行政复议的基本原则

行政复议原则对于行政复议活动具有指导性作用。有学者认为,行政复议原则是对行政复议具有高屋建瓴指导意义的基本行为准则。[3] 还有学者认为,行政复议基本原则具有法定性、特殊性、概括性、指导性等特点,贯穿行政复

---

〔1〕 周佑勇:《我国行政复议立法目的条款之检视与重塑》,载《行政法学研究》2019 年第 6 期。

〔2〕 参见刘权:《主渠道视野下行政复议与诉讼关系的重构》,载《中国政法大学学报》2021 年第 6 期。

〔3〕 参见姜明安主编:《行政法与行政诉讼法》(第 7 版),北京大学出版社、高等教育出版社 2019 年版,第 367 页。

议活动的始终,对行政复议活动具有普遍指导意义。[1]《行政复议法》第 3 条第 2 款规定:“行政复议机关履行行政复议职责,应当遵循合法、公正、公开、高效、便民、为民的原则,坚持有错必纠,保障法律、法规的正确实施。”据此,行政复议应当遵循以下基本原则。

一、合法原则

合法原则是指在行政复议活动中,原行政机关、行政复议机关应当遵守现行与行政复议相关的法律、法规、规章。合法原则要求任何行政复议机关履行行政复议职责时都必须合法。行政复议机关在处理行政复议案件时,必须以事实为根据,以法律为准绳。合法原则主要体现为三点:第一,主体合法。行政复议机关必须对某一行政行为依法享有复议权,拥有相应的管辖权,这是进行行政复议的基本前提和基础,否则行政复议行为归于无效。第二,审理和裁决依据必须合法。行政复议机关需要根据正确的法律依据进行审理,行政复议决定需要适用正确、相关的法律依据。需要注意的是,相比于人民法院在行政诉讼中审理的依据,行政复议机关审理行政复议案件的依据范围要更广。第三,审理程序合法。行政复议机关需要根据与行政复议法相关的法律、法规、规章规定的法律程序进行审理,严格遵守程序正当等原则。具言之:(1)遵守正当程序。应当遵循听证、回避等正当程序,切实保障申请人的程序权利。(2)遵守法定的步骤、顺序等程序因素。既“不能简化、放弃法定的步骤”,也“不能颠倒法定改动顺序”。[2] (3)不能违背法定的时限。行政复议受理、审理、决定都需要在法定复议期限内完成,不能任意改动或突破。

二、公正原则

公正原则是一切裁判活动的生命力源泉所在。习近平总书记指出:“必须牢牢把握社会公平正义这一法治价值追求,努力让人民群众在每一项法律制

---

〔1〕 参见石佑启、杨勇萍编著:《行政复议法新论》,北京大学出版社 2007 年版,第 56 页。
〔2〕 参见石佑启、杨勇萍编著:《行政复议法新论》,北京大学出版社 2007 年版,第 64 页。

度、每一个执法决定、每一宗司法案件中都感受到公平正义。”[1]要达到这一目标,就必须坚持公正原则。公正原则要求在形式合法的前提下,行政行为的作出还需要具有公正性。公正原则来源于英国司法程序中的“自然公正原则”,自然公正原则一直将公正独立的裁判者作为一项基本要求,后来才移用到行政程序中来。[2] 在“形式法治国”的理念下,形式合法是对行政复议合法性的基本要求,在“实质法治国”(materielle Rechtsstaat)的理念下,行政复议决定就更需要具有实质正当性。形式上的主体、依据、程序合法都只是对于一个行政行为正当性的低限度要求,而实质正当则是站在人类的公平、正义等至高理念上对行政行为提出的更高要求。从形式合法的角度看,行政复议机关比较容易作出形式合法的行政复议决定,但很多情况下这并不能解决行政争议,甚至会复杂化行政争议;而公正原则要求,只有当行政复议机关作出一个形式合法、实质正当的行政复议决定,这一行政复议决定才是公正的,才能真正保障人民权益,实质性地解决行政争议,从而稳定社会秩序。

公正原则在行政复议活动中既体现为行政复议结果的公正,也体现为行政复议过程的公正,这就要求在设计行政复议制度时尽量保障实质正义与程序正义。具体体现为以下几个方面:(1)回避,保障当事人与行政复议机关没有利益牵连。(2)禁止单方面接触,避免行政复议机关的裁决人员预先设定立场,同时,也避免剥夺其他不在场的当事人为自己利益辩护的机会。(3)职能分离,即行政复议机关的审理职能与最终决定职能分离,可以由行政复议机关内部不同的工作人员来分别行使调查权、听证权和裁决权。《行政复议法》第52条规定的行政复议委员会制度其实也在一定程度上实现了议决分离的功能。(4)给予行政机关和行政复议申请人平等的保障自己权利的机会。例如,《行政复议法》第50、51条等条文就规定了听证程序等相应的正当程序,要求行政机关全面告知行政复议申请人应享有的权利,以及给予双方当事人同等的陈述理由、申辩、质证的机会。(5)行政复议机关无偏私、不歧视,没有个人偏见和没有利益牵连。(6)行政复议机关有调查权力,可以向有关机关、组织、个人调取证据。

[1] 中共中央宣传部、中央全面依法治国委员会办公室编:《习近平法治思想学习纲要》,人民出版社、学习出版社2021年版,第31页。
[2] 参见周佑勇:《行政法基本原则研究》(第2版),法律出版社2019年版,第223页。

(7)行政复议机关要公正地审查原行政行为的合法性和合理性,尤其是合理性。

三、公开原则

公开原则的主旨就在于让民众亲眼见到正义的实现过程。行政公开是指行政主体在行使行政权力的过程中,应当依法将行政权力运行的依据、过程和结果向行政相对人和社会公众公开,使其知悉并有效参与和监督行政权力的运行。[1] 公开原则是实现合法原则和公正原则的外部保障,也是保障宪法规定的公民知情权、参与权、监督权的重要体现。

"行政公开是现代民主政治的题中应有之义,其目的在于满足公民的知情权。公开原则的主旨在于让民众亲眼见到正义的实现过程""因此公开原则长期以来就一直被视为是程序正义的基本标准和要求"[2]。行政复议程序是准司法程序,对于程序而言,公开公正是程序的生命线。行政复议公开包括:(1)行政复议程序公开。群众最担心的问题,就是行政复议在行政机关内部的运作,能否秉公和依法。准司法程序的题中之义就包括程序公开,同时,行政复议机关还要听取行政复议申请人的意见,听取其陈述和申辩,必要时进行听证。此外,还要建立表明身份、告知权利义务、说明理由、公告等程序公开制度。(2)行政复议依据公开。行政复议必须根据公布的文件来审理案件,不能适用内部文件来审理。(3)行政复议活动相关信息公开。《行政复议法》第 48 条规定:"行政复议机构应当自行政复议申请受理之日起七日内,将行政复议申请书副本或者行政复议申请笔录复印件发送被申请人。被申请人应当自收到行政复议申请书副本或者行政复议申请笔录复印件之日起十日内,提出书面答复,并提交作出行政行为的证据、依据和其他有关材料。"《行政复议法》第 47 条则规定了行政机关需要协助当事人查询案卷:"行政复议期间,申请人、第三人及其委托代理人可以按照规定查阅、复制被申请人提出的书面答复、作出行政行为的证据、依据和其他有关材料";但是信息公开也有例外,如果是"涉及国家秘密、商业秘密、个人隐私或者可能危及国家安全、公共安全、社会稳定的情形",

〔1〕 参见周佑勇:《行政法基本原则研究》(第 2 版),法律出版社 2019 年版,第 233 页。

〔2〕 周佑勇:《行政法的正当程序原则》,载《中国社会科学》2004 年第 4 期。

则可能不会公开。(4)行政复议结果公开。行政复议决定除了要送达相关当事人,还应向社会公众公开,接受全社会的监督,这样也能防止行政复议机关滥用职权,督促其合法公正地行使行政复议职能。《行政复议法》第 4 条第 4 款规定:“国务院行政复议机构可以发布行政复议指导性案例。”《行政复议法》第 79 条第 1 款规定:“行政复议机关根据被申请行政复议的行政行为的公开情况,按照国家有关规定将行政复议决定书向社会公开。”推动行政复议决定书网上公开,可以进一步增强行政复议的透明度,提高行政复议公信力。

四、高效原则

高效原则是行政效能原则的体现。行政效能原则是行政权运行本身的要求,是平衡理论的体现,内含相对更具确定意义的效率要求[1],即要求行政机关作出行政行为应当提高效率,从而更有效地促进行政资源的有效配置,保障公民集体权益。高效原则也有宪法依据,《宪法》第 27 条第 1 款规定:“一切国家机关实行精简的原则,实行工作责任制,实行工作人员的培训和考核制度,不断提高工作质量和工作效率,反对官僚主义。”当然,高效原则必须以行政行为的形式合法、实质合法为前提,不能为了效率而放弃行政复议决定的合法性。行政复议机关必须按照《行政复议法》所规定的受理、审理以及作出决定的期限进行行政复议,延长审理期限也必须严格按照法律规定。

高效原则在行政复议程序中主要体现为四个方面:第一,行政复议受理申请要及时。根据《行政复议法》第 30 条的规定,“行政复议机关收到行政复议申请后,应当在五日内进行审查”,对不符合法律规定的行政复议申请,“行政复议机关应当在审查期限内决定不予受理并说明理由”。行政复议机关无论是否受理,都需要尽快地作出决定,不能拖延和耽误时间。第二,行政复议审理的具体步骤要高效完成。例如,《行政复议法》第 48 条规定:“行政复议机构应当自行政复议申请受理之日起七日内,将行政复议申请书副本或者行政复议申请笔录复印件发送被申请人。被申请人应当自收到行政复议申请书副本或者行政复议申请笔录复印件之日起十日内,提出书面答复,并提交作出行政行为的证据、

〔1〕 参见沈岿:《论行政法上的效能原则》,载《清华法学》2019 年第 4 期。

依据和其他有关材料。”第三,作出行政复议决定要高效。《行政复议法》第 62 条中规定:“行政复议机关应当自受理申请之日起六十日内作出行政复议决定;但是法律规定的行政复议期限少于六十日的除外。”第四,行政复议结果的“执行”要高效。针对行政复议被申请人不履行行政复议决定的情况,行政复议机关需要及时处理;针对行政机关不履行决定的,行政复议机关需要及时追究其行政责任。对于这些问题,《行政复议法》第 77、78 条等条文规定了相应的责任条款。例如《行政复议法》第 77 条规定:“被申请人应当履行行政复议决定书、调解书、意见书。被申请人不履行或者无正当理由拖延履行行政复议决定书、调解书、意见书的,行政复议机关或者有关上级行政机关应当责令其限期履行,并可以约谈被申请人的有关负责人或者予以通报批评。”

五、便民、为民原则

便民、为民原则,就是要求行政复议活动方便群众,不因行政复议造成拖累。具体而言,行政复议的一切规定应尽量考虑便于行政相对人申请行政复议;在行政复议过程中要尽量为行政复议申请人进行行政复议活动提供方便,不能阻拦、拖延时间。同时,在为公民、法人或其他组织提供便利时,也要考虑提高行政复议机关的效率。便民原则在《行政复议法》中得到了较好体现:(1)行政复议申请时限的延长。如行政复议申请时限从 2023 年《行政复议法》修订前规定的“一般 60 日”扩张为“60 日”“5 年”“20 年”等多种期限。(2)行政复议申请形式的多元化。如申请行政复议的形式包括书面申请和口头申请;书面申请的形式也更加多元化,申请人可以采取网上申请、邮寄申请等多种形式。(3)行政复议管辖规则的简化。2023 年《行政复议法》的修订简化了行政复议管辖规则,规定一般情形下统一由县级以上人民政府作为行政复议机关集中管辖,部分简化了原先的“条块管辖”规则。毫无疑问,行政复议申请人直接向集中管辖机关申请行政复议的集中管辖规则在一定程度上方便了行政复议申请人。(4)行政复议机关告知条款的全面设置。在行政复议申请人选择了错误的管辖机关、行政复议请求存在错误等情形下,行政复议机关都有全面告知和说明理由的义务。(5)行政复议机关为行政复议申请人提供复印材料的便利。(6)行政复议机关提供行政复议活动的便利。例如,行政复议机关需要一次性告知行政复议申请人需要补充的材料,《行政复议法》第 31 条规定:"……行政复议机关应当自收到申请之日起五日内书面通知申请人补正。补正通知应当一次性载明需要补正的事项……"

第二章　纠纷多元解决机制视野下的行政复议

第一节　行政复议作为解决行政争议的主渠道

《行政复议法》第 1 条将“保护公民、法人和其他组织的合法权益,监督和保障行政机关依法行使职权,发挥行政复议化解行政争议的主渠道作用,推进法治政府建设”确定为立法目的。其中,“化解行政争议的主渠道”置于保护权益与监督职权之后,对于《行政复议法》的立法目的和体系建构具有重要的指导意义。

一、现有的多元纠纷解决渠道

在我国现代化的进程中,多元化的利益诉求进一步突显,劳资纠纷、城乡矛盾、区域矛盾等多元社会矛盾纠纷也不断涌现。[1] 习近平总书记在党的十九大报告中指出“我国社会主要矛盾是人民日益增长的美好生活需要和不平衡

---

〔1〕 近期对于行政争议的实证调查文献可以参见李月军:《当代中国地方政府与社会之间的行政争议关系——基于 2011—2020 年全国行政复议数据的分析》,载《政治学研究》2022 年第 4 期。

不充分的发展之间的矛盾”。[1] 我国社会矛盾呈现多元性、复杂性、多发性、群体性、扩散性等特点，这呼唤着多元纠纷解决渠道的出现。

多元纠纷解决渠道的建设是国家治理体系和治理能力现代化的重要体现。理解行政复议制度既需要将其置于整体的行政争议解决机制，也需要明晰行政过程和行政争议解决机制之间的关联、互动关系。[2] 我国现在的纠纷解决机制主要有：(1)司法解决机制，包括民事诉讼与行政诉讼等；(2)作为非诉讼纠纷解决机制的“大调解”机制，主要包括人民调解、司法调解、行政调解和商事调解等。(3)其他非诉讼纠纷解决机制，例如行政和解、劳动仲裁、公证、行政裁决、商事仲裁、行政复议等机制。然而，司法纠纷解决机制、大调解机制与日益增多的纠纷解纷需求之间的矛盾愈发突出，正如有研究者指出，“日益增长的社会解纷需求与司法资源的严重不足形成尖锐的矛盾，而民间调解的衰落与诉讼数量的激增形成鲜明对比”[3]。此时，非诉讼纠纷解决机制的优势即可体现，即能在诉前通过调解、复议、裁决等多种方式先解决一部分纠纷，从而有效缓解诉讼压力；同时，非诉讼纠纷解决机制也能和诉讼机制相协调和衔接，实现诉讼和非诉讼纠纷解决机制的高效转换和协调。

行政复议作为一种主要的非诉讼纠纷解决机制，在行政争议的纠纷解决中扮演着极其重要的角色。行政复议既具有诉讼纠纷解决机制的公正、正式、执行力强等优势，也具有非诉讼纠纷解决机制的便捷、成本低、简洁等优势，理应成为化解行政争议的主渠道。

二、建设行政复议主渠道的必要性

2021 年 8 月，中共中央、国务院印发实施《法治政府建设实施纲要（2021—2025 年）》，作为“健全社会矛盾纠纷行政预防调处化解体系，不断促进社会公平正义”的措施之一，列举了“发挥行政复议化解行政争议主渠道作用”。行政

---

[1] 习近平：《决胜全面建成小康社会　夺取新时代中国特色社会主义伟大胜利——在中国共产党第十九次全国代表大会上的报告》，人民出版社 2017 年版，第 19 页。

[2] 参见高秦伟：《寻找实现行政正义的最佳方式——英国行政复议制度的发展与课题》，载《中国政法大学学报》2021 年第 6 期。

[3] 龙飞：《论国家治理视角下我国多元化纠纷解决机制建设》，载《法律适用》2015 年第 7 期。

复议主渠道的作用是指，相对于行政诉讼而言，行政复议需要负责承担更多的行政争议的实质性化解任务，作为行政救济管道的首要和主要的闸门，过滤掉相当数量的流向行政诉讼的行政争议案件。

如苏力教授所言："司法执法机关的活动从根本上看是为了保证社会纠纷和矛盾的合理处置或解决，因此其活动的基本标准是满足社会的需要，包括通过社会舆论反映出的民心。"[1]将行政复议打造为化解行政争议的主渠道有以下三点原因。

（一）减少诉累

"争议必须能被快速而经济地解决，这既是为了公共利益，也是为了请求人的利益。"[2]一直以来，行政复议维持率居高不下，行政争议难以在行政复议渠道真正解决，这造成两个直接后果：一是当事人需要经历行政复议与行政诉讼，在行政复议机关、一审法院、二审法院之间来回奔走，疲于诉累。二是叠加的诉讼争端给法院增加了更多的诉讼负担，法院需要将行政复议机关审查过的案件重新审查，这显然提高了成本。尤其是近年来法院面临极大的办案压力，案多人少的问题极为普遍且突出，基层人民法院和中级人民法院办案压力更大，故完全寄希望于法院实现"实质性地解决行政争议"的行政诉讼法立法目的显然并不现实。因此，有必要将行政复议构建成为化解行政争议的主渠道，发挥其行政争议过滤器的作用，让行政争议尽量在行政复议阶段解决，只让数量较少的行政争议进入行政诉讼阶段，从而减少法院和行政复议申请人的成本，节约社会成本、司法成本，同时也能实质性地解决行政争议。

（二）提高政府公信力的必然要求

行政复议是政府公信力的外在表现之一，提高政府公信力既是行政复议发挥主渠道功能的必然要求，又是必然结果。由于行政复议一直以来被视为政府的自我监督和纠错机制，人们对行政复议的信任度较低，在发生行政争议时更

---

〔1〕 苏力：《法治及其本土资源》（第3版），北京大学出版社2015年版，第157页。

〔2〕 ［英］威廉·韦德、克里斯托弗·福赛：《行政法》（第10版），骆梅英等译，中国人民大学出版社2018年版，第690页。

倾向于选择信访或者行政诉讼,这也造成了行政争议解决“大信访、中诉讼、小复议”的现状。对此问题,习近平总书记指出:“我国国情决定了我们不能成为‘诉讼大国’。我国有十四亿人口,大大小小的事都要打官司,那必然不堪重负!”[1]政府在行政复议阶段就能解决行政争议,打造一个公正、高效、为百姓着想的政府形象,自然可以显著提高政府的公信力,从而助益政府各个领域公信力的整体提升,最终服务于国家政权的合法性加强。

(三)发挥行政复议的制度优势

1. 行政复议的专业性更强。行政复议机关本就是解决专业问题的专门机构,其日常会处理相关行政争议,故而相比于法院,行政机关对于各类行政事务更加熟悉,在遇到问题时可以更加妥善地处理,也就更能彻底地解决行政争议。

2. 行政复议的制度成本更低。第一,行政复议的程序设计较为简便,一般以书面审理为主。第二,申请行政复议一般不需要缴纳相关费用,行政复议申请人的救济成本更低。《行政复议法》第 87 条规定“行政复议机关受理行政复议申请,不得向申请人收取任何费用”,换言之,行政复议是“免费”的,而行政诉讼则需要当事人缴纳少量费用。第三,行政复议机关与被申请机关在系统内部的交流更加快捷,从而可以减少沟通成本。[2]

3. 行政复议的审查范围更广。行政复议机关对具体行政行为与抽象行政行为都可以审查,对羁束行为或自由裁量行为也都可以“毫无拘束”地审查。行政复议具有“基于行政监督权先天的综合性和能动力,在复议审查范围的广度,合理性审查标准的深度,通过复议决定直接回应老百姓需求的契合度方面,无疑具有时刻需要保持谦抑的司法权所不具有的优势”[3]。

---

〔1〕 习近平:《习近平著作选读》(第 2 卷),人民出版社 2023 年版,第 384 页。

〔2〕 日本学者认为,由于程序简易,成本低廉,救济迅速,不服申诉的审理也涉及不合理性,因此对各种内容的不服都可以得到救济,甚至不服申诉在作出行政行为的行政机关或者直属上级行政机关进行不服审查的情况下,可以通过变更行政行为或者对行政行为的变更命令进行适当的救济,这些都是行政不服审查制度的优点。从这点来看,该制度相对于行政诉讼制度而言,具有竞争的优势。参见[日]本多滝夫:《日本行政系统的转换和行政不服审查法的“现代化”》,江利红译,载《行政法学研究》2015 年第 3 期。

〔3〕 曹鎏:《作为化解行政争议主渠道的行政复议:功能反思及路径优化》,载《中国法学》2020 年第 2 期。

4. 行政复议实质性化解行政争议的能力更强。第一，行政复议机关往往是被申请机关的上级机关，对于被申请行政机关而言在官僚体系内拥有绝对权威[1]，因此被申请行政机关在执行行政复议决定时会更彻底。第二，行政复议是行政系统内部的自我纠错，行政复议机关可以彻底审查行政行为的合理性、正当性，行政复议机关对行政行为的审查没有“裁量余地”“裁量空间”，因此可以通过作出履行特定职责决定、变更决定等类型的决定直接解决行政争议。余凌云教授运用彼得·凯恩的“决定等级”理论对此作出了解释：“行政机关上下级之间构成了一个决定等级。在这一等级序列里面上级可以撤销、变更下级的决定。因为它们都行使着近似的权能，有着相同的资质、经验和能力”“在这方面，上级的责任重于下级，能力高于下级，意愿优于下级”“法院在这个等级序列之外，有着分权的约束，又不替代政治责任，所以手就不能伸得太长”[2]。第三，行政复议机关可以调用更多的行政资源解决当事人的实际问题。很多行政争议具有复杂的社会原因和经济原因，行政复议机关作为行政机关有权力调动社会资源以全面回应当事人的实际诉求，解决当事人的实际困难，这是法院难以做到的。

5. 行政复议具有“多一次救济机会”的天生优势。作为行政救济中紧密相连的两个渠道，《行政复议法》第 23 条规定了部分案件行政复议前置的情形，这种情形下行政复议在救济顺序上位于行政诉讼之前。由于行政复议给行政相对人多提供了一次救济的机会，所以其也愿意首先选择行政复议的救济途径。因此，若行政复议能利用好其在救济顺序上的优先性，争取在行政复议中就解决行政争议，则行政相对人也无需再向法院提起诉讼。

6. 较之行政诉讼程序，行政复议程序更加简单。“虽然复议也引入了一些类似法院司法的机制，但又比法院司法程序简便，操作灵活，能较快解决纠纷，安定社会。”[3]出于行政效率和成本的考虑，行政复议程序不像司法程序正式，但却能达到相似的效果。

---

〔1〕 行政复议机关具有与生俱来的组织优势，能够通过干部选拔任用、行政绩效考评、社会资源分配等多种有力手段影响被申请人。参见章志远：《行政法学总论》（第 2 版），北京大学出版社 2022 年版，第 426 页。

〔2〕 余凌云：《论行政复议法的修改》，载《清华法学》2013 年第 4 期。

〔3〕 应松年：《把行政复议制度建设成为我国解决行政争议的主渠道》，载《法学论坛》2011 年第 5 期。

三、行政复议主渠道的功能性意义

(一)化解行政争议主渠道体现了功能主义理念

《行政复议法》将化解行政争议主渠道作为立法目的之一,糅合了一定的政策性考量,强调法律需要为社会服务,稳定社会秩序,这就是功能主义的体现。有学者认为,解决争议条款的加入不是一个法律问题,而是一个司法政策问题,是一种国家治理策略。[1] 从法政策学视角分析,这主要源于"政府推动"和"政治决断"两个因素。[2] 功能主义强调,将法律视为政府机器的组成部分、实现某种实践性目标的工具,并利用这种工具实现政府的社会政策。换言之,功能主义认为国家这部政治机器就是用来实现一套特定目的的。[3] 因此,根据功能主义理论,能动型国家可以通过政策、法律等政治工具实现国家的目的,实质性地解决社会争议、稳定社会秩序就是国家目的之一。如苏力教授所言:"在民主之信仰日益深入人心的时代,法律活动之结果必须在一定程度上反映社会的呼声,满足社会多数人在特定时期的某些具体要求。"[4] 因此,行政复议作为化解行政争议主渠道更像是一种价值引导、功能导向性的立法目的,对于行政复议制度的发展、行政复议制度在社会体系中的定位有着引领作用。

(二)促进行政救济立法目的的实现

救济权益应当成为行政复议的首要立法目的与功能。在 2014 年《行政诉讼法》修改时,"解决行政争议"是行政诉讼的首要立法目的,该立法安排引发了诸多争议,学界对于行政诉讼法是客观法还是主观法以及立法目的之间的结构安排等问题至今仍有争议。在行政复议法中,行政救济成为首要立法目的使得行政复议法呈现出更加纯粹的主观法面向,更能贴合其行政救济法与准司法程序的定位。化解行政争议主渠道的功能有助于行政救济这一核心目的的达成。

---

〔1〕 参见章剑生:《行政诉讼"解决行政争议"的限定及其规则——基于〈行政诉讼法〉第 1 条展开的分析》,载《华东政法大学学报》2020 年第 4 期。

〔2〕 参见周佑勇:《行政复议的主渠道作用及其制度选择》,载《法学》2021 年第 6 期。

〔3〕 参见[英]马丁·洛克林:《公法与政治理论》,郑戈译,商务印书馆 2013 年版,第 85、186 页。

〔4〕 苏力:《法治及其本土资源》(第 3 版),北京大学出版社 2015 年版,第 161 页。

行政救济与解决行政争议的关系应当呈现根本目的与直接目的的关系。周佑勇教授认为,化解争议更侧重于基础性功能,权利救济是价值性功能,监督行政则是原生性功能。[1] 这一观点对于行政复议立法目的之间的关系进行了有力的辨明,但仍值得商榷。对于行政复议的根本目的的判断是一个价值性判断,但从行政救济法的性质出发,行政救济应当是行政复议法的根本目的。一方面,行政复议法之所以作出了与行政诉讼法截然不同的立法安排,说明立法者有意识地将救济权益作为首要功能。另一方面,实质性地解决行政争议需要以救济权益为前提,如果在一个具体行政案件中,人民的切身权益得到保障,自然也就不会再产生新的行政争议,就不会再引发新的行政诉讼,此时行政复议的主渠道功能自然彰显。反言之,如果认为解决行政争议就能同时保护人民权益,不仅在理论上有本末倒置之嫌,在实践中也可能出现为了解决争议而解决争议,实际上不能真正实现保护权益的目的。

综上所述,化解行政争议主渠道的功能打造有利于体现行政复议救济权益的核心功能。

四、行政复议作为化解行政争议主渠道的实现条件

《行政复议法》2023 年的修订对行政复议制度进行了较大改动。对此,有学者曾言:"在未来的五到十年甚至更长的时期内,行政争议解决制度整体框架结构重心将逐步转移到行政复议制度,而即将出台的《行政复议法》则为行政复议发挥行政争议化解的主渠道作用提供了法律制度支撑。"[2] 为了继续突出行政复议化解纠纷主渠道的角色,今后宜在以下方面进行巩固和扩展。

(一)明确《行政复议法》的首要立法目的

《行政复议法》的立法目的应与行政复议的功能基本一致。我国的行政复议制度长期被定位为行政系统内部的监督制度,即为上级行政机关监督下级行

---

〔1〕 参见周佑勇:《行政复议的主渠道作用及其制度选择》,载《法学》2021 年第 6 期。

〔2〕 高家伟:《论行政复议机关实质性化解争议的角色与功能定位》,载《法律科学(西北政法大学学报)》2023 年第 2 期。

政机关依法行政,救济行政相对人权益提供某种机制。行政复议本质上是一种准司法权,应当以行政救济为首要与核心功能,兼具监督依法行政之功能。“保护公民、法人和其他组织的合法权益”的表述不能凸显行政复议的特点,对于“保护”的理解应纳入“救济”之含义。

(二)扩大行政复议的范围

一是明确“行政行为”为行政复议的受案范围标准。明确所有的行政行为均属于行政复议的范围,并将行政行为定义为“享有行政权能的组织运用行政权、针对特定人或特定事项作出的具有法律效果的行为”,从而使行政复议真正成为“解决行政争议的主渠道”。二是增加对行政事实行为的复议途径。行政相对人认为行政机关的事实行为违法的,可以要求行政机关消除违法后果或赔偿损失。行政相对人对行政机关不予答复的行为不服或者对行政机关的答复不服的,可以申请行政复议。行政事实行为造成损害的,行政复议申请人可以一并提出赔偿申请。三是取消对规范性文件只能附带申请行政复议的规定,行政相对人认为行政规范性文件违法并侵犯自己合法权益的,可以直接申请行政复议。

(三)坚持行政复议前置与司法最终原则

一方面,应当确立行政复议前置原则。笔者一直主张确立完全的行政复议前置制度。高家伟教授认为,应当让法院“不再承担中心平台的作用,而只发挥事后的审查纠偏、拾遗补阙找漏洞的‘辅助渠道’功能”[1]。较为温和的观点则认为应当确立有限和灵活的行政复议前置范围。[2] 笔者认为,从“主渠道”的立法目的角度出发,应当全面确立行政复议前置原则,尤其是针对行政机关行使裁量权的案件。

另一方面,应当坚持司法最终原则。经过行政复议的案件,行政复议申请人仍然可以诉诸司法,取得法院的终局法律评价。这是维护司法权威和公正的基本保障。因此,行政复议决定书并非一经送达即生效,而是当事人在法定期

---

〔1〕 高家伟:《论行政复议机关实质性化解争议的角色与功能定位》,载《法律科学(西北政法大学学报)》2023 年第 2 期。

〔2〕 参见刘权:《主渠道视野下行政复议与诉讼关系的重构》,载《中国政法大学学报》2021 年第 6 期。

限内不提起行政诉讼才生效。相应地,对于经过行政复议的行政诉讼案件,法院应当同时对行政复议决定一并判决。

(四)健全行政复议程序规则

一是从以书面审理为原则转变为更多采取口头审理原则。从提高行政复议制度公正性的角度出发,应当改变我国行政复议制度以书面审理为原则的审理方式;但为了提高行政效率,也不宜所有的行政复议案件都实行口头审理。对于下列案件,行政复议机关可以决定适用书面方式进行审理:争议焦点为执法权限的案件;对合法性不存在争议,仅对合理性有争议的案件;轻微程序违法的案件。二是确立行政复议以停止执行为原则。结合我国行政复议制度的发展方向以及对行政复议停止执行的正当性分析,建议在我国行政复议制度中明确以停止执行为原则,不停止执行为例外。为此,可以考虑将相关条文设置为:行政复议期间停止行政行为的执行;但是,行政行为的执行涉及重大公共利益,不执行将给公共利益造成难以弥补的损失时,行政复议机关可以依职权决定不停止执行。三是完善行政复议调解、和解制度。首先明确复议调解、和解的原则,即"不违反公共利益"。其次明确行政复议调解、和解的范围。只应将"无效行政行为"排除在外,其他的行政复议案件均可调解、和解;其中,行政主体没有处分权是行政行为无效的一种情形。最后明确行政复议调解书的效力,包括终结行政复议、不可诉、可以被强制执行三个方面。四是增加规定回避制度。回避制度体现了公正价值,是行政程序的基本价值。我国三大诉讼法中都普遍规定了回避制度,行政复议中也应建立行政复议人员的回避制度,明确回避的情形、应回避的人员范围、回避的权利救济等规定。五是增设简易程序。对于适用简易程序办理的行政复议案件,行政复议机关应当自受理申请之日起 15 日内作出行政复议决定。

(五)治理行政复议不作为

《行政复议法》虽然规定了行政复议不作为的众多情形,但对"行政复议不作为"概念缺乏专门的阐释。行政复议不作为认定标准不明确,导致实践中难以判定行政复议机关是否构成不作为,对行政复议不作为进行追责也就无从谈起。其弊害主要体现在以下几个方面:一是损害申请人合法权益,二是增加行政和司法成本,三是降低行政复议公信力。对此,一是要对行政复议不作为的概念进行界定,将"无正当理由不予受理依法提出的行政复议申请、不按照规定转送行政复议申请、在法定期限内不作出行政复议决定"等行为纳入行政复议不作为。为此,可以考虑将行政复议不作为的概念界定为:行政复议不作为,是指行政复议机关具有行政复议的法定义务并且有作为的可能性,但行政复议机关消极履行行政复议义务的行为。明晰概念的目的在于,对行政复议机关不履行法定职责、逾期答复等玩忽职守行为导致败诉的情况,严格追责,从而增加行政复议不作为的成本,遏制行政复议不作为现象的发生。二是明确行政复议机关不作为的救济途径。由于实行行政复议前置,为了更好地保护行政相对人的合法权益,在行政复议机关不作为的情况下,应当允许公民、法人或者其他组织直接就原行政行为向人民法院提起行政诉讼。

(六)与《行政诉讼法》相衔接

一是行政复议对于利害关系的认定规则借鉴行政诉讼。近年来行政诉讼通过保护规范理论的适用,对利害关系的判定方式进一步科学化和规则化,不断扩大保护范围。[1] 最近几年,在分配行政理念的引领下[2],利害关系再次向第三人蔓延,反射利益的范围进一步被限缩。行政复议制度对此应予以借鉴。二是将第三人纳入行政复议申请人范围。明确提出行政复议申请的资格是与行政行为具有利害关系的前提,行政相对人以及其他与行政行为有利害关系的公民、法人或者其他组织,均可以依法申请行政复议。三是完善行政复议被申请人的规定。例如《行政复议法》对于被授权组织的行政复议被申请人资格、需批准行政行为的被申请人的认定规则等方面的问题的规定存在完善的空间,应当对其予以修改以实现行政复议法与行政诉讼法的衔接。四是修改完善行政复议决定体系。应当借鉴《行政诉讼法》第78条行政协议的裁判方式规定以及

[1] 关于保护规范理论的研究可以参见赵宏:《保护规范理论的历史嬗变与司法适用》,载《法学家》2019年第2期;王天华:《主观公权利的观念与保护规范理论的构造》,载《政法论坛》2020年第1期。

[2] 关于分配行政的研究可以参见王贵松:《作为利害调整法的行政法》,载《中国法学》2019年第2期;王天华:《分配行政与民事权益——关于公法私法二元论之射程的一个序论性考察》,载《中国法律评论》2020年第6期;黄宇骁:《行政法上的客观法与主观法》,载《环球法律评论》2022年第1期。

《行政诉讼法》第74、第75条的确认违法和无效判决等规定，建立完善的行政复议决定体系。

第二节　行政复议与行政诉讼的对比

一、行政复议与行政诉讼的异同对比

行政复议与行政诉讼在我国均被认为是权利救济制度，基本的任务都是解决行政纠纷。两者在很多方面具有相似之处，但也有比较明显的区别。

（一）行政复议与行政诉讼的相似之处

行政复议与行政诉讼在我国均被认为是权利救济制度，基本的任务都是解决行政纠纷。鉴于1989年《行政诉讼法》的成功经验，《行政复议法》在起草之初主要参考了《行政诉讼法》的立法模式、框架和具体的条款设计，这也是行政复议程序被称为准司法程序的重要原因之一。因此两者在很多方面有相似之处，如行政复议与行政诉讼的双方当事人在法律上均具有平等的地位，都实行不告不理，都有受案范围限制、行政复议（诉讼）期限制度，以及当事人的处分权都受到一定的限制等。

（二）行政复议与行政诉讼的不同

尽管行政复议与行政诉讼具有诸多相似之处，但两者仍然具有比较明显的区别，主要体现在以下三个方面。

1. 两者的审理主体不同。行政诉讼案件的审理主体是法院，行政诉讼的过程由司法权支配，诉讼过程充分反映了司法的基本特点，如审判主体处于居中裁判的地位，诉讼程序的设计要有利于实现公正等。行政复议案件的审理主体是行政机关，在我国现行的行政复议制度下，行政复议机关与行政复议被申请人通常具有行政隶属关系（自我管辖的情况除外）等。

2. 两者的审查强度不同。我国当前的行政复议与行政诉讼虽然都针对行政行为，但两者对行政行为的审查强度不同。行政复议可以同时深度审查行政

行为的合法性和合理性。与行政复议审查是基于行政权内部的隶属关系不同，行政诉讼的审查强度比行政复议略低，更多只能审查行政行为的合法性，原则上不审查合理性问题。原因在于，审判权是对行政权的一种外部监督，为了避免司法权凌驾于行政权之上，需要对司法权予以必要的限制，即在行政诉讼中，司法权应当尊重行政机关的裁量权，在是否合理的问题上，通常不能以法院的判断来取代行政机关的判断。

3. 两者的程序设计不同。行政诉讼是法院主持下的司法程序，相比于行政复议程序，行政诉讼程序较为复杂、严格，包括回避制度、代理制度、起诉期限制度、申请撤诉制度、缺席判决制度、检察院抗诉制度等一系列程序方面的制度。与行政诉讼程序相比，行政复议程序具有高效、便捷、低成本等特点。例如，申请行政复议无须缴纳费用；行政诉讼的一审审限为 6 个月，二审期限为 3 个月，而行政复议的一般审理期限为 60 日，短于行政诉讼的审理期限等。此外，虽然我国行政复议制度也在借鉴行政诉讼程序的基础上引入了部分司法程序，但与行政诉讼较为严格的司法程序相比，其依旧显得较为简单。

二、行政复议与行政诉讼的优劣对比

第一，从化解行政纠纷程度看，行政复议优于行政诉讼。基于行政复议机关与法院的不同地位，行政复议机关不仅可以深度审查行政行为，还可以直接要求行政机关作出某一行政行为。行政诉讼中，法院基于尊重行政裁量权的原因往往很难作出针对行政机关的履责判决。但是在行政复议中，行政机关没有这一限制，可以直接审查被申请行政机关作出的具有裁量余地的行为，并根据审理结果作出某一具体的行政复议决定。显然，行政复议的模式更有利于行政争议的解决。

第二，从公正性看，行政诉讼优于行政复议。行政复议机关往往是被申请人的上级，与被申请人有着非常密切的关系。行政复议机关在裁决时可能会考虑上下级或者整体与部门之间的关系；下级行政机关作出的很多行为是在得到明确许可或默许之后作出的。因此理论上，行政复议机关是中间裁决者，但由于行政复议是行政机关解决因下级行为产生的争议，这就必然有官官相护或干预过多之嫌[1],事实上较难保持中立。如行政复议制度实施了多年,行政复议维持率居高不下,一直维持在50%左右,这一问题即使在行政复议双被告制度出台后依然不能被很好地解决。法院则完全居于中立地位,可以独立行使审判权,因此更具公正性。

第三,从审查深度看,行政复议优于行政诉讼。行政诉讼虽然审查行政行为的合法性与合理性,但是囿于司法权的性质,法院不能过多干涉行政机关,故而对于合理性的审查较为克制和谨慎。但是在行政复议中,行政复议机关既是中间裁决者,又是被申请行政机关的监督机关(一般是上级机关),故而可以深度审查行政行为的合理性、适当性。

第四,从审理程序与效率看,行政复议优于行政诉讼。行政复议的程序是一种准司法程序,在具有司法程序特性的同时也强调效率;而行政诉讼则是保障行政相对人合法权益的最后一道屏障,虽然兼顾审判效率,但更加关注司法公正,同时兼顾审判效率。因此,二者在程序规定的繁简程度上也有明显的差异。行政复议法虽部分吸收了听证等司法性程序,但原则上采取书面审查的方式,也部分吸收了听证等司法性程序,因此在程序上比较简便、灵活。行政诉讼法原则上采取开庭审理的方式,开庭审理往往所用时间较长,程序比较繁杂。

第五,从行使救济权利期限看,行政诉讼优于行政复议。《行政复议法》规定,在一般情况下,提出行政复议申请的期限是60天,而提起行政诉讼的期限为6个月。行政诉讼作为最终的救济方式,在时间上更能较充裕地维护行政相对人的合法权益。此外,一般情况下,行政复议决定并非终局决定。行政判决由法院作出,根据司法最终原则,司法判决是终局决定,具有最终效力。

第三节　行政复议与行政诉讼的衔接

行政复议与行政诉讼作为我国当今主要的行政救济途径,两者之间具有紧密的联系。处理好两者的关系,对两者进行准确的定位和有效衔接,最大限度地发挥两者的功能并避免两者之间的制度竞争,具有“一加一大于二”的效果,

---

〔1〕 参见应松年:《行政复议应当成为解决行政争议的主渠道》,载《行政管理改革》2010年第12期。

是完善我国行政救济体系的重要议题。

一、行政复议与行政诉讼的衔接：系统论角度的观察

对于行政复议和行政诉讼的衔接，不应该孤立地看待两者的关系，而应该从系统的角度看待和处理两者的关系，使两者所在的系统能够协调运转。托依布纳认为，法律本身就是“一个自创生系统的世界中的自创生系统”〔1〕。如行政复议和行政诉讼均处于行政救济系统之中，但各属于不同的子系统。因此，“要在极度功能分化的条件下实现整合，不同的子系统必须相互支持”〔2〕。务必考察各个子系统，增强法律子系统的反思性，最终达到行政救济系统的统一性与整合性。

从系统哲学的角度而言，系统要素都具有一定的结构和功能，是结构与功能的统一体。〔3〕 行政复议与行政诉讼作为行政救济系统的组成要素，同样是结构与功能的统一体。在行政权利救济系统中，两者的基本功能都是为行政相对人提供权利救济。正如蔡志方先生所言：“诉愿与行政诉讼制度，均系用以救济人民受行政权之侵害，以求其复原，从其目的而言，均属相同，并不因前者为自律、后者为他律，前者欠缺独立性保障，而后者适用审判独立，在其救济价值上有根本之差别。”〔4〕李大勇教授也指出，行政复议和行政诉讼的制度竞争具有共同性、稀缺性的竞争目标，应遵循共同、相近的行政救济规则。〔5〕 但同时，虽然有众多相似之处，但两者并不应是同质的救济制度。从系统论的整体出发，两者的功能应当有所区别，这种区别由两者在行政救济系统中的地位所决定。在行政救济系统中，行政复议和行政诉讼的关系有以下两个特点值得注意：

---

〔1〕［德］贡塔·托依布纳：《法律：一个自创生系统》，张骐译，北京大学出版社 2004 年版，第 100 页。

〔2〕［德］图依布纳：《现代法中的实质要素和反思要素》，矫波译，载《北大法律评论》第 2 卷第 2 辑，法律出版社 2000 年版。

〔3〕参见乌杰：《系统哲学》，人民出版社 2008 年版，第 52 页。

〔4〕蔡志方：《论诉愿与行政诉讼之关系》（上），载翁岳生教授六秩诞辰祝寿论文集编辑委员会编辑：《当代公法理论：翁岳生教授六秩诞辰祝寿论文集》，台北，月旦出版社 1993 年版。

〔5〕参见李大勇：《行政复议与行政诉讼的制度竞争》，载《法律科学（西北政法大学学报）》2023 年第 2 期。

1. 总体而言,行政复议在前,行政诉讼在后。根据《行政诉讼法》第44条第1款的规定,对属于人民法院受案范围的行政案件,公民、法人或者其他组织可以先向行政机关申请复议,对复议决定不服的,再向人民法院提起诉讼;也可以直接向人民法院提起诉讼。从该规定可以看出,如果案件属于行政诉讼的受案范围,行政相对人实际上就拥有了两次救济机会,即可以先申请行政复议然后再诉讼。这一特点不仅存在于我国,在其他国家和地区亦是通行做法。行政复议与行政诉讼在关系上的这一特点,促使我们必须处理好两者的衔接关系,以使行政复议与行政诉讼的权利救济功能得到更好的发挥。《行政复议法》将行政复议定位为"化解行政争议的主渠道",事实上将行政诉讼与行政复议衔接起来,将二者视为化解行政争议的同一渠道中的两个"管道",期冀行政争议在第一个管道即行政复议中就被解决。

2. 行政复议和行政诉讼在审查主体上的不同特点,决定了二者的审查权限亦有不同。行政复议与行政诉讼的审查主体性质不同,行政复议的审查主体是行政机关,而行政诉讼的审查主体是司法机关。行政复议机关一般是被申请人的上级机关,两者之间具有隶属关系,因此行政复议机关拥有比司法机关更广泛的审查权限。但行政诉讼的审查主体是司法机关,与行政系统分属不同的系统,故在行政诉讼审查权限的分配上,必须考虑行政系统与司法系统的关系,因此司法机关的审查权通常有所抑制。

行政复议与行政诉讼关系衔接的构建,应从上述两个特点出发,进而使行政救济系统整体运转更协调,更有利于权利救济功能的发挥。

二、行政复议与行政诉讼的衔接范围

从程序上看两者的衔接关系,行政复议在前,行政诉讼在后。与之相对,行政复议与行政诉讼的衔接范围主要体现在以下四个方面:

1. 程序的衔接。目前从总体上看,我国大多数行政复议案件均可在提起行政诉讼之前申请行政复议,即选择模式。除了选择模式外,我国还存在行政复议前置、行政复议终局等多种模式。如何处理上述各种模式,从而更有利于行政救济体系的协调运转,是处理好行政复议和行政诉讼衔接所必须解决的问题。

2. 当事人的衔接。行政复议案件可能因申请人不服行政复议决定而提起行政诉讼后进入诉讼程序。在进入诉讼程序后,行政复议和行政诉讼的衔接之一就体现为当事人的衔接。在经过行政复议的行政诉讼案件中,行政复议案件中的申请人可以转化为行政诉讼的原告,但在被告的认定问题上,则存在较多的争议,这也是处理好两者衔接关系必须认真对待的问题。

3. 受案范围的衔接。与民事诉讼的受案范围不受限制不同,行政复议和行政诉讼在受案范围上均存在一定的限制。受案范围的基本原理,实质上是审理权的限制。在行政复议和行政诉讼的关系上,需要妥善处理的衔接范围之一就是受案范围的衔接。

4. 其他方面的衔接。除了上述最为主要的衔接方面外,其他衔接范围还包括起诉期限的衔接、审理对象的衔接、审理依据的衔接、证据的衔接等。

第四节　行政复议机关作共同被告的反思[1]

行政复议机关作共同被告制度是我国2014年《行政诉讼法》修改的一个重要内容。从实施效果而言,该制度目前取得了一定的成效,但从成本收益分析的角度看,该制度则存在成本过高等问题。从理论角度而言,行政复议"行政性"的性质判定导致了行政复议和原行政行为"一体化"的制度设计,而将行政复议决定作为行政诉讼的对象更是错误地将"程序标的"误认为是行政诉讼标的的结果。无论是从成本收益分析角度而言,还是从理论分析而言,都应让行政复议机关不作为共同被告,恢复行政复议"准司法"的固有属性,同时通过建立事后的责任追究机制等,让行政复议发挥其作用,进而成为我国化解行政争议的主渠道。

[1] 本节系在笔者论文《反思行政复议机关作共同被告制度》基础上修改而成。参见王青斌:《反思行政复议机关作共同被告制度》,载《政治与法律》2019年第7期。

一、行政复议机关作共同被告制度的立法考量和立法效果

(一)行政复议机关作共同被告制度的立法考量

在2014年《行政诉讼法》修正过程中,学界围绕行政复议机关是否作被告,特别是行政复议机关作出维持决定的情况下是否作被告,展开了激烈的争论。围绕这一问题所提出的各种方案与建议多达十几种,有主张行政复议机关一律不作被告的,也有主张行政复议机关单独作为被告的,还有主张行政复议机关与原行政机关作共同被告的等观点。[1] 2014年修正的《行政诉讼法》采纳了行政复议机关在作出维持决定的情况下作共同被告的方案。[2]

2014年修正的《行政诉讼法》将"行政复议机关作维持决定不作被告"改为"行政复议机关作维持决定作共同被告",主要的考虑因素包括:一是行政复议决定也是一种行政行为,行政复议机关的维持决定表达了行政复议机关的意志;二是倒逼行政复议机关积极作为;三是行政复议体制改革方向是行政复议权向政府集中,政府作共同被告有利于加强政府对政府部门的监督。[3] 其中,倒逼行政复议机关积极作为,改变其大量作出维持决定而成"维持会"的局面是主要考虑因素。

(二)行政复议机关作共同被告制度的实施效果

倒逼行政复议机关积极作为是2014年修正的《行政诉讼法》建立行政复议机关作共同被告制度的初衷,那么,这一制度的实施效果如何呢?

---

〔1〕 在1989年行政诉讼立法时,面对行政复议机关会不会成为维持会的争议,行政机关表示不需要担心这个问题,因此最终确定了单被告的方案。当时参会的行政机关的同志表示说,行政机关的复议不会成为维持会,将会实事求是地根据事实和法律进行复议。于是最终就按照法院同志的提议定了下来。参见应松年:《起草〈行政诉讼法〉中的争论问题》,载蔡小雪编撰:《行政诉讼30年:亲历者的口述》,法律出版社2019年版。

〔2〕 2014年修正前的《行政诉讼法》第25条第2款中的相关规定是"经复议的案件,复议机关决定维持原具体行政行为的,作出原具体行政行为的行政机关是被告"。2014年修正后的《行政诉讼法》第26条第2款中的相关规定是"经复议的案件,复议机关决定维持原行政行为的,作出原行政行为的行政机关和复议机关是共同被告"。

〔3〕 参见童卫东:《进步与妥协:〈行政诉讼法〉修改回顾》,载《行政法学研究》2015年第4期。

在《行政诉讼法》2014 年修正之前，因为行政复议机关在作维持决定的情况下不用作被告，因此，客观上确实会助长行政复议机关维持原行政行为的做法，“复议机关为了避免作被告，往往不分青红皂白地维持原行政行为。”[1]判断行政复议机关是否积极作为的指标主要有两项：一是维持率，二是撤销率。在行政机关的依法行政水平没有明显变化的情况下，行政复议决定的维持率越高，说明行政复议机关的审查强度越低；而行政复议决定的撤销率越高，说明行政复议机关的审查强度越高。2014 年修正后的《行政诉讼法》自 2015 年 5 月 1 日起开始实施，因此，将 2015～2021 年的数据与 2014 年及其之前年份的数据对比，可以看出 2014 年修正后的《行政诉讼法》的实施效果。

如表 1 所示，通过对比 2011～2014 年和 2015～2022 年的行政复议数据，特别是行政复议决定的维持率与撤销率这两项数据，能够说明行政复议机关的审查强度在提高，说明行政复议机关作共同被告制度有着积极效果。其中，行政复议决定的维持率从 2011 年到 2014 年变化不大，但从 2015 年开始，行政复议的维持率明显降低，2015 年是 54.59%，2016 年是 48.48%，2016 年首次低于 50%，2017 年和 2018 年的维持率则相差不大，分别是 50.89% 和 50.80%，2020～2022 年则又降到了 50% 以下，并呈现下降趋势。行政复议决定的撤销率在 2011～2014 年同样变化不大，2014 年的撤销率为 5.22%。但从 2015 年开始，行政复议的撤销率有了明显上升，其中，2015 年是 7.95%，2016 年是 10.58%，撤销率在 2016 年也是首次突破 10%，2017 年是 9.29%，2018 年是 9.91%，2019 年、2020 年均在 10% 以上。在撤销率方面，2015～2022 年的情况相比 2011～2014 年也有了一定提高。因此，从行政复议决定的维持率明显降低和行政复议决定撤销率大幅提升两个方面看，可以证明行政复议机关作共同被告制度确实起到了立法的预期目的，发挥了倒逼行政复议机关认真履行行政复议职责的作用。此外，随着近年来党和国家对依法行政的重视程度不断提升，我国依法行政的水平理应也有所提升。若结合这一背景来观察，行政复议机关作共同被告制度的实际效果应该比表 1 中的数据所反映出来的效果更好。但这是否就意味着行政复议机关作共同被告这一制度就是无可挑剔的呢？

---

[1] 莫于川：《复议机关做行政诉讼被告的制度变化及其理据分析——我国〈行政诉讼法〉首次修改中的一个争议点检讨》，载《南都学坛》2016 年第 1 期。

表1　2011～2021年行政复议案件审结情况分析表*

年份	审理量/件	审理结果							
		驳回	维持	确认违法	撤销	变更	责令履行	终止**	
								调解（和解）	其他
2011	84, 387	6. 04%	59. 18%	1. 06%	5. 82%	0. 54%	1. 09%	3. 51%	19. 00%
2012	91, 974	5. 50%	57. 66%	1. 22%	5. 76%	0. 38%	1. 39%	4. 08%	20. 06%
2013	106, 491	7. 64%	55. 84%	1. 46%	5. 13%	0. 20%	1. 49%	3. 61%	19. 10%
2014	123, 859	7. 59%	59. 73%	2. 22%	5. 22%	0. 45%	2. 14%	2. 64%	16. 80%
2015	142, 139	9. 11%	54. 59%	2. 35%	7. 95%	0. 33%	2. 69%	2. 07%	18. 79%
2016	152, 310	11. 86%	48. 48%	3. 29%	10. 58%	0. 30%	2. 58%	3. 84%	17. 99%
2017	193, 740	12. 37%	50. 89%	2. 85%	9. 29%	0. 24%	2. 20%	8. 80%	12. 09%
2018	196, 716	12. 06%	50. 80%	3. 03%	9. 91%	0. 21%	1. 96%	10. 05%	10. 65%
2019	183, 489	10. 12%	50. 62%	3. 50%	10. 86%	0. 20%	1. 49%	9. 80%	11. 17%
2020	174, 778	10. 58%	49. 99%	3. 08%	10. 00%	0. 26%	1. 27%	11. 25%	10. 97%
2021	202, 994	13. 15%	48. 25%	3. 40%	8. 43%	0. 20%	1. 31%	10. 53%	10. 96%
2022	210, 455	14. 24%	45. 81%	4. 34%	7. 41%	0. 52%	1. 60%	14. 27%	10. 62%

＊资料来源："中国政府法制信息网"历年公布的"全国行政复议行政应诉案件统计数据"，网址参见 http://www. moj. gov. cn/pub/sfbgw/zwxxgk/fdzdgknr/fdzdgknrtjxx/201402/t20140225 _ 350037. html; http://www. moj. gov. cn/pub/sfbgw/zwxxgk/fdzdgknr/fdzdgknrtjxx/201402/t20140225 _ 350038. html; http://www. moj. gov. cn/pub/sfbgw/zwxxgk/fdzdgknr/fdzdgknrtjxx/201403/t20140324 _ 350039. html; http://www. moj. gov. cn/pub/sfbgw/zwxxgk/fdzdgknr/fdzdgknrtjxx/201508/t20150805 _ 350041. html; http://www. moj. gov. cn/pub/sfbgw/zwxxgk/fdzdgknr/fdzdgknrtjxx/201605/t20160509 _ 350042. html; http://www. moj. gov. cn/pub/sfbgw/zwxxgk/fdzdgknr/fdzdgknrtjxx/201812/t20181231 _ 350043. html; http://www. moj. gov. cn/pub/sfbgw/zwxxgk/fdzdgknr/fdzdgknrtjxx/201901/t20190111 _ 350046. html; http://www. moj. gov. cn/pub/sfbgw/zwxxgk/fdzdgknr/fdzdgknrtjxx/202103/t20210331 _ 350048. html; http://www. moj. gov. cn/pub/sfbgw/zwxxgk/fdzdgknr/fdzdgknrtjxx/202009/t20200929 _ 392195. html; http://www. moj. gov. cn/pub/sfbgw/zwxxgk/fdzdgknr/fdzdgknrtjxx/202105/t20210513 _ 392196. html; http://www. moj. gov. cn/pub/sfbgw/zwxxgk/fdzdgknr/fdzdgknrtjxx/202209/t20220902 _ 462830. html; http://www. moj. gov. cn/pub/sfbgw/zwxxgk/fdzdgknr/fdzdgknrtjxx/202307/t20230711_482419. html。

＊＊在2011～2016年的统计数据中，调解单独统计，而终止则包括三种情形，即撤回申请、和解协议和其他。在2017年和2018年的数据统计中，对统计栏目作了相应的调整。本表格统一了统计栏目，对2011～2016年的相关数据进行了相应的计算处理。

二、行政复议机关作共同被告的成本收益分析

判断一项法律制度是否具有合理性的工具之一是成本收益分析。成本收益分析方法的哲学基础是边沁的功利主义原则，功利主义的最高目标是“最大多数人的最大幸福”。〔1〕功利主义原则要求法律制度符合成本收益分析，要能够达成以较小的社会成本增进社会公共福祉的目标。成本收益分析是一项务实的(pragmatic)工具，可以帮助人们在多重相关情况中作出综合判断。〔2〕成本收益分析当前已经被普遍用作分析法律制度合理性的方法之一。早在1981年，时任美国总统的里根就通过12291号总统令要求所有新制定的政府规章都要符合成本—收益分析的标准。〔3〕成本收益分析方法在我国虽然还不是一项被普遍运用的分析工具，但已经越来越受到人们的重视。本文也试图用成本收益方法对行政复议机关作共同被告的制度进行分析。

(一)行政复议机关作共同被告制度的成本分析

行政复议机关作共同被告制度的事实，将直接产生以下三项成本。

成本一：行政成本的增加

行政复议机关作共同被告，必然带来行政成本的大量增加，这是不争的事实。该项制度导致的行政成本增加主要体现为以下四个方面：一是行政复议工作人员的时间成本。每一起行政诉讼案件，行政复议机关必须答辩以及出庭应诉，从时间成本看，行政复议机关的工作人员在每起应诉案件上至少需要耗费一个工作日。如果行政复议机关的负责人出庭应诉，则增加的时间成本更多。二是交通出行成本。在一般情况下，交通出行成本并不会太高，因为依照我国《行政诉讼法》的规定，地域管辖遵循的是原告就被告原则。但在行政行为经过复议的情况下，《行政诉讼法》赋予了原告选择权，原告既可以在最初作出行政

---

〔1〕参见[英]边沁：《道德与立法原理导论》，时殷弘译，商务印书馆2000年版，第59页。

〔2〕See Cass R. Sunstein, *Cognition and Cost-Benefit Analysis*, 29 The Journal of Legal Studies 1059 (2000).

〔3〕参见[美]理查德·A. 波斯纳：《法律的经济分析》，蒋兆康译，中国大百科全书出版社1997年版，中文版译者序言第11页。

行为的行政机关所在地起诉,也可以在行政复议机关所在地人民法院起诉。由于行政复议机关和行政复议被申请人均需要出庭应诉,当两者所在地距离过远时,则必然导致交通出行成本大幅增加。在行政复议被申请人和行政复议机关分别是国务院部门和省级政府的工作部门时,这一问题尤其明显。只要行政复议被申请人的住所地不在北京,则无论原告是选择在行政复议机关所在地起诉,还是在行政复议被申请人所在地起诉,被告中必然有一方需要去异地应诉,从而导致差旅费的大幅增加。三是办公成本。在行政诉讼中,被告对作出的行政行为负有举证责任,应当提供作出该行政行为的证据和所依据的规范性文件。在行政复议机关作为共同被告的情况下,行政复议机关需要制作答辩状以及提供证据、规范性文件,这导致增加了部分办公成本。四是律师费。在《关于推行法律顾问制度和公职律师公司律师制度的意见》〔1〕发布后,政府机关外聘律师作为政府的法律顾问并参与处理行政复议、诉讼案件已经成为常态。在此情况下,行政复议机关作共同被告必然意味着行政复议机关律师费用支出的增加。

行政复议机关作共同被告制度在大幅增加行政成本的同时,还会带来另一个潜在的成本,即行政复议案件办理质量的下降。行政复议机关作共同被告制度使得行政复议人员不得不将大量的时间用于应诉,从而使得"复议工作量与人手不足的矛盾问题进一步加剧,影响到复议案件的审理质量"〔2〕。

成本二:行政复议公信力危机的加剧

行政复议属于为行政相对人提供的一种行政系统内部的救济渠道。正是因为行政复议是一种行政系统内部的救济渠道,其时常难以获得行政相对人的信任,甚至成为反对者反对行政复议制度的一个理由。因为被复议人和复议机关同属于行政机关,很可能会造成重复救济,增加相应的救济成本,却得不到一个真正中立与客观的复议结果。因此,公信力危机是行政复议制度面临的最大挑战。行政复议公信力危机在我国存在的原因,就在于行政复议被申请人与行政复议机构之间的紧密关系。与行政复议申请人相比,行政复议被申请人因为与行政复议机关同属于行政系统,且两者之间因为业务往来、隶属关系等而有众多的交流、沟通机会,更容易获得行政复议机关的理解与支持。也正是因为

〔1〕 中共中央办公厅、国务院办公厅2016年6月16日发布。

〔2〕 赵德关:《新时期行政复议制度的定位与展望》,载《行政法学研究》2016年第5期。

看到了这一制度存在的弊端,原国务院法制办公室于2008年开始推行的行政复议委员会试点工作的初衷就是提升行政复议的社会公信力,消除人民群众对行政复议案件审理可能产生的官官相护的疑虑,采取的措施包括引入外部委员、完善审理机制等。

行政复议机关作共同被告制度将在一定程度上消解我国行政复议制度改革所带来的行政复议公信力的提升,原因在于行政复议机关作共同被告制度在客观上将导致行政复议机关与行政复议被申请人之间的关系更为亲密。具体体现在:首先,行政复议机关作共同被告,在很大程度上将与行政复议被申请人成为"利益相关者"。行政复议机关作共同被告后,法院需要对原行政行为和行政复议决定进行审查并作出相应的判决,行政复议决定是否会得到法院肯定性的判决,完全取决于法院对原行政行为的审查结果。原行政行为被法院否定的,则行政复议决定也必然会被否定。[1] 在此情况下,行政复议机关和行政复议被申请人变成了一荣俱荣、一损俱损的"利益相关者"。其次,行政复议被申请人和行政复议机关对原行政行为的合法性共同承担举证责任的规定[2],需要行政复议被申请人和行政复议机关"密切配合"。如果行政复议被申请人与行政复议机关之间配合不当,在举证上出现疏忽,则可能导致共同败诉。最后,行政复议机关为了减少败诉而为行政复议被申请人进行辩解将成为常态。基于前述原因,行政复议机关在庭审中常常会为行政复议被申请人承担"补位"的角色。最高人民法院《关于适用〈中华人民共和国行政诉讼法〉的解释》(以下简称《行政诉讼解释》)更是肯定了行政复议机关"补位"角色的合法性[3],使得行政复议机关更加远离"居中裁判"的角色定位。

综上所述,行政复议机关作共同被告制度将使行政复议机关与行政复议被申请人之间的紧密关系更进一步,使得行政复议机关更加难以做到"居中裁判",从而进一步加剧我国行政复议的公信力危机。

---

〔1〕 参见《行政诉讼解释》第136条的规定。

〔2〕 《行政诉讼解释》第135条第2款规定:"作出原行政行为的行政机关和复议机关对原行政行为合法性共同承担举证责任,可以由其中一个机关实施举证行为。复议机关对复议决定的合法性承担举证责任。"

〔3〕 《行政诉讼解释》第135条第3款规定:"复议机关作共同被告的案件,复议机关在复议程序中依法收集和补充的证据,可以作为人民法院认定复议决定和原行政行为合法的依据。"

成本三：原告胜诉难度增加

在我国，《宪法》第131条明确规定了人民法院依照法律规定独立行使审判权，不受行政机关、社会团体和个人的干涉。在实践中，消除司法地方化也是我国当下进行司法改革的主要目标之一："司法权是一种不可转让、转授的国家权力，具有极强的专属性，只有消除司法地方化问题，才能保障各级司法机关不受地方权力影响而保持独立司法的地位。"[1]我国的司法改革虽然近年来取得了一定的成就，但司法机关目前仍然很难完全做到独立行使审判权。司法机关在行使审判权的过程中依然会或多或少受到行政机关的影响，其中，行政机关的层级越高，对司法机关的影响力也就越大。在此情况下，行政复议机关作共同被告，将在一定程度上增加原告的胜诉难度。因为行政诉讼原告的"对手"将由一个增加为两个，而且增加的还是一个行政层级更高，对司法机关具有更强潜在影响力的对手。《行政诉讼解释》第135条第3款对行政复议机关"补位"合法性的确认，更是从客观上进一步增加了行政诉讼原告的胜诉难度。

（二）行政复议机关作共同被告制度的收益分析

行政复议机关作共同被告制度，可能带来的收益主要包括两个方面：一是行政复议纠错率的提升；二是行政复议案件的增多和行政诉讼案件的减少。下面就从这两个方面的收益进行分析。

收益一：行政复议纠错率的提升

对于行政复议纠错率的提升，本书已经作了分析，通过对比表1中的数据，发现在数据变化方面，变化最大的是"维持率"的下降，相比于2011～2014年的均值维持率，2015～2022年的均值维持率明显下降，成效较为显著。行政复议决定撤销率的大幅提高也是行政复议纠错率提升的体现。2015～2022年的撤销率普遍超过8%，相比2011～2014年的均值5.48%，有了大幅度的提高。2015～2022年的确认违法率均值为3.23%，与2011～2014年的均值1.49%相比，提升了一倍多。通过前述数据对比，可以看到行政复议的纠错率提升明显。客观而言，行政复议机关作共同被告制度是现阶段行政复议纠错率上升的直接

---

〔1〕纵博：《最高人民法院巡回法庭的设立背景、功能及设计构想》，载《法律科学（西北政法大学学报）》2015年第2期。

原因。“行政复议机关不再在当被告与不当被告之间作选择，与其维持下级行政机关行政行为而共同当被告，不如履行监督作用改变下级机关行政行为。这是行政复议决定维持比率大幅下降的重要原因。”[1]

收益二：行政复议案件量增加与诉讼案件量下降

在我国选择行政复议为主的模式下，选择行政复议的行政相对人越多和行政复议的纠错率越高，则进入行政诉讼的案件量也就越少。其中，行政复议的纠错率对于行政相对人是否选择行政复议也具有一定的影响。从理论上讲，行政复议的纠错率越高，愿意选择行政复议的申请人就会越多，必然的结果就是行政复议案件量的增长。除行政复议纠错率外，影响行政相对人选择行政复议的因素还包括行政复议的公信力、行政复议的知晓度等。在我国，行政复议案件量长期低于行政诉讼的案件量（见图1），根据统计，行政复议案件与同期行政诉讼案件的数量对比，美国为24∶1，日本大约为8∶1，韩国约为7∶1。[2]

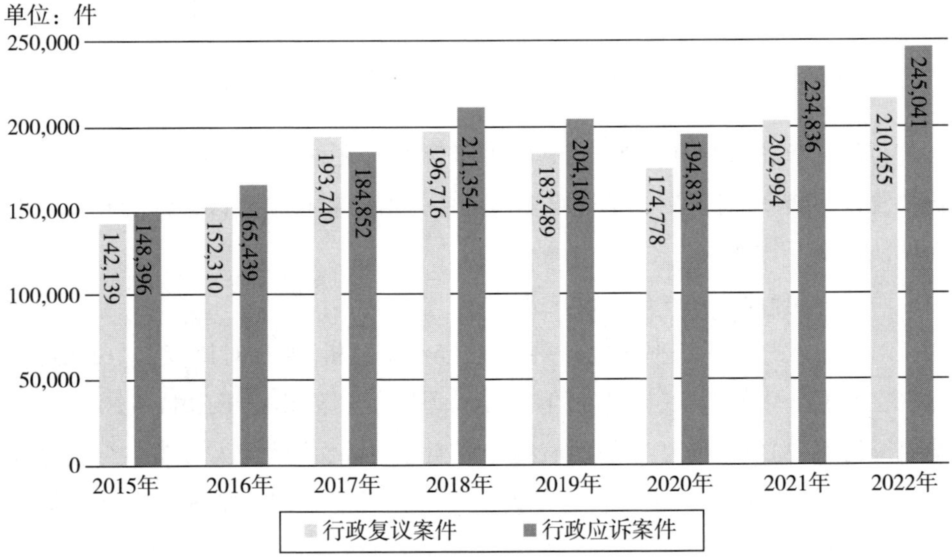

图1　2015～2022年行政复议与行政诉讼一审案件量对比

如图1所示，近年来我国行政应诉案件量增长幅度明显，从2015年到2022

[1] 程琥：《解决行政争议的制度逻辑与理性构建——从大数据看行政诉讼解决行政争议的制度创新》，载《法律适用》2017年第23期。

[2] 参见金国坤：《行政复议委员会：行政复议困局的突破口》，载《国家行政学院学报》2009年第6期。

年，大致呈现递增的态势，从2015年的14万多件增至2022年的24万多件。行政复议案件量虽然也在增长，但增幅明显小于行政应诉案件的增幅。因此，从目前来看，作为行政复议机关作共同被告制度所期待的收益之一——复议案件量增加与行政诉讼案件量下降，并未凸显。

（三）行政复议机关作共同被告制度的成本收益比较

通过对行政复议机关作共同被告制度进行成本收益分析，可以得出如下结论：

首先，行政复议机关作共同被告制度取得了一定的收益。行政复议机关作共同被告制度的收益应当主要体现在两个方面：一是行政复议纠错率的上升，二是行政复议案件量的增加和行政诉讼案件量的下降。从逻辑上讲，行政复议纠错率的上升会提升行政相对人选择行政复议渠道的吸引力，进而带来行政复议案件量的上升和行政诉讼案件量的下降。但从目前来看，这一预想中的结果并未完全实现。行政复议纠错率固然上升明显，但行政复议案件量的增加并不明显，行政诉讼案件量也并没有出现下降。

其次，行政复议机关作共同被告制度会大幅增加行政成本。行政成本增加的主要是行政复议机关的应诉成本，包括行政复议机关工作人员的时间成本、交通出行成本、办公成本以及律师费用等方面。当然，这一成本在一定程度上也可能随着行政复议决定纠错率的上升而被抵消掉一部分。原因就在于，行政复议纠错率的上升使部分本来可能继续进入行政诉讼程序的案件不再进入诉讼程序，从而降低行政机关的应诉成本和司法机关的办案成本。

最后，“行政复议公信力危机的加剧”以及“原告胜诉难度增加”这两项成本从长期来看危害巨大。行政复议机关作共同被告制度所带来的这两项成本是隐性成本，在当前并未凸显。但随着时间的推移，这两项成本的危害可能会慢慢显现出来。这两项成本的一个直接危害后果就是可能导致行政复议日益萎缩，不仅使“行政复议成为解决行政争议的主渠道”这一设想无法实现，而且会导致更多的行政争议直接涌入司法系统。

综上，通过成本收益分析可以得知，行政复议机关作共同被告制度显然并不如立法者所设想的那么美好，甚至可能是一项弊大于利的制度。

三、行政复议机关作共同被告的理论证伪

行政复议机关作共同被告制度,虽然在理论上不乏反对的声音,但也有不少赞成的声音,认为行政复议机关作共同被告制度,是具有理论支撑的。下文将对行政复议机关作共同被告的相关理论进行剖析。

(一)对行政复议"行政性"的批判

在我国,自行政复议制度被确立伊始,关于行政复议性质的讨论就一直在延续。行政复议的性质问题之所以引起广泛关注和争论,其中的原因在于,行政复议的性质定位会对行政复议的制度设计产生根本性的影响;可以不夸张地说,这是行政复议领域的"顶层设计"问题。在我国,有关行政复议的性质,理论上主要存在三种学说,即"行政说""司法说""准司法说"。在这三种学说中,"行政说"认为行政复议在性质上是行政机关作出的行政行为,应当与其他行政行为一样接受司法的审查。"司法说"则主张行政复议从本质上讲是一种司法行为,即"行政复议与行政诉讼一样,是复议机关站在第三方的立场上对当事人双方的争议进行裁决的活动,客观上可能起到监督行政机关依法行政的作用,但性质上是司法行为而非行政行为,不是对下级行政机关的一种层级监督活动"[1]。"准司法说"是在"司法说"的基础上提出的,也被称为"行政司法说",强调行政复议兼具行政性和司法性。但"准司法说"与"司法说"的核心观点其实是一致的,"因为'准司法'的'准'字无非是想表明这种'司法'是行政机关作为的;而认定其司法性质,是强调活动性质,并没有否定复议制度放在行政系统内的合理性"[2]。

关于行政复议的性质,虽然在理论上有着不同学说的争论,甚至是"司法说"和"准司法说"占据一定的优势,但我国立法中所反映出来的却是"行政说"占据主导地位,这一点无论是在2014年修正前的《行政诉讼法》中还是在2014年修正后的《行政诉讼法》中均未改变,即均认为行政复议机关所作的决定是

---

〔1〕 金国坤:《行政复议委员会:行政复议困局的突破口》,载《国家行政学院学报》2009年第6期。

〔2〕 刘莘:《行政复议的定位之争》,载《法学论坛》2011年第5期。

“二次决定”。“‘二次决定’原理走的是行政的路数，荫掩在行政范式之中。”[1]2014年修正前的《行政诉讼法》中规定行政复议机关在维持情况下不作被告，是认为行政复议机关没有作出新的决定，没有为申请人增加权利义务；而行政复议机关改变原行政行为，则需要单独作为被告，原因是行政复议机关用新的行政行为取代了原行政行为。在2014年修正后的《行政诉讼法》中，依然坚持了这一思路，只是出于防范行政复议机关不作为的考虑，将行政复议机关在维持情况下不作被告改为了作共同被告。在这一改变的背后，坚持的依然是“二次决定”理论，而且更进一步，提出了原行政行为与行政复议决定“一体化”的理论。“复议机关作出维持决定的情况下，复议机关事实上作出一个与原行政行为一样的行政行为，呈现出原行政行为与行政复议行为‘一体化’的现象。”[2]

坚持“二次决定”理论，主张行政复议行为与原行政行为一体化，从我国的相关司法解释认定行政行为“改变”标准的变化中亦可得到印证。《行政诉讼解释》将行政行为“改变”的范围从“改变主要事实和证据、规范依据、处理结果”限缩为“改变原行政行为的处理结果”[3]。这一改变也就意味着补充原行政行为的事实认定、改变原行政行为错误的法律适用等“补正行为”均不被视为“改变”原行政行为。其实质也在于鼓励行政复议机关在行政复议决定中“补正”原行政行为存在的缺陷，“虽然原行政行为程序存在违法，但在行政争议进入诉讼之前，已经通过复议程序予以修复和弥补，也可以认为原行政行为和复议决定均具有合法性”[4]。这在一定程度上也是借鉴德国经验的结果，“在案件提交到复议机关之后，原则上，该机关就负责实施或接受‘补正性’程序行为”[5]；而在法律效果上，“有效的补正能够使（原先违法的）行政行为从补正成功之时起

[1] 余凌云：《论行政复议法的修改》，载《清华法学》2013年第4期。

[2] 梁凤云：《行政复议机关作共同被告问题研究——基于立法和司法的考量》，载《中国政法大学学报》2016年第6期。

[3] 《行政诉讼解释》第22条第1款规定：“行政诉讼法第二十六条第二款规定的‘复议机关改变原行政行为’，是指复议机关改变原行政行为的处理结果。复议机关改变原行政行为所认定的主要事实和证据、改变原行政行为所适用的规范依据，但未改变原行政行为处理结果的，视为复议机关维持原行政行为。”

[4] 赵大光、李广宇、龙非：《复议机关作共同被告案件中的审查对象问题研究》，载《法律适用》2015年第8期。

[5] ［德］弗里德赫尔穆·胡芬：《行政诉讼法》，莫光华译，法律出版社2003年版，第113页。

就变得合法。也就是说,此后,就可以像瑕疵未曾发生过那样对待它"[1]。这种改变在很大程度上将进一步强化行政复议与原行政行为"一体化"的局面,也从制度设计上导致行政复议机关越来越偏离"中立裁决"的目标,从而彻底倒向行政复议被申请人一方。

作为行政复议"行政性"具体体现的"二次决定"理论,经常受到学者的诘难,如我国学者余凌云认为,在行政复议是行政机关自我纠错并作出二次决定的假定下,那么原决定随着二次决定的作出而自动丧失效力,发生法律效力的应当是二次决定,可以诉至法院的也只能是二次决定。[2] 但事实上,我国经行政复议的案件的诉讼被告规则显然与"二次决定"理论不吻合。抛开行政复议"二次决定"理论本身的缺陷不谈,单从行政复议自身的属性而言,也可以得出行政复议不同于一般的行政行为,其本质上应当是一种司法性的活动。行政复议与行政诉讼并无本质上之区别,"行政诉讼与诉愿间之区别,乃专为形式上之区别,非实质上之区别"[3]。其主要原因在于:

首先,行政复议是一种纠纷解决机制与权利救济机制,解决行政争议是其核心功能。在解决行政争议这一点上,行政复议与行政诉讼并无本质区别。2014 年修正后的《行政诉讼法》之所以规定行政复议机关在维持的情况下要作为共同被告,其目的也是要行政复议机关发挥解决行政争议的功能。"复议制度解决行政争议的作用没有很好地发挥,复议制度的优势没有得到很好实现,与行政复议作为化解行政争议主渠道的定位相去甚远。"[4]与行政复议是一种纠纷解决机制相适应,行政复议也是一种权利救济制度。"行政复议程序第一位的功能在于为权利受到国家活动影响的公民提供救济。"[5]行政复议是一种较行政诉讼审查程度更深、更严格的救济制度[6],行政复议的审查范围更宽,其不仅审查被复议的行政行为本身,而且可以审查行政行为所依据的规范性文件。此外,行政复议在审查行政行为的合法性和合理性方面还可以有更强的审

[1] [德]弗里德赫尔穆·胡芬:《行政诉讼法》,莫光华译,法律出版社 2003 年版,第 114 页。
[2] 参见余凌云:《论行政复议法的修改》,载《清华法学》2013 年第 4 期。
[3] [日]美浓部达吉:《行政裁判法》,邓定人译,中国政法大学出版社 2005 年版,第 29 页。
[4] 信春鹰主编:《中华人民共和国行政诉讼法释义》,法律出版社 2014 年版,第 73 页。
[5] 刘飞:《德国公法权利救济制度》,北京大学出版社 2009 年版,第 21 页。
[6] 参见江必新、梁凤云:《最高人民法院新行政诉讼法司法解释理解与适用》,中国法制出版社 2015 年版,第 66 页。

查力度。

其次,行政复议是解决纠纷的活动,从性质上看行政复议属于司法权的范畴。将国家权力分为不同的类型,具有十分悠久的历史。古希腊的亚里士多德就认为政府由三种人组成:讨论的人、执行法律的人、解决纠纷的人;而孟德斯鸠更是提出了立法权、行政权和司法权的概念。对于司法权,孟德斯鸠认为司法的主要活动是“惩罚罪行,裁决私人争执”〔1〕。司法权是一种判断权和裁判权,我国对此亦有共识,“司法活动具有特殊的性质和规律,司法权是对案件事实和法律的判断权和裁判权”〔2〕。司法权是解决纠纷的国家权力,而行政复议本身就是一种纠纷解决机制和权利救济机制,因此,从本质属性上讲,行政复议权具有司法的属性。

行政复议权的“司法性”之所以经常不被承认,根源乃在于其隶属于行政系统。现代行政范围的划分标准通常采用形式意义的划分标准,但实际上,在行政系统内部并不意味着必然属于“行政”的范围,这已经成为越来越多人的共识,在世界范围内也有很多范例。以法国为例,法国是现代行政法的母国,法国最高行政法院的大量判例构成了法国行政法的重要渊源,然而被称为最高行政法院的国家参事院至今仍然是法国行政机关的组成部分。〔3〕但法国在习惯上依然将行政法院作为司法机关来看待。美国也是如此,“尽管有三权分立的迂腐教条,向行政机关授予审判权却一直没有中断过。复杂的社会需要行政机关具有司法职权,使这种授权不可避免”〔4〕。向行政机关授予司法权,在美国的独立管制机构上体现得尤为明显。“国会立法把这类法律争端委托于执行该法律的机关处理,学术上称这种权力为行政司法权或准司法权。准司法权的实质是司法权,只是行使的机关不同。”〔5〕从近代以来各国行政权力的发展历程看,“行政”权力与其他权力的边界并不是一成不变的,行政权一直处于扩张的进程之中。我国的行政机关也不例外,如《立法法》就授予了行政机关大量的立法

〔1〕［法］孟德斯鸠:《论法的精神》(上卷),许明龙译,商务印书馆2012年版,第186页。

〔2〕中共中央文献研究室编:《习近平关于全面依法治国论述摘编》,中央文献出版社2015年版,第102页。

〔3〕参见郜风涛主编:《行政复议法教程》,中国法制出版社2011年版,第62页。

〔4〕［美］伯纳德·施瓦茨:《行政法》,徐炳译,群众出版社1986年版,第55页。

〔5〕王名扬:《美国行政法》(上),北京大学出版社2016年版,第133页。

权,但从根本属性上讲,行政机关的立法权依然属于"立法权"的范畴。行政复议权也不例外,作为一种解决行政争议、裁判案件的权力,其本质属性依然是"司法权"。只是因为其处于行政系统内,才将其称为"准司法权",认为其兼具"行政"和"司法"的双重属性。

(二)"行政复议机关怕当被告"假设之剖析

通过行政复议机关作共同被告制度来倒逼行政复议机关积极作为,降低维持率,这是立法机关设立行政复议机关作共同被告制度的初衷。行政复议机关作共同被告制度发挥倒逼行政复议机关积极作为的作用是建立在"行政复议机关怕当被告"这一假设之上的。长时间以来,很少有人对这一假设进行深入剖析,也较少有人对此产生怀疑。那么,行政复议机关是否怕当被告呢?如果是,相应的逻辑又是什么呢?

首先,在一定程度上,行政复议机关是"不愿意"当被告的。行政复议机关不愿意当被告,是符合"经济人"假设的。每一个参加公共选择的人都有其不同的动机和愿望,他们依据自己的偏好和最有利于自己的方式进行活动,他们是理性的、追求个人效用最大化的"经济人"。[1] 从"经济人"假设出发,在行政复议机关作出维持决定就不用当被告的情况下,其工作人员确实可能会选择作出维持决定,从而降低其自身的工作量。在行政机关并不实行"多劳多得"的薪酬制度下,行政复议机关工作人员确实是"不愿意"当被告的。从这一角度出发,将被告规则修改为行政复议机关无论是否作出维持决定均要当被告,可以打破行政复议机关工作人员的侥幸心理,促使其认真履行行政复议职能。就此而言,行政复议机关作共同被告制度确实可以在一定程度上起到倒逼行政复议机关积极作为的作用。

其次,相比于当被告,行政复议机关及其工作人员更为忌惮的是被考核与追责。在行政复议机关作共同被告制度实施后,行政复议机关从不愿意纠错转变为积极纠错这一现象的背后,实际上发挥作用的并不是行政复议机关作共同被告制度,而是行政系统的"考核"与"问责",很多地方的依法行政考核指标中

---

〔1〕 参见[美]理查德·A. 波斯纳:《法律的经济分析》,蒋兆康译,中国大百科全书出版社 1997 年版,中文版译者序言第 28 页。

都规定了行政机关败诉要被扣分的规定。周黎安教授就指出,在行政发包制的政府体制下,"作为发包方的上级政府采用'谁主管、谁负责'的属地管理原则对承包人进行考核,这是自上而下、以结果为导向的考核和问责制"[1]。在越来越多的行政机关将依法行政考核纳入绩效考核的背景下,考核分数的高低直接关系行政机关工作人员的收入以及升迁等。此外,行政机关败诉还可能被追责。[2] 在行政系统的考核与问责制度下,行政复议机关败诉就可能承担不利的后果,因此,行政复议机关及其工作人员就会有足够的动力去积极作为。通过分析可以得知,行政复议机关并非怕当被告,其真正怕的是败诉之后因考核和追责引发的不利后果。

(三)程序标的与诉讼标的混同

行政诉讼之程序标的,意指行政诉讼在程序上,究竟以何种事项或行为为诉讼争议之对象。[3] 也就是作为行政诉讼案件存在基础的行政行为。简言之,诉讼标的即按照诉讼种类之不同,原告所为之权利主张,或原告对法院裁判之要求。[4] 行政诉讼的程序标的与诉讼标的的核心区别在于:一是两者的内涵不同,程序标的是原告诉讼时针对的对象,诉讼标的是原告的权利主张。二是两者的功能不同。程序标的的主要功能在于确定诉讼对象;而诉讼标的的主要功能在于确定法院审理和裁判案件的范围,从而确定此诉与彼诉的区别。[5]

对于经行政复议的行政案件,应以何者作为程序标的,德国存在"原处分主义"和"裁决主义"的争论。[6] 在行政复议机关作出维持决定的情况下,"原处分主义"主张应将原行政行为作为程序标的,而"裁决主义"则主张只能将行政复议决定作为程序标的。但在诉讼标的上,事实上无论是"裁决主义"还是"原处分主义",均认为是原告针对原行政行为违法性的主张及其相应的权利请求。

---

[1] 周黎安:《转型中的地方政府:官员激励与治理》(第 2 版),格致出版社、上海三联书店、上海人民出版社 2017 年版,第 383 页。

[2] 参见《杭州市行政败诉案件过错责任追究办法》第 3、第 4 条。

[3] 参见蔡志方:《行政救济法新论》,台北,元照出版有限公司 2007 年版,第 194 页。

[4] 参见吴庚、张文郁:《行政争讼法论》(修订九版),台北,元照出版有限公司 2018 年版,第 228 页。

[5] 参见马立群:《行政诉讼标的理论研究——以实体与程序连接为中心》,武汉大学 2015 年博士学位论文,第 15 页。

[6] 参见陈清秀:《行政诉讼法》,台北,元照出版有限公司 2015 年版,第 428 页。

“行政诉讼之标的，在原告方面，乃其得向行政法院主张救济或请求裁判之事项或内容及其根据；在行政法院方面，乃其取得实体判决之基础。”[1]从诉讼标的的基本含义出发，“原处分主义”主张诉讼程序标的是原行政行为，与之相对应，诉讼标的是原行政行为的违法性以及原告的权利主张。就“裁决主义”而言，其虽然主张行政诉讼的程序标的是行政复议机关的维持决定，但就诉讼标的而言，依然是原行政行为的违法性以及原告的权利主张。简言之，在行政复议机关作出维持决定的情况下，虽然“裁决主义”和“原处分主义”主张的程序标的不同，但两者主张的诉讼标的实质上并无差别。

在我国，2014 年修正前的《行政诉讼法》实际采取的是“原处分主义”，规定行政复议机关在维持原行政行为的情况下，由原行政行为机关作为被告，实际上也就是规定原行政行为作为行政诉讼的程序标的。2014 年修正后的《行政诉讼法》规定行政复议机关在作出维持决定的情况下作共同被告，自然也就将行政复议维持决定和原行政行为共同作为行政诉讼的程序标的，因而很难归入“原处分主义”或“裁决主义”中的任何一种。将行政复议机关的维持决定和原行政行为共同作为行政诉讼的程序标的，带来的困扰之一就是诉讼标的的确定问题。就一般情况而言，行政复议机关的维持决定并未增加、变更或消灭行政复议申请人的权利义务。在行政诉讼中，法院在认定原行政行为违法的情况下，必然会认定行政复议决定违法。在此情况下，行政复议维持决定的违法性源于原行政行为的违法性。换言之，行政复议维持决定的违法性与原行政行为的违法性具有同一性。此外，原告对行政复议维持决定并无独立的权利主张以及诉的利益；因此，虽然行政复议维持决定与原行政行为均作为行政诉讼的程序标的，但就行政诉讼标的而言，两者具有同一性，在诉的个数上，只应当认定为一个诉讼。这也是为何在原告只选择起诉原行政行为或行政复议维持决定的情况下，法院应当依法追加被告的缘由。[2]

在行政诉讼被告的确定上，一般认为，行政诉讼的被告应当根据行政诉讼程序标的来确定。“被告的确定与程序标的（诉讼对象）有关，这也是讨论程序

---

〔1〕 蔡志方：《行政救济法新论》，台北，元照出版有限公司 2007 年版，第 195 页。

〔2〕 《行政诉讼解释》第 134 条第 1 款规定：“复议机关决定维持原行政行为的，作出原行政行为的行政机关和复议机关是共同被告。原告只起诉作出原行政行为的行政机关或者复议机关的，人民法院应当告知原告追加被告。原告不同意追加的，人民法院应当将另一机关列为共同被告。”

标的之意义所在,确定行政诉讼之适格的被告。"[1]从我国《行政诉讼法》的规定看,通常情况下是由"程序标的"的作出组织作为行政诉讼的被告。如《行政诉讼法》第 26 条第 1 款规定:"公民、法人或者其他组织直接向人民法院提起诉讼的,作出行政行为的行政机关是被告。"但这是否意味着行政程序标的的作出组织就一定是行政诉讼的被告呢?事实上并非如此,关于行政诉讼被告的确定,一直存在形式被告和实质被告两种不同的路径。根据行政程序标的确定行政诉讼的被告,采用的是形式被告的路径,韩国大体属于此类。根据与行政诉讼标的有无利害关系来确定行政诉讼的被告,采取的是实质被告的路径,德国和日本基本属于此类。实质被告强调被告的被动适格,"被动适格是指实体法上的能力,亦即作为内容上有资格的行政机关,同意原告的实体请求的能力"[2]。在实质被告的路径下,行政诉讼程序标的与被告之间并无必然联系,如在日本,"形式性当事人诉讼"的被告确定最有代表性。形式性当事人诉讼争议的是"确认或者形成当事人之间的法律关系的处分或裁决",但并不以处分或裁决的作出者为被告,而是以法律关系当事人的一方为被告。[3] 在德国,根据《联邦德国行政法院法》第 79 条的规定,撤销诉讼之程序标的是"以复议决定的形式体现出来的原行政行为",但在被告的确定上,并非将行政复议机关作为被告,而是由原行政机关作为被告。"如果诉讼涉及复议决定,原则上,正确的被告就不是复议机关的法定主体,而是作出具体行政行为的原行政机关。"[4]在实质被告的路径下,不再是根据行政诉讼的程序标的来确定被告,而是根据行政诉讼标的来确定被告,即由与原告的权利主张相对立的行政主体作为行政诉讼的被告。

综上所述,在采取实质被告路径的国家,行政程序标的的作出者并不一定是行政诉讼的被告,被告的确定反而与行政诉讼标的的关系更为密切。我国虽然并非典型的采用实质被告路径的国家,但在被告的确定上,还是偏向采用实质被告路径的。因此,"我国新行政诉讼法中所确立的复议机关作共同被告制

---

〔1〕 蔡志方:《行政救济与行政法学－四》,台北,正典出版文化有限公司 2004 年版,第 205 页。
〔2〕 [德]弗里德赫尔穆·胡芬:《行政诉讼法》,莫光华译,法律出版社 2003 年版,第 198 页。
〔3〕 参见[日]盐野宏:《行政法》,杨建顺译,法律出版社 1999 年版,第 423～424 页。
〔4〕 [德]弗里德赫尔穆·胡芬:《行政诉讼法》,莫光华译,法律出版社 2003 年版,第 202 页。

度,是根据程序标的决定被告规则这一诉讼法理所建立起来的"[1]这种类似的主张并不能成立。

四、行政复议机关作共同被告制度难题的破解之道

行政诉讼不仅应从"保护公民、法人和其他组织的合法权益,监督行政机关依法行使职权"的功能定位出发,也可以站在国家治理的宏观层面来思考。[2]因此,需要站在更高的角度,从行政救济体系的整体性出发,确定行政复议机关在行政诉讼中的地位。

(一)行政复议决定与原行政行为应共同作为行政诉讼程序标的

虽然我国的行政复议制度在发轫之初被定位为"内部监督"制度,但其客观上发挥着解决行政争议的功能。从前文对其性质的分析可知,行政复议具有"准司法性",其实质是行政复议机关解决行政争议的活动。就这一点而言,行政复议机关在行政复议中的地位与法院在行政诉讼中的地位并无本质区别。行政复议机关应当是行政争议的裁决者而非行政争议的当事人。作为行政争议的裁决者,其裁决结果应当作为程序标的。譬如在司法程序中,对法院的一审裁判结果不服的,可以上诉,而且一审法院的裁判结果必然是上诉的程序标的。与之同理,行政复议决定是作为裁决者的行政复议机关的裁决结论,行政复议决定应当作为行政诉讼的程序标的,但法院裁判的中心必然是原行政行为。换言之,行政复议决定应当和原行政行为一起作为行政诉讼的程序标的,但行政诉讼标的应当是原行政行为的合法性,法院的审理和裁判应围绕原行政行为展开。

虽然在行政复议机关作出维持决定的情况下,行政复议决定不是行政诉讼的中心和焦点,但其作为程序标的依然十分必要。原因在于:

首先,行政复议维持决定与原行政行为一起作为行政诉讼程序标的,客观

---

[1] 曾哲、向瑶琼:《复议机关作共同被告的理论自洽分析——基于程序标的视角》,载《西部法学评论》2017年第2期。

[2] 参见谭宗泽、杨靖文:《行政诉讼功能变迁与路径选择——以法与治的关系为主线》,载《行政法学研究》2016年第4期。

上会起到与行政复议机关作共同被告一样的效果。行政复议维持决定作为程序标的,意味着法院需要对行政复议维持决定的效力作出判断。行政复议维持决定是否能够得到法院的认可,根本要素是法院是否认可行政复议机关对原行政行为的审查结果。[1] 在行政复议维持决定与原行政行为共同作为行政诉讼程序标的的情况下,行政复议维持决定同样会受到法院裁判的拘束。因此,即使行政复议机关不作被告,客观上仍会达到与行政复议机关作共同被告制度同样的效果。

其次,行政复议维持决定与原行政行为一起作为行政诉讼程序标的,行政复议决定的效力就更容易确定。在《行政诉讼法》2014 年修正之前,因为行政复议决定不是行政诉讼的程序标的,所以行政复议决定的效力问题经常会导致一些争论。我国《行政复议法》第 75 条第 2 款规定:"行政复议决定书一经送达,即发生法律效力。"那么在行政复议维持决定不作为行政诉讼程序标的的情况下,法院只审查原行政行为,如果法院撤销了原行政行为,那么行政复议维持决定就处于十分尴尬的境地。在行政复议维持决定与原行政行为一起作为行政诉讼程序标的的情况下,便不会出现此种状况。在原行政行为被撤销的情况下,无论行政复议程序合法与否,行政复议决定也将一并被撤销。

(二)行政复议机关不应作为共同被告

通过成本收益分析,可以清晰地看到,行政复议机关作共同被告制度虽然取得了一定的成效,但其同时导致了成本的大幅增加,甚至可能对我国行政复议制度的发展带来危害,进一步加剧行政复议的公信力危机。"复议机关既当裁判员,又当运动员,这必然会影响其审案的独立性与权威性。"[2] 在理论上,行政复议机关作共同被告制度也难以自圆其说。因此,有学者主张应当适时取消这一制度。[3] 但我们也看到,在行政复议机关作共同被告制度实施后,行政复议机关的维持率确实有所降低,那么是否有可能既保留行政复议机关作共同被告制度所带来的收益而又降低其成本呢?

---

〔1〕 参见《行政诉讼解释》第 136 条。

〔2〕 赵德关:《新时期行政复议制度的定位与展望》,载《行政法学研究》2016 年第 5 期。

〔3〕 参见沈福俊:《复议机关共同被告制度之检视》,载《法学》2016 年第 6 期。

解决问题的答案就是行政复议维持决定应当作为行政诉讼的程序标的,但行政复议机关不作为共同被告。通过前文的分析可以得知,行政诉讼被告的确定并非依据行政诉讼的程序标的,更多的是依据行政诉讼标的。在行政复议决定维持原行政行为的情况下,原告的权利主张必然围绕原行政行为展开;从我国行政诉讼被告的确定路径上讲,原行政行为机关必然是不可或缺的被告,但行政复议机关并不必须是被告。而且从行政复议的性质上讲,作为裁决者的行政复议机关也不应当是被告。

行政复议机关不作为共同被告,不仅具有理论依据,而且具有现实可行性。事实上,只需要对《行政诉讼法》所设计的共同被告制度略作修改,就可以达到既不增加行政成本,也可以督促行政复议机关积极履职之目的。相应的修改方案就是将《行政诉讼法》第 26 条第 2 款中有关行政复议机关作共同被告的制度表述修改为:“经复议的案件,复议机关决定维持原行政行为的,原行政行为的行政机关是被告。人民法院对原行政行为作出判决的同时,应当对复议决定一并作出相应判决。”对该条作前述修改,其益处是显而易见的。

首先,行政复议机关虽然不再是共同被告,但其行政复议决定依然受司法裁判的拘束,法院的判决依然可以作为评判行政复议机关工作好坏的标尺。因此,行政复议机关依然会有动力去积极履职,而不会因为其不是行政诉讼的被告就消极履职。

其次,可以有效降低行政复议机关的成本,符合诉讼经济原则。诉讼经济原则作为节省诉讼资源的重要方法被各国在构建诉讼程序中广泛运用,以达到以最低的诉讼成本获取最大的法律效益之目的。行政复议机关在不作共同被告后,可以有效降低行政复议机关的成本,从而使其可以有更多的精力投入行政复议工作,提高行政复议机关的工作实效,使其不再在行政复议工作与应诉工作之间疲于奔命。

最后,行政复议机关不作行政诉讼的被告,更有利于提升行政复议机关的公信力。行政复议机关与行政复议被申请人作共同被告,容易强化“行政复议机关与行政复议被申请人是一家”的印象,从而有损行政复议的公信力。行政复议机关不作共同被告,则可以起到提升行政复议机关公信力的效果,从而更有利于行政纠纷的实质性化解。

（三）行政复议机关不作共同被告的配套制度

行政复议机关作共同被告制度虽然在理论上存在明显的缺陷且在实施中成本非常高，但确实在促进行政复议机关积极履责，保护公民、法人和其他组织合法权益方面发挥了积极的作用。行政复议机关作共同被告制度的取消客观上也会给行政复议机关“松绑”，因此“需要寻找新的机制，替代原先的内在驱动力”[1]。因此，在行政复议机关不作共同被告的情况下，还需要对相关的配套制度进行完善，从而达到行政复议机关不作共同被告但行政复议功能并未降低的效果。综合而言，需要构建和完善如下几方面的配套制度：

首先，进一步推动行政复议人员的专业化建设。行政复议人员的专业化水平较低一直是阻碍我国行政复议制度发展的桎梏。我国的行政复议维持率之所以相对较高，行政复议人员的专业化水平较低是因素之一。行政复议人员专业化水平较低主要体现为两点：一是缺乏专职人员。在我国，大量具有行政复议权的行政复议机关并未配备专职的行政复议人员。二是缺乏与行政复议工作特点相适应的行政复议人员管理制度。行政复议在性质上属于行政司法，行政复议人员的工作从属性上讲与法官的工作并无二致。但与法官相比，行政复议人员更缺乏职权保障和岗位激励，这也直接导致了行政复议工作相对缺乏吸引力。因此，要推动我国行政复议人员的专业化，一方面要提升行政复议人员的专职化和法律素质，另一方面还应构建行政复议人员的职权保障和岗位激励制度。

其次，取消行政复议机关搜集的证据可以作为证明原行政行为合法的依据的规定。《行政诉讼解释》第 135 条第 3 款规定：“复议机关作共同被告的案件，复议机关在复议程序中依法收集和补充的证据，可以作为人民法院认定复议决定和原行政行为合法的依据。”这一规定存在以下两个方面的问题：一方面，这一规定在客观上加大了行政复议申请人在行政诉讼中胜诉的难度。相对于行政机关而言，行政复议申请人（原告）本身处于弱势地位，允许将行政复议机关搜集和补充的证据作为认定原行政行为合法的依据，客观上将使行政复议申请人（原告）胜诉变得更为困难。另一方面，这一规定也与行政复议“准司法”的

---

〔1〕 余凌云：《取消“双被告”之后法院对行政复议决定的评判》，载《法学》2021 年第 5 期。

定性不符。司法的特点是"中立",而这一规定则是让行政复议机关承担"二次执法"的角色,可以为原行政行为机关"补位",明显与行政复议应当是"居中裁决"的定位相悖。长此以往,行政复议申请人或许会选择"用脚投票",不再选择行政复议,而是直接提起行政诉讼。因此,要让我国行政复议制度成为解决行政争议的主渠道,有必要取消这一不合理的规定,让行政复议恢复其应有的角色和定位。

最后,加大对行政复议工作的监督力度。如前文所述,行政复议机关作共同被告制度之所以能够发挥作用,并不是因为行政复议机关怕当被告,而是因为行政系统内部的"考核"发挥了作用。因此,在行政复议机关不作共同被告的情况下,为了避免行政复议机关松懈,加大对行政复议工作的监督力度是不可或缺的。加大对行政复议工作的监督力度,一方面可以继续发挥"依法行政考核"对行政复议工作的监督作用。行政复议机关虽然不再作为共同被告,但因为其作出的行政复议维持决定依然还是行政诉讼程序标的,将行政复议维持决定被撤销率作为评判行政复议工作水平的做法依然可以继续。另一方面,应当实行行政复议决定的公开。"阳光是最好的消毒剂,一切见不得人的事情都是在阴暗的角落里干出来的。"[1]公开行政复议决定,将行政复议工作展示在公众的视野中,可以对行政复议工作形成有效的监督,进而促使行政复议人员认真、合法履责并提升办案质量。

五、结论

行政复议机关作共同被告制度,虽然能够在一定程度上起到督促行政复议机关积极履职的正面作用,但高昂的成本以及对行政复议公信力的损害等负面效果也日益显现。相较而言,在行政复议机关作出维持决定的情况下,行政复议机关不作被告,但行政复议维持决定与原行政行为一起作为行政诉讼的程序标的,不仅可以减少行政复议机关作共同被告制度增加的不必要的成本,而且依然可以达到与行政复议机关作共同被告制度同样的效果。因此,改变行政复议机关作共同被告制度,势在必行。

---

〔1〕 王名扬:《美国行政法》(下),北京大学出版社 2016 年版,第 717 页。

第三章 行政复议的范围

第一节 行政复议的范围概述

行政复议范围，又称行政复议的申请范围、行政复议的受案范围。行政复议范围是公民、法人或其他组织能够向行政复议机关申请行政复议救济的范围，也是行政复议机关能够受理行政复议案件，通过行政复议解决争议的范围。行政复议的受案范围意味着行政复议救济的可及性（accessibility）。行政复议的受案范围是行政救济主渠道的“闸门”之一，决定着哪些行政争议能被受理，也就关系到行政复议的功能实现与制度的辐射范围；“对于行政机关来说，复议范围实际表示的是复议权的广度与深度”[1]。故而，行政复议范围的设置对于行政复议制度具有深远影响。

一、确定行政复议范围的影响因素

行政复议的受案范围也就是行政复议的救济范围，从主观上讲，应当扩大救济范围，使得有权利受损就有相应的救济，然而客观上救济范围肯定是有限的，不可能无限扩

---

〔1〕 周佑勇：《行政法原论》（第3版），北京大学出版社2018年版，第361页。

张。与行政诉讼的受案范围类似,行政复议受案范围客观上也受到一定因素的制约。姜明安教授认为,制约行政诉讼受案范围的因素主要有以下几种,即行政机关行使职权的状况和自我约束状况、法院解决行政争议的能力、公民权利意识和主体性意识的发展程度以及国家的权力架构和运作机制。[1] 还有学者认为,制约因素主要有:(1)经济发展的社会要求;(2)政治结构的变化和要求;(3)行政机关的自律程度和解决行政争议的能力;(4)审判机关的能力和审判人员的素质状况;(5)公民权利意识和自主意识的发展程度。[2]

影响行政复议受案范围确定的因素,原则上有以下三点。

(一)行政复议法的立法目的

行政复议法的立法目的有三。首先,保护公民、法人或其他组织的合法权益。行政复议作为一种行政救济制度,其制度目的之一就是保护公民、法人和其他组织的合法权益。依据有权利就有救济的原则,只要行政相对人主观上认为行政机关的行政行为侵犯了其合法权益,就理应可以请求行政复议机关的保护。其次,监督和保障行政机关依法行使职权。从这个角度出发,行政机关的一切行政行为都应当置于行政复议机关的监督之下,防止行政机关违法行使职权。最后,作为化解行政争议的主渠道。《行政复议法》将"发挥行政复议化解行政争议的主渠道作用"规定为行政复议法的目的之一。行政复议作为化解行政争议主渠道的题中之义之一就是尽量将所有的行政争议都纳入行政复议范围中去。[3] 同时,行政复议本质上是行政权对行政权的监督,并不需要面临行政诉讼中妥善处理行政权与审判权关系的难题。在没有了这一层桎梏后,行政复议更应该发挥自己的制度优势,在行政复议这一道闸门处就解决争议。简言之,行政复议法的立法目的要求扩大行政复议范围。

---

〔1〕 参见姜明安主编:《行政法与行政诉讼法》(第7版),北京大学出版社、高等教育出版社2019年版,第412页。

〔2〕 参见杨海坤、章志远主编:《行政诉讼法专题研究述评》,中国民主法制出版社2006年版,第144页。

〔3〕 但也有学者认为,主渠道的定位并不必然要求扩大受案范围。参见练育强:《行政复议的功能定位与受案范围之关系》,载《国家检察官学院学报》2023年第2期。

（二）与行政诉讼受案范围的对照

行政复议制度与行政诉讼制度都是重要的行政救济制度和行政争议解决的渠道。如果行政复议要成为行政争议解决的主渠道，就意味着行政复议需要提供等于或者大于行政诉讼的救济范围，也即受案范围。只有行政复议提供了更为广阔的救济途径和范围，公民才愿意首先选择行政复议。

（三）与经济社会发展相协调

"受案范围的扩大应当循序渐进、逐步扩大，要从国情出发，正确处理可行性与必要性的关系，实事求是地确定受案范围。"[1]姜明安教授也认为，需要正确处理社会进步需求与法治发展现状的关系。既要看到社会需求的基础性地位，也要看到法治作为上层建筑的反作用。[2] 受案范围应当与经济社会发展能力的发展水平保持相当性，与人民对自己权利保护的意志力要求、行政救济渠道的承载能力等因素息息相关。具体而言，经济社会发展的因素具体体现为以下三个方面：(1)经济社会的发展与行政复议机关可以提供的复议资源息息相关。经济社会的发展意味着行政复议机关可以设置更多的行政复议人员，意味着行政复议人员更高的素质，这就提高了行政复议的处理广度、处理速度和处理质量，从而可以提高行政复议的综合承接能力。此时，行政复议的受案范围也可以相对应地提高。(2)主观上，经济社会的发展还意味着人民保护权益意识的觉醒和提高。人民个体意识的觉醒意味着人民愿意和各种各样的违法行政行为进行抗争，行政复议自然也要提供相应的救济渠道。(3)客观上，经济社会的发展还意味着新型、多元化权利的出现。"这些新兴权利既可以是与传统类型的权利距离更近的贞操权、土葬权、环境权等，也可以是距离较远的动物权利、人工智能主体的著作权、被遗忘权等。"[3]行政复议作为一种权利救济渠道也应当"认真对待权利"，在保护手段和保护方式上可以及时跟进，提供更广

〔1〕 黄学贤、杨海坤：《新编行政诉讼法学》，中国人事出版社2001年版，第65~67页。

〔2〕 参见姜明安主编：《行政法与行政诉讼法》（第7版），北京大学出版社、高等教育出版社2019年版，第413页。

〔3〕 陈景辉：《权利可能新兴吗？——新兴权利的两个命题及其批判》，载《法制与社会发展》2021年第3期。

阔的权利保护范围,扩张行政复议的受案范围。

二、行政复议受案范围的确定模式

(一)列举模式

列举模式也叫清单模式,即法律列举所有可以受理和不可以受理的行政行为类型。列举模式包括正面列举模式和反面列举(反面排除)模式。这种规定模式一般适于法制程度较低的国家和地区。其优点在于,行政复议机关可以直接对照法律明文规定作出判断,较为简单。其缺点则在于,列举模式显然无法穷尽现实中所有可能出现的行政行为类型,很容易挂一漏万,而且也不容易成体系,不利于保护公民、法人或其他组织的权利。此外,由于列举模式具有固定性,不能及时回应实践和理论的发展,需要经常调整,因此缺乏稳定性。

(二)概括模式

概括模式,指法律对受案范围进行抽象概括。法治发展较为成熟的国家和地区普遍采取这种模式。概括模式的优点较为突出和明显,即立法条文简单,救济覆盖面较广,保持一定的灵活性。但是其缺点也相伴而生,即有时候过于抽象而容易导致受案范围的笼统和原则化。

德国的行政救济相关法律采取了概括模式。《联邦德国行政法院法》第 40 条第 1 款规定:“在联邦法律没有明确规定由其他法院管辖的情况下,所有非宪法性的公法争议由行政法院管辖。州法律也可以规定州法适用范围内的公法争议由其他法院管辖。”换言之,一切非宪法性的公法争议,如果没有法律规定由其他法院受理,则由行政法院受理。这一概括规定根源于德国基本法。《德国基本法》第 19 条(基本权利的限制,诉讼权的保证)第 4 款规定:“无论何人,其权利受到公共权力侵害的,均可提起诉讼。如无其他主管法院,可向普通法院提起诉讼……”

日本的行政救济制度也采取了概括模式。《日本行政不服审查法》第 4 条第 1 句规定:“对行政机关的处分不服的,可以依照第五条、第六条的规定提出审查请求或声明异议。”同时,《日本行政事件诉讼法》也采用了概括模式。日本的概括模式建立在划分诉讼类型的前提下。日本规定了四类诉讼类型:抗告诉讼、当事人诉讼、民众诉讼、机关诉讼。例如,在规定“抗告诉讼”的受案范围时,该法第3条规定:“本法所称的抗告诉讼,是指关于对行政机关行使公权力不服的诉讼。”因此所有对公权力不服的诉讼都可以被受理。

(三)混合模式

混合模式,也叫折中模式,即受案范围的规定模式同时采用列举模式和概括模式。混合模式既拥有列举模式方便行政复议机关判断的优点,又拥有概括模式抽象、全面性的优点。同时,列举模式可以因其明确性在一定程度上避免概括模式笼统性的缺点;而概括模式也可以促使列举条款形成一定的体系性,避免条文的过于分散。目前,我国行政复议法的受案范围规定模式采取了混合模式,既有对行政复议范围的概括描述,又有对行政复议范围的具体列举。对于我国这种混合式的行政复议范围确定方式,肯定者甚众,如有学者认为:“我国《行政复议法》采取混合式对行政复议的范围作出规定,这样做,既简单又较为全面,不仅可以适应我国目前行政法治建设的客观需要,而且为我国行政复议范围的逐步扩大提供了空间与余地,因而是较为科学的。”〔1〕

第二节 行政复议与行政诉讼受案范围的衔接

一、行政复议与行政诉讼受案范围的现状

与民事诉讼没有范围限制不同,法院能够受理的行政诉讼案件范围是有明确限制的。行政诉讼的受案范围涉及司法权、行政权和公民、法人或其他组织诉权三者之间的关系。根据权力分工和制约原理,行政权的行使要受到司法权一定的监督和制约;但由于行政行为的多样性和复杂性,某些行政行为不适宜或不能由法院审查。司法权对行政权的干预和介入不能过多,应有一定的界

---

〔1〕 石佑启、杨勇萍编著:《行政复议法新论》,北京大学出版社2007年版,第80页。

限。[1] 与行政诉讼类似,行政复议申请人并非对所有的行政争议均能够申请复议,而是受到行政复议范围的限制。行政复议在前、行政诉讼在后的程序衔接制度下,必然涉及行政复议范围和行政诉讼受案范围之间的衔接问题。

(一)行政复议的范围

我国行政复议的范围在立法模式上与行政诉讼较为接近。

我国《行政复议法》第 2 条的规定可以视为对我国行政复议范围的总括性规定,该条规定:"公民、法人或者其他组织认为行政机关的行政行为侵犯其合法权益,向行政复议机关提出行政复议申请,行政复议机关办理行政复议案件,适用本法。前款所称行政行为,包括法律、法规、规章授权的组织的行政行为。"通过该条规定可以看出,行政复议的范围确定了两个标准:一是"行政行为",二是"合法权益"。同时,《行政复议法》规定可以对抽象行政行为进行行政复议,但是只能"附带"提起,而且只限于规范性文件。

(二)行政诉讼的受案范围

行政诉讼的受案范围一直呈现扩大趋势。《行政诉讼法》经过 2014 年与 2017 年的两次修改后,将行政诉讼受案范围的"具体行政行为"标准改为"行政行为"标准,将"人身权、财产权"标准改为"人身权、财产权等合法权益"标准,这些标准的改动扩大了公民、法人或其他组织主观权利的保护范围。2018 年《行政诉讼解释》的出台也对行政诉讼的受案范围予以了细化和补充。

我国现行有关行政诉讼受案范围的规定如下:

1. 有关行政诉讼受案范围的总括性规定。《行政诉讼法》第 2 条规定:"公民、法人或者其他组织认为行政机关和行政机关工作人员的行政行为侵犯其合法权益,有权依照本法向人民法院提起诉讼。前款所称行政行为,包括法律、法规、规章授权的组织作出的行政行为。"该条规定构成我国行政诉讼受案范围的总括性规定。该条规定与《行政复议法》第 2 条有关行政复议范围的总括性规定有共同之处,即均从"行政行为"和"合法权益"两个标准对受案范围予以限制。

---

[1] 参见杨解君:《行政法与行政诉讼法》(下),清华大学出版社 2009 年版,第 76 页。

2. 行政诉讼受案范围的正面列举。《行政诉讼法》第二章专章列“受案范围”对行政诉讼的受案范围予以规定。该章分为两条,一条是对行政诉讼受案范围的正面列举,另一条是对行政受案范围的反面排除。《行政诉讼法》第 12 条第 1 款对行政诉讼的受案范围进行了正面列举:“人民法院受理公民、法人或者其他组织提起的下列诉讼:(一)对行政拘留、暂扣或者吊销许可证和执照、责令停产停业、没收违法所得、没收非法财物、罚款、警告等行政处罚不服的;(二)对限制人身自由或者对财产的查封、扣押、冻结等行政强制措施和行政强制执行不服的;(三)申请行政许可,行政机关拒绝或者在法定期限内不予答复,或者对行政机关作出的有关行政许可的其他决定不服的;(四)对行政机关作出的关于确认土地、矿藏、水流、森林、山岭、草原、荒地、滩涂、海域等自然资源的所有权或者使用权的决定不服的;(五)对征收、征用决定及其补偿决定不服的;(六)申请行政机关履行保护人身权、财产权等合法权益的法定职责,行政机关拒绝履行或者不予答复的;(七)认为行政机关侵犯其经营自主权或者农村土地承包经营权、农村土地经营权的;(八)认为行政机关滥用行政权力排除或者限制竞争的;(九)认为行政机关违法集资、摊派费用或者违法要求履行其他义务的;(十)认为行政机关没有依法支付抚恤金、最低生活保障待遇或者社会保险待遇的;(十一)认为行政机关不依法履行、未按照约定履行或者违法变更、解除政府特许经营协议、土地房屋征收补偿协议等协议的;(十二)认为行政机关侵犯其他人身权、财产权等合法权益的。”从该款的规定看,行政诉讼的受案范围受到两个标准的限制:一是“行政行为”标准的限制。该款对行政行为的类型进行了具体列举,但由于有第 12 项兜底条款即“认为行政机关侵犯其他人身权、财产权等合法权益”的存在,事实上只要是“行政行为”,而无论是否在具体的列举之列,均可满足这一标准。二是“人身权、财产权等合法权益”标准的限制。相对于“行政行为”这一标准的限制,对受案范围影响更大的是“人身权、财产权等合法权益”这一标准。从该款的规定看,只有满足“合法权益”这一标准,才属于行政诉讼的受案范围,也即将侵犯政治权等权利类型的行政行为排除在外。同时,该款在受案范围方面对行政行为侵犯的权利类型进行限制的同时,又为扩大受案范围留出了空间,即该条第 2 款规定:“除前款规定外,人民法院受理法律、法规规定可以提起诉讼的其他行政案件。”换言之,其他的法律、法规规定可以由人民法院受理的案件,也可以被纳入行政诉讼的受案范围。该款规定实际上意味着行政诉讼的受案范围并不是一成不变的,而是动态的,可以通过单行法律、法规的规定扩大行政诉讼的受案范围。《政府信息公开条例》将侵犯“知情权”的行政行为纳入行政诉讼的受案范围。《政府信息公开条例》第51条规定:“公民、法人或者其他组织认为行政机关在政府信息公开工作中侵犯其合法权益的,可以向上一级行政机关或者政府信息公开工作主管部门投诉、举报,也可以依法申请行政复议或者提起行政诉讼。”这一规定使不属于“人身权、财产权”内容的“知情权”被纳入行政诉讼的保护范围;针对侵犯行政相对人“知情权”的行政行为,公民、法人或者其他组织可以依法提起行政诉讼。

3. 行政诉讼受案范围的反面排除。《行政诉讼法》在对行政诉讼的受案范围进行正面列举的同时,还对行政诉讼的受案范围进行了反面排除,《行政诉讼法》第13条规定:“人民法院不受理公民、法人或者其他组织对下列事项提起的诉讼:(一)国防、外交等国家行为;(二)行政法规、规章或者行政机关制定、发布的具有普遍约束力的决定、命令;(三)行政机关对行政机关工作人员的奖惩、任免等决定;(四)法律规定由行政机关最终裁决的行政行为。”此外,《行政诉讼解释》还对排除的范围进行了进一步的细化。《行政诉讼解释》第1条第2款规定:“下列行为不属于人民法院行政诉讼的受案范围:(一)公安、国家安全等机关依照刑事诉讼法的明确授权实施的行为;(二)调解行为以及法律规定的仲裁行为;(三)行政指导行为;(四)驳回当事人对行政行为提起申诉的重复处理行为;(五)行政机关作出的不产生外部法律效力的行为;(六)行政机关为作出行政行为而实施的准备、论证、研究、层报、咨询等过程性行为;(七)行政机关根据人民法院的生效裁判、协助执行通知书作出的执行行为,但行政机关扩大执行范围或者采取违法方式实施的除外;(八)上级行政机关基于内部层级监督关系对下级行政机关作出的听取报告、执法检查、督促履责等行为;(九)行政机关针对信访事项作出的登记、受理、交办、转送、复查、复核意见等行为;(十)对公民、法人或者其他组织权利义务不产生实际影响的行为。”从该条规定的内容看,其实际上是明确了现实中容易与“行政行为”混淆的一些行为类型,其中包括刑事侦查行为,调解、仲裁行为,行政指导行为等。从理论层面看,上述列举的行为类型均不属于“行政行为”的范畴。

(三)行政复议与行政诉讼受案范围的比较

《行政复议法》2023年修订后,行政复议与行政诉讼受案范围保持大致上的相似性。在行政行为的受案范围上,《行政复议法》规定了"行政行为"标准和"合法权益"标准,保持与《行政诉讼法》规定的同步性。在抽象行政行为的受案范围上,《行政复议法》的规定也与《行政诉讼法》的规定基本一致,主要规定了规范性文件可以被附带审查。

二、行政复议范围与行政诉讼受案范围的理想衔接状态

行政复议范围和行政诉讼受案范围的衔接,与行政复议与行政诉讼的程序衔接问题密切相关,两者在受案范围方面的差异,会产生一些新的程序衔接模式。如两者在保护的权利类型方面的差异,导致针对侵犯政治权利的行政行为的行政复议成为事实上的复议终局。由于程序衔接和范围衔接的高度相关性,行政复议范围与行政诉讼受案范围衔接的理想状态应当包括以下两个方面。

(一)行政复议范围大于行政诉讼受案范围

在我国,部分学者认为行政复议范围与行政诉讼的受案范围应当高度一致,否则,将导致行政复议与行政诉讼脱节的现象,并使行政复议和行政诉讼这两项民主制度的优越性大打折扣。[1] 事实上,持类似观点的学者不在少数。但是,行政复议与行政诉讼的衔接并不意味着行政复议范围和行政诉讼受案范围的一致。从司法最终原则出发,较易得出行政诉讼受案范围应与行政复议范围一致的结论;但是,从保护公民、法人或其他组织合法权益和发挥行政复议与行政诉讼各自的优势角度出发,则可以得出不同的结论。

首先,需要正视行政复议与行政诉讼的差异性。行政诉讼是司法机关对行政机关的行为进行审查,是司法系统对行政系统的监督。为了避免司法系统凌驾于行政系统之上,将部分行政争议排除在司法审查范围之外是不可避免的,甚至是合理的。但行政复议却不同,行政复议虽然在根本性质上与行政诉讼近

〔1〕 参见王克稳:《我国行政复议与行政诉讼的脱节现象分析》,载《行政法学研究》2000年第4期。

似,但其毕竟是在行政系统之内的“准司法”性质的活动,其存在的根基是“层级监督权”,这也使得行政复议范围大于行政诉讼的受案范围具有合理性。其次,从保护公民、法人和其他组织合法权益的原则出发,在行政诉讼的受案范围不能够任意扩大的情况下,完全可以考虑扩大行政复议范围,使公民、法人和其他组织的救济权利得到更高程度的保障。因此,要求行政复议范围与行政诉讼受案范围一致是一种错误的,不利于保护公民、法人和其他组织合法权益的主张。最后,从行政复议作为化解行政争议主渠道的角度出发,只有行政复议的受案范围大于行政诉讼的受案范围,才能更加激励公民、法人和其他组织申请行政复议,提高行政复议的受案比重,实现行政复议法的立法目的。

(二)行政复议范围与行政诉讼受案范围立法模式的相对一致

行政复议范围虽然可以大于行政诉讼的受案范围,但行政复议与行政诉讼毕竟是同属行政救济系统的主要制度,两者在受案范围上的合理衔接有利于充分发挥二者解决行政纠纷,保障公民、法人和其他组织合法权益的功能。其中,行政复议范围和行政诉讼受案范围在立法模式上的相对一致有利于公民、法人和其他组织掌握两者的差异,进而有利于其合理运用制度维护自己的合法权益。目前,我国行政复议范围的立法模式与行政诉讼受案范围的立法模式基本一致,但相较于行政诉讼受案范围的立法模式仍稍显不足。因此,应对行政复议范围与行政诉讼的受案范围通盘考虑,并完善当前的立法模式。

第三节　行政复议范围应以行政行为为核心概念展开

行政复议范围的大小直接关系到公民、法人和其他组织合法权益的保障程度和监督行政机关依法行使职权的广度,这是建立我国行政复议制度的核心问题。[1] 行政复议范围确定了申请人能够运用行政复议手段维护自身合法权益的范围。行政复议作为行政救济的重要组成部分,是公民、法人和其他组织寻求权利救济、维护自身合法权益的重要途径;而行政复议范围则对哪些争议能

〔1〕 参见方世荣、石佑启主编:《行政法与行政诉讼法》,北京大学出版社2005年版,第340页。

够进入行政复议进行了限定,被排除在行政复议范围之外的行政争议将不能通过行政复议解决。我国现在的行政复议范围偏窄,主要限于部分具体类型的行政行为,部分应纳入行政复议范围的争议尚未被纳入行政复议范围。因此,从保护公民、法人和其他组织合法权益以及为其提供救济途径的角度而言,行政复议的范围显然是越大越好。

《行政复议法》(2017)第2条将行政复议范围限定为"具体行政行为",这一规定已经落后。因此2023年修订的《行政复议法》第2条以"行政行为"取代"具体行政行为",明确"行政行为"标准为行政复议受案范围的核心标准。

一、置换"具体行政行为"的必要性

(一)具体行政行为适用的局限性

我国在对德国法中的"行政行为"(Verwaltungsakt)概念进行移植时,对其概念的涵摄、定义、特征并未完全借鉴到位。正如赵宏教授所批判的:"行政行为在我国逐渐蜕变为一个无所不包、臃肿不堪,也近乎毫无学术价值的'概念鸡肋'。为明晰其轮廓,我国学者转而在行政行为之下又细分出抽象—具体、内部—外部、单方—双方、事实—法律行为等诸多类型,但这些生发非但没有提高概念的精准度和可辨性,相反却使行政行为愈加成为一套不断'自我繁殖的概念陷阱'。"[1]

行政行为这一概念被移植到我国时,一个异端演化的结果就是作为行政行为特征之一的"具体性"被放大化和单一化。又因为"具体行政行为"更容易被识别和理解,所以其最终演变为"具体行政行为"这一概念,反而取代了"行政行为",一度成为行政救济法上的主流概念。

在行政复议中,具体行政行为主要是指2023年修订前的《行政复议法》第6条具体列举的行政行为种类。然而,具体行政行为概念在适用过程中存在很多问题。

第一,具体行政行为的内涵外延显然比行政行为小。学界通说认为,行政行为指的是行政法律行为,不包括行政事实行为和行政机关的私法行为。然

---

〔1〕赵宏:《行政行为作为行政法教义学核心的困境与革新——兼论我国行政行为学理的进化》,载《北大法律评论》编辑委员会编:《北大法律评论》第15卷·第2辑,北京大学出版社2014年版。

而,行政行为概念在行政诉讼法中被广泛运用,其将行政行为含义的范围从原有的狭义范围扩张到广义范围。根据《行政诉讼法》立法者的解读,行政行为除了包含具体行政行为外,还包含行政不作为、法律行为与事实行为、单方行为与双方行为等。〔1〕 全国人大常委会法制工作委员会组织编写的《中华人民共和国行政诉讼法释义》一书中对行政行为范围的观点也与前述基本相同,其在第2条释义中提出可以从以下几点理解“行政行为”:(1)行政行为不包括行政机关制定规范性文件;(2)行政行为既包括作为,也包括不作为;(3)行政行为还包括事实行为;(4)行政行为包括行政机关签订、履行协议的行为,即行政协议行为。〔2〕 因此,从通说观点看,行政行为的概念范畴远超具体行政行为。

第二,2023 年修订前的《行政复议法》第 6 条列举的可受理行为与具体行政行为范畴并不一致,存在罅隙。“具体行政行为”的概念显然不能匹配行政复议的受案范围。此外,“具体行政行为”也无法有效接纳“行政协议”这一双方行为。行政协议可以被包容进行政行为概念中,而具体行政行为作为行政行为概念的子概念显然无法将其容纳,这不利于将行政协议纳入行政争议解决渠道。也有学者认为,用行政行为替代具体行政行为的目的在于扩展行政诉讼案件范围,不再仅仅局限于单方行政法律行为。〔3〕

第三,行政行为的概念范畴是开放的,而具体行政行为则是一个较封闭的概念群。具体行政行为本质是对型式化的行政行为的总结,但是随着行政活动的多元化、政府职能的社会化等趋势的兴起,传统的管制行政逐渐向服务行政、担保行政等行政活动方式转变。行政行为的样式更加多样,也就不再限于传统的型式化行政行为类型,还有很多未型式化的行政行为已经“不可名状”,因此“具体行政行为”概念相比较而言已经显得落后。这些未型式化的行政行为在学理上和法律上几乎未被涉及,因此也存在“未被定义”以及“未被约束”的潜在危险。〔4〕 另外,如果通过放宽“行政行为”概念的范畴纳入这些非型式化的

〔1〕 参见袁杰主编:《中华人民共和国行政诉讼法解读》,中国法制出版社 2014 年版,第 5 页。

〔2〕 参见信春鹰主编:《中华人民共和国行政诉讼法释义》,法律出版社 2014 年版,第 8 ~9 页。

〔3〕 参见王万华:《新行政诉讼法中“行政行为”辨析——兼论我国应加快制定行政程序法》,载《国家检察官学院学报》2015 年第 4 期。

〔4〕 参见赵宏:《行政行为作为行政法教义学核心的困境与革新——兼论我国行政行为学理的进化》,载《北大法律评论》编辑委员会编:《北大法律评论》第 15 卷 · 第 2 辑,北京大学出版社 2014 年版。

行政行为,也会让行政行为“丧失其原有的轮廓和明晰性”[1],从而使得“行政行为”这个概念的工具价值大大降低。

(二)与行政诉讼法“行政行为”受案范围标准衔接的必要性

具体行政行为在概念上存在的种种问题阻碍了行政法体系的建构,这一问题在《行政诉讼法》的修改中已经得到修正。《行政诉讼法》2014年修改时将第2条的受案标准条款由“具体行政行为”修改为“行政行为”[2],并且连同其他所有条款中包含“具体行政行为”的语词都修改为“行政行为”。这一修改的直接后果就是扩大了行政诉讼受案范围,使“行政行为外延最大限度接近对公民合法权益的司法无遗漏保护”[3]。

反观2023年修订前的《行政复议法》,“具体行政行为”受案范围的设置阻碍了行政复议受案范围进一步扩大的可能性,很多行政争议因此不能进入行政复议的救济管道。因此,需要妥善处理两部法律受案范围的衔接问题。

首先,从保护公民、法人和其他组织合法权益的原则出发,在行政诉讼的受案范围不能够任意扩大的情况下,完全可以考虑扩大行政复议范围,使公民、法人和其他组织的救济权利得到更高程度的保障。因此,要求行政复议范围与行政诉讼受案范围一致是一种错误、不利于保护行政相对人合法权益的主张。

其次,行政复议范围与行政诉讼受案范围立法模式的相对一致有利于公民、法人和其他组织合理运用制度维护自己的合法权益。行政复议范围虽然可以大于行政诉讼的受案范围,但行政复议与行政诉讼毕竟是同属行政救济系统的主要制度,两者在受案范围上的合理衔接有利于充分发挥其解决行政纠纷,保障公民、法人和其他组织合法权益的功能。保持行政复议、行政诉讼的衔接性、统一性,确保行政争议应进、必进行政复议管道,扩大行政复议的受案范围,发挥行政复议化解行政争议主渠道的功能。

---

[1] 赵宏:《行政行为在德国法中的思想溯源、争议问题与新近发展》,载沈岿主编:《行政法论丛》第28卷,法律出版社2022年版。

[2] 《行政诉讼法》(1989)第2条规定:公民、法人或者其他组织认为行政机关和行政机关工作人员的具体行政行为侵犯其合法权益,有权依照本法向人民法院提起诉讼。

[3] 王万华:《新行政诉讼法中“行政行为”辨析——兼论我国应加快制定行政程序法》,载《国家检察官学院学报》2015年第4期。

最后,需要保持行政法体系建构的统一性。《行政诉讼法》率先将“具体行政行为”置换为“行政行为”,这极大地推进了行政法体系的建设,《行政复议法》如果仍保留“具体行政行为”,就会造成行为法体系的内部分裂。因此,《行政复议法》对受案范围的修改,有助于保持行政法体系结构的统一性。

二、明确“行政行为”的概念与基本特点

行政行为是行政法体系构建的阿基米德支点,内涵博大精深,本书无意进行讨论,只在此简单讨论行政行为的概念与特征。

行政行为是指享有行政权能的组织运用行政权,针对特定人或特定事项作出的具有法律效果的行为。《联邦德国行政程序法》第 35 条规定:“行政行为是行政机关为规范公法领域的个别情况采取的具有直接对外效力的处分、决定或其他官方措施。”据此,可以总结出行政行为具有五个核心特点。

第一,行政行为是一种处理性的法律行为。处理行为是一种具有法律约束力的命令,是一种以实现某种法律后果为目的的意思表示。〔1〕因此也可以说,行政行为具有规制属性。〔2〕这一行为特征可以排除一系列行为,比如行政事实行为、行政行为准备阶段时的行为等。遗憾的是,我国在继受的过程中,忽略了行政行为的规制性要素,使得行政诉讼法中的“行政行为”概念仍旧包含了行政事实行为这一行为类型,从而使“行政行为”这一概念“依然不具有直接框定行政诉讼受案范围的能力”〔3〕。

第二,行政行为是一种具体性、明确化的行为,这是行政行为最具核心性、

---

〔1〕参见[德]哈特穆特·毛雷尔:《行政法学总论》,高家伟译,法律出版社 2000 年版,第 183 页。

〔2〕对于德语 Regelung 的翻译,赵宏教授翻译为“规制”。参见赵宏:《法治国下的目的性创设——德国行政行为理论与制度实践研究》,法律出版社 2012 年版,第 97 页。高家伟教授翻译为“处理”;王贵松教授翻译为“规律(动词形式)”。参见[日]山本隆司:《诉讼类型、行政行为与法律关系》,王贵松译,载《法治现代化研究》2020 年第 6 期。

〔3〕张力:《寻求法治国与比较的限度——评〈法治国下的目的性创设〉》,载章剑生主编:《公法研究》第 20 卷,浙江大学出版社 2020 年版。对于这一问题,日本司法实践或许可以提供一种解决思路——其对于“处分性”的范围进行了扩展:“近年来以单方意志性、产生法律效果、具体直接性三点为重要指标,‘处分’概念在具体情况下还涵盖行政指导、行政立法、行政规划等行政主体的多种行为形式,实际扩展了对国民权益救济的维度和空间。”参见杨官鹏:《日本行政法的“处分性”判断与判例动向研究》,载沈岿主编:《行政法论丛》(第 28 卷),法律出版社 2022 年版。

识别性的特征。“作为对司法判决的制度模仿,行政行为的个体化与明确化特征完全源于对司法判决核心要素的汲取。”[1]因此,奥托·迈耶在创设“行政行为”概念时就赋予了其具体性特征——“行政机关像法官一样作出将法律意志内容作用于具体情况的决定”[2],从而使行政行为具有法的安定性功能,进而有利于法治国原则的实现和人民利益的维护。行政行为的具体性特征可以排除法规、一般性命令等抽象行政行为。

第三,行政行为是行政主体作出的行为。行政主体包括行政机关与法律、法规、规章授权的组织。近年来,在部分政府职能逐渐社会化的趋势下,出现了放松规制(de-regulation)、公私合作规制的现象。很多私人、社会机构承担了原本政府担任的角色,也即行政任务的民营化。[3] 例如,原本由国家著作权部门负责著作权登记,但现在逐渐由私人性的著作权登记机构来承担此行政任务,此时著作权登记行为就因为行政主体的变化而不能再被称为行政行为。再如,2018 年我国机构改革后,党政合署的增多也给行政主体的认定增添了很多困扰。在德国法的语境下,根据《联邦德国行政程序法》第 1 条的规定,行政机关是指“履行所有公法任务的机构”,即履行行政任务、具有行政功能的机构都可以成为行政机关。这种广义的定义模式对我国解决上述问题无疑具有启发意义。当然,无论实践怎样复杂和多变,在我国的通说下,“行政主体”始终是判断行政行为主体的核心标准。行政行为的主体性特征可以排除民事行为、立法行为、司法行为、国家统治行为等行为。

第四,行政行为是外部性法律行为。行政行为需要对外部发生法律效果。行政行为属于一个法律行为,而法律行为本身就以意思表示发生于外部为要件。也就是说,只有出行政系统才能被视为已经表示于外部,或者说只要出行政系统就意味着表示于外部。[4] 因此,行政机关内部的讨论、指令等内部行为不属于行政行为。

---

〔1〕 赵宏:《法治国下的目的性创设——德国行政行为理论与制度实践研究》,法律出版社 2012 年版,第 55 页。

〔2〕 [德]奥托·迈耶:《德国行政法》,刘飞译,商务印书馆 2013 年版,第 107 页。

〔3〕 虽然公私合作、公共任务民营化等模式具有减轻政府成本、优化政府规制模式等优势,但也需要对之进行冷思考。尤其是美国俄亥俄州火车出轨导致大量氯乙烯泄漏事件的发生,不仅反映出美国铁路规制(railway regulation)失灵的现状,更是反映出放松规制理论本身的固有弊病。

〔4〕 参见叶必丰:《行政行为原理》,商务印书馆 2019 年版,第 201 页。

第五,行政行为是一个高权行为。行政行为是指公共行政主体根据其高权采取措施的行为,行为本身需要属于行政法领域,这是区分其他行为的关键所在。[1] 高权力意味着行政行为具有强制性、命令性、单方性等特征。在早期,行政方式主要以警察行政、秩序行政为主,故而高权性特征十分明显。当然,随着给付行政、服务行政等多元行政方式的兴起,公权力中的高权性特征逐渐淡化,双方性的行政协议已经成为行政行为中的一个重要类型。

行政行为具有以上五点特征。相比于“具体行政行为”这一概念而言,行政行为作为行政复议的受案范围标准,其概念范围更加广阔,可以容纳更多的型式化、非型式化行政行为,也可以提高对公民、法人和其他组织的救济程度。此外,其还能与行政诉讼法的受案范围相衔接,共同促成行政法体系建构的统一性、科学性。

第四节　行政复议的具体范围:正面清单 + 负面清单

《行政复议法》在受案具体范围上采取了概括式 + 正面清单 + 负面清单的列举方式。《行政复议法》第 2 条可视为对行政复议范围的总体描述,在该条总体划定的基础上,《行政复议法》第 11 条又对可以申请行政复议的具体范围进行了详细的列举,同时又通过概括的方式将当前难以全面列举的行政案件纳入行政复议范围之中。《行政复议法》第 13 条还对可以一并申请审查的抽象行政行为的范围进行了列举。在肯定正面列举行政复议范围的基础上,《行政复议法》又在第 12 条中对不属于行政复议范围的事项进行了否定性列举。

一、清单列举式立法的意义

《行政复议法》清单式的列举方式是必要的,这种立法模式具有以下两种优点:(1)清晰简洁。目前我国政府,尤其是基层政府的行政复议机关仍存在法治

〔1〕 参见[德]汉斯·J. 沃尔夫、奥托·巴霍夫、罗尔夫·施托贝尔:《行政法》(第 2 卷),高家伟译,商务印书馆 2003 年版,第 21 页。

化水平比较不足的问题，直截了当的描述性列举无疑对于行政复议机构的工作人员有明白直接的指导作用。而且，这些列举的条目已经涵盖行政复议机关绝大部分行政复议案件的受理工作，一般不需要用兜底的“行政行为”标准来判定是否需要受案。(2)与“行政行为”概念相互映照。“行政行为”概念作为受案范围标准，科学性有余，但是具体性不足。如果没有列举式的行政行为清单作为解释性的映衬，无论是行政复议机关的工作人员，还是普通民众，都可能对“行政行为”没有一个具象化的把握。

当然，清单式列举的立法技术存在教义性、理论性欠缺的明显缺点，不利于对于更多元的权利的救济。长此以往，将阻碍行政复议作为化解行政争议主渠道功能的实现。因此，未来仍需由列举式规定向概括式规定演进。正如朱芒教授所说：“概括主义法解释路径使《行政诉讼法》的‘受案范围’超越既有的列举主义立法形式，激发了法律规范内在的动力。”[1]

二、行政复议范围的正面清单

(一)行政处罚

行政处罚是指行政机关依法对违反行政管理秩序的公民、法人或者其他组织，以减损权益或者增加义务的方式予以惩戒的行为。行政处罚的具体类型包括：(1)警告、通报批评；(2)罚款、没收违法所得、没收非法财物；(3)暂扣许可证件、降低资质等级、吊销许可证件；(4)限制开展生产经营活动、责令停产停业、责令关闭、限制从业；(5)行政拘留。

(二)行政强制

行政强制措施，是指行政机关在行政管理过程中，为制止违法行为、防止证据损毁、避免危害发生、控制危险扩大等，依法对公民的人身自由实施暂时性限制，或者对公民、法人或者其他组织的财物实施暂时性控制的行为。

---

〔1〕 朱芒：《概括主义的行政诉讼“受案范围”——一种法解释路径的备忘录》，载《华东政法大学学报》2015年第6期。

行政强制措施分为三类:一是限制人身自由的强制措施,包括强制隔离戒毒、现场盘查、传唤和询问查证、人身检查、强制约束、强制检疫、隔离治疗、扣留等行为。二是限制财产流通的强制措施,主要包括查封、扣押、冻结财产,划拨,扣缴财产等。三是限制行为的强制措施,主要包括强制服役、强制带离、驱散等行为。

行政强制执行,是指行政机关或者行政机关申请人民法院,对不履行行政决定的公民、法人或者其他组织,依法强制履行义务的行为。强制执行主要有以下方式:(1)加处罚款或者滞纳金;(2)划拨存款、汇款;(3)拍卖或者依法处理查封、扣押的场所、设施或者财物;(4)排除妨碍、恢复原状;(5)代履行。

(三)行政许可

行政许可是指行政机关根据公民、法人或者其他组织的申请,经依法审查,准予其从事特定活动的行为。行政许可主要有五种类型,分别为普通许可、特许、认可、核准、登记,主要规定于《行政许可法》第12条。

一般而言,行政审批被认为是行政许可的上位概念。"无论是在法律文本上还是在实践中,行政审批都是一个内涵外延宽于但又涵盖行政许可的术语。"[1]国务院2001年发布的《关于贯彻行政审批制度改革的五项原则需要把握的几个问题》中指出:行政审批是行政审批机关作为行政主体对相对人实施的具体行政行为,因此,行政机关对其内部有关人事、财务、外事等事项的审批、决定不属于《关于行政审批制度改革工作的实施意见》所要求清理和处理的行政审批项目范围。该文件在概念上将行政许可等同于行政审批,认为内部的审批不是所谓的行政审批。然而在后续的行政审批改革中,行政审批事项逐渐向内部管理事项转变,渐渐形成了行政审批"对内"、行政许可"对外"的格局。"法律意义上的许可,不仅其外延要小于实践中的审批,而且试图将审批概念完全挤入内部管理领域。"[2]这一认识也可以从《行政许可法》的规定中得到证实。《行政许可法》第3条规定:"行政许可的设定和实施,适用本法。有关行政机关对其他机关或者对其直接管理的事业单位的人事、财务、外事等事项的审

[1] 沈岿:《解困行政审批改革的新路径》,载《法学研究》2014年第2期。
[2] 张力:《先证后核、消极许可与规制工具试验》,载《中国行政管理》2019年第5期。

批，不适用本法。”综上所述，行政审批存在广义与狭义上的理解。广义的行政审批是行政许可的上位概念；而狭义的行政审批则与行政许可是并列关系，范围多限定于政府内部的行政管理事项，行政许可的适用对象则主要针对外部行政相对人。[1]

（四）行政裁决

行政裁决是指行政机关根据公民、法人或者其他组织的申请，依据法律、法规授权对与行政管理活动密切相关的民事纠纷进行裁处的行为，是一种多元纠纷的解决机制。行政裁决适用领域并非十分广泛，包括权属争议裁决、侵权争议裁决、损害赔偿争议裁决和强制许可使用费争议裁决。[2] 例如：(1)土地所有权和使用权争议，当事人协商不成的由政府裁决。(2)不同行政区域间的水事纠纷，由上一级政府裁决。(3)专利法、商标法领域中围绕知识产权展开的相关争议，由行政机关专门的机构裁决，如国务院专利裁决部门等。(4)拆迁人和被拆迁人就拆迁过程中的补偿金额、安置用房地点等诸多问题发生争议的，协商不成由批准拆迁的房屋拆迁部门裁决。

（五）行政征收、征用、补偿

《宪法》第 13 条第 1、第 2 款规定：“公民的合法的私有财产不受侵犯。国家依照法律规定保护公民的私有财产权和继承权。”但这并不意味着国家不能征收征用公民的私有财产。该条第 3 款规定：“国家为了公共利益的需要，可以依照法律规定对公民的私有财产实行征收或者征用并给予补偿。”相应地，对于国家的征收、征用及补偿决定，公民有权利申请行政救济。

行政征收是行政机关为了公共利益的需要，依法强制取得行政相对人的私有财产所有权并给予相应补偿的行政行为。行政征用是指行政机关为了特定的行政管理目的，依法强制取得他人财产或者对有关劳务进行征用，并进行相

---

〔1〕 对于行政审批和行政许可关系的详细解读，参见王克稳：《我国行政审批与行政许可关系的重新梳理与规范》，载《中国法学》2007 年第 4 期；张力：《先证后核、消极许可与规制工具试验》，载《中国行政管理》2019 年第 5 期。

〔2〕 参见孔繁华：《行政与司法之间：行政裁决范围的厘定与反思》，载《甘肃政法大学学报》2021 年第 1 期。

应补偿的行政行为。[1]

(六)侵犯合法的经营自主权或者农村土地承包经营权的行为

经营自主权,即行政相对人根据自己的意志自行组织生产经营,不受行政机关非法干涉的权利。农村土地承包经营权是指农村土地承包人对其承包的土地享有的一系列物权权利,包括占有、使用、收益、处分的权利。根据《农村土地承包法》第17条的规定,承包方享有下列权利:(1)依法享有承包地使用、收益的权利,有权自主组织生产经营和处置产品;(2)依法互换、转让土地承包经营权;(3)依法流转土地经营权;(4)承包地被依法征收、征用、占用的,有权依法获得相应的补偿;(5)法律、行政法规规定的其他权利。

农村土地经营权是从农村土地承包经营权中分离出的一项权能,就是承包农户将其承包土地流转出去,由其他组织或者个人经营,其他组织或者个人取得土地经营权。在《行政诉讼法》2017年修正时,土地经营权还没有被《农村土地承包法》明文规定,也没有从土地承包经营权中明确分离出来。根据参与《行政诉讼法》修正的法官回忆:“在本法(行政诉讼法)修正案草案三审时,有的常委委员提出,随着农村土地承包经营权流转改革的推进,侵犯农村土地经营权的行为也应当纳入可诉范围。法律委员会经研究,建议增加农村土地经营权。”[2]在《农村土地承包法》2018年修改时对土地经营权作了专门规定,正式确认土地经营权是一项特定权利后,《行政诉讼法》的该条规定则显得多余。

(七)工伤认定行为

工伤认定行为属于一种行政行为。工伤认定行为是我国劳动部门依法确认劳动者的伤残是否属于劳动法意义上的工伤的具体行政行为。[3] 工伤认定对行政机关的专业性要求较高,同时由于存在工伤认定标准不科学不统一、工伤最终认定权归属不清等问题,很容易引发相关的行政争议。目前来看,行政诉讼对工伤认定行为的解决并不理想,程序空转现象较为严重[4],因而明确行

---

〔1〕 参见梁凤云编著:《新行政诉讼法逐条注释》,中国法制出版社2017年版,第50页。

〔2〕 梁凤云编著:《新行政诉讼法逐条注释》,中国法制出版社2017年版,第53页。

〔3〕 参见王建军:《工伤认定:行政与司法的冲突及消除》,载《社会科学研究》2007年第2期。

〔4〕 参见王宾:《工伤认定争议的程序空转及解决》,载《交大法学》2023年第4期。

政复议对于工伤认定的可受理性有利于提高行政救济系统对工伤认定行政争议的实质性化解能力。

（八）不当排除或者限制竞争的行为

随着我国商业经济、互联网经济等的快速发展，国家行政机关对于商业中垄断行为的反垄断规制措施越来越多。2021 年，在被誉为“中国互联网反垄断第一案”的“阿里巴巴二选一垄断案”中，国家市场监督管理总局公布了对阿里巴巴集团控股有限公司的行政处罚决定书，认定阿里巴巴自 2015 年以来实施的“二选一”行为构成滥用市场支配地位行为，决定对其处以 182.28 亿元的罚款。伴随着反垄断力度的加强，对于被反垄断的公司的权益保护也变得更加重要，国家应当对各类法人主体提供全面的行政救济渠道。根据《反垄断法》第五章的规定，“滥用行政权力排除、限制竞争”主要有七类行为。

一是指定交易行为，指行政主体滥用行政权力，限定或者变相限定单位或者个人经营、购买、使用其指定的经营者提供的商品。

二是对经营者实行不平等待遇的行为，指行政主体滥用行政权力，通过与经营者签订合作协议、备忘录等方式，妨碍其他经营者进入相关市场或者对其他经营者实行不平等待遇，排除、限制竞争。该条为 2022 年《反垄断法》修正时新增。

三是限制商品在地区间的自由流通行为。主要包括四类行为：（1）对外地商品设定歧视性收费项目、收费标准或歧视性价格；（2）对外地商品规定与本地同类商品不同的技术要求、检验标准，或者对外地商品采取重复检验、重复认证等歧视性技术措施，限制外地商品进入本地市场；（3）采取专门针对外地商品的行政许可，限制外地商品进入本地市场；（4）设置关卡或者采取其他手段，阻碍外地商品进入或者本地商品运出。

四是排除或限制投标招标，指行政主体滥用行政权力，以设定歧视性资质要求、评审标准或者不依法发布信息等方式，排斥或者限制经营者参加招标投标以及其他经营活动。

五是排除或者限制投资或者设立分支机构，指行政主体滥用行政权力，采取与本地经营者不平等待遇等方式，排斥、限制、强制或者变相强制外地经营者在本地投资或者设立分支机构。

六是强制经营者从事《反垄断法》规定的垄断行为。

七是行政主体制定含有排除、限制竞争内容的规定。需要注意的是，这类规定虽然是规范性文件，但是因为其排除限制竞争的内容针对的主体、事项都是特定的、具体的，故而其只是名义上是规范性文件，实则是一个行政行为，仍然属于可受理范围。有法官认为，这里的规范性文件应当排除规章和规章以上的规范性文件，对于规范性文件，仍然属于可诉性的行政行为。[1] 笔者认为，这一观点有一定的道理，但是仍值得商榷。对于排除限制、竞争的规范性文件而言，由于其规范的对象和事项存在行业性和地区性，故既可能是一个具体行政行为，也可能是一个抽象行政行为。因此，首先，应当根据某一规范性文件是否针对特定、具体的对象，来识别其是否是具体行政行为。其次，如果该文件属于抽象行政行为，那么再根据文件颁布的主体、文件的效力位阶来判断其是否可以被附带审查。最后，如果该文件实际上就是具体行政行为，那么不应当因为规范性文件制定主体的不同来区分其可诉性，也即所有具体行政行为都应当被受理。

（九）违法集资、摊派费用或者违法要求履行其他义务的行为

行政机关的行政管理活动，在法定情形、存在法定依据的情况下可以为公民、法人或其他组织设定义务，但是不能超出法律规定的范围，否则行政机关就是在法外创设义务，侵犯了公民、法人或其他组织的合法权益。违法要求履行义务可以分为三类情形：(1)违法要求公民、法人或其他组织履行某种作为义务；(2)违法要求公民、法人或其他组织不作出某一行为；(3)违反法律规定的条件、程序等对公民、法人或其他组织提出了违反法律规定的义务。违法要求履行义务的行为是一个具体行政行为，应当属于行政复议的受案范围。

（十）行政机关不依据公民、法人或其他组织申请保护其合法权益的不作为行为

行政不作为是指行政机关在有行政作为义务且有作为的可能的情况下不

---

〔1〕 参见梁凤云编著：《新行政诉讼法逐条注释》，中国法制出版社 2017 年版，第 56 页。

履行或不圆满履行该义务的行为。[1] 行政不作为也是一种法律行为，蕴含着行政机关明示或默示拒绝的意思表示。相比于行政行为，行政不作为隐而不显，因此可能会对行政机关的公信力、社会公共利益以及公民、法人或其他组织的合法权益造成更为严重的破坏。为了治理行政不作为的情形，有必要将其列入行政复议的受案范围。行政不作为可以分为两类：一类是没有作出行为，即不履行行政义务；另一类是作出了一定的行政行为，但"该行为并没有有效防止危害结果的发生，因而还不能算作完整的作为"[2]，即"形式作为而实质不作为的行政行为"[3]，也即不圆满履行行政义务。

合法权益包括人身权利、财产权利、受教育权利等合法权益。一方面，合法权益具有"基本权利"的属性，因为人身权、财产权、受教育权都是《宪法》明文规定的基本权利，具有更高的价值位阶。另一方面，"等"是"等外等"，即不限于前述明文列举的权利。"受教育权、环境权等权利都不能说与人身权、财产权直接或间接相关，都属于独立的权利。从本项以上的内容来看，既涉及人身权、财产权，也涉及公平竞争权、劳动权等内容，因此是等外等。"[4] 也就是说，合法权益包括基本权利和其他权利。在《行政诉讼法》中，有两项条款都用"等外等"来保证"合法权益"的全覆盖。从规定模式上看，《行政复议法》的"不作为"条款反而更类似于《行政诉讼法》的这一兜底条款；而《行政复议法》的"等合法权益"与兜底条款的"合法权益"也同样构成了行政复议受案范围的完整体系。

(十一) 不履行行政给付义务的不作为行为

在福利国家理念的驱动下，服务行政、给付行政逐渐取代警察行政成为重

[1] 相关文献可以参见周佑勇：《论行政作为与行政不作为的区别》，载《法商研究（中南政法学院学报）》1996 年第 5 期；黄学贤：《形式作为而实质不作为行政行为探讨——行政不作为的新视角》，载《中国法学》2009 年第 5 期；章志远：《司法判决中的行政不作为》，载《法学研究》2010 年第 5 期；郑琳：《论行政形式作为下的实质不作为——基于实证的分析》，载章剑生主编：《公法研究》第 20 卷，浙江大学出版社 2020 年版；等等。其中郑琳的文章提供了更加宽泛的行政不作为的认定标准。

[2] 章志远：《司法判决中的行政不作为》，载《法学研究》2010 年第 5 期。

[3] 黄学贤：《形式作为而实质不作为行政行为探讨——行政不作为的新视角》，载《中国法学》2009 年第 5 期。

[4] 该讨论针对的是《行政诉讼法》第 12 条兜底条款中的"等"是"等外等"还是"等内等"。参见梁凤云编著：《新行政诉讼法逐条注释》，中国法制出版社 2017 年版，第 63 页。

要的行政活动方式之一,而社会保障也是给付行政中重要的组成部分之一。在党的二十大报告中,习近平总书记指出要“健全基本公共服务体系,提高公共服务水平,增强均衡性和可及性,扎实推进共同富裕。”“健全覆盖全民、统筹城乡、公平统一、安全规范、可持续的多层次社会保障体系。”[1]

行政给付包括给付抚恤金、社会保险待遇或者提供最低生活保障等。社会保障权是《宪法》明文规定的基本权利。《宪法》第44条规定:“国家依照法律规定实行企业事业组织的职工和国家机关工作人员的退休制度。退休人员的生活受到国家和社会的保障。”第45条第1款规定:“中华人民共和国公民在年老、疾病或者丧失劳动能力的情况下,有从国家和社会获得物质帮助的权利。国家发展为公民享受这些权利所需要的社会保险、社会救济和医疗卫生事业。”因此,《行政复议法》的受案范围需要给予这些基本权利以行政救济途径。

(十二)行政协议

行政协议作为一种行政行为应当被行政复议机关受理。《行政诉讼法》规定了“政府特许经营协议、土地房屋征收补偿协议等协议”[2],这一规定限制了对行政协议的救济渠道。因此,应将可受理范围扩展到所有行政协议,将“行政协议”整体性地纳入行政救济渠道。行政协议的行政复议审查范围应当包括行政协议引发的所有争议,这些争议由行政复议机关进行单一和全面审查。[3]

行政协议是指行政机关为了实现行政管理或者公共服务目标,与公民、法人或者其他组织协商订立的具有行政法上权利义务内容的协议。行政协议主要有以下几种类型:(1)政府特许经营协议;(2)土地、房屋等征收征用补偿协议;(3)矿业权等国有自然资源使用权出让协议;(4)政府投资的保障性住房的

---

〔1〕 习近平:《高举中国特色社会主义伟大旗帜 为全面建设社会主义现代化国家而团结奋斗——在中国共产党第二十次全国代表大会上的报告》,人民出版社2022年版,第46、48页。

〔2〕 当然,最高人民法院后来通过《行政诉讼解释》和最高人民法院《关于审理行政协议案件若干问题的规定》两个司法解释弥补了《行政诉讼法》规定的不足之处,将所有行政协议案件纳入可受理范围。

〔3〕 参见赵德关:《行政协议纳入行政复议审查问题研究》,载《行政法学研究》2021年第4期。对于行政协议审查标准的研究参见王由海:《论行政协议复议审查的标准与方式》,载《哈尔滨工业大学学报(社会科学版)》2022年第3期;章剑生:《行政协议复议审查的范围、规则与决定方式》,载《法律科学(西北政法大学学报)》2023年第2期。

租赁、买卖等协议;(5)部分政府与社会资本合作协议;(6)政府采购协议;(7)其他行政协议。[1]

(十三)政府信息公开

政府信息公开行为属于一种具体行政行为,理应可诉。《政府信息公开条例》第 51 条规定:“公民、法人或者其他组织认为行政机关在政府信息公开工作中侵犯其合法权益的,可以向上一级行政机关或者政府信息公开工作主管部门投诉、举报,也可以依法申请行政复议或者提起行政诉讼。”

政府信息是指行政机关在履行行政管理职能过程中制作或者获取的,以一定形式记录、保存的信息。政府信息公开工作侵犯公民、法人或者其他组织合法权益有以下五种类型:(1)向行政机关申请获取政府信息,行政机关拒绝提供或者逾期不予答复;(2)认为行政机关提供的政府信息不符合其在申请中要求的内容或者法律、法规规定的适当形式;(3)认为行政机关主动公开或者依他人申请公开政府信息侵犯其商业秘密、个人隐私;(4)认为行政机关提供的与其自身相关的政府信息记录不准确,要求该行政机关予以更正,该行政机关拒绝更正、逾期不予答复或者不予转送有权机关处理;(5)认为行政机关在政府信息公开工作中的其他具体行政行为侵犯其合法权益的。[2]

(十四)行政赔偿决定

行政赔偿决定属于行政行为。申请人可以单独申请行政赔偿决定,而不用附加于某一个行政行为上。公民、法人或者其他组织认为行政机关及其工作人员违法行使行政职权对其劳动权、相邻权等合法权益造成人身、财产损害的,可以要求行政机关作出行政赔偿。具体而言,参照最高人民法院《关于审理行政赔偿案件若干问题的规定》第 3 条的规定,对于行政赔偿决定中关于赔偿方式、项目、数额不服的,以及对不予赔偿决定、逾期不作出赔偿决定等其他有关行政

---

〔1〕 对行政协议的识别和类型梳理可以参见余凌云:《行政协议的判断标准——以“亚鹏公司案”为分析样本的展开》,载《比较法研究》2019 年第 3 期;刘飞:《行政协议与单方行为的界分》,载《中国法学》2023 年第 2 期;刘飞:《行政协议的识别方式　以“永佳纸业案”为例的考察》,载《中外法学》2023 年第 3 期。

〔2〕 参见最高人民法院《关于审理政府信息公开行政案件若干问题的规定》第 1 条。

赔偿行为不服的，公民、法人或者其他组织可以提起行政复议。在行政赔偿复议中，赔偿义务机关拒绝赔偿、不答复或答复令当事人不满意时，原行政行为并不是行政复议审理的核心。

（十五）其他行政行为

列举式的规定终究会挂一漏万，故应当采取兜底式规定。[1] 有学者对“侵犯合法权益”标准进行了批评，其认为，“侵犯合法权益”属于行政行为之后的当然结果，并不能用来判定行政行为的成立，也就无法作为受案范围的判定基础。[2] 这一说法有一定的道理，然而“侵犯合法权益”标准相对于“行政行为”标准的优势在于，其可以将更多的行政活动类型纳入受案范围中，从而提供更全面的司法救济保障方式。

除了前述的行政行为外，还可以考虑将一些行政活动类型纳入行政复议的范围中：

1. 非型式化的行政行为。具体行政行为只是型式化的行政行为，但是随着行政活动及其方式的日新月异，出现了越来越多尚未型式化的行政行为。如赵宏教授指出的：“如何调和未型式化行为的自由性与应受法律拘束性之间的矛盾，必将成为未来行政法需持续努力和解决的问题。”[3] 宋华琳教授概括了一系列非型式化行为，包括“行政处理的附款、暂时性行政行为、行政契约、行政指导、产品召回、行业禁入、违法事实公布、风险警示、强制信息披露、失信惩戒”[4] 等。还有学者尝试对此类新式行政行为进行一定的类型化、教义学化的讨论，例如章志远教授就提出“刚性行为、柔性行为和中性行为”[5] 的分类，并组织研究者对行政约谈、行政评估、行政备案、行政登记等中性行政活动方式及

---

〔1〕《行政复议法》第 11 条第 15 项规定“认为行政机关的其他行政行为侵犯其合法权益的”也属于行政复议范围。

〔2〕参见黄宇骁：《行政诉讼受案范围与原告资格关系之辨》，载《政治与法律》2021 年第 2 期。

〔3〕赵宏：《法治国下的目的性创设——德国行政行为理论与制度实践研究》，法律出版社 2012 年版，第 474 页。

〔4〕宋华琳：《中国行政法学总论的体系化及其改革》，载《四川大学学报（哲学社会科学版）》2019 年第 5 期。

〔5〕章志远：《当代中国行政行为法理论发展的新任务》，载《学习与探索》2018 年第 2 期。

其可救济性进行了讨论[1]。

2. 外部化的内部行为。行政机关的内部行为一般不直接涉及公民、法人或其他组织的权利义务，不属于行政复议范围；但在行政审判中，常常以内部行为外部化为理由，例外地承认其可诉性。“外部化”的判断主要考察该内部行为是否具备“涉权性”“具体、确定与直接性”“相对人知悉”三个要素。[2]

三、行政复议范围的负面清单

在肯定式列举之外，《行政复议法》也对何种行为不可受理的负面清单进行了规定。《行政复议法》规定了五类不予受理的情形。

（一）国防、外交等国家行为

我国无论是实定法还是理论界一般都认为国家行为不可诉。国家行为，也即统治行为或政治行为，是国家基于国家的主体地位作出的一种政治行为。此外，世界各国也基本都规定国家行为不可诉。

例如，在日本，国家行为是指国会、内阁等作为政治部门的国家机关的行为中具有高度政治性的行为；虽然法院对此有进行法律判断的必要，但其由于具有高度政治性而处于法院裁判权的范围之外。[3] 在德国，一般情形下统治行为也不受法院管辖和宪法法院的审查。辨别统治行为的关键并不在于行为内容是否由组织意义上的统治机关作出，而是行为内容是否具有统治行为的本质属性。[4] 再如，美国则用“政治问题”标准来衡量此类政治性行为。政治问题案件不可诉，法院如果涉及将容易深陷“政治棘丛”。在 1962 年关于“田纳西州的议席分配制度不公问题”的“贝克诉卡尔案”（Baker v. Carr）[5]中，一部分大法官认为，不涉足政治棘丛，“既无财权又无军权”的美国联邦最高法院保持自

---

〔1〕 参见章志远主编：《中性行政行为研究》，北京大学出版社 2021 年版，第 1、44、85、138 页。

〔2〕 参见刘飞、谭达宗：《内部行为的外部化及其判断标准》，载《行政法学研究》2017 年第 2 期。

〔3〕 参见胡锦光、刘飞宇：《论国家行为的判断标准及范围》，载《中国人民大学学报》2000 年第 1 期。

〔4〕 参见[德]汉斯·J. 沃尔夫、奥托·巴霍夫、罗尔夫·施托贝尔：《行政法》（第 2 卷），高家伟译，商务印书馆 2003 年版，第 24 页。

〔5〕 See Baker v. Carr (1962), 369 U. S. 186.

身威望是至关重要的,美国联邦最高法院必须在政治旋涡中保持超然独立的地位。一些反对者如布伦南法官认为不能仅仅因为当事人的案件诉求是一项对政治权利的保护,就断言他涉及了政治问题而不在司法机关的职权范围内。因此,不是所有的案件都必然在“回避政治问题”原则的“卵翼”之下。[1] 贝克诉卡尔案确定了区分“政治问题”和“可诉性”的标准,如果有以下情况,则属于政治问题:(1)宪法已经赋予了一个特定的政治部门决策权。(2)缺乏司法上可发现和可以掌握的解决争端的标准。(3)如果不首先作出非司法性质的政策决定,就无法作出决定。(4)法院不能在不“表示缺乏对政府协调部门的应有的尊重”的情况下采取“独立决议”。(5)非常需要毫无异议地恪守已经作出的政治决定。(6)如果各个部门就一个问题发布多个决定,有可能造成尴尬。

当然,对于何谓国家行为,何谓“高度政治性”这样不确定的概念并没有一个固定的判断标准,也不可能存在一个一劳永逸的判断标准。那么国家行为一般包括哪些行为呢? 根据学者的总结,国外理论认为国家行为包括政府与议会关系的行为、政府在国际关系中的行为、宣布紧急情况、政体的含义、联邦政治洲际政治领域等行为。[2] 在我国,法律层面上的“国家行为”只出现在《行政诉讼法》与香港特别行政区、澳门特别行政区基本法和驻军法三个领域。[3] 国防外交等国家行为主要包括:(1)国防行为,例如战争、军事演习、全国总动员等。(2)外交行为,如宣战、媾和、建交等行为。(3)其他涉及国家利益的重大行为,例如国务院或者全国人大及其常委会可以宣布进入紧急状态。

(二)行政法规、规章或者行政机关制定、发布的具有普遍约束力的决定、命令等规范性文件

在我国的行政复议实体法上,一般都规定抽象行政行为不可直接受理。抽象行政行为有如下三个特点:(1)规范对象是不特定群体;(2)效力具有普遍约束力,是抽象性的;(3)能够反复适用,具有持续效果。当然,这里的持续并非指

---

〔1〕 参见任东来、胡晓进、江振春等:《民众为何支持:美国最高法院的历史轨迹》,中国法制出版社2019年版,第340~341页。

〔2〕 参见胡锦光、刘飞宇:《论国家行为的判断标准及范围》,载《中国人民大学学报》2000年第1期。

〔3〕 四部法律分别为:《香港特别行政区基本法》《澳门特别行政区基本法》《香港特别行政区驻军法》《澳门特别行政区驻军法》。

对人的持续,因为持续性的行政行为同样具有效果上的持续性,而是指对事项或者事物的持续性和反复适用性。

各国对于抽象行政行为是否可受理的规定并不一致。如《日本行政事件诉讼法》也没有规定。美国、法国等一些国家则允许对抽象行政行为进行诉讼。我国对于抽象行政行为的救济,公民、法人或其他组织只能针对规范性文件提起行政复议的附带审查。

(三)行政机关对行政机关工作人员的奖惩、任免等决定

行政机关对行政机关工作人员的奖惩、任免等决定属于行政处分,亦属于内部行政行为。[1] 根据《公务员法》的规定,行政处分包括警告、记过、记大过、降级、撤职、开除这六个种类。其他人事处理决定则是指行政机关对公务员施加的对其权利义务产生影响的人事行为。根据《公务员法》第95条的规定,人事处理决定主要包括:(1)处分;(2)辞退或者取消录用;(3)降职;(4)定期考核定为不称职;(5)免职;(6)申请辞职、提前退休未予批准;(7)不按照规定确定或者扣减工资、福利、保险待遇。

虽然内部行政行为不属于《行政复议法》的救济范围,但是公务员等主体仍可以根据《公务员法》《监察法》等法律规定,通过内部申诉等方式向上一级行政机关、监察机关、人事机关提请救济。

内部行政行为不能申请行政复议,很大程度上是受到了特别权力关系理论的影响。德国理论中也对内部行政行为进行了进一步的细化,扩大了行政救济的范围。例如,对于调动令进行了细化,认为内部的业务指令仍然不可救济,但是影响到公务员权利义务的,可以进行行政救济。[2] 特别权力关系理论在我国仍然有很深的影响,未来应逐渐给予更多的内部行政行为以行政救济的途径。

---

〔1〕 姜明安教授认为:内部行政行为分为两类,一是工作性质的行为,二是人事性质的行为。根据行为是否对行政相对人产生具体权益的影响,前者不可诉,后者具有可诉性。参见姜明安:《行政诉讼法》(第4版),法律出版社2021年版,第188页。

〔2〕 参见[德]哈特穆特·毛雷尔:《行政法学总论》,高家伟译,法律出版社2000年版,第194页。

（四）行政机关对民事纠纷作出的调解

公民、法人或其他组织对于行政机关的调解或处理民事纠纷的居间类行为不可申请行政救济，应当寻找其他的救济途径。在行政调解行为中，行政机关只是作为中立第三方参与，而不使用高权力以强迫双方达成调解协议，调解双方也都是基于自愿而参加的，而不是基于行政机关的强制行为，因此行政调解行为显然不属于行政行为。其他处理民事纠纷的行为主要是指行政仲裁行为，同样，因为仲裁行为不具有强制性，故而也不是行政行为。对于行政仲裁不服的，当事人可以就民事纠纷向法院提起民事诉讼。因此，这两类行为都不属于行政行为，当然更不能被行政复议机关受理，当事人只能依法申请仲裁或者向人民法院提起诉讼。当然，如果行政机关利用自身的优势、高权地位强迫双方达成调解、和解协议，那么公民、法人或其他组织也自然可以对此行为申请行政复议。

（五）对公民、法人或者其他组织权利义务不产生实际影响的行为

其他不对权利义务产生实际影响的典型行为还有以下一些行为：

1. 行政事实行为。“行政事实行为是指行政机关事实的没有处理内容和法律约束力的行为。”〔1〕朱庆育教授在论述法律行为时着重指出，“法律行为和事实行为均可产生法律效果，区别在于法律效果如何产生”。事实行为的特点是“并非没有法律效果，而是法律效果与行为人（行政机关）的意志无关”，也即事实行为的结果并不会随着行政机关的意思表示而转移。〔2〕 赵宏教授也指出：“‘意欲发生法律效果’和‘发生法律效果’之间存在显著差异，前者是主观意图，后者是客观结果，二者恰恰构成法律行为和事实行为的区别。”从而强调了行政行为概念中行政机关的“目的指向”，即“（行政行为）规制性与目的性内核同样揭示了行政行为的法律效果如何得以发生……它是行政意愿的表达，而非

〔1〕 ［德］汉斯·J. 沃尔夫、奥托·巴霍夫、罗尔夫·施托贝尔：《行政法》（第2卷），高家伟译，商务印书馆2003年版，第187页。

〔2〕 参见朱庆育：《民法总论》（第2版），北京大学出版社2016年版，第83页。

纯粹的法律规定的结果”。[1]

行政指导行为是最为典型的事实行为。[2] 行政指导是指行政机关在管辖范围内基于行政管理的目的，通过劝说、建议、鼓励、发布文件等一系列非强制性的行为促使公民、法人或其他组织作出或不作出一定的行为。公民、法人或其他组织完全可以根据自己的意愿独立选择是否遵循行政指导，因此，行政指导不具有强制性，公民、法人或其他组织不能因此申请行政复议。当然，如果行政机关实施了一些名为行政指导但实际是强制性的行政行为，那么公民、法人或其他组织仍然可以申请行政复议。此外，章志远教授还认为，如果存在“被异化的行政指导”“未兑现承诺的行政指导”“错误的行政指导”“违法的行政指导”，则该行政指导也是具有可诉性的。[3]

2. 法律规定的仲裁行为。仲裁行为往往解决的是民事争议，且由于仲裁行为是仲裁委员会作出的行为，并非一种行政行为，故当事人对于仲裁行为应当提起民事诉讼。

3. 驳回当事人对行政行为提起申诉的重复处理行为。重复处理行为，是指行政机关作出的没有改变原行政行为确定的法律关系，没有对行政相对人已有的权利义务关系带来新的影响的行为。[4] 行政机关虽然作出了一个新的行为，但是该行为没有创设新的行政法律关系，如果受理重复处理行为，就意味着实际上取消了行政复议的期间，行政相对人完全可以对已经作出的一个旧的行政行为再次提起申诉，从而规避行政复议期间。

第五节　行政复议附带审查

行政复议附带审查是指公民、法人或者其他组织认为行政行为所依据的行

〔1〕 赵宏：《法治国下的目的性创设——德国行政行为理论与制度实践研究》，法律出版社 2012 年版，第 117 ~ 119 页。

〔2〕 当然，对于行政指导的属性认定仍存在争议，存在“法律行为说”和“准法律行为说”的观点。观点梳理可以参见梁凤云：《行政诉讼讲义》（上），人民法院出版社 2022 年版，第 143 页。

〔3〕 参见章志远：《行政法学总论》（第 2 版），北京大学出版社 2022 年版，第 319 页。

〔4〕 参见梁凤云：《行政诉讼讲义》（上），人民法院出版社 2022 年版，第 144 页。

政规范性文件不合法，在对行政行为申请行政复议时，可以一并向行政复议机关提出对该行政规范性文件的审查申请。

一、现有行政复议附带审查模式

《行政复议法》第13条规定了行政复议的附带审查方式及审查范围。在附带审查提起方式上，《行政复议法》只允许附带审查。申请人申请行政复议时，只能一并向行政复议机关提出对该规范性文件的合法性审查申请，而不能单独针对某一抽象行政行为申请行政复议。在附带审查范围上，《行政复议法》作了一定的限制。根据我国行政行为的通说理论，抽象行政行为包括"行政法规、行政规章和规范性文件"。但《行政复议法》第13条并未规定对所有的抽象行政行为均可提起行政复议，而只将范围限定为国务院部门的规范性文件，县级以上地方各级人民政府及其工作部门的规范性文件，乡、镇人民政府的规范性文件，以及法律、法规、规章授权的组织的规范性文件，排除了行政法规、国务院部门规章和地方人民政府规章。因此，虽然《行政复议法》第13条将部分抽象行政行为纳入行政复议范围，但该规定仍存在较多不足，如：当事人只能"附带"申请行政复议，而不能直接请求行政复议机关审查规范性文件；缺乏对行政复议决定效力的规定等。因此，抽象行政行为虽然被纳入了行政复议范围，但其在现实中发挥的作用极为有限。

二、附带审查制度的变革方向

(一)规范性文件审查方式的变革

1. 明确行政规范性文件可直接行政复议

我国目前行政复议的规范性文件审查方式是附带审查，这种模式可能会导致以下问题：第一，可以审查的规范性文件空间较小。"如果没有相应具体行政行为的存在，行政相对人就不能对行政规范要求审查。这就将可能直接侵害相对人权益的行政规范排除在行政复议的范围之外。"[1]第二,对行政规范性文件附带申请行政复议的限制,容易使权益受到影响的人因为没有成为行政行为的相对人而不具有对行政规范性文件申请行政复议的资格,因而可能造成其为了针对行政规范性文件申请行政复议而故意违法的情况。第三,还存在众多行政相对人对同一行政规范性文件在不同时间附带申请行政复议以及行政复议机关重复审查的问题,从而造成行政复议资源的浪费。

因此,《行政复议法》在未来应取消对行政规范性文件只能附带申请行政复议的规定,即规定公民、法人或者其他组织认为行政规范性文件违法并侵犯自己合法权益的,可以直接申请行政复议。

2. 附带审查转为直接审查的价值

我国目前的行政复议附带审查制度的审查"威力"有限,就是附带审查的间接性造成的。因此,有必要激活附带审查的制度张力,将目前的间接审查方式转变为直接审查方式,这样做有以下四点意义。

一是利用好行政复议制度的特殊性。相比于行政诉讼的附带审查制度,行政复议中审查规范性文件的主体是行政复议机关。行政复议机关往往是制定规范性文件的行政机关的同级或上级机关,甚至还可能就是制定者本身(在过去往往是政府的法制办公室负责行政复议工作,其也经常负责起草和制定规范性文件)。即使文件的制定主体高于行政复议机关的行政级别,行政复议机关依然可以通过行政系统内部的沟通与协调机制与制定机关进行相关的协调与审查工作。因此,基于行政系统内部的便利性,由行政系统内部的行政复议机关审查规范性文件,更可能达到行政复议的制度目标,起到事半功倍的效果。然而,《行政复议法》并没有利用好这种便利性,在审查提起方式上的规定与《行政诉讼法》第53条无异,这显然是对行政复议制度便利条件的浪费。

二是充分发挥行政复议作为化解行政争议主渠道的功能。如果允许行政复议机关直接审查规范性文件,将促进行政复议机关深度审查规范性文件,也就极大地提高了行政复议规范性文件审查制度的深度和广度。毫无疑问,相比行政诉讼的附带审查制度,行政复议的直接审查制度将更受到公民、法人或其他组织的欢迎,因而公民、法人或其他组织也就更愿意首先选择行政复议,进而

---

[1] 周佑勇:《完善对行政规范的复议审查制度》,载《法学研究》2004年第2期。

促进行政复议化解争议主渠道功能的实现。

三是节约行政资源。附带审查制度可能会导致公民、法人或其他组织故意违法或者行政复议机关重复审查等问题,这会造成行政机关处理本可以不出现的行政违法行为,也会造成行政复议机关对同一规范性文件的重复审查,浪费宝贵的行政资源。直接审查制度则可以避免这些问题的发生。

四是深化行政复议的监督功能。在目前的行政复议背景下,行政复议的监督范围包括行政复议机关对行政机关的行政活动的监督;但是如果建立规范性文件的直接审查制度,就意味着行政复议制度的监督范围从对行政活动的监督扩张到对规范性文件和行政活动的监督。此时,行政复议直接审查制度作为一种对规范性文件制定后的监督、评估与纠正制度,成为规范性文件合法审查制度的重要一环。

(二)应保持现有的规范性文件审查范围

从现有的规范性文件审查范围看,2023 年修订的《行政复议法》仍然延续了此前《行政复议法》的规定,行政复议机关只能审查"规范性文件"。

较为主流的观点认为应扩大行政复议规范性文件审查范围,如原国务院法制办公室副主任郜风涛提出,应适度扩大行政复议范围。[1] 就扩大的范围而言,抽象行政行为、内部行政行为、法律和法规授权的组织作出的行为等,均可以被考虑纳入行政复议范围。[2]

本书认为,应保持《行政复议法》第 13 条规定的规范性文件审查范围,不宜将其扩张到规章层次。这是因为:(1)规章在法律地位上已经具有了"法"的地位,《立法法》第四章第二节专门规定了"规章",规章在效力位阶上仅次于"法规",这意味着"把规章纳入法规范的范围,使规章受到《立法法》的调整"[3]。(2)《立法法》对规章的审查已经作出了制度安排,因此《行政复议法》不宜再对规章的审查作出其他规定。此外,《行政复议法》的修订过程也可以辅助证明这一观点。在《行政复议法》修订的过程中,司法部曾经在 2020 年发布了《行政复

---

〔1〕 参见郜风涛:《进一步做好新形势下的行政复议工作》,载《行政管理改革》2011 年第 11 期。

〔2〕 参见李立:《修改行政复议法受案范围势必扩大》,载《法制日报》2010 年 6 月 29 日,第 6 版。

〔3〕 吴高盛主编:《〈立法法〉条文释义》,人民法院出版社 2000 年版,第 5 ~ 6 页。

议法(修订)(征求意见稿)》,并在其中规定规范性文件审查范围包括“规章”。然而这一变动在第一次提请第十三届全国人民代表大会常务委员会第三十七次会议审议的《行政复议法(修订草案)》中被删去,并维持到现在,可见立法者也认为行政复议机关不宜审查规章层级的规范性文件。

第四章　行政复议当事人

行政法律关系，是指特定利益关系经行政法规范调整后形成的行政主体与行政相对人之间的权利义务关系。[1] 在行政法律关系中，一般有两方主体：一方是代表公共利益的行政主体，具体的类型包括行政机关或法律、法规授权的组织；另一方是代表个人利益的行政相对人，在我国现行法律中通行的表述是“公民、法人或者其他组织”。在个别情况下，行政法律关系还涉及行政第三人。行政第三人不是行政行为直接针对的对象，但与行政行为具有法律上的利害关系，因此也被称为“间接相对人”。

如图 2 所示，行政法律关系主体在进入行政复议程序后转化为行政复议当事人，在进入行政诉讼程序后就相应地转化为行政诉讼当事人。行政复议当事人，是指行政复议活动中与争议的行政行为有利害关系，并且以自己的名义参加行政复议，受到行政复议决定约束的人。[2] 行政复议的当事人除了包括行政复议申请人和被申请人外，还包括行政复议的第三人和共同行政复议人。[3]

---

〔1〕 参见叶必丰：《行政法学》，武汉大学出版社 2003 年版，第 119 页。

〔2〕 参见石佑启、杨勇萍编著：《行政复议法新论》，北京大学出版社 2007 年版，第 138 页。

〔3〕 此处只讨论狭义行政法律关系中的行政复议当事人，即行政复议申请人和被申请人。

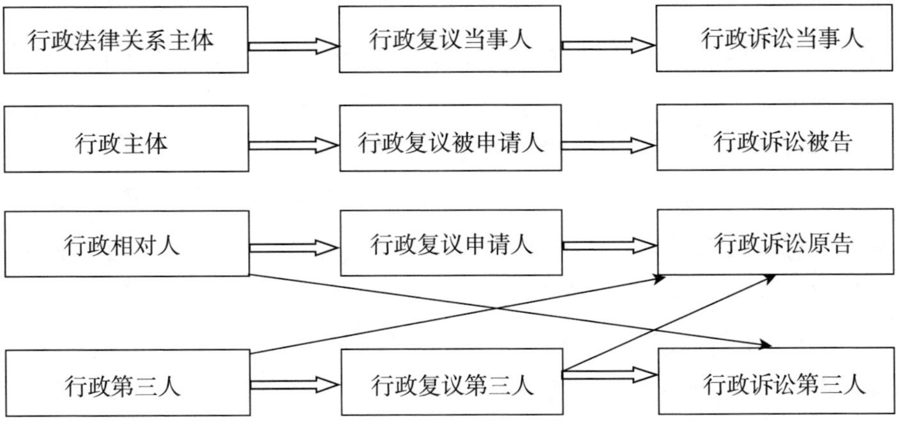

图 2　行政相对人、行政复议当事人、行政诉讼当事人的转换

通常情况下，行政相对人可以转化为行政复议申请人及行政诉讼的原告，行政第三人可以转化为行政复议第三人及行政诉讼第三人，行政主体则转化为行政复议的被申请人及行政诉讼的被告。但根据《行政诉讼解释》的相关规定，行政相对人和行政第三人均可以转化为行政诉讼的原告，也可以成为行政诉讼的第三人，其在诉讼中的地位取决于其是否提起行政诉讼。行政复议申请人和行政复议第三人亦是如此。

第一节　行政复议申请人

一、行政复议申请资格

行政复议申请人是认为行政主体的行政行为侵害其合法权益，以自己的名义向行政复议机关提出申请，要求对行政行为进行审查并裁决的人。《行政复议法》对行政复议申请人的资格进行了规定。《行政复议法》中有关行政复议申请人资格的规定有两处：一是《行政复议法》第 2 条第 1 款的规定："公民、法人或者其他组织认为行政机关的行政行为侵犯其合法权益，向行政复议机关提出行政复议申请，行政复议机关办理行政复议案件，适用本法。"二是《行政复议法》第 14 条的规定。"依照本法申请行政复议的公民、法人或者其他组织是申请人。有权申请行政复议的公民死亡的,其近亲属可以申请行政复议。有权申请行政复议的法人或者其他组织终止的,其权利义务承受人可以申请行政复议。有权申请行政复议的公民为无民事行为能力人或者限制民事行为能力人的,其法定代理人可以代为申请行政复议。"据此规定,行政复议申请人应当满足以下条件:(1)行政复议申请人必须是和行政行为有利害关系的人,也即,必须是认为行政行为侵害了自己合法权益的人。(2)在存在利害关系的前提下,行政复议申请人可以是行政行为的相对人,也可以是行政行为的第三人。(3)一般情形下,行政复议申请人需要以自己的名义申请行政复议,但是在一些特殊情形下,可由他人代替申请。本人死亡的,由近亲属申请;本人不具有完全民事行为能力的,由法定代理人申请;法人等组织终止的,由权利继受者申请。(4)行政复议申请人必须在法定期限内申请行政复议。根据《行政复议法》第20 条的规定,申请人应当自知道或者应当知道该行政行为之日起 60 天内提出行政复议申请。

除上述条文外,《行政复议法实施条例》亦对行政复议申请人资格进行了细化规定,主要内容包括:一是有关合伙企业及不具备法人资格的其他组织的申请人资格认定。《行政复议法实施条例》第 6 条规定:"合伙企业申请行政复议的,应当以核准登记的企业为申请人,由执行合伙事务的合伙人代表该企业参加行政复议;其他合伙组织申请行政复议的,由合伙人共同申请行政复议。前款规定以外的不具备法人资格的其他组织申请行政复议的,由该组织的主要负责人代表该组织参加行政复议;没有主要负责人的,由共同推选的其他成员代表该组织参加行政复议。"二是有关股份制企业申请人资格的认定。《行政复议法实施条例》第 7 条规定:"股份制企业的股东大会、股东代表大会、董事会认为行政机关作出的具体行政行为侵犯企业合法权益的,可以以企业的名义申请行政复议。"三是有关集体诉讼代表人的规定。《行政复议法实施条例》第 8 条规定:"同一行政复议案件申请人超过 5 人的,推选 1 至 5 名代表参加行政复议。"

二、行政复议的"利害关系"标准应借鉴行政诉讼中的"利害关系"标准

行政复议申请资格中最重要也最具技术含量的判定因素是"利害关系"标准。行政诉讼法学界对于"利害关系"标准的讨论颇丰,为行政复议领域提供了

很好的参考借鉴价值。

(一)我国有关行政诉讼原告资格的规定

我国有关行政诉讼原告资格的认定规则较多,主要由《行政诉讼法》和《行政诉讼解释》的相关规定组成。对于行政诉讼的原告资格,《行政诉讼法》的规定较为简略,包括两个规定。一是《行政诉讼法》第 2 条第 1 款的规定:“公民、法人或者其他组织认为行政机关和行政机关工作人员的行政行为侵犯其合法权益,有权依照本法向人民法院提起诉讼。”二是《行政诉讼法》第 25 条第 1 款的规定:“行政行为的相对人以及其他与行政行为有利害关系的公民、法人或者其他组织,有权提起诉讼。”

鉴于《行政诉讼法》对原告资格的“合法权益”“利害关系”只作了概括式的规定,《行政诉讼解释》对行政诉讼的原告资格进行了较为详细的列举式规定。其一,《行政诉讼解释》第 12 条规定了“与行政行为有利害关系”的情形,这其中包含投诉人、举报人的原告资格,还包括行政第三人和行政复议第三人的原告资格。从该规定中可以看出,上述可以提起行政诉讼的公民、法人或者其他组织并不是具体行政行为直接针对的对象或者是行政复议申请人,而是具体行政行为间接针对的对象或者是行政复议第三人,但其因与行政行为具有“利害关系”而可以获得原告资格。其二,《行政诉讼解释》还规定了其他情况下具有原告资格的人。《行政诉讼解释》第 13 ~ 18 条分别对一些特殊情况下的原告资格进行了规定,具体包括:(1)债权人以行政机关对债务人所作的行政行为损害债权实现为由提起行政诉讼的,人民法院应当告知其就民事争议提起民事诉讼,但行政机关作出行政行为时依法应予保护或者应予考虑的除外。(2)行政诉讼法第 25 条第 2 款规定的“近亲属”,包括配偶、父母、子女、兄弟姐妹、祖父母、外祖父母、孙子女、外孙子女和其他具有扶养、赡养关系的亲属。公民因被限制人身自由而不能提起诉讼的,其近亲属可以依其口头或者书面委托以该公民的名义提起诉讼。近亲属起诉时无法与被限制人身自由的公民取得联系,近亲属可以先行起诉,并在诉讼中补充提交委托证明。(3)合伙企业向人民法院提起诉讼的,应当以核准登记的字号为原告。未依法登记领取营业执照的个人合伙的全体合伙人为共同原告;全体合伙人可以推选代表人,被推选的代表人,应当由全体合伙人出具推选书。个体工商户向人民法院提起诉讼的,以营业执照上登记的经营者为原告。有字号的,以营业执照上登记的字号为原告,并应当注明该字号经营者的基本信息。(4)股份制企业的股东大会、股东会、董事会等认为行政机关作出的行政行为侵犯企业经营自主权的,可以企业名义提起诉讼。联营企业、中外合资或者合作企业的联营、合资、合作各方,认为联营、合资、合作企业权益或者自己一方合法权益受行政行为侵害的,可以自己的名义提起诉讼。非国有企业被行政机关注销、撤销、合并、强令兼并、出售、分立或者改变企业隶属关系的,该企业或者其法定代表人可以提起诉讼。(5)事业单位、社会团体、基金会、社会服务机构等非营利法人的出资人、设立人认为行政行为损害法人合法权益的,可以自己的名义提起诉讼。(6)业主委员会对于行政机关作出的涉及业主共有利益的行政行为,可以自己的名义提起诉讼。业主委员会不起诉的,专有部分占建筑物总面积过半数或者占总户数过半数的业主可以提起诉讼。

(二)借鉴行政诉讼中"利害关系"标准的原因

行政复议法与行政诉讼法对于申请人/起诉人的资格要求都是"与行政行为有利害关系",这使得"利害关系"成为连接行政复议申请资格与行政诉讼原告资格的桥梁。通过对比上述有关行政复议申请人和行政诉讼原告资格的规定可以看出,行政复议申请人与行政诉讼原告的不衔接是显而易见的:一是行政复议申请人的资格虽然也确定了适用"利害关系"标准,但是如何解释和适用"利害关系"标准显然是一个问题;二是现行有关行政复议申请人资格认定的规定相比于2018年出台的《行政诉讼解释》并不全面。上述差异的存在必然会造成行政复议申请人与行政诉讼原告之间的衔接存在问题,也显然会阻碍行政复议作为行政争议解决主渠道的实现,更不利于权利的救济。

行政复议"利害关系"的判定规则应当借鉴行政诉讼中的"利害关系"判定规则,保持基本的一致性。第一,从行政复议性质看,行政复议作为"准司法"的行政救济程序,对于申请资格的要求也应该向司法程序看齐,保持规则的统一性。第二,从行政复议制度的目的看,行政复议需要成为行政争议解决的主渠道,而主渠道的题中应有之义就是"宜疏不宜堵"。行政复议的申请资格是渠道的"闸门":一方面,如果"闸门"过窄,那么渠道的堵塞将直接引发行政复议案件数量的减少与行政诉讼案件的增加,这与行政复议作为争议解决主渠道的构想相悖。另一方面,“闸门”也不能过宽,否则就超出了“法律上的利害关系”的语义范畴。因此,行政诉讼的“利害关系”范围可以成为参照物。第三,从行政复议与行政诉讼的衔接看,“利害关系”判定规则的一致性也可以保障行政救济体系内部的一致性。

(三)“利害关系”标准——保护规范理论

近年来,行政诉讼中对于利害关系的判定呈现愈发宽泛的趋势,这对于行政复议中的利害关系判定规则也具有启发和引领作用。行政诉讼中利害关系的扩张呈现横向与纵向的发展趋势。

在纵向上,学界对于利害关系判定方式的思考更加深入,不再仅仅纠结于何谓“法律上的利害关系”。2017 年最高人民法院在“刘某明诉张家港市人民政府行政复议案”中首次引进了保护规范理论,扩张了“利害关系”的语义范围,赋予行政救济法更加浓厚的主观法色彩。

保护规范理论有新旧保护规范理论之分。奥特玛·布勒的旧保护规范理论中包含三项主要内容:第一,存在强制性的法律规范。如果行政相对人的请求满足法律一定的要求,那么该规范(强制性规范)就可以要求行政机关作出一定的行政行为。第二,存在一个规范,可以从该法律规范推导出保护个人私益的意思,这个规范也就是保护规范。第三,当事人有提起诉讼的可能性,即当事人可以援引此规范要求行政机关作出一定的行政行为。赵宏教授将该理论引申到诉讼可能性,行政相对人的权利“通过司法裁判而获得的实现可能”,从而将援引保护规范的可能性与“司法保护、诉讼权能等问题相连”。[1] 换言之,如果行政机关不作为,可能因该行政行为受益的当事人可以起诉。不过也有学者提出了反驳意见,认为援引可能性与诉讼可能性不应当等同,“不少判断已经超越了布勒自身的观点”[2]。第二次世界大战后,施密特·阿斯曼在旧有理论的基础上提出了新保护规范理论。阿斯曼认为:第一,法规范的保护目的应从整体的规范构成以及制度性的框架条件下获得,并非取决于规范制定者的主观意

---

〔1〕 参见赵宏:《主观公权利、行政诉权与保护规范理论——基于实体法的思考》,载《行政法学研究》2020 年第 2 期。

〔2〕 王世杰:《保护规范理论的始源形态——布勒公权论的再认识》,载《行政法学研究》2021 年第 1 期。

图——“规范的保护目的并不能单单由规范制定者的可证明意志推出，甚至不能优先地由此推出”[1]。第二，基本权利对于一般法中的主观公权利的存在具有补充和明确的作用。[2] 第三，对于保护目的之探求，基本权利扮演着重要角色。[3] 换言之，基本权利其实也具有保护规范的效果。

最高人民法院在“刘某明诉张家港市人民政府行政复议案”中的裁判观点呈现出以下特点。总体而言，以“主观公权利”标准代替或者帮助阐明“利害关系”标准：“只有主观公权利，即公法领域权利和利益，受到行政行为影响，存在受到损害的可能性的当事人，才与行政行为具有法律上利害关系，才形成了行政法上权利义务关系，才具有原告主体资格（原告适格），才有资格提起行政诉讼。”[4]具体而言，第一，尤其强调保护规范理论与请求权基础的结合，十分重视行政法律法规中的实定法条文，这也是保护规范理论的基石。最高人民法院在判决理由中阐明：“以行政机关作出行政行为时所依据的行政实体法和所适用的行政实体法律规范体系，是否要求行政机关考虑、尊重和保护原告诉请保护的权利或法律上的利益（以下统称权益），作为判断是否存在公法上利害关系的重要标准。”第二，强调必须从整体的法规范探求主观公权利。判决理由中指出：“对行政实体法某一法条或者数个法条保护的权益范围的界定，不宜单纯以法条规定的文意为限，以免孤立、割裂地‘只见树木不见森林’，而应坚持从整体进行判断，强调‘适用一个法条，就是在运用整部法典’。”第三，阐明解释利害关系出现歧义时应当如何处理。判决理由中指出，“在依据法条判断是否具有利害关系存有歧义时，可参酌整个行政实体法律规范体系、行政实体法的立法宗旨以及作出被诉行政行为的目的、内容和性质进行判断，以便能够承认更多的值得保护且需要保护的利益”。第四，阐明“利害关系”扩张解释的界限。判决理由中指出：“仍不得不兼顾司法体制、司法能力和司法资源的限制；将行政实体规范未明确需要保护，但又的确值得保护且需要保护的权益，扩张解释为法

[1] [德]施密特·阿斯曼：《秩序理念下的行政法体系建构》，林明锵等译，北京大学出版社2012年版，第60页。

[2] 参见[德]哈特穆特·鲍尔：《新旧保护规范论》，王世杰译，载《财经法学》2019年第1期。

[3] 参见[德]施密特·阿斯曼：《秩序理念下的行政法体系建构》，林明锵等译，北京大学出版社2012年版，第61页。

[4] 中华人民共和国最高人民法院行政裁定书，(2017)最高法行申169号。

律上保护的权益,仍应限定于通过语义解释法、体系解释法、历史解释法、立法意图解释法和法理解释法等法律解释方法能够扩张的范围为宜。”

(四)“利害关系”标准的扩张趋势

在近来的学理讨论中,似有将“刘某明诉张家港市人民政府行政复议案”中划定的反射利益范围再次限缩的趋势。之前,该案将“利害关系”只限于法律上的利害关系,而不保护处于行政行为反射利益内的当事人。所谓反射利益,是指当法院对被诉行政行为作否定性评价后,可能会间接有利于保护案外其他当事人的权益,此种权益就是反射利益。申言之,“当事人民法上的权益或者习惯法上的权益,只有在有关行政法律规范对其加以保护的情形下,才能成为行政法上保护的权益”〔1〕,否则就是反射利益。然而,近来在关于规划许可诉讼等案中对于第三人原告资格的讨论中,“以往被视作反射性利益的第三人的法律地位也落入了权利的范畴中”〔2〕。

在横向上,利害关系的扩张也同样适用于行政诉讼中的第三人,第三人的主观公权利被愈发重视,这是主观权利保护范围扩展的结果。这一现象与分配行政理念的兴起密不可分。分配行政理论的倡导者施密特·阿斯曼认为,因为“(行政机关)所欲保护的对象有许多使用利益与权利存在,因此产生分配问题”,“法律通过私益及公益的概念,对利益结构作了多重规范……要求行政机关应适度调和公益与私益”;因此,“行政机关不仅须证明私人行为符合现行法规定,也须作出分配与否的决定”。〔3〕 在传统的行政法律关系中,一般为行政机关—行政相对人的双方法律关系;而分配行政理念则对这种“上下”层次的关系进行了重塑,将其塑造为“行政机关—私主体—私主体”的金字塔形的多边法律关系。“行政法在此应被重新理解为是以公共性为媒介的私益间的分配法,而非公益和私益之间的冲突法。”〔4〕分配行政理念对于保护规范理论的影响

---

〔1〕 中华人民共和国最高人民法院行政裁定书,(2017)最高法行申169号。

〔2〕 王世杰:《行政法上第三人保护的权利基础》,载《法制与社会发展》2022年第2期。

〔3〕 参见[德]施密特·阿斯曼:《秩序理念下的行政法体系建构》,林明锵等译,北京大学出版社2012年版,第109、117页。

〔4〕 赵宏:《主观公权利、行政诉权与保护规范理论——基于实体法的思考》,载《行政法学研究》2020年第2期。

是,行政机关应当负责调整私益与私益、公益与私益之间的利害关系;如果行政机关作出行政行为应当却没有考虑到其他人的私益,此时其他人(第三人)对此行政行为就不再是享有“反射利益”,而是有直接的利害关系。换言之,在多边法律关系中,反射利益的范围被一再限缩,进而也影响到涉及第三人的行政诉讼或者行政复议的原告/申请人资格认定规则,使得行政规划许可诉讼等第三人诉讼中“利害关系”的认定更加宽泛。[1] 对此,王贵松教授在我国较早的研究分配行政的文章中指出:“在三方行政法律关系中,行政行为对其直接的相对人是授益性行为,而对第三人的自由与财产却可能构成侵害的影响。”[2] 该论述虽然没有明确指出分配行政与保护规范理论的关系,但是实际上已经为行政复议中原行政行为的第三人的申请人资格认定提供了理论依据。

应当说,“利害关系”标准扩张的实质其实是主观公权利范围的扩张。在保护规范理论中,无论是行政相对人还是第三人,只要能从公法规范中析出其存在主观公权利,就可以认定行政机关应当保护第三人的权利,也就可以认定其利害关系的存在。此时原行政行为的第三人也就可以成为行政复议的申请人。

行政诉讼利害关系范围的扩张对于行政复议有重要的借鉴作用。第一,行政复议的利害关系可以沿循行政诉讼的利害关系的扩展路径,继续扩大范围。第二,行政复议“利害关系”标准的扩张应不仅适用于申请人,还应扩展到第三人等相关利害关系主体。第三,有利害关系的行政第三人不仅可以作为“行政复议第三人”,而且还可以直接成为行政复议申请人,使行政行为的第三人享有行政复议申请人的一切权利。

三、行政复议申请人资格认定的典型案例

案例1:张某等32名公民不服某省建设厅颁发建筑工程施工许可证案[3]

申请人的住宅与第三人开发的某楼盘项目相邻。被申请人在第三人未按

---

〔1〕 相关讨论参见赵宏:《规划许可诉讼中邻人保护的权利基础与审查构造》,载《法学研究》2022年第3期;成协中:《从相邻权到空间利益公平分配权:规划许可诉讼中“合法权益”的内涵扩张》,载《中国法学》2022年第4期。

〔2〕 王贵松:《作为利害调整法的行政法》,载《中国法学》2019年第2期。

〔3〕 参见郜风涛主编:《行政复议典型案例选编》(第1辑),中国法制出版社2010年版,第56~59页。

时开工、完工的情况下，给第三人颁发建筑工程施工许可证，由于该工程在完工后将影响申请人住房的采光、通风和日照，申请人作为利害关系人向省人民政府申请行政复议，请求撤销行政行为。行政复议机关在审理后维持了原行政行为。

本案的争议焦点是，申请人对被申请人向第三人作出的行政行为(颁发建筑工程施工许可证)不服，是否有申请复议的资格。申请人与第三人属于传统的相邻权关系[1]，这属于法律上的利害关系。在行政机关颁发许可证时，应当考虑和行政行为具有利害关系的其他主体；如果没有考虑到，其他主体就应当具有申请人资格。在2004年最高人民法院公报案例"念泗三村28幢楼居民35人诉扬州市规划局行政许可行为侵权案"[2]中，最高人民法院也表达了类似观点："根据《中华人民共和国民法通则》的规定，民事主体因建筑物相邻产生的日照、通风、采光、排水、通行等民事纠纷，应当通过民事诉讼的方式解决。但现实中，如果一方当事人实施的与其他当事人相邻权有关的行为是经行政机关批准、许可的，其他当事人就无法通过民事诉讼获得救济。"

本案是规划许可类的行政复议案件。规划许可行政机关运用行政权分配民事权益，居民和待建建筑物的居民共同享有采光权等民事权利[3]，然而双方对于民事权利的斗争却不是通过私法诉讼来完成的，而是被行政机关决定，也即行政机关"以横向的利害分配实现行政目的"[4]，这种私权利和私权利之间的横向分配具有公共性。此时就形成了一个三方的行政法律关系，那么行政机关就理应考虑第三方的合法权益，也即"公法邻人保护中的'考虑要求'"[5]。此外，在证成"合法权益"的基础上，成协中教授进一步指出，规划许可诉讼中"合法权益"的内涵，应当超越私法上的相邻权而迈向以空间利益公平分配权为

---

〔1〕《民法典》第293条规定："建造建筑物，不得违反国家有关工程建设标准，不得妨碍相邻建筑物的通风、采光和日照。"

〔2〕念泗三村28幢楼居民35人诉扬州市规划局行政许可行为侵权案，载《最高人民法院公报》2004年第11期。

〔3〕赵宏教授对此提出批评："我国行政审判仍旧倾向于将法律所保护的邻人利益限定于采光、通风、通行等传统权益范围，即使是环境利益，法院也时常采取闪烁其词的处置，由此更凸显邻人权益保护范围的偏狭。"参见赵宏：《公法邻人保护中的"考虑要求"》，载《法学家》2023年第1期。

〔4〕王天华：《分配行政与民事权益——关于公法私法二元论之射程的一个序论性考察》，载《中国法律评论》2020年第6期。

〔5〕相关讨论可以参见赵宏：《公法邻人保护中的"考虑要求"》，载《法学家》2023年第1期。

基础的公法权利，进而推动城市空间利益分配从“权利模式”向“利益调整模式”的转变。[1]

案例2：某乡客运联营车主不服某县道路交通运输管理所行政许可案[2]

2003年，被申请人对某乡至县城的客运线进行改造，将原有21台客车减至14台，由申请人等14名车主联合经营。2010年7月，被申请人向第三人发放了同意营运A村至县城（途经A、B、C村并包含某乡至县城路段）客运线的临时线路牌。申请人对此不服，向县人民政府申请行政复议。申请人认为，2003年被申请人对乡至县城客运线改造后，14台客车的运力仍然过剩，现在又许可第三人经营管理A村至县城客运线，不符合有关规定，损害了申请人的利益。被申请人认为，行政复议申请人必须是具体行政行为指向的直接行政相对人，本案申请人的主体不适格。并且，客运线路经营倡导公平竞争而非限制竞争。被申请人对A村至县城的客运线路许可，经过了书面审查和实地调查，符合法定条件，有利于促进竞争，也方便A、B、C村群众的出行。本案最后以申请人撤回行政复议申请结案。

本案中，申请人取得经营许可属于特许。《行政许可法》第12条第2项规定了特许，即“有限自然资源开发利用、公共资源配置以及直接关系公共利益的特定行业的市场准入等，需要赋予特定权利的事项”。从特许的文义可以看出，许可的对象是有限的。新获得许可人、已经获得许可的其他人以及行政机关之间形成多边法律关系，行政机关在发放新的特许时应当考虑到其他特许人，保护其合法权益。此时，对于“应当”的证成过程，其实就是对行政许可法特许制度的保护目的的探寻，以及对行政许可法、相关地方法规规章中蕴含的保护规范的探寻过程。这种探寻应当置于“整体的规范构成以及制度性的框架条件下”获得。在证明行政机关应当保护其他特许权人的合法权益后，行政机关在发放特许时应当考虑而不考虑其他特许权人的合法权益时，申请人就和该行政行为具有利害关系。

---

〔1〕 参见成协中：《从相邻权到空间利益公平分配权：规划许可诉讼中“合法权益”的内涵扩张》，载《中国法学》2022年第4期。

〔2〕 参见郜风涛主编：《行政复议典型案例选编》（第2辑），中国法制出版社2011年版，第65～68页。

第二节　行政复议被申请人

一、行政复议被申请人的认定现状

根据《行政复议法》及《行政复议法实施条例》的规定，我国的行政复议被申请人资格的认定方式如下。

在总括条款上，作出行政行为的行政主体是被申请人。《行政复议法》第19条第1款规定："公民、法人或者其他组织对行政行为不服申请行政复议的，作出行政行为的行政机关或者法律、法规、规章授权的组织是被申请人。"

在总括条款外，还有细化的认定规则。具体的行政复议被申请人包括以下五种情形：

1.《行政复议法》第19条第2款规定："两个以上行政机关以共同的名义作出同一行政行为的，共同作出行政行为的行政机关是被申请人。"该规定确立了"共同行政行为"的主体认定标准，即"共同行为的，共同为被申请人"。但是如果行政机关和其他组织以共同名义作出行政行为，由于"其他组织"并不具有行政主体资格，只能以行政机关为被申请人。

2.《行政复议法》第19条第3款规定："行政机关委托的组织作出行政行为的，委托的行政机关是被申请人。"

3.《行政复议法》第19条第4款规定："作出行政行为的行政机关被撤销或者职权变更的，继续行使其职权的行政机关是被申请人。"

4.《行政复议法实施条例》第13条规定："下级行政机关依照法律、法规、规章规定，经上级行政机关批准作出具体行政行为的，批准机关为被申请人。"

5.《行政复议法实施条例》第14条规定："行政机关设立的派出机构、内设机构或者其他组织，未经法律、法规授权，对外以自己名义作出具体行政行为的，该行政机关为被申请人。"在授权的标准上，强调必须是经过"法律、法规授权"，否则该机构就不能作为复议被申请人。

二、行政复议被申请人认定标准的不足

虽然《行政复议法》和《行政复议法实施条例》对行政复议被申请人作了规定，但是以上的肯定列举式规定并不足以帮助解决行政复议实践中纷繁复杂的被申请人认定问题。同时，由于行政复议和行政诉讼在认定被申请人/被告时都采用了行政主体标准，因此，行政诉讼中的认定难题同样也在困扰行政复议。以下列举一些可能出现的问题。

1. 行政机关的内设机构和派出机构在没有法律、法规、规章授权情况下是否可以作为行政复议被申请人。在行政诉讼中，常见的争议是有关政府部门的内设机构和派出机构的争议，如在“中国专车第一案”〔1〕中，针对原告陈某提出的“济南市城市公共客运管理服务中心”〔2〕不具有处罚主体资格的主张，法院依据济南市人民政府办公厅济政办发〔2004〕42 号《关于印发济南市市政公用事业局主要职责、内设机构和人员编制暂行规定的通知》，以及济政办发〔2010〕22 号《济南市交通运输局主要职责内设机构和人员编制规定》，认可了被告的处罚主体资格以及行政诉讼被告资格。此外，对于北京市人民政府部门在北京经济技术开发区设立的分支机构〔3〕，法院也认可了这些分支机构的行政诉讼被告资格。在行政复议中，这些机构能否同样作为被申请人呢?

2. 有法律、法规、规章授权的内部机构是否可以作为行政复议被申请人。我国当前的法律、法规、规章会明文授权内部机构一定的职权，如《学位条例》第 10 条第 2 款规定：“学位评定委员会负责审查通过学士学位获得者的名单；负责对学位论文答辩委员会报请授予硕士学位或博士学位的决议，作出是否批准的决定……”那么，学位委员会能否作为行政复议的被申请人？实践中对于该款

---

〔1〕 参见陈某诉济南市城市公共客运管理服务中心行政处罚案，山东省济南市市中区人民法院(2015)市行初字第 29 号行政判决书。

〔2〕 该单位为全额预算管理的正处级事业单位。

〔3〕 北京市第十届人民代表大会常务委员会第十六次会议于 1995 年 4 月 14 日通过的《北京经济技术开发区条例》第 11 条规定：“本市有关部门在开发区设立分支机构，必须经开发区管委会同意，并报市人民政府批准。”但并未规定分支机构可以自己的名义独立行使职权。此外，《北京市人民政府关于实施〈北京经济技术开发区条例〉办法》也并未授权所有的分支机构均可以独立行使职权。

存在不同的理解,如在“刘某文诉北京大学不授予学位案”[1]中,一审法院就认可了北京大学学位委员会的被告资格。但在“田某诉北京科技大学拒绝颁发毕业证、学位证案”[2]中,被告则是北京科技大学,而非学校的学位委员会。在“于某茹诉北京大学撤销学位案”[3]中,被告也是北京大学。

3. 对于需批准的行政行为的被告认定与被申请人认定的矛盾问题。《行政复议法实施条例》第13条规定,对于须批准的行政行为,批准机关是被申请人,以避免需批准行政行为的行政复议机关和批准机关发生权限冲突。该规定在一定程度上否定了我国传统的行政主体理论重视“名义”在确定行政复议被申请人中的作用,而是以在意思表示作出中起决定性作用的主体为行政复议被申请人。但是与此相反,行政诉讼领域采用的却仍是传统的署名主义。[4]《行政诉讼解释》第19条规定:“当事人不服经上级行政机关批准的行政行为,向人民法院提起诉讼的,以在对外发生法律效力的文书上署名的机关为被告。”这两条规定的内在矛盾可能在实践中出现同样的案情但被告却不相同的情况。如在一案件中,下级行政机关经上级行政机关批准,以自己的名义对外作出了一个行政行为,那么,随着当事人选择救济路径的不同,会发生行政诉讼的被告完全不同的现象:一个下级行政机关经上级行政机关批准后以自己的名义作出的行政行为,当事人选择行政复议后诉讼和直接提起诉讼的被告是不相同的。

以上问题的根源是《行政复议法》对于被申请人认定规则的规定不够完善,故需要对其进一步讨论和完善。

三、行政复议被申请人认定标准的完善

(一)行政诉讼被告资格认定标准的借鉴

在讨论如何完善行政复议被申请人认定规则前,先将目光转向行政诉讼法

---

〔1〕 参见北京市海淀区人民法院行政判决书,(1999)海行初字第103号。

〔2〕 田某诉北京科技大学拒绝颁发毕业证、学位证案,最高人民法院指导案例38号(2014)。

〔3〕 参见北京市第一中级人民法院行政判决书,(2017)京01行终277号。

〔4〕 有学者认为,行政机关的公章(署名)意味着对机关意思表示的确认,没有加盖公章的意思表示在法律上无法得到认可,因为无法判断是否为机关的意思及其真实性。参见田勇军:《论行政法上的意思表示——兼论行政行为构成中的意识要件》,法律出版社2017年版,第229页。

的场域。在行政争议进入行政复议程序和行政诉讼程序后,行政法律关系中的行政主体就转化为行政复议被申请人和行政诉讼被告。在经过行政复议程序进入行政诉讼程序的案件中,根据我国《行政诉讼法》的规定,存在两类被告:一是由行政复议被申请人作为被告,二是由行政复议机关作为被告。[1] 因此,行政复议被申请人与行政诉讼被告的衔接也相应地存在以下两个方面的问题:一是行政复议被申请人与行政诉讼被告资格认定的衔接问题,即原则上行政复议的被申请人和行政诉讼被告的标准应当一致,否则可能造成同一案件经过行政复议后,行政诉讼的被告就可以发生变化。二是行政复议机关和行政诉讼被告的衔接问题,主要是行政复议机关是否应当作被告,以及如果作被告,应当在什么情况下作被告的问题。

对于行政诉讼被告的资格,《行政诉讼法》作了较为具体的规定,包括:一是被告的一般规定。在有关被告的认定标准上,《行政诉讼法》和《行政复议法》规定的认定被告和行政复议被申请人的标准是一致的,即以“作出”机关为被告。《行政诉讼法》第 26 条第 1 款规定:“公民、法人或者其他组织直接向人民法院提起诉讼的,作出行政行为的行政机关是被告。”二是有关特殊情况下的被告资格认定。《行政诉讼法》在第 26 条中予以了具体规定,包括:(1)两个以上行政机关作出同一行政行为的,共同作出行政行为的行政机关是共同被告。(2)行政机关委托的组织所作的行政行为,委托的行政机关是被告。(3)行政机关被撤销或者职权变更的,继续行使其职权的行政机关是被告。三是经过行政复议案件的被告认定。对于经过行政复议的行政诉讼案件中的被告认定问题,《行政诉讼法》第 26 条规定了行政复议维持共同被告制度:(1)经复议的案件,复议机关决定维持原行政行为的,作出原行政行为的行政机关和复议机关是共同被告;复议机关改变原行政行为的,复议机关是被告。(2)复议机关在法定期限内未作出复议决定,公民、法人或者其他组织起诉原行政行为的,作出原行政行为的行政机关是被告;起诉复议机关不作为的,复议机关是被告。

《行政诉讼解释》在《行政诉讼法》的基础上对行政诉讼的被告认定进行了细化和补充,具体的规定包括:一是对“需批准”行政行为不服的,以文书上“署

---

[1] 《行政诉讼法》第 25 条第 2 款规定:“经复议的案件,复议机关决定维持原行政行为的,作出原行政行为的行政机关和复议机关是共同被告;复议机关改变原行政行为的,复议机关是被告。”

名”的机关为被告。[1] 二是有关“机构”行为的被告资格认定问题。对于有关“机构”作出行政行为的被告认定问题,《行政诉讼解释》第 20 条进行了具体分析:(1)行政机关组建并赋予行政管理职能但不具有独立承担法律责任能力的机构,以自己的名义作出行政行为,当事人不服提起诉讼的,应当以组建该机构的行政机关为被告;(2)法律、法规或者规章授权行使行政职权的行政机关内设机构、派出机构或者其他组织,超出法定授权范围实施行政行为,当事人不服提起诉讼的,应当以实施该行为的机构或者组织为被告。三是对特殊的“委托”情形进行了规定,《行政诉讼解释》第 20 条第 3 款规定:没有法律、法规或者规章规定,行政机关授权其内设机构、派出机构或者其他组织行使行政职权的,属于《行政诉讼法》第 26 条规定的委托。当事人不服提起诉讼的,应当以该行政机关为被告。这主要是针对现实中很多行政机关随意进行“授权”的问题,根据该规定,只有在“法律、法规或者规章规定”的情况下,行政机关的“授权”才是有效的,否则就不能被视为“授权”,而只能视为“委托”。四是有关行政复议机关作被告的问题。《行政诉讼解释》针对现实中存在行政复议机关在法定期间内不作出行政复议决定的行为,进行了有针对性的规定。《行政诉讼解释》第 22 条规定:“《行政诉讼法》第 26 条第 2 款规定的‘复议机关改变原行政行为’,是指复议机关改变原行政行为的处理结果。复议机关改变原行政行为所认定的主要事实和证据、改变原行政行为所适用的规范依据,但未改变原行政行为处理结果的,视为复议机关维持原行政行为。复议机关确认原行政行为无效,属于改变原行政行为。复议机关确认原行政行为违法,属于改变原行政行为,但复议机关以违反法定程序为由确认原行政行为违法的除外。”

通过前述我国关于行政复议被申请人和行政诉讼被告的规定可以看出,虽然两者采取的认定标准在大多数情况下是相同的,如均以“作出主体”为认定行政复议被申请人和行政诉讼被告的主要标准。但在具体的规定中,却存在行政复议被申请人与行政诉讼被告资格认定不一致的现象,从而造成两者在认定资格上的脱节。

---

[1] 《行政诉讼解释》第 19 条:“当事人不服经上级行政机关批准的行政行为,向人民法院提起诉讼的,以在对外发生法律效力的文书上署名的机关为被告。”

(二)"行政主体"认定标准之反思

在我国,主流观点均主张行政诉讼被告/行政复议被申请人的认定是以我国的行政主体理论为基础的。我国在 1989 年颁布《行政诉讼法》后,行政诉讼面对的问题之一就是如何确定被告。虽然《行政诉讼法》对此作了规定,但需要从理论上予以论证。有学者从行政主体的角度解释行政诉讼被告制度,并逐步获得学术界的认同。[1] "行政诉讼的被告必须是具有行政主体资格的组织即行政主体。"[2]"在中国行政法理论上,凡是行政主体都可以作为行政诉讼的被告;凡是行政诉讼的被告必须是行政主体。"[3]"不是所有机构都可成为行政诉讼的被告,必须是依法成立、具有行政主体资格的机构才能够成为被告。"[4]从上述观点可以看出,判断一个主体是否能够成为行政诉讼被告的标准就是该主体是否为行政主体。

对于行政主体的认定标准,理论上观点也基本一致,即认为行政主体一般需要具备以下三个要素:一是行政主体必须是依法享有行政职权的组织;二是行政主体必须是以自己的名义实施行政活动的组织;三是行政主体必须是能够独立承担行政责任的组织。[5] 在"独立承担行政责任"的理解上,我国学术界的理解较为宽泛,普遍认为能够承担行政责任的具体体现就是能够作为行政诉讼的被告和作为国家赔偿义务机关。

我国当前将行政主体理论作为行政复议被申请人/行政诉讼被告认定的基础,存在以下缺陷:

一是我国的行政主体理论自身存在缺陷。从逻辑上讲,判断一个主体是否能够作为行政诉讼的被告,主要的标准是该组织是否具有行政主体资格。但在实际判断一个主体是否是行政主体时,该组织能否作为行政诉讼的被告又成为其中一项标准。"行政主体系指依法拥有独立的行政职权,能代表国家,以自己

---

〔1〕 参见应松年主编:《当代中国行政法》,中国方正出版社 2005 年版,第 173 ~ 174 页。

〔2〕 叶必丰:《行政法与行政诉讼法》,高等教育出版社 2015 年版,第 203 页。

〔3〕 章剑生:《现代行政法总论》,法律出版社 2014 年版,第 116 页。

〔4〕 何海波:《行政诉讼法》(第 3 版),法律出版社 2022 年版,第 218 页。

〔5〕 参见应松年主编:《当代中国行政法》,中国方正出版社 2005 年版,第 175 页;叶必丰:《行政法学》,武汉大学出版社 2003 年版,第 128 页。

的名义行使行政职权以及独立参加行政诉讼,并能独立承受行政行为效果与行政诉讼效果的组织。”[1]如此一来,就会导致逻辑循环“要成为行政诉讼被告—具备行政主体资格—能成为行政诉讼被告”。事实上,我国的行政主体理论也常被诟病,如有学者提出:“我国的行政机关和法律法规授权组织是没有‘主体性’的‘行政主体’,而非真正的主体。”“行政主体理论在行政诉讼被告的确认上,作用极为有限。”[2]因此,不能用行政诉讼被告的标准来代替行政主体的标准。正确的逻辑关系是:行政主体理论是行政诉讼被告理论的基础而不是相反;行政主体一定可以成为行政诉讼被告,但行政诉讼被告不一定需要是行政主体。[3]

二是造成被诉主体与行为主体的分离,不利于行政纠纷的解决。根据我国当前的行政主体理论,行政主体必须是以自己的名义实施行政活动且能够独立承担责任的组织,且目前将其限定为行政机关或者法律、法规、规章授权的组织。但在行政诉讼中,如果严格按照该标准确定行政诉讼的被告,则必然会造成行政诉讼被告与行为主体分离的情况。以“中国专车第一案”为例,被法院认可的被告“济南市城市公共客运管理服务中心”并非行政机关,也非法律、法规、规章授权的组织,法院认可其被告资格的依据是“济南市人民政府办公厅济政办发〔2004〕42 号《关于印发济南市市政公用事业局主要职责、内设机构和人员编制暂行规定的通知》”以及“济政办发〔2010〕22 号《济南市交通运输局主要职责内设机构和人员编制规定》”。如果严格遵守“只有行政机关或法律、法规、规章授权的组织才能够作为行政诉讼被告”的标准,则此案的被告应当是“济南市交通运输局”。但在此案中,“济南市城市公共客运管理服务中心”是一个相对独立的组织,本案中的处罚行为也由其独立作出。如果将济南市交通运输局作为被告,明显会造成行政诉讼被告与行为主体分离的现象,不利于法院查清案件事实和解决行政纠纷。很多没有经过法律、法规、规章授权的派出机构亦会面临类似问题。

三是行政主体理论逐渐不能适应现状。我国行政主体理论萌生于 20 世纪 90 年代,如张树义教授所说:“我们现在所面对的是一个庞大的行政组织系统,

[1] 胡建淼:《行政法学》,法律出版社 2015 年版,第 66 页。
[2] 薛刚凌:《行政主体之再思考》,载《中国法学》2001 年第 2 期。
[3] 参见胡建淼:《行政法学》,法律出版社 2015 年版,第 81 页。

中国体制改革的任务是如何削减政府,使企业、事业单位、群众团体摆脱行政隶属关系,成为独立的主体。没有企业、事业单位、群众团体的独立,就没有社会的中间层,政府职能就不可能转变;也没有企业、事业单位、群众团体的主体地位。"[1]因此在彼时,行政主体更好确认,行政主体理论也具有更好的适用性与匹配性。但在目前,行政任务私营化已经成为世界性的发展趋势[2],烙印着诞生时的时代特色的行政主体理论已经无法与今日社会生态完全适应。

随着公法私法化现象的日趋加深,政府体制的逐渐分化,行政主体已经逐渐呈现出不适应现代行政的弊端。这与行政主体理论只关注国家行政而忽视公共行政,更关注诉讼法而忽略实体法,以及盘桓已久的公私分立理念等因素都有关系。[3] 对此,很多学者展开了完善行政主体理论缺陷的相关讨论,比如"公法人"理论[4]。公法人最大的特征是只能由国家公权力行为(公法规定)设定,如可以由国家通过法律、法规设定律师协会等公务自治主体。公法人以公共事务为成立目的,并服务于公共目的,享有公权力,具有自己的权利能力。[5] 耶利内克将这种公权力称为"属于国家领域的统治权",公法人在取得权力的时候也应向国家及团体成员承担义务,即在执行公法任务时,受到国家监督。[6] 更多学者提倡从行政任务面向改革行政主体概念,王敬波教授指出要"赋予各类从事社会公共行政的社会组织'准行政主体身份'"[7];还有学者则指出应当以行政任务取向为行政组织法的重构基础,以"任务—组织"的研究范式构建行政组织法模式[8]、行政行为法模式[9]。这些研究的引入可以推动相关研究从

[1] 张树义:《行政主体研究》,载《中国法学》2000 年第 2 期。

[2] 参见黄锦堂:《行政组织法论》,台北,元照出版有限公司 2021 年版,第 288 页。

[3] 参见余凌云:《行政法讲义》(第 3 版),清华大学出版社 2019 年版,第 131 ~ 157 页。

[4] 参见葛云松:《法人与行政主体理论的再探讨——以公法人概念为重点》,载《中国法学》2007 年第 3 期。

[5] 参见[德]哈特穆特·毛雷尔:《行政法学总论》,高家伟译,法律出版社 2000 年版,第 572 ~ 574 页;[德]汉斯·J. 沃尔夫、奥托·巴霍夫、罗尔夫·施托贝尔:《行政法》(第 3 卷),高家伟译,商务印书馆 2007 年版,第 216 ~ 224 页;王名扬:《法国行政法》,北京大学出版社 2016 年版,第 31 页。

[6] 参见[德]格奥格·耶利内克:《主观公法权利体系》,曾韬、赵天书译,中国政法大学出版社 2012 年版,第 233 ~ 237 页。

[7] 王敬波:《面向整体政府的改革与行政主体理论的重塑》,载《中国社会科学》2020 年第 7 期

[8] 参见贾圣真:《行政任务视角下的行政组织法学理革新》,载《浙江学刊》2019 年第 1 期;于安:《我国行政法的体系建构和结构调整》,载《中国法律评论》2023 年第 1 期。

[9] 参见宋华琳:《中国行政法学总论的体系化及其改革》,载《四川大学学报(哲学社会科学版)》2019 年第 5 期。

“行政权力运行”到“行政任务的履行”、从“高权行政”到“服务行政”的视角去建构新的行政主体理论，弥补旧行政主体理论固有的缺陷。

当然，完全摒弃行政主体理论在确定行政诉讼被告/行政复议被申请人中的作用，虽然可以在一定程度上简化确定规则，但明显不合理。本书认为，在我国当前行政复议和行政诉讼密切相关的情况下，依然应当将行政主体理论作为确定行政诉讼被告以及行政复议被申请人的理论根据。但是，在行为主体的认定方面，有必要改变传统的“唯名义论”的做法，对行为主体的认定机制予以必要的重构与完善。

(三)行政诉讼被告/行政复议被申请人认定标准的重构原则

行政诉讼被告与行政复议被申请人的认定标准具有同构性，为了论述的方便与简略，下文以行政诉讼被告为例，阐述行政救济制度中被诉主体认定规则的重构原则。

现行法律和诉讼实践形成的被告资格标准比较复杂，也过于严格。一般来说，需要三个标准合一才能确定正确的被告，即权力主体、行为主体和责任主体的合一。[1] 因此，重构我国行政诉讼被告的认定标准，在行政法学界具有一定的共识。如何重构行政诉讼被告的认定标准，在重构的路径上存在明显的观点偏差，大多数观点主张“谁行为，谁被告”[2]。还有观点则在此观点上更进一步，主张应采取“以行为者作被告和同级政府为‘兜底’被告”，主张在难以确定正确被告时，允许起诉人将同级政府作为行政诉讼被告。[3]

重构行政诉讼被告/行政复议被申请人认定标准应遵守如下原则。

1. 实现立法目的原则

正确理解行政诉讼目的是把握行政诉讼本质和解释为什么构建这样的行政诉讼制度的关键。[4] 任何一种法律制度都有其目的追求，在从设计到实施

〔1〕 参见杨小军：《行政诉讼原告与被告资格制度的完善》，载《行政法学研究》2012 年第 2 期。

〔2〕 参见马怀德主编：《行政诉讼原理》，法律出版社 2003 年版，第 239 页；宋雅芳：《论行政诉讼被告资格范式的重构》，载《甘肃政法学院学报》2006 年第 4 期；杨小君：《我国行政诉讼被告资格认定标准之检讨》，载《法商研究》2007 年第 1 期；冯举、周伟：《论行政诉讼被告确认规则的理论基础》，载《北京行政学院学报》2007 年第 3 期。

〔3〕 参见杨小军：《行政诉讼原告与被告资格制度的完善》，载《行政法学研究》2012 年第 2 期。

〔4〕 参见应松年：《行政诉讼法律制度的完善、发展》，载《行政法学研究》2015 年第 4 期。

的整个制度的生命周期中,目的都发挥着不可或缺甚至是根本性的指引作用。[1] 与此同时,任何法律制度的构建均应实现其法律目的,行政诉讼制度的构建也不例外,理应有利于立法目的的实现。从《行政诉讼法》第1条的规定看,立法目的主要包括如下四项:一是保证人民法院公正、及时审理行政案件;二是解决行政争议;三是保护公民、法人和其他组织的合法权益;四是监督行政机关依法行使行政职权。行政诉讼被告制度是否有利于实现立法目的,是判断该制度成功与否的关键原则。

2. 诉讼经济原则

诉讼经济原则就是诉讼主体以最低的诉讼成本,获取最大的法律效益,实现诉讼目的的基本原则。该原则作为节制诉讼资源的重要原则被各国广泛地运用于诉讼程序中。[2] 该原则与行政法上的效益原则非常相似。"行政法的效益原则,是指行政法律制度体系,要能够实现减少社会成本,增进社会公共福祉,实现社会均衡发展的目标,并在社会公共目标实现的过程中尽可能满足社会成员的个人利益最大化。"[3]无论是诉讼经济原则,还是效益原则,两者的哲学基础均是边沁的功利主义原则,功利主义的最高目标是"最大多数人的最大幸福"[4]。评判一项诉讼法律制度是否符合诉讼经济原则的具体方法,就是进行成本收益分析。

行政诉讼被告的认定规则,应当符合诉讼经济原则。透过"倪某学诉北京市海淀区人民政府行政复议决定案"[5],可以看出我国当前的行政诉讼被告认定规则在一定程度上不符合诉讼经济原则。该案中,倪某学因所居住的房屋被北京市海淀区城市管理综合行政执法监察局强拆而向海淀区人民政府申请行政复议,请求确认行政复议被申请人的行为违法并给予行政赔偿。海淀区人民政府作出的行政复议决定确认行政复议被申请人强拆行为违法,但并未支持行

---

[1] 参见赵清林:《类型化视野下行政诉讼目的新论》,载《当代法学》2017年第6期。

[2] 参见程延军:《诉讼经济原则的法理学解析》,载《内蒙古民族大学学报(社会科学版)》2008年第1期。

[3] 谢永霞、周佑勇:《论行政法的效益原则》,载《湖南社会科学》2014年第1期。

[4] [英]边沁:《道德与立法原理导论》,时殷弘译,商务印书馆2000年版,第59页。

[5] 参见北京市第四中级人民法院行政判决书,(2015)四中行初字第929号;北京市第四中级人民法院行政判决书,(2016)京04行初543号;北京市高级人民法院行政判决书,(2016)京行终4605号。

政复议申请人的赔偿请求。故倪某学以海淀区人民政府为单独被告向法院提起诉讼,请求撤销行政复议决定。海淀区人民政府的行政复议决定也先后两次被法院撤销,但倪某学的根本诉求在历时多年后依然未得到解决。原因是根据当前的被告认定规则,海淀区人民政府作出的确认行政复议被申请人违法的行政复议决定被视为改变了原行政行为,因而只能将海淀区人民政府作为单独被告。法院在单独审查行政复议决定的过程中,并不能直接针对原告的根本诉求作出裁判,只能就行政复议决定是否合法作出裁判,从而导致了行政争议的久拖不决。

3. 协调性原则

行政复议制度、行政诉讼制度、国家赔偿制度共同构成了我国的行政救济体系,它们应当是彼此协调的一个整体,成为能够解决行政纠纷、保护行政相对人合法权益的有机、整体、协调的系统。这既是国家法制统一原则的要求,也是维护行政相对人合法权益的需要。作为行政救济系统的两个组成部分,行政复议和行政诉讼的当事人认定标准应当是一以贯之的。此外,根据我国现行法律的规定,无论是在行政复议中还是行政诉讼中,公民、法人和其他组织均可以提出国家赔偿请求。如果赔偿义务机关的认定标准与行政复议被申请人的认定标准和行政诉讼被告的认定标准不一致,也会给当事人带来困扰以及给法院的裁判增加不便。如依照《行政诉讼法》第 2 条的规定,规章授权的组织可以作为行政诉讼的被告;而依照《国家赔偿法》第 7 条第 3 款的规定,只有法律、法规授权的组织才可以作为赔偿义务机关,并未规定规章授权的组织可以作为赔偿义务机关。随之而来的问题是,在规章授权的组织作为被告的行政诉讼中,原告是否还可以同时提出赔偿请求等?因此,在确定行政诉讼被告的认定标准时,应当遵守协调性原则,避免与行政复议被申请人的认定标准和国家赔偿义务机关的认定标准存在不协调。

(四)被告/被申请人认定标准之重构:行为的作出组织为被告/被申请人

从前述的原则出发,可以总结出重构后的被申请人认定标准应当满足以下要求:首先,认定标准应当相对简单,“不应当用复杂的行政结构问题和‘正确的被告’问题为公民增加负担”[1]。被申请人认定标准越复杂，越不利于申请人行使诉权以及维护申请人的合法权益。其次，认定标准应当有助于行政纠纷的实质性解决。不合理的被申请人认定标准，既不利于行政纠纷的解决，也不符合诉讼经济原则，容易造成纠纷的久拖不决，从而造成社会资源的无谓耗费。最后，行政复议被申请人的认定标准应与行政诉讼被告的认定标准以及国家赔偿义务机关的认定标准相一致。

根据前文论述的重构原则以及解析出的条件出发，应当将我国行政复议被申请人的认定标准确定为：“行为的作出组织为被申请人”。该认定标准阐释如下：

首先，行政复议被申请人应当是依法独立登记的行政组织。无论是行政机关还是法律、法规授权的组织，均应是依法独立登记的行政组织。需要注意的是，虽然很多国家都允许个人代表行政组织作为行政诉讼的被告，如在法国，对中央国家行政机关的行政行为不服，由该组织归属的部的部长作为被告；对地方国家行政机关的行为不服，则由中央政府在省内的代表省长作为被告；在地方如行政行为的后果归属地方团体，则由市议会主席作为被告。[2] 但从我国的传统以及当前的实际出发，行政复议的被申请人不宜是个人。个人虽然是行政权力的实际行使人，但其仅仅是作为行政组织的代表，其行使行政权力的后果应由其所在的行政组织承担，包括应诉义务等。此外，个人作为行政组织的成员，经常会产生职务变动或组织关系的调离等，如允许个人作为行政复议的被申请人，则可能会导致无人应诉的情况发生。同理，也不应由行政组织内部的一个机构或部门作为行政复议的被申请人，而应以独立依法登记的行政组织作为被申请人。在司法实务中，是否拥有“组织机构代码证”通常是判断一个组织是否为独立登记的行政组织的标准。只要一个行政组织是独立登记的组织，就可以认定该行政组织具备了作为行政诉讼被告的基本条件，而无须再考量该行政组织是否是行政主体，以及是否具备独立承担行政责任的能力等。反之，如果一个内部机构虽然有法律、法规、规章的授权，但其如果并非独立登记的组织，则其不应被认定为行为的作出组织，从而不应作为行政复议的被申请人。

---

〔1〕［德］弗里德赫尔穆·胡芬：《行政诉讼法》，莫光华译，法律出版社 2003 年版，第 199 页。
〔2〕参见应松年主编：《当代中国行政法》（下卷），中国方正出版社 2005 年版，第 1789 页。

如高等学校的“学位评定委员会”,虽然《学位条例》第 10 条授予了其一定的职权,但因“学位评定委员会”并非独立登记的组织,故其不应被认定为被告/被申请人。

其次,判断行政行为“作出”组织时应“名”“实”结合,综合判断。我国当前的行政诉讼认定标准主要是根据“名”来认定行政复议的被申请人,即根据行为是以谁的名义作出的来认定行政复议被申请人。如在行政诉讼中,《行政诉讼解释》第 19 条规定:“当事人不服经上级行政机关批准的行政行为,向人民法院提起诉讼的,以在对外发生法律效力的文书上署名的机关为被告。”该条规定即是典型的以“名义”为判断被告的标准。该标准可能导致行政诉讼被告与实际行为主体的分离,从而不利于行政纠纷的解决。因此,应当对传统的行为主体认定规则予以改进,在认定行为主体时更关注行为实际体现了哪些主体的意思表示。如果在名义主体之外还有其他主体实质参与了该行为的作出,则该参与主体也应被认定为该行为的“作出组织”,与“名义主体”作为共同被告。经上级机关批准的行政行为,如果最终以下级机关的名义作出,则应由下级机关与批准机关作为共同被申请人,从而更有利于纠纷的实质性化解。

最后,行政复议被申请人的认定更应当从实现我国行政复议法立法目的出发,并结合诉讼经济原则以及协调性原则,重构我国的行政复议被申请人认定标准。明确我国的行政复议被申请人应当是“行为的作出组织为被申请人”,而在具体作出主体的判断上,应当做到“名”“实”结合,从而准确认定行政复议的被申请人。

四、行政复议被申请人认定的具体情形

(一)受委托组织

根据行政主体理论,行政机关委托的组织作出行政行为的,委托的行政机关是行政复议被申请人。受委托组织并不具有行政主体资格,其以委托机关的名义作出行政行为,委托行政机关对该行为承担相应的法律责任。在我国,行政委托大量存在,根据学者的总结,主要包括处罚、税收、治安、审计和检疫五个

类别。[1] 具体形式包括：上级机关委托下级机关行使职权；行政机关委托专业机构从事特定事项的检测、检验、规划编制等技术性作业；行政机关委托社会团体、事业单位从事特定的资格评定、认定等活动；行政机关委托基层组织、企业承担税费收取、公积金缴存等活动；行政机关委托特定机构从事安全管理、房屋征收工作。[2]

受委托组织所作的行为，应以委托机关的名义作出并由委托机关承担相应的法律责任，这是"委托"的应有之义。[3] 但是，这是否就意味着只能由委托主体作为被告或被申请人呢？行政委托是一种具有临时意义的归责机制，在早期可以被视为"无法律、法规、规章授权时的权宜之计"；但是在其演变为一种严格限于行政体制内的权力组织方式或权力分工方式后[4]，受委托主体显然也应承担一定的行政责任。但如果以委托主体作为行政复议的被申请人，则必然会导致被申请人行政行为的行为主体与责任主体不一致的问题，不利于查清案件事实。毕竟，在法律上，委托主体和受委托主体是两个独立的主体，脱离原行政主体去审查行为的合法性，必然会带来诸多不便，不利于查清案件事实。

就受委托组织的被申请人资格问题而言，如果一律以受委托组织为被告，也有不尽合理之处。如在受委托组织以委托机关名义作出行政行为的情况下，一般公众显然会以为该行政行为是委托机关作出的。因此，将我国有关受委托组织作出的行为，作如下区分或许更合理：其一，行政机关委托的组织所作的行政行为是以受委托组织自己名义作出的，受委托组织是被申请人；必要时可以追加委托机关为共同被申请人或第三人。其二，行政机关委托的组织所作的行政行为是以委托机关名义作出的，则以委托机关和受委托组织为共同被申请人。作如此区分，不仅便于申请人识别被申请人，而且有利于法院查清案件事实。

---

[1] 参见王天华：《行政委托与公权力行使——我国行政委托理论与实践的反思》，载《行政法学研究》2008年第4期。

[2] 参见何海波：《行政诉讼法》(第3版)，法律出版社2022年版，第224页。

[3] 叶必丰教授指出，在日本，法律效果归于受委任机关并不是基于法律的明文规定，而是基于惯例和学说。参见叶必丰：《行政机关间的事务委托和职权委托》，载《中国法学》2022年第3期。

[4] 参见黄娟：《行政委托内涵之重述》，载《政治与法律》2016年第10期。

（二）内设机构

对于内设机构的行政复议被申请人认定问题，学者们认为，对于内设机构、派出机构这样的组织，有法律、法规依据的委托即是授权，无法律、法规依据的授权即是委托。[1]《行政复议法实施条例》第 14 条规定："行政机关设立的派出机构、内设机构或者其他组织，未经法律、法规授权，对外以自己名义作出具体行政行为的，该行政机关为被申请人。"唯一可以参考借鉴的规定是《行政诉讼解释》第 20 条的规定，其对行政诉讼的被告标准进行了详细规定。根据该条第 2 款和第 3 款的规定，内设机构在没有法律、法规或者规章授权的情况下，以自己的名义作出具体行政行为的，应当以该行政机关为被告；而在内设机构有法律、法规、规章的授权但超出法定授权范围实施行政行为的情况下，应当以实施该行为的机构或者组织为被告。对此，我们一般总结为"幅度越权，授权组织为被告；种类越权，设立机关为被告"。但是，参照这个规定，内设机构是否真的应当具备行政复议被申请人资格？

对于何谓"内设机构"，存在不同的理解。一般而言，所谓"内设机构"，是指该机构没有独立人格，也不能对外行使职权。如中央部委的"司"，省级人民政府工作部门的"处"，县级人民政府工作部门中的"科"等。这些"内设机构"不具有独立人格，不能作为行政复议的被申请人，并无争议。但对于一些法律、法规、规章中明确提及的"内设机构"而言，可能就会产生争议，如国务院证券监督管理部门的"发行审核委员会"、学位授予单位的"学位评定委员会"等。

"内设机构"能够作为行政复议被申请人的问题，需要从两个角度进行分析。首先，"内设机构"是否进行了独立的登记、注册。如果进行了独立的登记或注册，拥有"组织机构代码证"，则该机构就具有了一定的独立性，不同于完全不具有独立人格的"司""处"等内设机构。其次，法律、法规、规章授予的权力是否是直接"对外"行使职权，即是否是直接向行政相对人行使的职权。如果法律、法规、规章授予的仅仅是内部管理职权，则该组织不应具有行政复议的被申请人资格。因此，内设机构作为被申请人，一般应当同时具备前述的两个条件。

---

〔1〕 参见杨临宏：《行政法：原理与制度》，云南大学出版社 2010 年版，第 323 页。

因此，诸如“学位评定委员会”“发行审核委员会”等机构，由于均未独立登记，也未独立对外行使职权，故不具有行政复议被申请人的资格。但在实践中，也有部分内设机构依法以自己的名义直接对外行使职权，如国家知识产权局的商标局，虽然其未独立登记，不拥有组织机构代码证，但在司法实践中，其可以作为行政诉讼的被告，也应当可以成为行政复议的被申请人。对此，更为合理的做法应当是这两个组织依法进行登记。

国务院的“办事机构”是否应当作为行政复议的被申请人，也存在一定的争议。主要的争议来源于其是否属于“内设机构”。《国务院行政机构设置和编制管理条例》第6条第5款规定：“国务院办事机构协助国务院总理办理专门事项，不具有独立的行政管理职能。”从该条例的规定看，办事机构具有一定的独立性，其性质和“司”“处”等“内设机构”并不相同，其拥有独立的编制、职权和人员，在性质上并非“内设机构”。但同时其并不独立对外行使职权，因此在一般情况下，其不会成为行政复议的被申请人。但其应当具备信息公开的被申请人资格，因为从《政府信息公开条例》的规定看，该条例规定的公开主体是“各级人民政府及县级以上人民政府部门”[1]。对于“部门”，应当作宽泛理解。将“办事结构”等理解为本级政府的“部门”，显然更有利于信息公开工作的开展；同时，在发生纠纷时，直接将其作为被申请人更有利于纠纷的解决。不仅“办事机构”应当可以作为行政复议的被申请人，事实上，独立对外行使职权的“内设机构”以及“派出机构”也均可以作为信息公开的主体以及信息公开复议的被申请人。

（三）派出机构

对于派出机构的行政复议被申请人资格，《行政复议法实施条例》第14条规定，“行政机关设立的派出机构、内设机构或者其他组织，未经法律、法规授权，对外以自己名义作出具体行政行为的，该行政机关为被申请人”，这与内设机构的规定完全一致。但派出机构与内设机构存在一定的区别，主要体现在派

---

〔1〕《政府信息公开条例》第4条第1款规定：“各级人民政府及县级以上人民政府部门应当建立健全本行政机关的政府信息公开工作制度，并指定机构（以下统称政府信息公开工作机构）负责本行政机关政府信息公开的日常工作。”

出机构有比较强的独立性，不仅一般情况下均独立登记，而且一般情况下也是独立对外行使职权。在此情况下，将其等同于内设机构显然不合理。因此，对于派出机构，在其以自己的名义作出的行为产生纠纷的情况下，应以该派出机构为行政复议被申请人。至于法律、法规、规章是否对其进行了授权，其以自己的名义对外作出行政行为是否合法等，则应当在实体审理中予以确认。对于不具有以自己的名义对外作出行政行为的资格的情形，行政复议机关应当确认该行为为无效行政行为。

客观而言，要准确认定行政复议的被申请人，对于一般不具有专业知识的申请人而言具有很大的难度。在此情况下，行政复议机关的释明就显得尤其重要。根据《行政复议法实施条例》第 22 条的规定，在申请人所申请的被申请人不适格的情况下，行政复议机关有释明义务。[1] 因此，在行政复议的被申请人认定规则完善后且行政复议机关予以释明的情况下，行政复议被申请人的认定理应不再成为申请人请求权利保护的障碍。

（四）需批准行政行为的被申请人认定

1. 需批准行政行为的过程分析

要确定谁应当是需批准行政行为的作出主体，就应该分析该行政行为是谁的意思表示，因为“行政处分必须是行政机关所为直接发生法律效果的法律行为，也就是对权利与（或）义务产生规制作用，或者说导致权利与（或）义务发生、变更、消灭或确认的行为。行政处分因而可视为是行政法上的一种意思表示”[2]。要明确一个行为是哪个主体的意思表示，必然离不开对行为具体过程的分析。

（1）需批准行政行为的形态

批准，是指“上级对下级的意见建议或请示表示同意”。在现行的法律、法规、规章中，与其意思相同或相近的概念还有“审批”。目前，我国存在的需要上级行政机关“批准”的行政行为主要有以下三种：

---

〔1〕《行政复议法实施条例》第 22 条规定：“申请人提出行政复议申请时错列被申请人的，行政复议机构应当告知申请人变更被申请人。”

〔2〕翁岳生编：《行政法》（上册），中国法制出版社 2009 年版，第 607 页。

第一,下级受理后由上级批准(决定)。例如《土地管理法实施条例》第9条第2款规定:“按照国土空间规划,开发未确定土地使用权的国有荒山、荒地、荒滩从事种植业、林业、畜牧业、渔业生产的,应当向土地所在地的县级以上地方人民政府自然资源主管部门提出申请,按照省、自治区、直辖市规定的权限,由县级以上地方人民政府批准。”此种类型行为的特点在于下级行政机关的主要职责是受理申请,作出行政行为实质性的职权在上级行政机关,下级行政机关在行为作出过程中扮演的是“中转站”的角色。但在目前,下级行政机关仅仅负责受理,而完全不进行审查的情况已经非常少见。

第二,下级审核后由上级批准(决定)。《土地权属争议调查处理办法》第27条规定:“调解未达成协议的,国土资源行政主管部门应当及时提出调查处理意见,报同级人民政府作出处理决定。”此类行政行为的特点在于:下级行政机关也参与了决定的作出过程,即下级行政机关需要提出初步的意见,下级行政机关的意见对上级行政机关的行为显然有着不可忽略的影响,但是作出具体行政行为的决定性权力在上级行政机关。该特征在《长江河道采砂管理条例》第10条第2款中体现得尤为明显:“市、县人民政府水行政主管部门应当自收到申请之日起10日内签署意见后,报送沿江省、直辖市人民政府水行政主管部门审批……”这一类型更为常见。

第三,经上级批准后下级作出决定。如《水污染防治法》第91条第1款规定:“有下列行为之一的,由县级以上地方人民政府环境保护主管部门责令停止违法行为,处十万元以上五十万元以下的罚款;并报经有批准权的人民政府批准,责令拆除或者关闭……”可以看出,在这类行为的作出过程中,起核心作用的是下级行政机关,最后的决定也是由下级行政机关对外作出的。上级行政机关在此行为的作出过程中扮演的是一个“把关者”的角色,也就是在下级行政机关作出决定之前,由上级行政机关进行“把关”,即“批准”。[1]

(2)需批准行政行为概念的厘清

“批准”在法律上意味着审批机关可以肯定、否定或者改变报批的行政行

[1] 在现实生活中还存在大量的下级机关自行请示上级机关的情况。其实质是下级机关在作出行政行为的过程中征求上级机关的意见,上级机关的“批准”在法律上并不具有约束下级机关的强制力,因而,这类行政行为并不是真正意义上的需批准行政行为。

为。在各种需要上级行政机关批准的行政行为中，如表 2 所示，上级行政机关因扮演的角色不同而发挥着不同的作用。

表 2　需批准行政行为的类型

行为类型	下级行政机关作用	上级行政机关作用	行为的对外名义
下级受理后由上级批准（决定）	受理行政相对人的申请	审核申请、作出决定	上级行政机关
下级审核后由上级批准（决定）	初步审核	复核、作出决定	上级行政机关
经上级批准后下级作出决定	审核、对外作出决定	复核	下级行政机关

不难看出，无论是第一种形态的行为——下级受理后由上级批准，还是第二种形态的行为——下级审核后由上级批准，都是上级行政机关以自己的名义作出行政行为。换言之，在这两种形态的行为作出过程中，上级行政机关才是名义上的对外行为主体，下级行政机关只是参与了行为的作出过程，而且在行为的作出过程中并不起决定性的作用。因而，这两类行为并不属于本文探讨的对象，其并不是《行政复议法实施条例》第 13 条所描述的“下级行政机关经上级行政机关批准作出的具体行政行为”。属于此类行为的，只有第三类行为，即“经上级批准后下级作出决定”的行为。对于此类行为，在对外名义上并不存在争议，就是下级行政机关以自己的名义作出的，只不过下级行政机关在作出该行为之前，需要经过上级行政机关的批准，也即“需批准行政行为”。

分析需批准行政行为的作出过程后不难发现，下级行政机关在该类行为的作出过程中扮演的是“主角”，该行为由其最初审核、作出初步决定，最后由其对外以自己的名义作出行为；而上级行政机关在该行为的作出过程中虽然扮演的是“配角”，却拥有非常关键的“审核权”，下级行政机关的行为是否可以作出、是否需要修改等，必须由其审核。换言之，虽然下级行政机关发挥着主要的作用，但下级行政机关在该行为的作出过程中的权限不完整，要受限于上级行政机关的“批准”，上级行政机关在该行为的作出过程中起决定性作用。简言之，需批准的行政行为虽然是以下级行政机关的名义作出的，但上级行政机关的意思表示同样在该行为中得到了体现，只不过该意思表示并没有直接针对行政相对人。

2. 需批准行政行为主体认定规则的重新审视

行政行为主体的认定，在行政复议中的体现就是对被申请人的认定，在行政诉讼中的体现就是对被告的认定。需批准行政行为的行政复议被申请人与行政诉讼被告不一致，体现的是主体认定规则的不同。因而，有必要对需批准行政行为的行政诉讼被告和行政复议被申请人的认定规则进行重新审视，分析两者不一致的原因。

(1) 需批准行政行为的行政诉讼被告的认定规则

在我国，行政诉讼的被告、行政复议的被申请人与行政主体之间存在非常紧密的联系。“行政法学上之所以采用行政主体的概念，是为了研究公共利益代表者、维护者和分配者的资格，从而使它与行政决定的实施、行政复议中的被申请人资格、行政诉讼中的被告资格和行政赔偿义务机关相一致……”[1]体现在行政诉讼被告的认定规则中，就是“被告必须具有行政主体资格，即‘谁主体，谁被告’”[2]。同时，我国对行政诉讼被告的认定，采取了一种相对简化的态度：“凡具有行政主体资格、为被诉具体行政行为的实施者，即为行政诉讼的被告。”[3]显而易见，根据该规则，需批准行政行为的被告应当是下级行政机关，因为根据我国的行政主体理论，下级行政机关具有行政主体资格，而且下级行政机关是以自己的名义对外作出需批准的行政行为的。

行政诉讼中，需批准行政行为以对外署名的机关为被告，即下级行政机关为被告，这不仅是我国司法实践中的实际做法，也得到了学者的理论支持。“对于行为者的认定，一般根据行为者的名义。如前文所述，此处的独立应理解为‘对外意思表示’上的独立，而不追究其意思的形成是否独立。例如，在确定阶段行政行为情形中的被告时，应将以自己名义对外作出意思表示者列为被告，而批准机关作为第三人参加诉讼。”[4]吴庚教授认为：“二个以上机关先后参与作成处分：其情形有如多阶段处分，原则上‘原行政处分机关之认定，以实施行政处分时之名义为准’，实施行政处分之机关，即相当于多阶段处分中作成最后

[1] 叶必丰：《行政法学》，武汉大学出版社2003年版，第129页。
[2] 张树义主编：《行政诉讼法学》，中国政法大学出版社2007年版，第78页。
[3] 应松年主编：《当代中国行政法》，中国方正出版社2005年版，第1787页。
[4] 马怀德主编：《行政诉讼原理》，法律出版社2003年版，第239页。

阶段行为之机关。”[1]此外,日本学者美浓部达吉认为:“处分厅之处分,虽为本于上级官厅之指挥而为之者,亦仍以该处分厅为被告,不以指挥之上级厅为被告也。”[2]需批准行政行为的被告为下级行政机关虽然得到了我国最高人民法院及部分学者的认可,但是这一做法存在较为明显的弊端:上级行政机关的意思表示在需批准行政行为中得到了体现,但上级行政机关却不是行政诉讼的被告,因而其也不需要承担相应的法律责任,这显然是不合理的。

(2)需批准行政行为的行政复议被申请人的认定规则

若需批准行政行为的被告应当是下级行政机关是以我国的行政主体理论为依据推导出来的必然结论,那么《行政复议法实施条例》规定应以批准机关为行政复议被申请人的依据又何在?有学者对此解释:“从行政诉讼的角度讲,规定由盖章机关为被告的最大好处是,可以降低被告的‘层级’,‘减少’行政诉讼的阻力和难度。但从行政复议的角度讲,参照适用这一规定的直接结果,就是复议机关往往就是批准机关,甚至是批准机关的下级行政机关。在这种情况下,通过行政复议审查本机关,甚至上级机关批准后作出的具体行政行为,其阻力和难度是可想而知的,行政复议很有可能形同虚设。”[3]显然,该解释主张“以批准机关作为行政复议被申请人”这一规定是从切实发挥行政复议作用的角度出发作出的务实规定,但这一解释并未从理论上作出更多的说明。

事实上,《行政复议法》《行政复议法实施条例》规定“以批准机关作为行政复议被申请人”除了上述的解释外,还有另一原因,即如果在行政复议中确定以下级行政机关作为行政复议的被申请人,还可能导致行政复议机关与批准机关之间的权限冲突。因为在我国,对于政府的职能部门而言,基本的行政体制是双重领导,即一方面接受本级政府的领导,另一方面又接受上级主管部门的领导。与此相对应,当接受双重领导的政府职能部门作为行政复议被申请人时,行政复议机关也有两个,一个是本级政府,另一个是上级主管部门。如果在需批准行政行为中,由下级行政机关作为行政复议被申请人,一旦行政复议申请人选择将下级行政机关的本级人民政府作为行政复议机关,就极易出现行政复

---

〔1〕 吴庚:《行政法之理论与实用》,中国人民大学出版社 2005 年版,第 389 ~ 390 页。

〔2〕 [日]美浓部达吉:《行政裁判法》,邓定人译,中国政法大学出版社 2005 年版,第 129 页。

〔3〕 郜风涛主编:《中华人民共和国行政复议法实施条例释解与应用》,人民出版社 2007 年版,第 93 页。

议机关和批准机关的权限相互冲突的情况。常态情况下,行政复议机关可以撤销或改变行政复议被申请人的行为,但由于需批准行政行为又经过了行政复议被申请人上级主管部门的批准,因而行政复议机关如果撤销或改变被申请人的行为,则等于是否定了行政复议被申请人的上级主管部门的意思表示。根据我国的行政体制,作为本级政府的行政复议机关显然无权处理作为批准机关的上级主管部门的行为。

综上所述,应以批准机关为行政复议被申请人,避免需批准行政行为的行政复议机关和批准机关发生权限冲突。

3. 需批准行政行为主体认定机制的完善及应用

我国的行政主体理论决定了行政行为的主体必然是行政主体,具有行政主体是成为行政复议被申请人的前提。那么,需批准行政行为的行政复议被申请人应当如何确定?

原有的行政主体理论强调行政主体"能够以自己的名义作出具体行政行为",因而,在认定行为主体时,最常见的标准就是确定行为是以哪一主体的名义作出的,进而将该行为认定为其行为,但这忽略了该行为主要是何者的意思表示。在确定行政复议被申请人的过程中,重要的局限就是过于注重"名义"的问题,即被复议以及被诉讼的行为是以谁的"名义"作出的。其基本的逻辑就是:如果以自己的名义作出行政行为的主体具有行政主体资格,则该主体就是行政复议的被申请人;如果以自己的名义作出行政行为的主体不具有行政主体资格,则该主体所属的行政主体就是行政复议的被申请人。这一做法最显而易见的弊端就是可能导致权力与责任分离,从而出现"名""实"不分。体现在需批准行政行为中,就是上级行政机关虽然参与了作出行为,其意思也体现在行为之中,但是其可能完全不需要承担责任。因此,在认定行为的主体时,应该不仅强调行为主体要具有行政主体资格以及行为是以何者的名义作出的,而且还应考虑该行为是哪一行政主体的意思表示。如果行为虽然仅是以一个行政主体的名义作出的,但是在行为作出的过程中其他的主体也作出了具有约束力的意思表示,则其他主体也应被认定为行为的主体。

如果制度设计得不合理导致行政复议的被申请人并不是真正需要承担责任的主体,那么必然在相当大的程度上妨碍行政复议作用的实现。因此行政复议的被申请人应该是"名""实"相符的行为主体。根据这一原则,对于传统的行为主体认定规则应当予以改进，在认定行为主体时应更注重行为实际体现了哪些主体的意思表示。根据前述对需批准行政行为作出过程中上级行政机关和下级行政机关地位以及意思表示的分析，应当认定需批准行政行为是上级行政机关和下级行政机关的共同行为。因此，需批准行政行为的复议被申请人应当按照以下规则确定。

对需批准的行政行为，应以上级行政机关和下级行政机关为共同被申请人。此处，行政复议机关应当是各行政机关的共同上级机关。最高人民法院在《关于审理行政许可案件若干问题的规定》中也表现了这一态度，明确了可以将批准机关作为共同被告。该规定第4条规定："当事人不服行政许可决定提起诉讼的，以作出行政许可决定的机关为被告；行政许可依法须经上级行政机关批准，当事人对批准或者不批准行为不服一并提起诉讼的，以上级行政机关为共同被告……"行政复议申请人仅以下级行政机关为被申请人的，受理机关应当告知申请人追加被申请人或者依职权将上级行政机关追加为被申请人，并在重新确定行政复议机关后将案件移交给有管辖权的行政复议机关处理。

（五）党的机构在特定条件下可作为行政复议被申请人以及行政复议机关

2018年我国实行了较大幅度的机构改革，此次机构改革的亮点之一在于党的机构与国家机构在部分领域充分融合，这有利于系统谋划和确定党政机构改革事项，统筹调配资源，减少多头管理，减少职责分散交叉，使党政机构职能分工合理、责任明确、运转协调。比如党政职能相近的需合并或者合署办公，不造成系统中的交叉。[1] 党政合并设立和合署办公使党的机构由原来的"幕后"走向"台前"，行使部分行政职权。

但是，本次机构改革给行政复议被申请人的正确认定带来了难题。行政复议被申请人是作出行政行为的行政主体，党政合并设立或者合署办公的机构能否成为行政主体，在很大程度上影响申请人的合法权益能否得到保障、行政复议机关能否进行行政复议审查。在合并设立情形下，原有的行政机构被撤销，其职权由相应的党内机构行使，只是对外加挂行政机构牌子，党的机构实际上行使着原来由行政机关行使的行政职权。在合署办公情形下，原有的行政机构

---

〔1〕 参见汪玉凯：《党和国家机构改革与国家治理现代化》，载《领导科学论坛》2018年第8期。

可能仍然存在[1],但合署办公机构的法律属性是一个难题,其在何种情况下行使党内职权,在何种情况下行使行政职权,需要理论和法律规定予以回应。从机构职能和名义的角度看,无论是合并设立还是合署办公的党的机构,都兼具改革前行政机关的法定职能,并且以国家行政机关的名义从事特定行政管理活动。如中共中央宣传部仍加挂国家版权局和国家电影局两块牌子,在行使新闻出版和电影管理职权时,以国家版权局和国家电影局的名义履行行政职能。这并没有改变现有的法律规定,只是承担管理事务的具体机构发生了改变,重要的是,这两项管理职权仍然存在。因此,一般情况下不会涉及党的机构作为行政复议被申请人的问题。但是,现实中也可能存在党的机构在实际行使行政职权时,没有对外使用行政机关的名称,而是直接使用党的机构的名称。本书认为,此情况下党的机构也可以作为行政复议被申请人。

从法律关系的角度看,党的机构行使行政职权时,处于行政管理法律关系之中,享有行政主体的法律地位。行政管理法律关系是行政法律关系的一种,是指行政主体在行使行政职权过程中与行政相对人发生的各种关系。行政主体具有"权、名、责"三大特征:(1)能依法行使行政职权;(2)能以自己的名义行使行政职权;(3)由其承担法律责任。这其中最核心的是"行政职权"要素。"任何机关或组织因依法拥有行政职权而成为行政主体,因行使该行政权而成为行政行为,由此引起了复议和诉讼。"[2]可见,党的机构只要行使法定的具体行政职权,且在行使行政职权时能以法律规定的名义依法行使职权,并对外作出影响行政相对人权利、义务的行政行为,其就处于行政法律关系中,具有行政主体的地位,而无论其本身性质为何。

在实践中,最大的难点也许不是党的机构在行使行政职权时是否可以作为行政复议被申请人,而是如何区分党的机构行使党内职权和行政职权。对此,学界存在不同的观点。有观点认为,应当遵循"名"的认定方式,以对外保留或者加挂牌子的行政机关为行政复议机关或被申请人。[3] 有相反观点认为,党

[1] 对合署办公问题的具体梳理可以参见刘权:《党政机关合署办公的反思与完善》,载《行政法学研究》2018 年第 5 期。

[2] 杨小君:《我国行政复议制度研究》,法律出版社 2002 年版,第 165 页。

[3] 参见陈征:《党政机关合并合署与行政活动的合法化水平》,载《法学评论》2019 年第 3 期;程琥:《党和国家机构改革与行政诉讼制度创新发展》,载《法律适用》2020 年第 19 期。

政融合机构改革改变的只是党政关系的形式，应当根据行政过程中的党政角色进行实质性区分，应用“实”而不循“名”的认定行政主体的思路。[1] 还有观点则认为，现有行政主体理论无法应对这一新型的组织体，需要进行行政法规范体系的更新[2]，应当“推进组织法定在党内法规和国家法律中的双重拓展”[3]。本书认为，在现有行政主体理论的框架下，对于职权属性的判定，应当从实际情况出发，依据党的机构在实施行政管理职权时的名义、依据、是否影响行政相对人权利义务等方面进行综合判断、认定。

当党的机构作为行政复议被申请人时，如何确定行政复议管辖，是一个亟待解决的问题。本书认为，在党的机构行使行政职权的案件中，行政复议可以考虑由其上一级享有行政职权的党的机关进行管辖；在其上一级机关不享有法定行政职权时，则可考虑由履行行政职责的党的机构自行管辖。这样既确保了党内机关的自治性，也保障了法律规定的完整性，同时考虑了现实的可行性。

---

〔1〕 参见林鸿潮：《党政机构融合与行政法的回应》，载《当代法学》2019年第4期。

〔2〕 参见王欢：《论党政合署在行政法中的融入》，载《吉林大学社会科学学报》2019年第3期。

〔3〕 张力：《党政机关合署办公的标准：功能、问题与重构》，载《政治与法律》2018年第8期。

第五章　行政复议机关与管辖[1]

行政复议管辖，是指行政复议机关受理行政复议案件的权限划分，是以行政复议申请人的复议申请权为基础的权限划分。[2] 合理的行政复议管辖制度对于行政复议案件的公正裁决以及行政相对人合法权益的有效保护有重要意义。

第一节　行政复议管辖的理论基础与确立原则

对于行政复议管辖制度的完善，必须从行政复议制度的理论基础出发，明确行政复议管辖的确立原则，进而完善我国的行政复议管辖制度。

一、行政复议管辖制度的理论基础

（一）我国现行行政复议管辖制度的理论基础

对于行政复议管辖制度构建的理论基础，目前学界研

[1] 本章系在笔者与蔡刘畅合写的论文的基础上修改而成，原文的第二作者蔡刘畅对本章亦有贡献，参见《机构改革背景下的行政复议体制变革》，载《湖南科技大学学报（社会科学版）》2020 年第 1 期。

[2] 参见杨小君：《我国行政复议制度研究》，法律出版社 2002 年版，第 103 页。

究较少。但从行政复议的基本性质出发,不难分析出我国行政复议管辖制度构建的理论根基。

行政复议是具有"准司法"性质的行政活动。与行政复议的"准司法性"相适应,我国行政复议制度的构建是以现行的行政管理体制为基础和依托的,体现在行政复议管辖制度上,就呈现出与行政诉讼的"司法管辖"截然不同的管辖规定。与行政诉讼制度中有明确的地域管辖和级别管辖制度不同,在我国2023年修订前的《行政复议法》中,甚至都没有规定"管辖"的概念,而只是在第三章"行政复议申请"中规定了应当向哪些机关提出行政复议申请。2023年修订后的《行政复议法》虽然也单列一节规定了"管辖",但是仍然没有确立地域管辖、专属管辖等管辖概念。在行政诉讼的管辖制度中,确定管辖的核心元素是"被告所在地";与此不同的是,在行政复议管辖中,确定管辖的核心元素则是"被申请人"。

从《行政复议法》及《行政复议法实施条例》的规定看,行政复议管辖的确立根基是行政隶属关系。除"自我管辖"等特殊情况外,我国当前的行政复议管辖基本上是根据行政隶属关系确立的,即根据"行政复议被申请人"来确定行政复议管辖:无论是相对集中管辖、条条管辖,还是自我管辖等情形,管辖理论依据都源自行政的科层制关系。

(二)行政隶属关系作为行政复议管辖理论基础的正当性

行政隶属关系是一种领导与被领导的关系。《地方各级人民代表大会和地方各级人民政府组织法》第83条对我国行政系统的隶属关系作了较为具体的规定:"省、自治区、直辖市的人民政府的各工作部门受人民政府统一领导,并且依照法律或者行政法规的规定受国务院主管部门的业务指导或者领导。自治州、县、自治县、市、市辖区的人民政府的各工作部门受人民政府统一领导,并且依照法律或者行政法规的规定受上级人民政府主管部门的业务指导或者领导。"行政隶属关系的内涵之一就是层级监督权,即上级行政机关有权监督下级行政机关,对于下级行政机关不合法或不适当的行为,上级行政机关有权予以改变或撤销。其依据是《宪法》第108条:"县级以上的地方各级人民政府领导所属各工作部门和下级人民政府的工作,有权改变或者撤销所属各工作部门和下级人民政府的不适当的决定。"

以隶属关系为基础的行政复议管辖制度,不仅与我国的行政管理体制相一致,而且也是构建其他相关行政复议制度的前提。比如正是基于以行政隶属关系为基础的管辖制度,行政复议机关不仅可以审查行政行为的合法性,而且可以审查行政行为的合理性。此外,行政复议被申请人对于行政复议决定必须执行,不能提起诉讼,同样是基于以行政隶属关系为基础的行政复议管辖制度。

二、行政复议管辖的确立原则

行政复议是一种纠纷解决机制,同时具有司法的特性。[1] 这决定了在重新确立行政复议管辖体制的过程中,一方面需要继续保留行政复议专业性强、效率高的行政性,另一方面要充分考虑其司法特性,保证行政复议机关的公正性、客观性和司法性。因此,在确立行政复议管辖时应当遵循以下原则。

(一)行政复议管辖应符合行政隶属关系

关于行政复议管辖应符合行政隶属关系的观点,在学界也有反对观点:“行政复议活动不同于一般的行政活动,它属于一种行政司法活动,公正性与中立性是其基本属性。行政隶属关系与行政复议这种‘准司法’活动的中立、公正性是不相适应的。尽管行政复议具有监督行政的功能,但这种监督功能不是基于行政领导权或指导权而产生的,而是基于法律赋予复议机关有裁判行政纠纷的权力并在复议机关公正、中立地裁判纠纷中形成与体现出来的。”[2] 这种观点的出发点是为了保持“裁判者”的中立性,以符合“准司法”的特点,不过这种观点失之偏颇。我国的行政复议制度是建构在行政复议被申请人与行政复议机关具有行政隶属关系的根基之上的;其中,行政复议机关之所以能够对行政复议案件进行裁决,以及行政复议被申请人必须接受行政复议机关的行政复议决定,而不能提起行政诉讼,就在于行政复议被申请人与行政复议机关之间具有隶属关系。这就要求在确立行政复议管辖体制时必须符合行政隶属关系,脱离行政隶属关系确立的行政复议管辖体制将与行政复议制度的行政属性发生冲

---

〔1〕 参见刘莘:《行政复议的定位之争》,载《法学论坛》2011 年第 5 期。
〔2〕 石佑启、王成明:《论我国行政复议管辖体制的缺陷及其重构》,载《环球法律评论》2004 年第 1 期。

突,也将对行政复议其他制度的合理性产生冲击。如果单纯为了保证行政复议的公正裁决,而将行政复议管辖权交予与行政复议被申请人无行政隶属关系的第三方,则行政复议被申请人很可能对一个对其无任何监督管理权限的行政复议机关的决定不服,行政复议决定将很难执行,行政复议应有的功能也将难以发挥。所以,在确立行政复议管辖原则时,应当将行政隶属关系作为确立行政复议管辖的一个最为基本的考虑因素,这样既保证了行政争议在行政机关内部得到解决,又保证了行政复议被申请人对行政复议机关的决定的认可与服从。

(二)行政复议管辖应有利于行政纠纷的公正解决

行政复议的准司法属性决定了其基本功能就是解决行政纠纷,行政复议制度的构建都应当以保障该功能的发挥为前提。在确立行政复议的管辖时,应当充分考虑是否有利于行政纠纷的公正解决,这是确立行政复议管辖的首要原则。在其他原则以及规则与该原则冲突时,应当对其他原则以及规则予以必要的修正。“相互冲突的原则必须互相衡量或平衡,有些原则比另一些原则有较大的分量。”[1]在现有的行政复议管辖确立规则下,“自我管辖”规则不利于行政纠纷的公正解决,因为该种管辖规则必然导致行政复议申请人对行政复议主体公正性的怀疑。“便民原则”在一定程度上也可能与“有利于行政纠纷公正解决”原则存在冲突,在必要的时候也应当修正。

(三)行政复议管辖应有利于节约行政复议资源

党的二十大报告提出,依法行政需要“转变政府职能,优化政府职责体系和组织结构”,这与世界行政体制的发展潮流相吻合。行政复议改革作为行政管理体制改革的一部分,同样应遵循这一原则。在我国现行的行政复议管辖模式下,一方面行政复议机构数量众多、分散,另一方面行政复议资源的配置与行政复议案件数量不匹配。这不仅造成了行政复议的低效率,而且还在一定程度上造成了行政复议资源的浪费。在重新确立我国行政复议管辖体制时,应当考虑将当前分散的行政复议资源进行有效集中,只有“集中”,才能实现行政复议机

〔1〕［美］迈克尔·D. 贝勒斯:《法律的原则——一个规范的分析》,张文显等译,中国大百科全书出版社 1996 年版,第 13 页。

构的“精简”、行政复议权的“统一”、提高行政复议工作的“效能”。

（四）行政复议管辖应有利于落实便民原则

我国2023年修订前的《行政复议法》规定的行政复议管辖规则过于庞杂，且行政复议权限规定不明确，即使是专业人士有时也难以确定应向哪一主体申请行政复议，大多数情况下普通的行政复议申请人对于行政复议管辖更是无从确定。这与英国裁判所的管辖具有一定的相似性：“英国大部分行政裁判所的管辖范围都很小，它们遍布全国各地，每个裁判所都有自己的网络系统，自己的内部程序和自己的服务标准，缺乏系统性。争议发生后，往往只有专家才能了解按什么程序到哪个裁判所去申诉。”[1]对此问题，2023年修订后的《行政复议法》予以了完善，弱化了“条条块块”的管辖体制，建立了“相对集中”的管辖体制。本书认为，从便民原则出发，未来应继续简化行政复议管辖等规则，从而有利于行政复议申请人利用行政复议维护自身的合法权益。

（五）行政复议管辖应以司法最终为原则

司法最终，即任何主体间因法律适用问题引起的争议原则上只能由法院作出最终裁判。人民法院经过审理作出的终审判决才具有最终的法律效力，这也是各国解决行政争议最基本的模式。[2] 根据《行政复议法》第10条的规定，公民、法人或者其他组织对行政复议决定不服的，可以提起行政诉讼，但是法律规定行政复议决定为最终裁决的除外。司法最终原则的原因一方面在于法院作为中立第三方，不偏不倚，同时有最公正、正式、严格的司法程序，另一方面在于司法最终原则更加有利于保护行政相对人的合法权益。

从世界范围来看，司法最终原则是被广泛接受的一项原则。《世界人权宣言》第8条规定是对司法最终原则的诠释：“任何人当宪法或法律所赋予他的基本权利遭受侵害时，有权由合格的国家法庭对这种侵害行为作有效的补救。”司法最终原则具有两方面的含义：一方面，该原则是对行政相对人利用司法权保护自身权益的保障性原则，《世界人权宣言》第8条正是建立在这方面上；另一

---

[1] 王名扬：《英国行政法、比较行政法》，北京大学出版社2016年版，第126页。

[2] 参见石佑启、杨勇萍编著：《行政复议法新论》，北京大学出版社2007年版，第68页。

方面,司法最终原则也是处理司法权和其他权力在解决纠纷方面的权力划分原则,强调解决纠纷的最终权力属于司法机关。坚持司法最终原则的理由在于其独立性和专业性,“法院与外界隔绝,具有专门知识,能够‘冷静地重新考虑’,从而可以表达出我们最基本的价值观念”〔1〕。就不同的纠纷类型而言,司法最终原则对处理行政纠纷的影响无疑最大。解决民事纠纷和刑事纠纷的最终权力几乎毫无疑义地是属于司法机关的。在解决行政纠纷领域,司法最终原则也被绝大多数国家奉行。如日本 1946 年颁布的《日本国宪法》第 76 条第 2 款就明确规定:“不得设置特别法院,行政机关不得施行作为终审的审判。”在德国,解决行政纠纷同样奉行司法最终原则,如替代纠纷解决机制(alternative dispute resolution)在德国受到冷遇的根本原因之一就在于《德国宪法》中的相关规定。例如《德国宪法》第 92 条对于司法权垄断于法官的规定,第 103 条第 1 款任何人都有权获得“法院举行的正式听证”的权利的规定。〔2〕在美国,“一切行政行为都可以接受司法审查,无须法律明文规定。在法律有规定时,按照法律的规定进行法定的审查。在法律无规定时,进行非法定的审查”〔3〕。

尽管司法最终原则没有统一的定义,但对其可以从实体和程序两个角度来理解:从实体法上讲,司法机关对法律争议拥有管辖权,并且对实体法争议的法律判断具有最高的权威性和终局性,个体有通过司法获得救济的权利,任何个人和组织都必须尊重司法机关的终局裁判。从程序法上讲,原则上一切法律争议都必须经过司法审判,司法程序是法律纠纷得以解决的最终途径。司法最终原则基于现代国家权力之间的分工与制衡,也是古老自然正义观念在现代法治社会的映射。〔4〕司法最终原则“明确了司法权与其他纠纷解决权力之间的分工与权限划分,尤其是在行政权与司法权之间明确了行政机关不能作为争议的

---

〔1〕 [美]杰罗姆·巴伦、托马斯·迪恩斯:《美国宪法概论》,刘瑞祥等译,中国社会科学出版社 1995 年版,第 11 页。

〔2〕 参见刘飞:《德国公法权利救济制度》,北京大学出版社 2009 年版,第 30 页。

〔3〕 王名扬:《美国行政法》(下),北京大学出版社 2016 年版,第 448 页。

〔4〕 自然正义(有的学者也表述为自然公正)包括两项基本内涵:一是任何人或团体在行使权力可能使别人受到不利影响时,必须听取对方意见,每一个人都有为自己辩护和防卫的权利;二是任何人或团体不能作为自己案件的法官。参见王名扬:《英国行政法、比较行政法》,北京大学出版社 2016 年版,第 131 页。

最终裁决机关"[1]。司法最终原则要求任何具有终局性的行政行为是不被允许的,因此,行政复议决定也不应具有终局性,而应当接受法院的合法性审查,这是维护司法权威和公正的基本保障。

第二节 相对集中的行政复议管辖体制

我国曾经施行的行政复议管辖模式,是以"选择管辖"为主、"条条管辖"和"自我管辖"为辅的混合管辖模式。但是,随着行政复议实践的发展,旧有行政复议管辖模式的弊端越来越明显,在一定程度上影响了行政复议功能的发挥和《行政复议法》立法目的的实现。对此,2023 年修订的《行政复议法》对我国行政复议管辖制度进行了较大的变革,形成了以"集中管辖"为主、"条条管辖"和"自我管辖"为辅的新管辖模式。

一、行政行为复议的管辖体制

行政复议权的集中,包括行政复议受理、调查、审查和决定职权的集中设置和行使。目前我国的行政复议管辖制度是以我国《行政复议法》第 24 条至第 29 条、《行政复议法实施条例》第 23 条至第 25 条为依据构建起来的。相较于修订前,2023 年修订后的《行政复议法》的规定更为简洁和精练,4 个条款规定了 3 种管辖模式。基于此,我国形成了以"集中管辖"为主、"条条管辖"和"自我管辖"为辅的混合管辖模式,由一级政府统一管辖针对其职能部门申请的行政复议案件,集中统一行使行政复议权。

(一)集中管辖

1. 现行的集中管辖体制

集中管辖是我国行政复议管辖的主要形式。2023 年修订前的《行政复议法》规定的是条块"选择管辖"的原则。2023 年修订前的《行政复议法》第 12 条

---

[1] 王万华:《完善行政复议与行政诉讼的衔接机制》,载《中国司法》2019 年第 10 期。

第1款规定:“对县级以上地方各级人民政府工作部门的具体行政行为不服的,由申请人选择,可以向该部门的本级人民政府申请行政复议,也可以向上一级主管部门申请行政复议。”2023年修订后的《行政复议法》直接取消了这一管辖模式,于第24条规定了由县级以上地方各级人民政府作为行政复议机关集中管辖的原则。具体规定为:

第一,对本级人民政府工作部门作出的行政行为不服的,由县级以上地方各级人民政府管辖。

第二,对下一级人民政府作出的行政行为不服的,由县级以上地方各级人民政府管辖。

第三,对本级人民政府依法设立的派出机关作出的行政行为不服的,由县级以上地方各级人民政府管辖。根据我国《地方各级人民代表大会和地方各级人民政府组织法》第85条的规定,省、自治区人民政府经国务院批准可以设立派出机关,县、自治县人民政府经省、自治区、直辖市的人民政府批准,可以设立区公所作为其派出机关,市辖区、不设区的市的人民政府经上一级人民政府批准,可以设立街道办事处作为其派出机关。

第四,对本级人民政府或者其工作部门管理的法律、法规、规章授权的组织作出的行政行为不服的,由县级以上地方各级人民政府管辖。

对于政府部门管理的法律、法规授权的组织作出的行政行为不服的管辖规则,2023年修订后的《行政复议法》予以了完善。2023年修订前的《行政复议法》第15条第1款第3项规定,“对法律、法规授权的组织的具体行政行为不服的,分别向直接管理该组织的地方人民政府、地方人民政府工作部门或者国务院部门申请行政复议”。但是这一规定存在漏洞。根据其规定,以授权组织为被申请人的行政复议案件由三类主体管辖,即地方人民政府、地方人民政府工作部门以及国务院部门;但在我国,有些机构虽在法律上被定性为“法律、法规授权的组织”,但有权对其进行管理者有时并不属于前述的三类主体。如以证监会系统为例,无论是以地方证监局还是中国证监会为被申请人的行政复议案件,均由中国证监会作为行政复议机关。这与上述规定显然不一致。因此,如果按照上述规定,实际中根本无法确定行政复议机关,因为中国证监会在法律定性上被认定为法律、法规授权的组织,但其也属于国务院的直属机构,由国务院管理。此外,证监会系统在管理上实行垂直管理,而从修订前的《行政复议法》的规定中根本找不到对应的行政复议机关。故而,2023 年修订后的《行政复议法》规定的相对集中管辖体制解决了修订前的《行政复议法》在此处规定上的问题。

第五,对县级以上地方各级人民政府工作部门依法设立的派出机构依照法律、法规、规章规定,以派出机构的名义作出的行政行为不服的,由本级人民政府管辖。在派出机构作为行政复议被申请人的情况下,行政复议机关只能是该部门的本级人民政府。以县公安局设立的公安派出所为例,在公安派出所作为行政复议被申请人的情况下,行政复议机关应当是县人民政府。

2023 年修订前的《行政复议法》原本规定"设立该派出机构的部门或者该部门的本级地方人民政府"负责管辖,但是,对于以政府工作部门的派出机构为行政复议被申请人的行政复议案件的管辖,无论从有利于行政案件公正解决的角度,还是从精简、统一的原则出发,由政府工作部门所在的本级人民政府管辖更为合理。因为政府工作部门的派出机构虽然在特定情况下具有行政主体资格,可以以自己的名义作出行政行为,但就法律地位而言,其与政府工作部门内设机构的差别不大,由设立该派出机构的政府工作部门作为行政复议机关,既无法摒弃部门保护主义的弊病,也不利于行政复议资源的有效利用。因此,2023 年修订《行政复议法》时规定统一由政府工作部门所在的本级人民政府作为行政复议机关。

第六,省、自治区、直辖市人民政府同时管辖对本机关作出的行政行为不服的行政复议案件。

第七,省、自治区人民政府依法设立的派出机关参照设区的市级人民政府的职责权限,管辖相关行政复议案件。对县级以上地方各级人民政府工作部门依法设立的派出机构依照法律、法规、规章规定,以派出机构的名义作出的行政行为不服的行政复议案件,由本级人民政府管辖;其中,对直辖市、设区的市人民政府工作部门按照行政区划设立的派出机构作出的行政行为不服的,也可以由其所在地的人民政府管辖。

2. 修改"选择管辖"为"集中管辖"的原因

(1)行政复议资源分散且不足的现状

在我国过去的行政复议管辖体制下,享有行政复议权的主体众多,除了最低层级的行政主体不享有行政复议权,不能成为行政复议机关外,其他的行政主体几乎均享有行政复议权和能够成为行政复议机关,甚至连最基层的执法部门也需要配备相应的行政复议人员。同时按照我国的相关规定,各级行政复议机关应依照有关规定配备、充实、调剂专职行政复议人员。[1] 我国行政复议资源的配置主要有以下两个特点。

第一,行政复议人员总体数量偏少。基层行政复议力量严重不足,基本都存在机构不健全、编制少、队伍不稳定、人员素质不够高的问题。[2] 例如,截至2019年,吉林省全省仅有专职行政复议人员151人,兼职行政复议人员28人;上海全市共有行政复议人员150余人;浙江省全省共有412个行政复议人员;广东省全省有行政复议人员476人。[3] 从总体数量上看,我国行政复议机构的工作人员数量总体偏少。

第二,行政复议人员在行政复议机构间的分布不均衡。这主要体现在两个方面:一是行政复议人员在不同层级的行政复议机构间的分布不均衡。从行政复议案件数量上看,从基层到中央呈现出的是"金字塔"式的分配比例,而对应的行政复议机构资源却呈现出"头重脚轻"的配置比例。[4] 由此造成行政复议案件数量多的基层行政复议机关缺少行政复议人员,但行政复议案件较少的层级较高的行政复议机关却配备了数量相对充足的行政复议人员的局面。二是行政复议人员在同一层级的行政复议机构间的分布不均衡。由于行政管理各自的特点不同,不同政府工作部门间的行政复议工作任务很不平衡,工商部门、规划部门等领域的行政复议案件相对较多,而其他如税务、文物等政府部门的行政复议案件数量则相对较少。按照法律规定,所有的行政复议机构都必须配备专门的行政复议人员,因此在行政复议人员总体数量极为有限的情况下,形成了在同一层级的政府部门内,有人没案、有案没人的局面。因此,选择管辖不

---

[1] 参见《行政复议法实施条例》第2条:"各级行政复议机关应当认真履行行政复议职责,领导并支持本机关负责法制工作的机构(以下简称行政复议机构)依法办理行政复议事项,并依照有关规定配备、充实、调剂专职行政复议人员,保证行政复议机构的办案能力与工作任务相适应。"

[2] 参见曹康泰主编:《政府法制建设三十年的回顾与展望》,中国法制出版社2008年版,第169页。

[3] 参见中国法学会行政法学研究会、中国政法大学法治政府研究院编:《行政复议法实施二十周年研究报告》,中国法制出版社2019年版,第116、140、160、191页。

[4] 参见吕锡伟:《以科学发展观为指导 推动行政复议制度的创新与发展》,载国务院法制办公室政府法制研究中心编:《加快法治政府建设的思考与探索——深入贯彻落实科学发展观与加快法治政府建设理论研讨会论文集》,中国法制出版社2008年版。

仅客观上扩大了行政编制,也加大了行政成本,还造成了行政复议资源的浪费。

(2)选择管辖模式自身的缺陷

2023 年修订前的《行政复议法》规定的是行政复议申请人可以向被申请人的上一级主管部门申请行政复议。这种模式存在如下问题:①不便于当事人申请行政复议。下级行政部门倾向于仅仅向申请人告知条条管辖,即向上一级行政部门申请行政复议,从而使申请人往往去上级行政部门(在省会城市或市区)异地申请行政复议,这显然增加了申请人的成本,阻挠了行政复议。②条条管辖模式会影响行政复议决定的公正性。在行政实践中,上级与下级行政机关的交流十分密切,根据现行的领导体制,上级对下级机关有领导工作和监督等多项权力。故而在作出行政行为如关涉重大利益等,下级机关通常会请示上级机关,在得到上级机关的指示或批示后作出行政行为。这种情况下上级机关不用自己作出行政行为,但却会影响下级机关,而最终行政复议的裁决人又变成了上级机关,也即变相由自己做自己的裁决者,影响行政复议的公正性。

综上所述,"选择管辖"模式导致的弊端之一就是行政复议机关众多和行政复议力量分散,以及部门保护主义的痼疾。"权威、专业、公正、快捷、低廉是行政司法制度的生命。要实现上述目标,就需要努力解决行政司法力量过于分散的问题。"[1]从"精简、统一、效能"的原则出发,取消选择管辖的规定,由本级人民政府作为行政复议机关,不仅可以减少数量众多的行政复议机构与人员配备,而且还在一定程度上有利于消除部门保护主义的顽疾。同时,为了避免行政复议陷入地方保护主义和保证行政复议的公正性,仅靠变革行政复议管辖规则远远不够,还应对我国的行政复议机构进行改革。

目前,《行政复议法》仅存一条选择管辖条款。《行政复议法》第 28 条规定:"对履行行政复议机构职责的地方人民政府司法行政部门的行政行为不服的,可以向本级人民政府申请行政复议,也可以向上一级司法行政部门申请行政复议。"

(二)条条管辖

2023 年修订前的《行政复议法》规定了两种条条管辖的情形:一种是被申请人为垂直领导机关的条条管辖,另一种是被申请人为各级人民政府的条条管

---

〔1〕 李立:《行政复议法十年酝酿适时修改》,载《法制日报》2009 年 2 月 20 日,第 8 版。

辖。条条管辖的问题在于分散了行政复议资源,导致行政复议难以“发挥规模效应”[1],同时不方便民众维护自身权利。因此,行政复议机构改革的一大特点是试图突破“条条管辖体制”,以实现集中管辖行政复议案件,故而集中配置和行使行政复议权已成为趋势。以义乌市为例,行政复议受理实行一个窗口对外,集中行使行政复议职权。政府职能部门(除海关、金融、国税、外汇管理等实行垂直领导的行政机关和国家安全机关)的行政复议职能由行政复议局统一行使,对以义乌市政府各部门为被申请人的行政复议申请,原则上由行政复议局“集中受理、集中审查”,改“条块管辖体制”为“块块管辖体制”,合理整合行政复议资源,排除部门保护。[2]

从2023年修订后的《行政复议法》的规定看,“条条管辖”的范围已被较大限缩。根据《行政复议法》的规定,条条管辖只适用于实行垂直领导的行政机关作为行政复议被申请人的情形,而被申请人是各级人民政府的情形则属于“集中管辖”。根据《行政复议法》第27条的规定,如果被申请人是海关、金融、外汇管理等实行垂直领导的行政机关,以及税务和国家安全机关,申请人向上一级主管部门申请行政复议。前述规定形成了不同于“集中管辖”的另一种管辖方式,即“条条管辖”。“条条管辖”在一定程度上能够有效排除地方保护主义对行政复议案件审理的干扰,并保留行政复议技术性和专业性的特点——这主要是考虑到上述部门涉及的事务专业性较强,有的可能涉及国家安全、国家秘密等事项。

(三)自我管辖

1. 现行的自我管辖体制

自我管辖即由行政复议被申请人自我作为行政复议机关的情形。这种管辖方式可以理解为是相对集中关系的例外情形,即以县级以上政府集中管辖为原则;例外情形下,如果被申请人是省级人民政府或国务院部门,则采取自我管辖。《行政复议法》第24条第2款规定:“除前款规定外,省、自治区、直辖市人

---

〔1〕 马怀德:《论我国行政复议管辖体制的完善——〈行政复议法(征求意见稿)〉第30－34条评介》,载《法学》2021年第5期。

〔2〕 参见方宜圣、陈枭窈:《行政复议体制改革“义乌模式”思考》,载《行政法学研究》2016年第5期。

民政府同时管辖对本机关作出的行政行为不服的行政复议案件。”《行政复议法》第25条规定：“国务院部门管辖下列行政复议案件：(一)对本部门作出的行政行为不服的；(二)对本部门依法设立的派出机构依照法律、行政法规、部门规章规定，以派出机构的名义作出的行政行为不服的；(三)对本部门管理的法律、行政法规、部门规章授权的组织作出的行政行为不服的。”《行政复议法》第26条规定，对省、自治区、直辖市人民政府和国务院部门根据自我管辖原则作出的行政复议决定不服的，“可以向人民法院提起行政诉讼；也可以向国务院申请裁决，国务院依照本法的规定作出最终裁决”。这构成了我国行政复议的“自我管辖”规定。与“集中管辖”“条条管辖”中行政复议机关均是行政复议被申请人的“上一级机关”不同，在“自我管辖”情形中，行政复议机关与行政复议被申请人是同一行政机关。

从《行政复议法》的相关立法背景资料看，“自我管辖”制度的确立基于以下两个理由：一是考虑到国务院是最高国家行政机关，它主要是制定方针政策，从全局上处理行政事务，一般不宜也难以处理大量的具体行政事务。如果规定国务院也要受理复议申请、作出复议决定，可能不胜其烦，影响国务院的正常工作。[1] 二是“省、部一级行政机关的层次较高，工作人员素质也较高，应当相信这一级行政机关能够依法作出行政复议决定。如果对其行政复议决定不服，还可以向人民法院起诉”[2]。

2. “自我管辖”体制的问题及其革新

本书认为，行政复议自我管辖体制有以下问题：

(1)自我管辖体制违背了程序正义原则。程序法治在现代社会被赋予了重要价值。近现代程序正义观念产生和完善于英国法中的“自然正义”，并为美国法所继承为“正当程序”思想而形成和展开。[3] 自然正义原则是英国普通法中的核心概念，它包括两项规则：不能做自己案件的法官；必须公正听取人们的抗辩。程序正义原则的基本要求之一就是中立性，即要求决定法律结果的法律主

---

〔1〕 参见原国务院法制办公室主任杨景宇在1998年10月27日第九届全国人民代表大会常务委员会第五次会议上所作的《关于〈中华人民共和国行政复议法(草案)〉的说明》。

〔2〕 1998年12月23日全国人大法律委员会《关于〈中华人民共和国行政复议法(草案)〉修改情况的汇报》。

〔3〕 参见周佑勇：《行政法基本原则研究》(第2版)，法律出版社2019年版，第242页。

体处于“中立”地位。“自我管辖”的制度设计违反了程序正义原则。“自我管辖”情形中，国务院部门和省级人民政府既是行政争议的当事人，又是解决行政争议的“法官”。因此，自我管辖体制层级监督无异于自己做自己案件的法官，进而会影响案件的公正处理。这种行政复议程序构造下产生的行政复议结果，无论其实质上正当与否，都很难获得行政复议申请人的认可。在我国当前政府诚信危机日趋严重的背景下，由行政复议被申请人“自我管辖”行政复议案件，除非行政复议决定全面支持申请人的行政复议请求，否则该行政复议结论几乎不可能让行政复议申请人信服。

(2)自我管辖的设置既不符合基于领导权而产生的行政复议管辖权，也不符合基于监督权而产生的行政复议管辖权，是对行政复议公正性的高度忽视。[1] 我国行政复议实行的是一级复议制，要充分、有效地发挥行政复议的功能，就必须保证行政复议结果能切实公正地保护当事人的合法权益。“自我管辖”规则下的被申请人是省级人民政府或者国务院部门，而作为行政复议对象的行政行为往往都对当事人的利益有重大影响。

因此，无论是从隶属关系的角度，还是从公正解决行政争议的角度，行政复议制度在未来革新时，应当废除自我管辖的不合理规定，在国务院各部门以及省、自治区、直辖市人民政府作为行政复议被申请人的情况下，由国务院作为行政复议机关。

(四)其他特殊情形的管辖

除上述的管辖情形外，还存在其他特殊情形的行政复议管辖：

(1)对共同行政行为的行政复议管辖。对两个或者两个以上行政机关以共同的名义作出的行政行为不服的，共同作出行政行为的行政机关是被申请人，申请人应向其共同的上一级行政机关申请行政复议。对此，应当在确定被申请人后根据管辖规则确定相应的管辖机关。在两个以上的国务院部门作为共同的行政复议被申请人的情况下，根据《行政复议法实施条例》第 23 条的规定，行政复议申请人可以向其中任何一个国务院部门提出行政复议申请，由作出行政

---

[1] 参见刘恒、陆艳：《我国行政复议管辖制度缺陷分析》，载周汉华主编：《行政复议司法化：理论、实践与改革》，北京大学出版社 2005 年版。

行为的国务院部门共同作出行政复议决定。

(2)对被撤销的行政机关在撤销前作出的行政行为不服情况下的行政复议管辖。行政机关被撤销的,其权利义务应由继续行使其职权的行政机关承担。因此,对被撤销的行政机关在撤销前作出的行政行为不服的,应由继续行使其职权的行政机关作为行政复议被申请人,再根据行政复议管辖规则确定相应的行政复议机关。

(3)对经批准行为不服情况下的行政复议管辖。根据《行政复议法实施条例》第 13 条的规定,下级行政机关依照法律、法规、规章规定,经上级行政机关批准作出行政行为的,批准机关为被申请人。本书在前文已经论述过这一规则,并表示认同。我国行政复议管辖的一般原则为由上一级机关作为行政复议机关,因此,应由批准机关的上一级机关作为行政复议机关。

二、抽象行政行为复议的管辖体制

抽象行政行为的行政复议只能够被"附带提起",因此,抽象行政行为的行政复议受理机关是明确的,即受理针对具体行政行为的行政复议机关在受理申请的同时,一并受理针对抽象行政行为的行政复议申请。对于抽象行政行为的管辖仍然遵循行政隶属关系,由相应有管辖权的机关进行审查和处理。根据行政组织关系,行政复议机关有权对规范性文件的合法性作出判断,但是对于不属于自己管辖的规范性文件需移交有权机关。因为根据《地方各级人民代表大会和地方各级人民政府组织法》第 73 条第 3 项的规定,只有县级以上的地方人民政府才能改变或者撤销所属各工作部门的不适当的命令、指示和下级人民政府的不适当的决定、命令。因此,规范性文件审查管辖体制其实是一种由"有权机关"和"行政复议机关"组成的双重处理体制。若行政复议机关有权处理该规范性文件的审查,则由自己审查,并在行政复议决定中一并告知处理结论;如果行政复议机关无权处理该规范性文件,则转交有权处理的机关,由其审查该规范性文件是否合法。但是在行政复议决定中,行政复议机关依然有权根据其对于规范性文件的判断作出行政复议决定,并应当在行政复议决定书中一并告知有权机关对于规范性文件的处理结论。

抽象行政行为的行政复议申请,存在重复受理与重复作出行政复议决定的问题,这些问题亟待完善。抽象行政行为涉及的行政相对人是不确定的,而按照《行政复议法》的规定,只要对依据特定的抽象行政行为作出的行政行为不服,行政相对人就可以在针对具体行政行为申请行政复议的同时就抽象行政行为“附带”申请行政复议。在此情况下,就可能存在多个行政相对人对抽象行政行为均有权申请行政复议的问题,而不论“有权处理”的机关是否已经对抽象行政行为进行过审查。

第三节　行政复议机关与行政复议机构

一、区分行政复议机关与行政复议机构

我国《行政复议法》区分行政复议机关与行政复议机构。依法履行行政复议职责的行政机关是行政复议机关,行政复议机关是行政复议法律关系中受理、审查行政复议申请并作出行政复议决定的法定主体。在外延上,行政复议机关主要为各级人民政府。行政复议机关依法享有行政复议权,履行行政复议职责,其对行政复议受理、调查、审查、决定等负有法定职责。行政复议机构是行政复议机关中负责法制工作的机构,具体负责办理行政复议事项,履行下列职责:(1)受理行政复议申请;(2)向有关组织和人员调查取证,查阅文件和资料;(3)审查申请行政复议的行政行为是否合法与适当,拟订行政复议决定;(4)处理或者转送行政复议申请;(5)对行政机关违反《行政复议法》规定的行为依照规定的权限和程序提出处理建议;(6)办理因不服行政复议决定提起行政诉讼的应诉事项;(7)法律、法规规定的其他职责。

除上述职责外,《行政复议法实施条例》第3条为行政复议机构增加了下列职责:“(一)依照行政复议法第十八条的规定转送有关行政复议申请;(二)办理行政复议法第二十九条规定的行政赔偿等事项;(三)按照职责权限,督促行政复议申请的受理和行政复议决定的履行;(四)办理行政复议、行政应诉案件统计和重大行政复议决定备案事项;(五)办理或者组织办理未经行政复议直接提起行政诉讼的行政应诉事项;(六)研究行政复议工作中发现的问题,及时向有关机关提出改进建议,重大问题及时向行政复议机关报告。”为保障行政复议

机构顺利开展行政复议工作,《行政复议法实施条例》强调要"依照有关规定配备、充实、调剂专职行政复议人员,保证行政复议机构的办案能力与工作任务相适应",并实行复议人员资格制度[1]。

二、行政复议机构的改革与行政复议委员会的定位

(一)行政复议机构的改革——行政复议委员会的出现

为了应对行政复议公信力的危机和强化行政复议解决行政争议的功能,2008 年 9 月,原国务院法制办公室印发通知,决定在北京、黑龙江、江苏等 8 个省、直辖市开展行政复议委员会试点工作。作为一种政策性实验的产物,以行政复议委员会为代表的行政复议组织改革,反映出"试验主义"特色。[2] 从各地试点的情况看,行政复议委员会的定位主要有两种:一是定位为单一的议事咨询机构,即行政复议委员会未集中行政复议权,只具有咨询机构或协调机构的性质,没有实行实质议决的功能。二是定位为行政复议案件的议决机构,即行政复议委员会的审议意见为最终审议结论,行政机关根据审议结论作出行政复议决定。下文对两类行政复议委员会的试点情形进行简要介绍。

1. 作为行政复议咨询委员会的北京行政复议委员会

(1)北京行政复议委员会的设置及定位

2007 年 11 月 13 日,北京市人民政府行政复议委员会正式成立。北京市人民政府行政复议委员会作为北京市人民政府负责审议行政复议案件、指导北京市行政复议制度建设的审议机构,其宗旨是通过行政复议案件的办理,实现化解行政争议、提高案件审理质量和维护当事人合法权益的目标。截至 2012 年,北京市 16 个区县均设置了行政复议委员会。

北京市两级行政复议委员会的性质为咨询型行政复议委员会,其主要职责

---

[1] 《行政复议法实施条例》第 4 条规定:"专职行政复议人员应当具备与履行行政复议职责相适应的品行、专业知识和业务能力,并取得相应资格。具体办法由国务院法制机构会同国务院有关部门规定。"

[2] 参见卢超:《行政复议改革的"政策试验"机制及其反思》,载《中国政法大学学报》2021 年第 6 期。

是“审议重大疑难行政复议案件、研究行政复议工作中的重大问题”[1]。行政复议委员会的工作机制为召开行政复议委员会全体会议和行政复议案件审理会议。其中,行政复议委员会全体会议负责研究本市行政复议工作中的重大问题,行政复议案件审理会议负责审议重大疑难的行政复议案件。根据《北京市人民政府行政复议委员会行政复议案件审理会议议事规则》第3条的规定,七类案件由行政复议委员会行政复议案件审理会议进行处理:①事实、证据认定存在较大争议;②专业性较强、难度较大;③涉及公共利益;④社会影响较大;⑤法律关系复杂、法律适用存在重大分歧;⑥1/3以上委员提出的由复议委员会案审会审议的某一类型的行政复议案件;⑦行政复议委员会主任委员、常务副主任委员或者副主任委员认为需要由复议委员会案审会审议的案件。这类委员会的性质更类似于我国法院内部设置的专家委员会,其主要功能是起咨询作用而非办理行政复议案件。当行政复议委员会与行政复议机关出现意见分歧时,听取谁的意见是较为棘手的问题,因此限制了行政复议委员会功能的发挥。

(2)北京行政复议委员会的人员组成

与传统的行政复议机构不同,北京行政复议委员会积极吸收外部成员成为行政复议委员会的委员。传统的行政复议机构为行政机关的法制部门,人员均为行政机关的内部人员,这也是公众质疑其公正性的根本原因。北京市的行政复议委员会充分吸收了社会力量:北京市第一届行政复议委员会共由28名委员组成,其中除了由市政府主管法制工作的领导担任常务副主任等职务外,还首次遴选任命了北京部分高校、研究机构和国家部委的18名知名专家学者为非常任委员。北京市第二届行政复议委员会在原有规模基础上进行了大幅扩充,共由43名委员组成,其中30名非常任委员由来自国家部委和北京部分高校、科研机构的知名专家学者担任,研究领域涉及政府法治、公共管理、城市建设、土地管理和公益维权等方面。北京市第三届行政复议委员会专家委员共30人,其中留任委员17人,新任委员13人。北京行政复议委员会在人员组成方面一方面强调全体委员应具备法制专长,凸显委员会的专业性;另一方面引入

---

[1] 北京市人民政府行政复议委员会第一次全体会议于2007年11月14日审议通过的《北京市人民政府行政复议委员会工作规则》第2条。

的外部专业人士的比例远超总体人员数量的二分之一,较好地保证了行政复议委员会构成上的独立性。

北京行政复议委员会积极推行非常任委员直接参与案件办理机制,引导非常任委员主持案件听证和进行实地调查取证等工作,以弥补案件承办人员不足及法律理论知识薄弱等缺陷。充分调动和利用北京市强大的社会智力资源,吸收资深专业人士参与案件审理工作,一方面可以集思广益,有利于推动法律实施,维护社会公平正义;另一方面,实行专家审议、科学断案,有利于增进申请人对案件裁决结果的认同,增强北京市人民政府行政复议的公信力。同时,通过这种组织方式,还可以及时发现并纠正行政管理工作中不合法、不适当的做法,促进行政机关全面、准确地执行法律,促进行政机关及其工作人员提高依法行政的能力和水平,更好地维护人民群众的合法权益。[1]

(3)北京行政复议委员会的运行情况

一是制度建立情况。目前,北京市规范行政复议委员会工作的相关制度已基本建立。北京行政复议委员会在成立之初,就建立了行政复议委员会工作规则、全体会议议事规则、行政复议案件审理议事规则、委员守则、委员声明书、委员回避申请等六项制度。2009 年,北京行政复议委员会又根据行政复议案件审理的需要,将行政复议案件审理会议确定为月例会制度,也制定了非常任委员工作报酬支付制度。同时,为规范北京市人民政府行政复议委员会非常任委员的遴选任命工作,保证行政复议委员会工作公正、高效、高质量进行,2007 年 11 月 6 日,北京市人民政府发布了《北京市人民政府行政复议委员会非常任委员遴选办法》,对非常任委员的条件、遴选程序、任期等作出了详细的规定。北京市现已聘请 30 位专家学者担任非常任委员,直接主持案件听证,并进行实地调查取证等工作。同时还建立了非常任委员工作考核评价机制,保证行政复议的专业性。

二是实践运行情况。2007 年,北京市人民政府在全国成立了行政复议委员会。北京市第一届行政复议委员会共召开了 15 次行政复议案件审理会议,审理了 25 宗、37 件行政复议案件,2010 ~ 2012 年也审理了 34 件重大、复杂、疑难

〔1〕 参见唐召明:《北京行政复议委员会成立 对重大疑难案件进行会审》,载中国法院网 2007 年 11 月 15 日,https://www.chinacourt.org/article/detail/2007/11/id/275645.shtml。

行政复议案件。委员们所提出的审议意见,均被北京市人民政府的行政复议决定采纳。[1] 2008 年,北京行政复议委员会审理的案件占同期北京市人民政府审结的行政复议案件总数的 5%,2009 年占 6.1%,比例在逐步提高。

北京市成立行政复议委员会后,行政复议案件的受理量和纠错率均有明显上升。2007 年北京共收到行政复议申请 2411 件,后逐年上升,2014 年高达 8097 件。2007 年北京市人民政府共收到行政复议申请 456 件,比 2006 年增加 100 件,增长 28.1%。2007 年审结的 269 件行政复议案件中,以行政复议决定方式纠错和被申请人自我纠错的案件 21 件,占 7.8%;2008 年审结的 303 件行政复议案件中,以行政复议决定方式纠错和被申请人自我纠错的案件 42 件,占 13.9%。"北京模式"得到了原国务院法制办公室的肯定。

(4)北京行政复议委员会的审议程序

在审议程序上,北京行政复议委员会遵循以下程序:案件承办人汇报案情;参会委员发表意见;主持人提出待审议事项;参会委员对审议事项进行表决;参会委员在审议笔录上签名。三分之二赞成的表决结果即可通过。最后,北京市人民政府只对外公布相关处理结果;但是,行政复议委员会的决定并不能代表北京市人民政府的决定,仅能作为参考意见。

2011 年,北京市石景山区首次尝试了公开审理案件模式,即由申请人自由选择一名非常任委员,同区政府行政复议委员会指定的一名非常任委员以及两名案件承办人一起组成案件审理小组,共同开庭审理案件。审理程序中不仅设置了当事人陈述、举证质证、辩论等环节,而且还引入了调解机制,促使双方当事人和解。参加案件审理的专家委员还对案件进行现场点评,以案说法,起到了宣传教育的作用。

(5)北京行政复议委员会的特色

北京市的行政复议委员会具有以下四个方面的特点:

一是集中处理案件,提高办案效率。就北京情况来看,单次会议不限议一事,可以"多事一议",往往在一次会议上审议一段时间内受理的数件案件,有利于提高行政复议的效率。北京市人民政府行政复议委员会从成立到 2009 年的

---

[1] 参见秦佩华等:《北京市行政复议委员会让"官官相护"没有市场》,载《人民日报》2010 年 3 月 3 日,第 17 版。

两年内,通过15次审理会,共审理案件37起。一些行政复议委员会试点地方在行政复议环节上进行“集中式”改造。例如,哈尔滨市行政复议委员会办公室采取“集中收案”的模式,对行政复议申请实行集中接收转送,申请人在自家附近的接收窗口就能递交申请书。在此基础上,该市还进一步探索集中办理方式,将原来由市政府和市政府各部门分散办理行政复议案件的模式改为由市政府“集中受理、集中调查、集中议决,以各法定行政复议机关的名义分别作出行政复议决定”的模式。

二是分解、配置行政复议权,实现案件的调查权与决议权相分离。在以往的行政复议工作中,囿于行政复议人员的缺乏,案件的调查人员与审议人员往往同一。行政复议人员往往既要进行调查又要进行审议,先入为主的情况难以避免;也有的行政复议人员较为重视调查了解案情,但有关工作往往占据了其大量精力,从而弱化了审议环节。北京的行政复议委员会模式对案件的调查取证和审理议决环节均予以足够重视。考虑到调查人员应与审议人员适当加以区别,实行调查权与议决权相分离,将调查权配置给市政府法制办公室,由行政复议办公室具体调查行政复议事项,而议决权由行政复议委员会行使。在具体工作中,行政复议办公室所属的行政复议案件调查处设立由3人组成的案件调查组,负责查证相关证据,调查案件事实,审查法律依据。必要时,主持召开行政复议听证会进行证据质证和事实调查。在查清事实的基础上,对需要由市政府作出行政复议决定的案件,案件调查组提出初步处理意见,报处务会议进行复核后形成行政复议案件调查报告,然后再提报行政复议委员会议决。

三是强化调查环节,加大听证力度。北京的行政复议委员会注意到查明案件事实的重要基础性作用,非常注重调查取证,不断加强实地调查、公开听证等方式的运用,增强决议基础的客观性,提高案件审理的“透明度”。2010年,北京市人民政府行政复议委员会积极推行非常任委员直接参与案件办理,并首次尝试了非常任委员参加行政复议听证会,对案件进行公开审理及当场评议。这种做法改善了行政复议证据的认定质量,极大地增强了行政复议程序的公正性。

四是采取委员会集体民主决策模式。北京的行政复议委员会吸纳大量的民间专家委员,议决会议一般要求“民间委员”的人数占较高比例,并按“一人一票”，采用少数服从多数的表决方式形成行政复议决定意见，这是对以往领导个人或机关内部小范围人员审批模式的重大改变。例如，北京市第一届行政复议委员会由 28 名委员组成，副市长任主任委员，市法制办公室主任任常务副主任委员，常任委员由市政府行政复议机构有关人员担任，来自北京市部分高校、研究机构和国家部委的 18 位知名专家学者受聘成为非常任委员；行政复议案件审理会议由 9 名委员组成，其中非常任委员不少于 4 人。总体来看，北京市行政复议委员会的委员中，政府以外的委员所占比例较高，来源颇为广泛，法律背景突出，具有较高的专业性、代表性和独立性，有利于民主、科学和依法决策，以及消除行政相对人的疑虑，能够增进其对案件审理结果的认同。2009 年 2 月 19 日召开的全国行政复议工作经验交流暨“双先”“双优”表彰大会上，原国务院法制办公室主任曹康泰明确表示，要适时修改《行政复议法》，今后将通过设立行政复议委员会等方式，吸收专家学者等专业人士和外部力量参与审理案件，提高社会公信力。

从试点实践效果看，行政复议委员会增强了行政复议的专业性和中立性，对有效解决行政争议发挥了积极作用，使得行政复议的社会认知度和认可度都有明显提升。[1] 行政复议委员会的试点和运作，是对现行行政复议制度全方位的创新，涵盖受理、审理、结案等行政复议全过程。东亚国家和地区不约而同地选择行政复议委员会制度的实践，也表明行政复议委员会可以增强政府主导下的行政复议的权威性，提升行政复议审理组织的社会公信力。

2. 作为行政复议议决委员会的哈尔滨行政复议委员会

针对原有行政复议机制存在的问题，哈尔滨市人民政府于 2007 年 7 月成立了市政府行政复议委员会，建立了政府主导、社会参与、专业保障、民主决策的行政复议新机制。哈尔滨的行政复议委员会模式属于全部集中模式，原由市政府和市政府工作部门受理的行政复议案件统一由市政府集中受理，即将原来分散于政府各部门的行政复议权，全部集中到政府设立的行政复议委员会由其统一行使。在组织机构方面，作为市政府的一个专门机构，哈尔滨市行政复议委员会的委员实行聘任制，其中八成以上是由政府之外的人员担任。在运行程序方面，哈尔滨市按照权力分离和民主决策的理念实现了立案、调查和议决三

---

〔1〕 参见湛中乐：《论我国〈行政复议法〉修改的若干问题》，载《行政法学研究》2013 年第 1 期。

权分离:行政复议立案应诉与指导处只考虑行政复议案件是否符合受理条件;行政复议的调查处专门负责行政复议案件的调查;调查完毕后,提交行政复议委员会按照少数服从多数的原则以书面表决方式作出行政复议决定。在工作模式方面,哈尔滨市采取了"三集中一分散"方式,即集中受理、集中调查、集中议决、分散决定,所有的行政复议案件都由政府法制办公室统一组织案件听证,统一提交行政复议委员会议决后作出决定。此外,哈尔滨市行政复议委员会办公室采取了"集中收案"的模式,对行政复议申请实行集中接收转送,申请人在自家附近的接收窗口就能递交申请书,极大提高了办案效率。

与北京市咨询型的行政复议委员会性质不同,哈尔滨市为案件议决型的行政复议委员会,其作为行政复议的核心机构存在。哈尔滨市行政复议委员会及其办公室统一集中调查和集中议决行政复议案件,对于适用简易程序办理的行政复议案件,案件调查组形成调查报告后报市政府行政复议委员会办公室审核,由委员会副主任(市政府法制办公室主任或主管主任)签署决定意见。适用普通程序的行政复议案件,案件调查组形成调查报告报市政府行政复议委员会办公室审核后,由市政府行政复议委员会办公室统一安排委员会议决会议对案件进行集中议决,委员会议决后将案件议决意见报委员会主任审签。与咨询型行政复议委员会相比,案件议决型行政复议委员会的最大特点即在于取代了原有法制部门的案件审议功能,由行政复议委员会行使案件审议功能。

哈尔滨市的行政复议委员会试点工作取得了良好的运行效果。截至2010年年底,哈尔滨市人民政府受理的案件中,除调解结案和适用简易程序审理的案件外,需要作出决定的282件案件,经过55次委员会议决全部结案,做到了"定分止争、案结事了"。哈尔滨市各级人民法院一审行政诉讼案件从2007年的771件下降至2008年的607件,全市行政复议案件数量已经极大超过全市行政诉讼案件数量,而且2007年7月至2010年8月经过行政复议委员会程序的案件都没有被上访或诉讼。[1] 行政复议更加取信于民,群众更希望通过行政复议法律途径解决问题,政府的公信力显著提高,并起到了很好的示范推广效应。2010年1月,哈尔滨市人民政府法制办公室"行政复议机制改革"项目获

〔1〕 参见李立:《行政复议改革推"哈尔滨经验"》,载《法制日报》2010年8月9日,第6版。

得了第五届“中国地方政府创新奖”提名奖。

（二）《行政复议法》对行政复议委员会的咨询型定位

行政复议制度改革试点地区一般都设置了统一办理行政复议案件的行政复议机构，通常设置在一级政府之下，不再由各个职能部门分别设置，包括“行政复议委员会”[1]和“行政复议局”[2]两种试点模式。根据前述对于行政复议委员会或者行政复议局在实践中的地位、功能和作用的介绍，行政复议委员会（行政复议局）大体上可分为咨询型和议决型两种。一是案件咨询型。该类型的行政复议委员会（行政复议局）的主要职责大多是“审议重大疑难行政复议案件、研究行政复议工作中的重大问题”。[3] 该模式的特点正如有研究者所指出的，其“在性质上更接近于一种咨询机构，主要负责研究行政复议中的重大疑难问题，为复议工作提供专业知识上的协助”[4]。二是案件议决型。案件议决型行政复议委员会（行政复议局）是作为行政复议的核心机构而存在的。与咨询型行政复议委员会（行政复议局）相比，案件议决型行政复议委员会（行政复议局）的最大特点在于取代了原有的法制部门的案件审议功能，而由行政复议委员会（行政复议局）行使案件审议功能。

行政复议委员会的设置是行政复议制度改革中的核心内容，对此，2023 年

---

〔1〕 各地行政复议委员会改革试点主要有以下特点：第一，除垂直领导关系的行政机关维持格局不变外，将上一级主管部门的行政复议权集中到本级人民政府；第二，在人民政府法制部门内建立行政复议委员会，通过“掺沙子”，改变人员成分，采取票决制，提升中立性；第三，从实践看，行政复议委员会的议决意见对行政首长没有拘束力。我国当前实行的行政复议委员会虽然离“独立的行政复议机构”尚有不小的距离，但对于赢得行政相对人的信任、增强行政复议制度的公信力已经发挥了较好的作用。具体请参见余凌云：《论行政复议法的修改》，载《清华法学》2013 年第 4 期；王青斌：《行政复议制度的变革与重构——兼论〈行政复议法〉的修改》，中国政法大学出版社 2013 年版，第 59 页。

〔2〕 行政复议局改革试点以浙江省为代表。2015 年 9 月，义乌市行政复议局成立，是全国首个专门设立的行政复议局。2017 年 12 月，经浙江省人民政府批准，杭州市正式挂牌成立市政府行政复议局，集中履行行政复议职权。行政复议局的试点主要集中在行政复议权集中行使、行政复议职权集中、行政复议程序改良、试点保障机制等方面。参见方宜圣、陈枭窈：《行政复议体制改革“义乌模式”思考》，载《行政法学研究》2016 年第 5 期。

〔3〕 该模式以北京市为代表。北京行政复议委员会的工作机制为召开行政复议委员会全体会议和行政复议案件审理会议。其中，行政复议委员会全体会议负责研究本市行政复议工作中的重大问题；行政复议案件审理会议负责审议重大疑难行政复议案件。

〔4〕 刘莘、陈悦：《行政复议制度改革成效与进路分析——行政复议制度调研报告》，载《行政法学研究》2016 年第 5 期。

修订后的《行政复议法》选择了咨询型委员会的模式。《行政复议法》第 52 条规定："县级以上各级人民政府应当建立相关政府部门、专家、学者等参与的行政复议委员会，为办理行政复议案件提供咨询意见，并就行政复议工作中的重大事项和共性问题研究提出意见。行政复议委员会的组成和开展工作的具体办法，由国务院行政复议机构制定。审理行政复议案件涉及下列情形之一的，行政复议机构应当提请行政复议委员会提出咨询意见……行政复议机构应当记录行政复议委员会的咨询意见。"《行政复议法》第 52 条的规定标志着行政复议委员会的制度化。因此，厘清行政复议委员会在行政复议制度中的定位以及与行政复议机关的关系问题尤为重要。

行政复议科学合理的定位是行政复议委员会设置的前提。从《行政复议法》的规定看，行政复议委员会具有以下特性：

在定位上，行政复议委员会属于咨询型委员会，而咨询型委员会具有两个功能。第一，"为办理行政复议案件提供咨询意见"，同时"行政复议机构应当记录行政复议委员会的咨询意见"，这表明咨询意见对于行政复议审理具有重要的参考作用。第二，行政复议委员会"为办理行政复议案件提供咨询意见，并就行政复议工作中的重大事项和共性问题研究提出意见"，也即对行政复议的日常工作有批评建议权。

在机构隶属方式上，行政复议委员会隶属于县级以上人民政府，有机会参与绝大部分案件的审理过程。《行政复议法》规定行政复议以集中管辖为原则，原则上由县级以上人民政府受理行政复议案件，这保障了行政复议委员会对行政复议审理权的行使，提高了行政复议委员会咨询意见的可得性（accessibility）。

在人员构成上，"相关政府部门、专家、学者等参与"保障了行政复议委员的专业性和中立性。行政复议委员会成员除负责法制工作的专职政府人员外，还包括相关行政领域的专家、法律专家、社会公正人士。这使得行政复议委员会既独立于行政机关，又具备对相关领域的行政纠纷进行专业判断的基本能力。

在案件审理范围上，行政复议委员会有权参与重要行政复议案件的审理。在以下情形下，行政复议委员会应当提供咨询意见：(1)案情重大、疑难、复杂；(2)专业性、技术性较强；(3)申请人对省、自治区、直辖市人民政府作出的行政行为不服；(4)行政复议机构认为有必要。行政复议委员会基于该规定从而真正有效参与重要行政复议案件的审理过程,而不只是作为一个装饰性的“花瓶”。

在案件审理方式上,从《行政复议法》的规定看,行政复议委员会审理时可以采取言辞辩论的审理方式,以听证程序进行审理。这也是“自然公正”原则的体现。

在行政复议决定的作出方式上,行政复议委员会的咨询意见应当作为作出行政复议决定的重要参考依据。行政复议委员会对行政行为审查提供咨询意见,再由行政复议机构提出审查意见,经行政复议机关的负责人同意或者集体讨论通过后,最终以行政复议机关的名义作出行政复议决定。

不论是咨询制还是议决制,行政复议委员会通过吸纳大量的专家学者和各界人士,在审理案件时,采用少数服从多数等表决方式形成行政复议意见,有效改变了以往领导个人或行政机关内部小范围人员审理的模式,具有较高的专业性、代表性和独立性,对提高行政复议的权威性和公信力具有重要作用。

三、域外的行政复议制度介绍

行政复议尽管在当今各国的名称不尽一致,但却普遍存在于世界各国的行政法律体系之中并发挥着重要作用,如英国的行政裁判所制度、美国的行政法官制度等,在各自国家的行政救济体系中均占据十分重要的地位。

(一)英美法系国家的行政复议组织

英美国家的行政复议组织具有以下两个方面的特点:一是行政复议机构具有较强的独立性。与行政复议的“司法性”相对应,无论是英国的行政裁判所还是美国的行政法官,在机构设置或人员管理上都高度类似司法机关,具有较强的独立性。英国的行政裁判所是经议会立法而设立,而不是作为行政机关的附属机构设立。在2007年后,其行政裁判所彻底司法化,组成人员均由司法任命委员会推荐。上级裁判所还可以部分行使司法审查权,因此,有学者认为英国行政裁判所制度不能对标我国的行政复议制度。[1] 同时,行政裁判所的主席

[1] 参见彭錞:《再论英国行政复议制度》,载《中国政法大学学报》2021年第6期。

和成员通常是由枢密院或有权大臣任命,须是政府部门之外的人员。大臣任命裁判所主席必须从大法官同意的事先预定的名单中挑选,任命裁判所其他人员也必须从事先预定的名单中挑选。[1] 二是行政复议机构的程序规则司法化明显。相对于司法救济而言,英美国家的行政复议可以被看作简化的司法程序,它在追求公正的同时把更多的精力放在提高为公众服务的便利性和效率方面,因此,行政复议的程序设计比较简便,当事人可以很方便地利用行政复议为自己的利益服务。美国行政法官在审查案件时,非常注意从方便双方当事人特别是公民一方的角度选择听证场所,努力减少当事人的负担。这些都保障了其行政复议程序的"舒适"性。

(二)大陆法系国家的行政复议组织

欧洲大陆法系国家的行政复议组织具有以下特点:一是行政复议机构一般不具有独立性。其对行政复议机构的专门化和人员的专业性一般不作要求,行政复议职责由行政机关的内设机构及普通公务员充任,履行行政复议职责时也缺乏必要的职务保障。除了少数实行法律委员会体制的行政复议机构外,行政复议机构和人员没有任何独立性可言。二是行政复议机构不具有实质裁决权。在欧洲大陆法系国家,行政复议机构面临的状况和我国行政复议机构面临的状况具有较大的相似性,行政复议机构基本上完全依附于行政复议机关,行政复议决定完全取决于行政首长的决断,行政复议机构基本没有独立的裁决权。实际承办案件的人员没有裁决权,而不参与案件审理的人却拥有实质的裁决权。德国的行政复议机构中,最有特色且最有争议的是起源于普鲁士市县委员会的莱法州市县法律委员会。委员由市县议会选出,主任由市长或县长担任,通常市县长将此职务委托给具有法官任职资格的公务员或高级行政公务员。[2] 三是行政复议机构缺乏专门的复议程序。在欧洲大陆法系国家的行政救济体系中,行政诉讼制度占据了绝对的主导地位,因此,缺乏统一、规范的行政复议程序几乎成为欧洲大陆法系国家的共同特点。如《联邦德国行政法院法》虽然用专章的形式对行政复议进行了规定,但是主要的着眼点在于规范行政复议与行

---

〔1〕 参见李洪雷:《英国行政复议制度初论》,载《环球法律评论》2004 年第 1 期。
〔2〕 参见梁志建:《德国行政复议制度探析》,载《河海大学学报(哲学社会科学版)》2002 年第 1 期。

政诉讼的关系,其中有关行政复议程序方面的内容少之又少。由于法国的善意救济和层级救济制度的主要功能定位为行政机关的内部监督,亦缺乏严格的程序约束,故其行政复议受理和审查的随意性很大。

德国的行政复议机关为上级行政机关或本机关或自治机关,这与我国的规定有相似之处。《联邦德国行政法院法》第 73 条第 1 款规定:“如果行政机关不支持复议申请,则应作出复议决定。复议决定由下列机关作出:(1)法律没有规定由其他上级行政机关作出决定的,由直接上级行政机关作出;(2)如直接上级机关为最高联邦行政机关或最高州行政机关,则由作出原具体行政行为的行政机关决定;(3)在自治行政事务中由自治行政机关作出决定,只要法律没有作出其他规定;法律可以作出与第 2 句第 1 项不同的规定,确定由作出原具体行政行为的行政机关对复议作出决定。”第 73 条第 2 款规定:“规定在第 1 款中所称的前置程序中由委员会或咨询委员会取代行政机关的条款不受影响。与第 1 款第 1 项的规定不同,委员会或咨询委员会也可以由作出原具体行政行为的行政机关设立。”由此可知,德国的复议管辖模式分为三种。

(1)直接上级机关管辖。原则上,直接上级机关为复议机关。这主要是行政组织法的管辖属性决定的。“但在特殊情况下,如果德国联邦州的中级地方政府作出的决定,因为没有一个州政府作为行政复议机关,则由这个州的部作为复议机关。”〔1〕

(2)原机关管辖。例外情况下,由原机关作出复议决定。一类是直接上级机关已经是联邦或州的最高机关了,此时由作出原具体行政行为的机关进行受理。这一规定与我国的国务院或者省级人民政府的自我管辖规则相似。另一类是自治机关办理自治事务,只要法律没有另外规定,则由自治机关受理行政复议,“因为自治行政事务方面通常没有上一级行政机关”〔2〕。德国存在地方自治组织和公务自治组织,德国基本法保障其自治权。地方组织是指乡镇和乡镇联合体的政府组织。公务自治组织被赋予较大权力,包括自负其责地执行内外部的自属事务,享有很大的自治空间。公务自治一般是以特定的专业职业为

〔1〕 曹鎏:《五国行政复议制度的启示与借鉴》,载《行政法学研究》2017 年第 5 期。

〔2〕 [德]汉斯·J. 沃尔夫、奥托·巴霍夫、罗尔夫·施托贝尔:《行政法》(第 2 卷),高家伟译,商务印书馆 2003 年版,第 286 页。

纽带建立起来的，主要分为经济和职业协会、不动产团体、社会自治和高校自治。[1] 因此属于自治机关自己管辖的事务，根据自治和自主的原则，自治机关自然也就是行政复议机关。虽然法律可以另外规定将自治机关转移到其他的机关，但是很少这么规定，因为：一方面自治机关已经是最高机关，在行政组织法上并没有比其更高的机关；另一方面，国家的监督机关对于自治事务的监督原则上仅涉及合法性而不涉及目的性，合目的性由自治机关自行审查。一些领域的州法规定，先由自治机关进行合法性与合目的性审查，再由国家监督机关进行合法性审查；也有的州法规定将复议权移交给自治组织内部的特别委员会承担。[2]

(3)复议委员会或咨询委员会管辖。根据《联邦德国行政法院法》第73条的规定，在例外情形下，如果法律规定由专门委员会或咨询委员会负责行政复议，那么其可以取代行政机关负责行政复议。委员会与咨询会的区别在于，咨询会的决定只具有建议性质，而委员会则是指作出复议决定的委员会，其获得了完全的复议管理权限，其作出决定不受自治机关或上级机关指示的拘束，监督机关对其决定不服，也只能向行政法院起诉加以纠正。[3] 从咨询委员会的定位来看，其定位和功能与我国《行政复议法》确定的"行政复议委员会"功能相似，即"研究行政复议重大事项，为办理行政复议案件提供咨询意见"。以德国的莱法州为例，其州县法律委员会有权裁决由市县政府、市县政府工作部门、联合乡政府、乡政府及受市县政府监督的组织、机构和基金会作出的行政行为所引起的行政复议案件。[4]

四、行政复议委员会未来的变革方向

行政复议委员会制度顺利实行的前提是厘清行政复议委员会与行政复议

---

〔1〕 参见[德]汉斯·J.沃尔夫、奥托·巴霍夫、罗尔夫·施托贝尔：《行政法》(第3卷)，高家伟译，商务印书馆2007年版，第597、604～605页。

〔2〕 参见李洪雷：《德国的行政复议制度》，载周汉华主编：《行政复议司法化：理论、实践与改革》，北京大学出版社2005年版。

〔3〕 参见李洪雷：《德国的行政复议制度》，载周汉华主编：《行政复议司法化：理论、实践与改革》，北京大学出版社2005年版。

〔4〕 参见梁志建：《德国行政复议制度探析》，载《河海大学学报(哲学社会科学版)》2002年第1期。

机关的关系。虽然《行政复议法》对行政复议机构体制进行了重大改革，建立了行政复议委员会制度，但是现行的行政复议委员会制度仍然存在不够独立、对于行政复议决定影响不够大、外部性欠缺等问题。本书认为，行政复议委员会未来能够继续从《行政复议法》规定的咨询委员会模式向议决型委员会模式转型，实现从"不独立"到"独立"的转变，这将更大程度地提高行政复议决定的公正性、专业性，助力提高行政复议的公信力。

(一)重构行政复议机关与行政复议委员会的关系

1. 行政复议委员会应当成为实质性的复议机构

行政复议委员会应当成为实质性的复议机构，所有的案件均应由其裁决。《行政复议法》规定的咨询型行政复议委员会模式存在较明显的问题，这种模式的不足之处在于当行政复议委员会与行政复议机关出现意见分歧时，行政复议委员会的审议意见无法作为最终审议结论，行政复议机关可以不依据行政复议委员会的审议结论作出行政复议决定。行政复议的程序与行政复议的公信力直接关联，从这一点出发，我国的行政复议委员会应被定位为"独立的行政复议机构"。首先，行政复议委员会组成人员应当确保专业化和中立化。"专业化"要求行政复议人员应当掌握一定的相关行政领域的专业知识和基本的法律知识，具备对相关领域的行政纠纷进行专业判断的基本素质。"中立化"要求行政复议人员独立于其他机构或组织，其生活和工作应当具备的保障性内容有法律支持，不受制于其他机构或组织。因此，行政复议委员会成员除行政复议机构负责法制工作的专职人员外，还应当包括相关行政领域的专家、法律专家、社会公正人士。其次，当前的行政复议委员会负责审议"重大、疑难、复杂"或"专业性、技术性较强"的案件。何为"重大、疑难、复杂"的案件，由设在行政复议机关内部的行政复议委员会办公室决定，这种制度设计很容易让行政复议委员会成为附庸。行政复议委员会的职责应当不仅仅是审理疑难案件，而是审理所有行政复议案件。在工作方式上，对于当事人申请或者行政复议委员会认为有必要口头审理(言词审理)的案件，行政复议委员会应当"开庭"审理。对于行政复议委员会作出的行政复议决定，行政复议机关的首长应当予以尊重，一般不予更改、否定。

2. 行政复议委员会应当成为各级人民政府行政复议工作的议决机构

《行政复议法》改革了我国行政复议机构设置分散的弊端，建立了相对集中管辖的行政复议体制。县以上各级人民政府设置独立的行政复议委员会,得以集中行使本来分属于本级政府及各个部门的行政复议权,统一审理行政复议案件。集中行使行政复议权意味着行政复议机构集中办理行政复议案件,包括受理、调查、议决和决定等环节。从各地的行政复议委员会试点情况看,虽然建立了行政复议委员会,但是对于行政复议委员会如何集中行使行政复议权这一问题,仍然存在一定的分歧,在具体运作上,各地也存在略微差异。集中行使行政复议权的行政复议委员会中也存在两种不同的模式:一种模式是"集中受理、集中调查、集中议决、分散决定"。这一类型的行政复议委员会工作模式,也是我国行政复议改革试点城市中采用较多的模式,如哈尔滨市、中山市、马鞍山市等大多数实行行政复议委员会的城市均采此模式。另一种模式是"统一受理、统一审查、统一决定"。该模式在采用由行政复议委员会对行政复议案件"统一受理、统一审查"的同时,不采用由法定行政复议机关"分散决定"的模式,而是由市政府统一作出行政复议决定。

由于《行政复议法》并没有规定行政复议委员会的具体工作和审理模式,本书认为,未来的行政复议委员会的改革方向可以转变为"统一接待、统一受理、统一审理、统一签批、统一决定"的"五统一"办案方式。由行政复议委员会集中行使行政复议权,政府部门不再设置行政复议机构,也不再审理行政复议案件。这一做法不仅可以改变现行行政复议体制下多头管辖、机构复杂、权力分散等问题,而且便于行政相对人行政复议,有利于节约行政复议成本,提高行政复议效率,促使行政相对人愿意通过或寻求行政复议渠道解决行政争议。

3. 行政复议委员会应当有权独立作出行政复议结论

行政复议委员会的改革方向应当是"能独立作出行政复议决定"。"行政复议委员会这一组织形式有助于弥补行政复议作为行政内部救济机制所具有的公正性不足的天然缺陷。"[1] 目前,《行政复议法》规定的行政复议委员会制度定位于咨询型模式,故而无权独立作出行政复议决定。行政复议机构能否独立审理行政复议案件、独立行使行政复议权,是保证行政复议结果公平公正的重要前提,也是行政复议委员会维持良好生命力的核心保障。县级以上各级人民

---

〔1〕 王万华:《行政复议法的修改与完善——以"实质性解决行政争议"为视角》,载《法学研究》2019年第5期。

政府中设置的行政复议委员会的独立性有无保障，主要取决于以下关系是否协调：一是行政复议委员会与其所属的本级人民政府的关系。行政复议委员会虽然隶属于本级人民政府，但它是依据法律规定独立行使行政复议权的具有“准司法”色彩的专业机构，完全可以以自己的名义实施行政复议活动，其所作行政复议行为不受任何机关、团体和个人的干涉；若非出现法定事由并经法定程序，本级人民政府也无权直接插手、干预其行政复议活动。不但如此，各级人民政府还应给行政复议委员会以充足的编制、经费等条件保障。二是行政复议委员会与行政复议机关的关系。对于行政复议委员会作出的行政复议决定，行政机关的首长应当予以尊重，一般不予更改、否定；或者由法律明确规定，否则行政复议机关只能按行政复议委员会决议的内容作出裁决，不得予以修改，也不能要求其再次进行讨论和作出决议。[1]

4. 继续提高行政复议委员会的专业性

行政复议是化解行政争议最常见的法律途径，也是最接近行政管理实务的行政争议解决方式。当今社会，行政权正迅速广泛地渗透到社会生活中，行政管理事务也日趋专业化、复杂化，行政裁量权也更多地被运用。正如肯尼斯·卡尔普·戴维斯所言，“法律终止之处实乃裁量起始之所”[2]。面对行政裁量权的行使，行政复议机关会遭遇很多法律、技术等专业问题的考量。因此，在新形势下，要更好地促进依法行政，救济行政相对人的合法权益，就必须坚持行政复议的专业化方向。由于《行政复议法》并未对行政复议委员会的人员构成等问题进行规定，行政复议委员会制度在以下方面仍有待完善：

第一，行政复议人员队伍的专业化和职业化。组织是人员的载体，人员是组织的灵魂。行政复议体制的良性运行离不开一支业务素质过硬、专业水平很高的行政复议人员队伍。这主要可以从以下三个方面实现：(1)提高行政复议人员的入职门槛，根据行政层级、实际情况等合理设置行政复议人员编制；(2)加强对行政复议人员的管理，包括业务培训、工作业绩管理等；(3)建立行政复议人员工作交流制度，一方面要保证行政复议人员能够有稳定的机会深入

〔1〕参见吕艳滨：《日本、韩国的行政复议制度——行政复议司法化的若干实例》，载《环球法律评论》2004年第1期。

〔2〕[美]肯尼斯·卡尔普·戴维斯：《裁量正义：一项初步的研究》，毕洪海译，商务印书馆2009年版，第1页。

到其他行政管理部门中,充分了解行政管理实践,另一方面也要保持行政复议人员职务的稳定性。

第二,专家、学者的适当引入。当下,各地的行政复议委员会试点中都吸收了专家委员,试图通过外部专家、学者的专业知识来实现行政复议在实体和程序上的专业性、公正性和权威性。如北京、上海等地的试点单位通过吸收外部专业人士组成行政复议委员会,对重大疑难案件进行集体研究讨论,形成案件处理建议意见,供行政复议机关在裁决时参考。[1] 本书认为,适当引入专家、学者等社会专业力量,能够弥补行政复议体制的不足,增强行政复议体制的公正性和民主性。

5. 行政复议机关应当是名义上的复议机关

行政复议机关是名义上的复议机关,行政复议机关作出的行政复议决定应以行政复议委员会的裁决为基础,一般情况下不得改变行政复议委员会的结论。在特殊情况下,如果行政复议机关认为行政复议委员会的结论确实存在问题,行政复议机关的负责人可以在集体讨论同意后要求行政复议委员会重新组织人员对案件进行再次审查;行政复议委员会经过重新审议作出的结论,行政复议机关必须接受。同时要厘清上下级行政复议委员会之间的关系。设在上一级人民政府中的行政复议委员会与设在下一级人民政府中的行政复议委员会之间是一种业务指导关系,不是上下级领导与被领导的关系。行政复议委员会能否独立行使行政复议权,除了必须排除同级人民政府的不当干涉,也必须排除上一级行政复议委员会的干涉。上下级行政复议委员会之间可以进行业务交流,但行政复议行为各自独立。

6. 行政复议机关设置行政复议办公室

行政复议机关设置行政复议办公室,行政复议办公室的工作人员全部由行政复议机关工作人员担任,人数按照行政复议委员会人数以一定比例配备,协助行政复议委员会的工作,负责办理具体行政复议事项。由于行政复议委员会大部分委员是非专职委员,只能一周固定一天为行政复议工作日。如果案件事实需要澄清,行政复议办公室认为需要口头审理,即可在与行政复议委员会负责人沟通后,通知当事人在行政复议委员会集中审议行政复议案件同天予以听

〔1〕 参见黄学贤:《关于行政复议委员会的冷思考》,载《南京社会科学》2012 年第 11 期。

证。另外一种听证发生在行政复议申请人要求听证时。由于事务性工作已经全部由行政复议办公室完成，且无须听证的案件已经由行政复议办公室准备好行政复议裁决方案，故而能保障行政复议委员会在集中的时间里大量地审议行政复议案件并作出行政复议裁决。

(二)保障行政复议委员会的外部性

1. 保障行政复议人员的专业素质

行政复议所要解决的问题往往具有复杂性，其审理程序、处置手段和裁决方式具有很强的专业性，只有具备正规化、专业化、职业化的高素质专门人才方能胜任。为确保行政复议机构的法治化水平，《行政复议法》第6条第2款规定了行政复议机构人员的遴选和培训机制[1]，即建立统一的行政复议人员资格准入制度，初次从事行政复议的人员应当通过国家统一法律职业资格考试取得法律职业资格，参加统一职前培训。这就要求行政复议委员会委员必须掌握一定的相关行政领域的专业知识和基本的法律知识，具备对相关领域的纠纷进行专业判断的基本素质。此外，专家学者和专业人士更通晓立法背后的政策考量，也更能应对具有政治性的行政纠纷，能够弥补取消条条管辖之后专业性不足的问题。

2. 限定具体案件审议中的外部委员人数

行政复议委员会制度未来的改革还需要积极保证行政复议委员会外部委员的人数。从行政复议委员会的改革试点可以看出，改革试点的亮点之一就是积极吸收外部人员成为行政复议委员会的委员。以北京市为例，北京市的行政复议委员会广泛吸收社会力量，北京市首届行政复议委员会共由28名委员组成，其中除了由市政府主管法制工作的领导担任常务副主任等职务外，还首次遴选、任命了北京市部分高校、研究机构和国家部委的18名知名专家学者为非常任委员。因此，保持一定且足够的外部委员人数对于行政复议委员会制度功能的发挥具有关键的作用。

《行政复议法》并未规定行政复议委员会外部委员具体的人数要求，有待完善。为充分保障行政复议委员会的外部性，除着力提高行政复议人员的专业素

---

〔1〕 有学者称之为“行政复议官制度”。参见梅献中：《试论我国行政复议官制度的创建》，载《西南政法大学学报》2023年第1期。

质外，还须对具体案件审议中的外部委员人数予以限定，要求在具体案件审议中的外部委员同样应占据二分之一以上的多数；所有“开庭审理”的案件，专家委员都应参与。规定在具体案件审议时外部委员占多数，才能切实提升行政复议的公信力。此外，还有学者建议确保外部委员的多元性，除了引入法律专业的专家外，还要引入各个具体行政领域的专家。[1]

3. 强化行政复议委员会的工作保障机制

强化工作保障机制是未来行政复议制度改革的重要内容。行政复议制度的改革不仅是制度的自我完善，也需要一系列措施的保障。以义乌市的行政复议局试点为例，其对于行政复议局的工作保障机制的完善保障了行政复议体制改革试点的顺利推行：在机构定位上，行政复议局为中立、超脱的行政纠纷审理机构；在财政保障上，办公经费统一由本级财政单独列支；在队伍建设上，行政复议局核定行政编制数量一般较为稳定；同时，提升行政复议专职队伍的专业化水平，由行政复议局专职办理行政复议、应诉案件。

此外，还需要建立相关的法律保障机制来保护行政复议委员会中的非常任委员。行政复议委员能否独立以能否受到法律保障为前提。保障行政复议委员会的外部性还有一个问题需要解决，即非常任委员的权益保障和履职监督问题。对于这一点，《行政复议法》的规定同样付之阙如。对于非常任委员的权益保障和履职监督问题，必须提供相应的法律保障：(1)身份保障，即行政复议人员非因法定事由，并经法定程序，不得违反其意愿而受罢免或其他处分。(2)薪俸保障，即行政复议人员在执行职务期间，有获得法定工资、福利待遇等权利。[2] 通过提高待遇保证行政复议委员会委员的工作积极性和立场中立性。(3)职务保障，即行政复议机关需提供良好的工作条件以及执行职务之安全保障，行政复议人员亦不受违法工作之指派；同时要制定严格的处罚措施，督促其合法履职，确保行政复议案件结果的公平公正。如有学者就建议建立行政复议错案追究制度，如果行政复议委员有明显超越职权、认定事实不清、适用依据错误等明显不当的行为，便给予其行政处分；一年累计三次的，取消行政复议委员资格。[3]

---

[1] 参见马怀德、李策：《行政复议委员会的检讨与改革》，载《法学评论》2021 年第 4 期。

[2] 参见樊华辉：《行政复议制度新论》，法律出版社 2012 年版，第 109 页。

[3] 参见胡晓利：《论我国行政复议关键制度的精密化》，载《社会科学战线》2009 年第 9 期。

第六章 行政复议申请与受理

第一节 行政复议与行政诉讼的程序衔接

行政复议与行政诉讼之间存在极为密切的衔接关系。“在复议程序和行政诉讼之间,也存在一种密切的功能上的联系。它们不仅共享重要的适法条件和法律标准,而且也服务于共同的目标:对行政的合法性进行审查,并化解公法上的冲突。此外,它们是同一个——从行政程序经复议程序和行政诉讼到执行的——裁判过程的两个阶段。”〔1〕这种衔接关系影响行政复议和行政诉讼制度功能的实现。

一、域外行政复议与行政诉讼程序衔接现状

在行政复议与行政诉讼的程序衔接上,不同国家和地区存在不同的模式,下面分别对域外的程序衔接模式予以简单介绍。行政复议和行政诉讼的程序衔接模式,目前大体上存在以下三种模式。

1. 行政复议前置

就行政复议前置而言,美国的“穷尽行政救济原则”无

---

〔1〕［德］弗里德赫尔穆·胡芬:《行政诉讼法》(第5版),莫光华译,法律出版社2003年版,第59~60页。

疑是最具有代表性的。在美国,当事人要对行政机关的行为提起司法审查,必须遵守穷尽行政救济原则。[1]“穷尽行政救济原则就是要求当事人在对行政机关的行为提起司法审查前,必须穷尽行政机关所能提供的所有救济途径。”[2]美国的穷尽行政救济原则相当于我国的行政复议前置,其起源于1946年颁布实施的《美国联邦行政程序法》的规定。该法第704条规定:“法律规定可以复审的行政行为和在法律中没有其他合适补救方法的最终行政行为应接受司法审查。在对最终完成的行政行为进行审查时,那些不应直接受司法审查的预备性、程序性或中期性行政行为或裁定也应当成为审查对象。除非法律另有明确规定(行政相对人寻求司法救济前必须穷尽行政救济),或者除非行政机关的规章另有明确规定,行政相对人向本行政机关(或其上级行政机关)提起行政复议期间,争议的行政行为不发生法律效力,否则,依据该条款的目的,认定行政行为已最终完成(行政相对人无须事先穷尽行政内部救济而可以直接向法院提起行政诉讼)。”对于穷尽行政救济原则的理由,美国联邦最高法院在1969年“麦卡特诉美国案”(McKart v. United States)判决中进行了详尽的列举:“(1)保证行政机关能够利用其专门知识和行使法律所授予的自由裁量权;(2)让行政程序连续发展不受妨碍,法院只审查行政程序的结果,比在每一阶段允许司法干预更有效;(3)行政机关不是司法系统的一部分,它们是由国会设立执行特定职务的实体,穷尽行政救济原则能够保护行政机关的自主性;(4)没有穷尽行政救济时,司法审查可能受到妨碍,因为这时行政机关还没有搜集和分析有关的事实来说明采取行政行为的理由,作为司法审查的根据;(5)穷尽行政救济原则使行政系统内部有自我改正错误的机会,减少司法审查的需要,使法院有限的人力和财力能更有效地使用;(6)如果不进行行政救济而直接进行司法审查,可能降低行政效率,鼓励当事人超越行政程序,增加行政机关工作的难度和经费。”[3]1992年“麦卡锡诉麦迪根案”(McCarthy v. Madigan)中,美国联邦

---

[1] 在美国法上,法定的穷尽行政救济义务是强制性的,国会在《行政程序法》中设定了最低限度的穷尽行政救济义务,并且在一些行政机关的组织中设定了更为详细的穷尽行政救济义务。参见[美]理查斯·J.皮尔斯:《行政法》(第2卷)(第5版),苏苗罕译,中国人民大学出版社2016年版,第951页。

[2] William Funk, *Exhaustion of Administrative Remedies*, 18 Pace Environmental Law Review, 1(2000).

[3] 王名扬:《美国行政法》(下),北京大学出版社2016年版,第486~487页。

最高法院不仅从权责统一的角度对坚持穷尽行政救济原则的理由进行了补充，还从行政和司法的关系层面阐述了坚持该原则的意义。美国联邦最高法院认为，既然国会将行政决定权授予行政机关，那么就应当由行政机关而不是法院承担与该项职权相对应的责任。而且，从某种意义上讲，要求行政相对人穷尽行政救济有助于行政机关改正自身的错误。[1] 穷尽行政救济原则虽然在美国司法审查中具有重要地位，但也并不是绝对的，“穷尽行政救济原则被广泛接受，但对于这一原则来说也存在着很多例外”[2]。就目前而言，美国联邦法院一般认为在下列情况下不适用穷尽行政救济原则：第一，争议的焦点属于宪法问题或法律解释问题；第二，案件属于刑事案件；第三，事先穷尽行政救济将会给行政相对人造成无法弥补的损失；第四，行政机关无法提供适当的救济；第五，行政机关明显缺乏管辖权。[3]

行政复议前置在其他国家和地区也得到了一定程度的承认。《奥地利联邦宪法》中规定：“凡主张由于行政官署决定之违法，侵害其权利者，于穷尽行政审级后，得对之提起诉讼。”我国台湾地区亦有类似规定。

2. 行政相对人自由选择

行政复议与行政诉讼的程序衔接方面，与美国奉行较为严格的行政复议前置不同，大多数国家和地区实行的是“当事人自由选择”模式，即行政相对人可以自由选择是否行政复议，而且即使选择了行政复议，在行政复议后依然可以提起行政诉讼。但是由于“司法最终”原则的限制，行政相对人一旦选择了行政诉讼，则不能再选择行政复议。

需要注意的是，在是否行政复议前置问题上，很多国家或地区的模式并不是一成不变的。随着行政法制的发展，为最大限度地尊重当事人的选择，许多国家或地区倾向于逐步取消，至少是部分取消行政复议前置原则，而更多地采取选择原则。[4] 在韩国，1951 年制定的《韩国行政诉讼法》采取行政复议前置

---

〔1〕 参见郑烁：《论美国的“穷尽行政救济原则”》，载《行政法学研究》2012 年第 3 期。

〔2〕 Stephen G. Breyer, Richard B. Stewartet et al., *Administrative Law and Regulatory Policy*, Wolters Kluwer(Law & Business), 2011, p. 959.

〔3〕 参见郑烁：《论美国的“穷尽行政救济原则”》，载《行政法学研究》2012 年第 3 期。

〔4〕 参见黎军：《行政复议与行政诉讼之关系范畴研究》，载《法学评论》2004 年第 3 期。

主义，但该规定在1994年的《韩国行政诉讼法》修订后被废止。[1] 日本亦同样经历了由“行政复议前置”到“自由选择”模式的转换。日本1948年制定的《日本行政事件诉讼特例法》在行政复议与行政诉讼的关系上选择的是“行政复议前置为原则、直接诉讼为例外”模式。但在1962年《日本行政事件诉讼法》颁行后，这一模式被改变，该法第8条第1款规定：“撤销处分之诉，即使就该处分可根据法令的规定提出审查请求的情况下，仍可直接提起。但是，在法律规定就该处分不经过对审查请求的裁决，就不能提起撤销处分之诉时，则不得直接提起。”

行政法的母国法国，以1889年12月13日最高行政法院“卡多案件”的判决为分水岭，经历了从行政复议前置到自由选择模式的转换。在“卡多案件”的判决之前，“人们一度认为，大臣们应当被视为有关行政事务的普通法法官，就像他们在复辟时期一样；最高行政法院只是上诉法官”[2]。因此，当事人提起任何行政诉讼都必须首先经过行政救济。但在该案之后，行政复议前置被废止。虽然行政复议前置被废止，但并非奉行百分之百的行政相对人自由选择，在特定情况下，行政复议前置依然适用。这些情况主要包括两个方面：一是当事人请求行政主体赔偿损害时，除了公共工程赔偿之诉外，都必须先向有关行政机关提出，当事人只有在仍然不服行政机关作出的决定或者行政机关不作决定时，才能向法院起诉。二是在例外情况下，法律规定在提起行政诉讼之前，必须先经过行政救济。[3] 如根据1987年《法国行政诉讼改革法》第13条的规定，政府在咨询最高行政法院意见后，可以制定条例，规定对于行政合同和行政主体的损害赔偿之诉，在提起任何诉讼之前，必须先经过行政救济或者和解。[4]

3. 中间模式

与前述两种模式不同，德国采取的是中间模式，即对主要的诉讼类型实行行政复议前置。在德国，行政诉讼主要包括撤销之诉、义务之诉、确认之诉、一般给付之诉、机构之诉、民众之诉、公益诉讼等类型。[5] 《联邦德国行政法院

[1] 参见王莉：《行政复议功能研究——以走出实效性困局为目标》，社会科学文献出版社2013年版，第170页。

[2] [法]古斯塔夫·佩泽尔：《法国行政法》，廖坤明、周洁译，国家行政学院出版社2002年版，第235页。

[3] 参见章志远：《我国行政复议与行政诉讼程序衔接之再思考》，载《现代法学》2005年第4期。

[4] 参见王名扬：《法国行政法》，北京大学出版社2016年版，第422页。

[5] 参见刘飞：《德国公法权利救济制度》，北京大学出版社2009年版，第78～82页。

法》第 68 条第 1 款规定："提起撤销诉讼前，须于前置程序审查行政处分之合法性及合目的性。但法律有特别规定或有下列情形者，不需要进行该审查：(1)行政行为是由联邦最高行政机关或一个州的最高行政机关作出的，除非法律规定对此必须前置审查；(2)纠正性质的决定或复议决定首次包含了一个负担。"该条第 2 款规定："申请行政机关为行政行为而遭拒绝的，所提起的义务之诉准用第一款的规定。"根据该条的规定，在前述的诉讼类型中，只有撤销之诉和义务之诉才适用行政复议前置。但由于"撤销之诉是行政诉讼中最为主要的诉讼类型，其目的在于直接消除具体行政行为的效力"[1]，故适用行政复议前置的虽然只有两种诉讼类型，但实际上包含了绝大多数的行政案件。

二、我国行政复议与行政诉讼程序衔接现状

我国当前行政复议与行政诉讼的程序衔接，主要由《行政复议法》《行政诉讼法》加以规定，但在单行法中也有相关规定，如在《反垄断法》《集会游行示威法》《海关法》等单行法中均有关于行政复议与行政诉讼程序衔接的规定。当前我国行政复议与行政诉讼的程序衔接主要有以下几种情形。

1. 行政相对人选择

当前我国行政复议与行政诉讼程序衔接的基本格局是"行政相对人选择为原则，行政复议前置为例外"。"行政相对人选择"的格局由《行政诉讼法》第 44 条第 1 款的规定所构建："对属于人民法院受案范围的行政案件，公民、法人或者其他组织可以先向行政机关申请复议，对复议决定不服的，再向人民法院提起诉讼；也可以直接向人民法院提起诉讼。""行政相对人选择"也成为行政复议与行政诉讼程序衔接的一般规定，在没有其他法律作出例外规定的情况下，行政相对人均可以进行自由选择，自行决定是直接提起行政诉讼还是先行政复议再提起诉讼。

2. 行政复议前置

在"行政相对人选择"的原则之外，我国的《行政复议法》及部分单行法还规定了行政复议前置规则。《行政复议法》第 23 条规定："有下列情形之一的，

---

〔1〕 刘飞：《德国公法权利救济制度》，北京大学出版社 2009 年版，第 88 页。

申请人应当先向行政复议机关申请行政复议，对行政复议决定不服的，可以再依法向人民法院提起行政诉讼：（一）对当场作出的行政处罚决定不服；（二）对行政机关作出的侵犯其已经依法取得的自然资源的所有权或者使用权的决定不服；（三）认为行政机关存在本法第十一条规定的未履行法定职责情形；（四）申请政府信息公开，行政机关不予公开；（五）法律、行政法规规定应当先向行政复议机关申请行政复议的其他情形。对前款规定的情形，行政机关在作出行政行为时应当告知公民、法人或者其他组织先向行政复议机关申请行政复议。”部分单行法中也确立了行政复议前置制度，如《税收征收管理法》第 88 条第 1 款规定：“纳税人、扣缴义务人、纳税担保人同税务机关在纳税上发生争议时，必须先依照税务机关的纳税决定缴纳或者解缴税款及滞纳金或者提供相应的担保，然后可以依法申请行政复议；对行政复议决定不服的，可以依法向人民法院起诉。”第 2 款规定：“当事人对税务机关的处罚决定、强制执行措施或者税收保全措施不服的，可以依法申请行政复议，也可以依法向人民法院起诉。”根据上述规定，“纳税争议”实行行政复议前置，行政相对人必须先申请行政复议然后才能提起行政诉讼；但税务处罚、强制则不实行行政复议前置，行政相对人可以自由选择行政复议或者行政诉讼。再如《反垄断法》第 65 条第 1 款规定：“对反垄断执法机构依据本法第三十四条、第三十五条作出的决定不服的，可以先依法申请行政复议；对行政复议决定不服的，可以依法提起行政诉讼。”又如《海关法》第 64 条规定：“纳税义务人同海关发生纳税争议时，应当缴纳税款，并可以依法申请行政复议；对复议决定仍不服的，可以依法向人民法院提起诉讼。”诸如此类的法律法规规定了行政复议前置规则。

3. 行政复议终局

行政复议终局是指行政相对人只能申请行政复议而不能提起行政诉讼的情形。

《行政复议法》第 10 条规定了行政复议终局的概念：“公民、法人或者其他组织对行政复议决定不服的，可以依照《中华人民共和国行政诉讼法》的规定向人民法院提起行政诉讼，但是法律规定行政复议决定为最终裁决的除外。”但是目前来看，《行政复议法》自身并没有规定行政复议终局的情形，而是把规定行政复议终局的权力授权给其他法律。《出境入境管理法》第 64 条规定：“外国人对依照本法规定对其实施的继续盘问、拘留审查、限制活动范围、遣送出境措施不服的,可以依法申请行政复议,该行政复议决定为最终决定。其他境外人员对依照本法规定对其实施的遣送出境措施不服,申请行政复议的,适用前款规定。”该条规定明确规定了行政复议终局的情形。《集会游行示威法》第 13 条规定的人民政府针对不许可集会、游行、示威决定作出的行政复议决定也属于行政复议终局,但该种行政复议终局并非一种明确规定的行政复议终局。《集会游行示威法》第 13 条规定:“集会、游行、示威的负责人对主管机关不许可的决定不服的,可以自接到决定通知之日起三日内,向同级人民政府申请复议,人民政府应当自接到申请复议书之日起三日内作出决定。”从该条规定看,其并未明确说明行政复议决定是终局的,但是结合我国《行政诉讼法》的规定来看,其形成行政复议终局。因为根据我国《行政诉讼法》第 12 条的规定,只有侵犯行政相对人“人身权、财产权等合法权益”的行政行为才在可诉之列,如果不属于侵犯行政相对人“人身权、财产权等合法权益”的案件,列入行政诉讼受案范围的前提是“法律、法规规定可以提起诉讼”。由于不予许可“集会、游行、示威”所侵犯的是政治权利,而非“人身权、财产权等合法权益”,在《集会游行示威法》未明确规定行政相对人可以提起行政诉讼的情况下,《集会游行示威法》第 13 条规定的行政复议决定就成为终局裁决。

4. 选择终局

选择终局的情形是指行政相对人具有选择行政复议或行政诉讼的权利,但是,如果选择了行政复议,则行政机关所作的行政复议决定就是终局的,行政相对人针对行政复议决定不能再提起行政诉讼。如《公民出境入境管理法》(已失效)第 15 条规定:“受公安机关拘留处罚的公民对处罚不服的,在接到通知之日起十五日内,可以向上一级公安机关提出申诉,由上一级公安机关作出最后的裁决,也可以直接向当地人民法院提起诉讼。”这种情形是较为典型的“选择终局”。与之相比,《行政复议法》第 26 条规定的“选择终局”则较为特殊。根据《行政复议法》第 26 条的规定,对省、自治区、直辖市人民政府以及国务院部门作出的行政复议决定不服的,“可以向人民法院提起行政诉讼;也可以向国务院申请裁决,国务院依照本法的规定作出最终裁决”。该条规定意味着,国务院对于行政复议决定的裁决是最终决定,行政相对人不能对该决定提起诉讼。该条中规定的“选择终局”的特殊性主要体现为该终局裁决是经过“二次复议”后的终局:就第一次行政复议而言,当事人是可以提起行政诉讼的,并不构成行政复议终局；而只有在向国务院提起“二次复议”后，国务院的行政复议决定才是终局的。

三、我国行政复议与行政诉讼程序衔接中存在的问题

我国当前以自由选择为原则、行政复议前置为例外，并兼有行政复议终局情形的程序衔接机制存在诸多弊端，主要体现在以下方面。

1. 设置标准不明确。我国现行法律对行政复议与行政诉讼程序衔接的设置标准，除了《行政诉讼法》第 44 条第 1 款的规定可以被视为行政复议与行政诉讼衔接机制的总体性规定外，缺乏对行政复议与行政诉讼程序衔接的设置标准的总体规定。如既没有规定以何种标准确立行政复议前置，也没有规定在何种情况下设置行政复议终局，由此造成行政复议与行政诉讼程序衔接关系的设置零乱，不仅不同种类的法律法规之间规定的模式不同，而且同一种类的法律法规之间、同一类型或同一机关管辖的案件之间，甚至同一部法律法规不同的条款之间的规定也不一致。[1]

2. 部分设置缺乏正当性。亚里士多德有句名言：“法治应包括两重意义：已成立的法律获得普遍的服从，而大家所服从的法律又应该本身是制定得良好的法律。”[2]我国已将依法治国作为基本的治国方略，行政法治自然也是国家治理追求的目标，这就要求法律应当是“良法”。要符合良法的标准，法律条款的正当性必须经得起拷问。我国目前有关行政复议与行政诉讼程序衔接方面的法律规范，在某些方面存疑，特别是行政复议终局的正当性缺乏。如前所述，司法最终原则作为一项普适性的原则，我国也理应遵守；但是，无论是我国的“复议终局”，还是“选择复议终局”，事实上都与司法最终原则相悖。虽然司法最终原则允许存在例外情形，但我国目前的“复议终局”和“选择复议终局”明显存在过多、过滥的问题，一些行政复议终局的正当性更是经不起推敲。如《行政复议法》第 26 条中规定，国务院的裁决是最终裁决，该规定的正当性阙如：宪法明确规定法律面前人人平等，其他的行政机关都可以作被告，那么作为最高行政

---

〔1〕 参见章志远：《我国行政复议与行政诉讼程序衔接之再思考》，载《现代法学》2005 年第 4 期。
〔2〕 [古希腊]亚里士多德：《政治学》，吴寿彭译，商务印书馆 1965 年版，第 199 页。

机关的国务院为何不能作被告？如此规定的正当性经不起推敲。

3. 不利于保护行政相对人的合法权益。权利救济功能应当是行政复议和行政诉讼的首要功能，基于此，行政复议与行政诉讼的程序衔接必须有利于行政相对人合法权益的保护。但在目前的程序衔接体制下，并不利于行政相对人合法权益的保护，这主要体现在以下两个方面：一是“复议终局”的情形过多，影响了行政相对人请求司法救济的权利。从理论上讲，行政复议与行政诉讼相比虽然有其自身的比较优势，但也有其短板，短板之一就是“公正性”方面不如行政诉讼。行政诉讼因为审判机关的中立性、严格的司法程序等方面的因素，其在“公正性”方面相比于行政复议更容易获得当事人的认可。行政复议终局的情形过多，明显影响了行政相对人请求司法救济的权利，事实上也不利于行政纠纷的有效解决。二是“自由选择”模式在部分情况下并不利于保护行政相对人的合法权益。“从发展趋势来看，当事人选择原则似乎正在受到重视。世界上的大多数国家也都是实行复议选择原则。无论各国行政公信力的实绩如何，将选择权赋予当事人本身就是行政自信的表现。”[1]从目前来看，类似的观点在我国占据绝对的主流地位。但是，“自由选择”模式也存在缺陷，特别是在行政诉讼囿于司法权的限制而审查强度不如行政复议的情况下。众所周知，我国行政诉讼的审查主要限于对行政行为合法性的审查，一般情况下不审查行政行为的合理性；而行政复议则可以审查行政行为的合理性。在此情况下，如果引起行政纠纷的原因是合理性问题而不是合法性问题，那么在“自由选择”的模式下，行政相对人一旦选择了行政诉讼，一般情况下便将丧失通过行政复议维护其权益的机会。

四、行政复议与行政诉讼程序衔接之重构

在通过比较研究分析了我国行政复议与行政诉讼程序衔接的确立原则以及现实中存在的问题后，未来我国的行政复议与行政诉讼的程序衔接，依然需要进一步完善，对此应当朝着如下方向努力。

1. 取消行政复议终局

无论是法律所明确规定的还是事实上存在的行政复议终局情形，抑或是因

〔1〕 张越：《行政复议法学》，中国法制出版社2007年版，第501页。

为当事人的选择而引起的行政复议终局情形，在本质上都违背了法治国家所共同遵循的司法最终原则，无助于公民合法权益的维护。[1] 通过修改《行政复议法》以及相关法律，取消我国现行法律中有关行政复议终局的规定是大势所趋，也是我国实现依法治国的必经之路。无论是不具有选择余地的“复议终局”，还是“选择终局”，抑或“复议后选择终局”，都应该取消，并在未来修改后的《行政诉讼法》中正式确立“司法最终原则”。

本书赞成取消有关行政复议终局的规定，主张禁止任何法律、法规设立行政复议终局条款，但并不赞成所有的经过行政复议的案件都能够进入行政诉讼领域。在下列少数情况下，应当允许“复议终局”的存在：一是超出《行政诉讼法》审查强度范围的仅涉及行政行为合理性的案件。对于我国《行政诉讼法》确立的“以合法性审查为原则，以合理性审查为例外”的审查强度标准，本书是赞成的。这一标准不仅是避免司法权凌驾于行政权之上的需要，也是综合考虑司法审查能力后所确立的标准，具有合理性。因此，对于超出司法审查强度而导致的事实上的“复议终局”，本书认为没有改变的必要，应当允许其存在。二是在行政复议范围大于行政诉讼受案范围的情况下，导致部分案件可以行政复议但不可以行政诉讼的情况。目前我国存在这种情况，如涉及政治权利的案件在行政复议范围之内，但不属于行政诉讼的受案范围，从而导致涉及政治权利的案件只能够行政复议，造成“复议终局”的局面。这种情况是我国的《行政诉讼法》的受案范围过窄造成的。从理想状况来看，我国《行政诉讼法》的受案范围过窄，应当扩大行政诉讼的受案范围；但就受案范围衔接的角度而言，本书主张行政复议的范围应当大于行政诉讼的受案范围。进一步而言，若行政诉讼的受案范围扩大了，则行政复议的受案范围应当更大，因此总会存在属于行政复议的范围但不属于行政诉讼受案范围的案件，对于这种情况造成的“复议终局”，本书认为其存在是合理的，在一定程度上也是行政复议优越性的体现。

2. 确立完全的行政复议前置原则

在行政复议与行政诉讼的程序衔接上，核心问题就是是否应该行政复议前置的问题。对此问题，我国目前实行的是“当事人自由选择为主、复议前置为例外”的模式。这一模式在我国受到的肯定远大于受到的批评和反对。

---

[1] 参见章志远：《我国行政复议与行政诉讼程序衔接之再思考》，载《现代法学》2005 年第 4 期。

越来越多的学者及实务界人士提出应该实行以“复议前置为原则、直接诉讼为例外”的模式,并提出了行政复议前置的主要理由:一是在一定范围内建立“穷尽行政救济原则”,可以使很多依照法律的程序权利可被起诉,但在行政诉讼中实际上并不可能得到解决的行政案件,完全可以通过行政复议的途径得到解决(如涉及合理性问题的行政案件等)。[1] 二是增加行政复议案件的数量。从“行政复议成为解决行政争议的主渠道”的立法目的出发,行政复议应当成为行政诉讼的过滤器。三是可以充分发挥行政复议解决行政争议的优势。主张实行行政复议前置的学者认为,“行政争议一般都具有较强的专业性和技术性,而对于专业性和技术性问题的解决恰恰是行政机关的特长。行政机关一般拥有解决这些行政争议的专业人才,也具有解决这些专业性和技术性问题的经验和条件”[2]。四是发挥行政复议的过滤作用,避免过多的行政纠纷涌入法院,从而减轻法院的负担。这也是域外实行行政复议前置国家和地区的重要经验。

对于改变我国当前“自由选择为原则、复议前置为例外”的程序衔接模式,也有学者提出了不同意见,如杨伟东教授就提出应当坚持我国现行的模式,并提出了否定行政复议前置的理由:一是强制先行不是实现行政复议成为化解行政争议主渠道的根本手段。行政复议在未来应成为我国解决行政争议的主渠道的思路和观点并无争议,但为了让行政复议成为解决行政争议的主渠道,而强制把行政复议作为行政诉讼的先行程序,却是本末倒置。二是行政复议的优势不必通过强制行政复议前置展现。三是有关行政复议与行政诉讼关系的安排在国外并非均实行行政复议前置,行政复议强制先行或穷尽行政救济并非主导模式,自由选择模式与之并存。此外,杨伟东教授还对坚持现行的衔接模式提出了一些补充意见,认为自由选择模式契合当事人的程序选择权,而且变革已推行二十多年的制度需要有重大理由等。[3]

2023 年修订后的《行政复议法》在行政复议前置的问题上作出了一定的改变,扩大了行政复议前置的范围,但基本上还是遵循“自由选择为原则,复议前

〔1〕 参见沈福俊:《论“穷尽行政救济原则”在我国之适用——我国提起行政诉讼的前置条件分析》,载《政治与法律》2004 年第 2 期。

〔2〕 周兰领:《行政复议强制前置模式的重建》,载《长安大学学报(社会科学版)》2008 年第 4 期。

〔3〕 参见杨伟东:《复议前置抑或自由选择——我国行政复议与行政诉讼关系的处理》,载《行政法学研究》2012 年第 2 期。

置为例外”。从目前来看,对于行政复议前置的问题,我国学者基本有三种观点:一是主张实行“自由选择”模式,其中既有主张维持现状者,亦有主张实行更为彻底的自由选择者,以维护行政相对人的程序选择权;二是主张扩大行政复议前置范围者;三是主张实行较为彻底的行政复议前置者。对此,本书倾向于第三种观点,即主张实行较为彻底的行政复议前置,在我国确立完全的行政复议前置原则,只有在少数情况下可以不经行政复议直接提起行政诉讼。原因如下:

(1)完全的行政复议前置有利于维护行政相对人的合法权益。行政复议与行政诉讼相比,在对行政相对人的保护方面,具有以下比较优势。一是受案范围较行政诉讼的受案范围宽。行政复议的范围中没有对影响行政相对人权利类型的限制,而我国目前的行政诉讼则主要限于受理对行政相对人人身权、财产权造成侵害的行政行为的案件,而且在行政复议中,行政相对人还可以对作为行政行为依据的部分抽象行政行为提起审查请求。二是对行政行为的审查强度较行政诉讼强,行政诉讼原则上只审查行政行为的合法性。三是救济时效较行政诉讼时效短,行政复议的救济时效只有 60 日,而行政诉讼的时效则为 3 个月。上述三个特点的存在,决定了实行较为彻底的行政复议前置无疑更有利于维护行政相对人的合法权益。在当前的行政相对人自由选择的模式下,行政相对人可能会选择就程序而言更为公正的行政诉讼。一旦行政相对人与行政主体的纠纷并不属于行政诉讼的受案范围,或者超出了行政诉讼的审查强度,而这些案件又进入了行政诉讼程序,抑或行政相对人对上述争议是在行政复议时效过后才提起的行政诉讼,那么,行政相对人将丧失通过行政复议维护自身合法权益的机会。确立行政复议前置原则,则可避免类似情况的出现。所以,确立行政复议前置,虽然在形式上限制了行政相对人的程序选择权,但其实则更有利于维护行政相对人的合法权益。

(2)行政复议前置有利于发挥行政复议的比较优势,更有利于行政纠纷的解决。行政复议具有一些行政诉讼不具有的比较优势,如专业性、便捷性、无偿性等。不过,对于以行政复议具有比较优势为由而主张实行行政复议前置的观点,遭到了很多学者的反对,如杨伟东教授认为:“无偿性和便捷性尚能称得上是行政复议的现实优势,专业性和过滤性很大程度上只能说是行政复议的理想优势；且现有的无偿性和便捷性优势无法转化为当事人的选择。”[1]上述反对观点不无道理，上述行政复议比较优势的发挥确实需要一定的前提。“在合法行政、善意行政、公正行政有充分保证的情况下，穷尽行政救济原则的效率优势更为明显。”[2]但就我国现状而言，行政复议的公正性还难以让人满意，多数行政复议案件的审理结果都是“维持”，在现阶段，行政复议前置确实在一定程度上只能是增加行政相对人的负担，而不能起到保护行政相对人合法权益的作用。不过在行政复议的公信力提升、解决行政争议的能力增强的情况下，对行政复议比较优势的质疑或将减弱。可以预见，在行政复议制度得到完善后，我国行政复议解决行政争议的能力必然增强，公正性亦可期待。

（3）有助于节约司法资源。与行政主体相比，司法机关在人力、财力等方面均较为有限。而且行政诉讼程序烦琐、周期较长等方面的因素，也会使行政诉讼解决行政纠纷的成本较高，这也决定了行政诉讼不应成为解决行政争议的主渠道。在此情况下，更需要在行政诉讼之前有一个有效的“过滤器”，过滤掉大部分的行政纠纷，从而大幅减少进入行政诉讼程序的案件数量。确立行政复议前置，将使行政复议“过滤器”的功能得以发挥，不仅使行政系统内部有自我改正错误的机会，而且可以减少进入行政诉讼程序的行政案件数量，从而使法院有限的人力和财力能被更有效地使用，这也有利于缓解我国司法资源日益紧张的局面。

在我国确立行政复议前置原则，并不意味着所有进入行政诉讼的案件都必须先经过行政复议。在下列情况下，应当允许可以不经行政复议程序而直接进入行政诉讼程序：一是作出特定行政行为的行政机关明显缺乏管辖权；二是对于行政相对人的行政复议申请，行政复议机关决定不予受理或者受理后逾期不作答复；三是行政相对人有确凿、充分的证据证明，行政复议将会给自己造成无法弥补的损失；四是法律、行政法规规定的其他特殊情形。[3]

---

〔1〕 杨伟东：《复议前置抑或自由选择——我国行政复议与行政诉讼关系的处理》，载《行政法学研究》2012 年第 2 期。

〔2〕 张越：《行政复议法学》，中国法制出版社 2007 年版，第 501 页。

〔3〕 参见郑烁：《论美国的“穷尽行政救济原则”》，载《行政法学研究》2012 年第 3 期。

第二节 行政复议的申请

行政复议的申请制度是指有关公民、法人或其他组织为了实现或者维护自己、他人的合法权益,或者社会公众利益,依法向行政主体提出要求作出相应行政行为的申请的一系列法律规范构成的行政程序制度。[1] 行政复议申请是启动行政复议的必经程序,如果申请人不申请,则行政复议机关不会主动进行行政复议。行政复议申请程序总体上包含申请条件、申请的形式、申请的内容、申请时限等内容。

一、申请行政复议的条件

根据《行政复议法》和《行政复议法实施条例》的相关规定,行政复议申请需要具备以下条件。

第一,申请人必须认为行政行为侵犯其合法权益,这意味着申请人必须与行政行为有利害关系。申请人必须符合相应的主体条件,即是公民、法人或其他组织。申言之,申请人必须符合申请人资格,具体参见本书第四章第一节的内容。

第二,有明确的和符合规定的被申请人。行政复议申请人必须指出是哪一行政主体作出了侵犯自身合法权益的行政行为,被申请人需要符合《行政复议法》规定的相关主体资格。

第三,有具体的行政复议请求与事实根据、理由。行政复议请求是申请人主观请求权的具体化,申请人要指明需要何种权利救济、请求行政复议机关作出何种决定,包括撤销、变更、确认违法、履行法定职责、行政赔偿等请求。此外,如果申请人认为行政行为依据的规范性文件不合法,在对行政行为申请行政复议时,还可以一并向行政复议机关提出对该规范性文件的附带审查。事实根据是指行政复议申请人证明行政行为侵犯自己合法权益的书面材料。当然,

---

〔1〕 参见姜明安主编:《行政程序研究》,北京大学出版社 2006 年版,第 35 页。

提交事实根据并不意味着要求申请人提供充分、确凿的证据证明行政行为违法或不当,更不是要求申请人对行政行为的合法性承担举证责任。[1]

第四,属于行政复议受案范围与受理的行政复议机关的管辖范围。行政复议申请必须在行政复议范围内和行政复议机关的管辖范围内,行政复议机关才能受理。需要注意的是,如果申请人向没有管辖权的机关申请行政复议,则受到申请的机关不能予以受理,但是应当告知申请人向有管辖权的行政复议机关提出行政复议申请,并且这也不会直接导致行政复议申请期限的延误。

第五,申请需要在法定申请期限内提出。在一般情况下,法律会对公民救济的申请时限进行限制,这有两方面的原因:其一,出于维护行政行为公定力的考量,也是为了维护法的安定性。如果不设定申请期限,行政法律关系将永远处于一个不稳定的状态,不利于社会秩序的稳定。其二,行政相对人在一定时间内提出或不提出国家保护的请求,都属于对自己权利的处分自由。如果行政相对人自己不注意保护自己的权利,国家就更没有必要对其过度保护。因此,如果在法定申请期限结束后申请人才提出申请,就应默认其放弃相应的权利,没有再对其进行保护的必要,也就体现为行政复议机关拒绝受理行政复议申请。

二、行政复议申请的期限

行政复议需要在法定期限内申请。时效制度是行政救济制度中的重要组成部分,是规范行政法律主体从事一定行为的期限。[2] 申请时效的重要意义在于提高行政效率,维持法的安定性,也在于保护申请人的合法权益。第一,行政资源是有限的,必须要合理配置和有效利用现有的行政复议资源,因此申请时效既是对行政相对人诉权的一种积极限制[3],也具有催促行政相对人请求救济的作用。但是,申请期限并非不给申请人救济机会,而是预留了充足的时间,给予其充分的救济机会,行政复议机关不得在期限内以期限原因拒绝受理行政相对人的申请。第二,申请期限应兼具保障行政相对人权利和保障行政效

[1] 参见石佑启、杨勇萍编著:《行政复议法新论》,北京大学出版社2007年版,第183页。
[2] 参见姜明安主编:《行政程序研究》,北京大学出版社2006年版,第52页。
[3] 参见林俊盛:《行政诉讼起诉期限制度研究》,法律出版社2014年版,第54页。

率的功能。全国人大常委会法制工作委员会行政法室认为,“起诉期限、审理期限以及其他期限的规定都是为及时审理服务的”[1],但这个观点不够全面。对此,还有学者认为,时效制度应当承载效率促进和权益保障的双重功能,但是应当坚持公正优先、兼顾效率的价值定位。[2] 还有学者认为,行政复议期限应当综合考虑救济、稳定与效率等价值,通过设定恰当的期间长度、合理的起算点、特殊期限和最长保护期,以及申请期间的例外等,实现各个价值间的综合平衡。[3] 还有学者从行政诉权的角度出发,认为期限功能定位的选择应当在遵循权利限度理论的基础上,与行政诉讼(复议)性质和立法目的相协调、匹配,起诉(复议)期限的功能定位应当修正为行政诉权的时间限制。[4] 的确,行政复议申请期限确实需要在保护行政相对人权利和保持行政效率间维系一个平衡,总体致力于行政复议化解行政争议主渠道功能的实现。

(一)现行行政复议期限规定

2023 年修订前的《行政复议法》对行政复议期限仅有一条规定:“公民、法人或者其他组织认为具体行政行为侵犯其合法权益的,可以自知道该具体行政行为之日起六十日内提出行政复议申请;但是法律规定的申请期限超过六十日的除外。因不可抗力或者其他正当理由耽误法定申请期限的,申请期限自障碍消除之日起继续计算。”但这一规定方式存在问题:(1)在行政复议期限的起算点上,其对于“知道行政行为”的内涵外延规定不够周延。2023 年修订前的《行政复议法》和《行政复议法实施条例》只规定了“自知道该具体行政行为之日起”,而没有像《行政诉讼法》那样规定“应当知道作出行政行为之日”。(2)《行政复议法实施条例》第 17 条规定:“行政机关作出的具体行政行为对公民、法人或者其他组织的权利、义务可能产生不利影响的,应当告知其申请行政复议的

[1] 全国人大常委会法制工作委员会行政法室编:《〈中华人民共和国行政诉讼法〉解读与适用》,法律出版社 2015 年版,第 4 页。

[2] 参见胡晓利:《论我国的行政复议申请时效制度》,载《河南师范大学学报(哲学社会科学版)》2010 年第 3 期。

[3] 参见王鹏:《对行政复议申请期限及其例外规定的理解和适用》,载《法律适用(司法案例)》2017 年第 8 期。

[4] 参见范伟:《行政诉讼起诉期限功能定位之反思与修正》,载《行政法学研究》2021 年第 2 期。该文对于行政诉讼起诉期限功能定位的学说进行了较好的梳理与分析,可以借鉴。

权利、行政复议机关和行政复议申请期限。”然而，该规定虽然规定了行政机关的告知期限义务，但是却没有说明行政机关不履行义务的后果和行政相对人基于此的权利救济问题。因此，由于实践的复杂性，很多情形下行政相对人未必知道行政行为已经作出，从而没有机会申请行政复议，这一规定无疑会减少行政相对人的救济机会。(3)在最长复议期限上，2023 年修订前的《行政复议法》也完全没有规定。根据《行政诉讼法》的规定，最长起诉期限分为两类：一类是关于不动产物权变动的行政行为，最长起诉期限是 20 年；另一类是其他行政行为，最长起诉期限是 5 年。最长期限规定能够在法的安定性和保护行政相对人权益之间取得一定的平衡。

2023 年修订后的《行政复议法》第 20、第 21 条和《行政复议法实施条例》对于行政复议申请期限进行了系统规定，建立了完善的行政复议申请期限体系。行政复议申请期限应当包括四类期限：一般期限、法律规定的特殊期限、其他理由导致的延长期限、不变期间即行政复议申请的最长期限。

第一，公民、法人或者其他组织认为行政行为侵犯其合法权益的，可以自知道或者应当知道该行政行为之日起 60 日内提出行政复议申请。这是行政复议期限的原则性规定和一般性规定。在原则以外，还有例外情形：(1)法律规定的行政复议申请期限超过 60 日，遵循法律规定；(2)因不可抗力或者其他正当理由耽误法定申请期限的，申请期限自障碍消除之日起继续计算；(3)行政机关作出行政行为时，未告知公民、法人或者其他组织申请行政复议的权利、行政复议机关和申请期限的，申请期限自公民、法人或者其他组织知道或者应当知道申请行政复议的权利、行政复议机关和申请期限之日起计算。当然，这个例外情形也有限制，即自知道或者应当知道行政行为内容之日起最长不得超过 1 年，因为行政相对人也有照顾好自己权利的注意义务。

第二，在前述一般行政复议申请期限的基础上，也存在不变期限。因不动产物权变动提出的行政复议申请期限是 20 年。对于不动产物权变动以外的其他行政行为的行政复议申请期限是 5 年。

第三，《行政复议法实施条例》第 15 条对行政复议申请期限作了进一步的细化规定：(1)当场作出行政行为的，自行政行为作出之日起计算；(2)载明行政行为的法律文书直接送达的，自受送达人签收之日起计算；(3)载明行政行为的法律文书邮寄送达的，自受送达人在邮件签收单上签收之日起计算；没有邮件签收单的,自受送达人在送达回执上签名之日起计算;(4)行政行为依法通过公告形式告知受送达人的,自公告规定的期限届满之日起计算;(5)行政机关作出行政行为时未告知公民、法人或者其他组织,事后补充告知的,自该公民、法人或者其他组织收到行政机关补充告知的通知之日起计算;(6)被申请人能够证明公民、法人或者其他组织知道行政行为的,自证据材料证明其知道行政行为之日起计算;(7)行政机关作出行政行为,依法应当向有关公民、法人或者其他组织送达法律文书而未送达的,视为该公民、法人或者其他组织不知道该行政行为。

(二)行政复议期限条款的未来完善路径

2023 年修订后的《行政复议法》对行政复议期限进行了比较完善的规定,但是仍然有改进的空间。下文列出行政复议和行政诉讼共通的问题,以供讨论。

1. 行政复议一般申请期限的问题

《行政复议法》对行政复议期限规定的时限较短,只规定了行政复议申请期限是 60 天。与之对比,《行政诉讼法》规定的起诉期限是 6 个月。对此,2020 年司法部发布的《行政复议法(修订)(征求意见稿)》曾将行政复议期限规定为与行政诉讼起诉期限一致的“6 个月”,但在后来的正式文本中,该规定被取消,仍旧保持与原规定一致。可见部分立法者也注意到了行政复议期限过短的问题。行政复议期限过短不仅会极大不利于保护行政相对人的合法权益,而且一个直接后果就是行政相对人可能稍微不注意就超出了法定行政复议期限,从而只能寻求行政诉讼的救济。这无疑是在“驱赶”行政相对人远离行政复议,不利于行政复议作为化解行政争议主渠道功能的展开。此外,行政复议期限和行政诉讼期限的不一致也不利于行政救济体系的统一。因此,可以考虑在未来修改《行政复议法》时对行政复议期限进行延长。

2. 最长申请期限问题

《行政复议法》确立了“5 年/20 年”的最长申请期限规定,但是学界对于是否需要继续延长最长期限仍有争议。有学者认为:“从司法实践出发[1],认为

---

〔1〕 参见中华人民共和国最高人民法院行政裁定书,(2019)最高法行申 4334 号;中华人民共和国最高人民法院行政裁定书,(2019)最高法行申 874 号。

20 年的最长期限仍然不能有效保护相对人，督促当事人及时提起诉讼的目标只有在相对人知道行政行为内容的前提下才能实现，同时，起诉期限的设置是其所追求的法安定性价值与行政诉讼立法目的所追求的价值之间权衡的结果，对于最长期限的限制并不符合比例原则中的相称性原则，也是对实质正义的严重忽略。对此应当重构最大期限规则，使'相对人不知道行政行为内容'成为绝对要件，将最长起诉期限适用范围限缩在'行政行为法律效果不具有延续性'且'相对人不知道行政行为内容'的情形（基本规则），'行政行为法律效果具有延续性'的情形则不受最长起诉期限的限制（除外规则），但相对人起诉时法律效果已经消灭的除外（除外规则的限制规则）。"[1]在德国，也有观点认为，行政复议机关可以根据过期的申请进行实体审查，行政复议机关对此享有程序的主导权，可以决定放弃有利于保护原行政机关的期限。当然这一观点也承认，如果该行政行为对第三人有利，那么在行政复议期限届满后保障这一行政行为的存续力，行政复议机关不能再根据过期的申请进行实体审查。[2]

本书也认同前述观点。行政复议对于最长复议申请期限的设置确实存在一定的固化问题，应当设置制度缺口，在行政复议申请的最长期限设置上允许部分例外性规定，允许确实不知道行政行为，有足够充分的理由和证据证明自己不知道，且存在足够的权利保护必要性的申请人，适当突破 5 年/20 年的最长申请期限，赋予行政复议机关一定的裁量权。这样一来，可以为申请人提供更加宽广的救济机会，在最大程度上化解行政争议，这也是行政复议法的目的、功能的体现。

3. 对于无效行政行为的起诉（申请）期限的认定问题

无效行政行为是否受行政复议申请期限限制这一问题，《行政复议法》没有规定。在行政诉讼法领域，学界对行政诉讼无效行政行为的起诉期限限制问题进行了很多讨论，我国共存在"绝对不受限制""绝对受限制""折中说"三种学说。通说认为，确认无效之诉没有起诉期限的限制，随时可以被宣判无效。这一点区别于撤销之诉。如胡建淼教授提出的，行政行为无效的法律后果之一即

---

〔1〕 王学辉、刘海宇：《行政诉讼最长起诉期限制度的合目的性反思及其规则重塑》，载《行政法学研究》2022 年第 6 期。

〔2〕 参见［德］汉斯·J. 沃尔夫、奥托·巴霍夫、罗尔夫·施托贝尔：《行政法》（第 2 卷），高家伟译，商务印书馆 2003 年版，第 288 ~ 289 页。

是“无时效的法律救济”——当事人随意而且永远可以主张权利。[1] 梁君瑜副教授认为,在实然语境下,现行《行政诉讼法》诉讼时效采受约束之立场是明确的,但是在应然语境下,通过权利保护与法安定性之权衡,宜采不受约束之立场。[2] 也有学者认为,无效行政行为与其他行政行为在起诉期限上并无区别,应当同样有起诉期限的限制。如余凌云教授提出,行政行为即便“无效”,也会随着时间的流逝衍生出其他法律关系,如果无限期地处于可被攻击状态,显然不利于法的安定性和社会关系的稳定。[3] 也有学者对于“无效行政行为是否受起诉期限限制”这一问题采取折中说,即允许行政相对人超过起诉期限对无效行政行为提起诉讼,但应尽量避免之。如曹淑伟法官提出了“有限肯定说”,即原则上无效行政行为应受起诉期限的限制,但是如果法院审查后发现应当确认行政行为无效,那么法院有权排除期限的适用。[4]

我国行政诉讼法的司法实践中也有三种做法:第一种是无起诉期限说,例如在“潘某诉乌鲁木齐高新技术产业开发区管理委员会确认行政行为无效案”中,法院认为:“无效行政行为自始无效,其不受起诉期限限制。”[5]第二种是有起诉期限说。例如在“陈某等诉福建省莆田市城厢区人民政府强制拆除行为无效案”中,最高人民法院认为,行政诉讼法及相关司法解释并无针对无效行政行为起诉期限的特殊规定,行政相对人或者利害关系人起诉要求确认行政行为无效的,仍适用行政诉讼法及相关司法解释关于起诉期限的一般规定。[6] 第三种是适当期间说,属于上述两种观点的折中说。在“郭某等人与淄博市博山区人民政府解除聘任关系案”中,最高人民法院认为:“虽然《中华人民共和国行政诉讼法》并没有明文规定请求确认行政行为无效是否适用起诉期限的规定,但根据一般诉讼原理,请求确认行政行为无效,仍须于适当期间内提起,如果时过

[1] 参见胡建淼:《行政法学》(第4版),法律出版社2015年版,第147页。

[2] 参见梁君瑜:《实然与应然:确认无效诉讼的起诉期限辨析》,载《行政法学研究》2021年第1期。

[3] 参见余凌云:《行政法讲义》(第3版),清华大学出版社2019年版,第267页。

[4] 参见曹淑伟:《确认行政行为无效诉讼的期限研究》,载《行政法学研究》2017年第4期。

[5] 新疆维吾尔自治区乌鲁木齐市中级人民法院行政裁定书,(2016)新01行终字第90号。参见《我国确认无效诉讼没有起诉期限之考辨——兼评行政诉讼法司法解释第162条的合法性》,载《行政法学研究》2021年第5期。

[6] 参见最高人民法院行政裁定书,(2017)最高法行申字第4580号;《我国确认无效诉讼没有起诉期限之考辨——兼评行政诉讼法司法解释第162条的合法性》,载《行政法学研究》2021年第5期。

境迁又重提旧事,则难以维持法律秩序的安定,并不无滥用诉权之嫌疑。”[1]为这个做法辩解的一个可能观点来自德国学者胡芬:“如果原告耽误了进行法律上的澄清的可能性,就有可能缺少法律保(护)需要。”[2]有学者认为,“适当期间”的提出,其实更为激进,其实际上是对确认无效诉讼起诉期限进行了主观化的处理,其中隐含的法律上的意义,具有更深微的突破性。[3] 其实,适当期间说就是在没有法律和司法解释明文规定诉讼期限的现状下,将无效行政行为的期限判断交给法院,由法院自行裁量。比如,本案是否具有很大的法律保护必要性就是重要的裁量因素之一,“即原告之诉拥有值得保护的利益,故足以令法院动用司法资源为其服务”[4]。因此,实际上,适当期间说可能反而是没有法律规定,学理又不能给予足够依据的前提下,法院青睐的较为务实和灵活的做法。

与我国的学说争鸣与实践差异不同,域外不少国家和地区都对无效行政行为的起诉期限问题作了较为明确的规定,其中德国和日本最为典型。

德国是典型的无效行政行为不受起诉期限限制的国家,《联邦德国行政程序法》第 44 条第 5 款规定:“行政机关可随时依职权确认无效,申请人有正当权益的,行政机关应其申请也须确认无效。”平特纳指出:“当事人对于无效行政行为不需要采取任何行动……却带有相当风险,因为无法保证以后所有行政机关也这样认为。”[5]毛雷尔也提出:“无效行政行为自始不产生预期的法律效果……任何人任何时间都可以主张其无效。”[6]同时,德国的立法者显然预料到了这一制度的弊端,出于法安定性的考量,德国另外设计出两种制度来防止滥诉:一是“诉的利益”规则;二是确认诉讼的补充性规则。《联邦德国行政法院法》第 43 条第 2 款规定:“原告之权利得或可得经由形成诉讼或给付诉讼实现者,不得提起确认诉讼。”

---

〔1〕 中华人民共和国最高人民法院(2016)行政裁定书,最高法行申 2233 号。值得一提的是,该案与上述陈某等诉福建省莆田市城厢区人民政府强制拆除行为无效案的主审法官都是同一法官,由此可见在最高人民法院内部,甚至是主审法官自身,对于起诉期限的态度都存在一定程度的摇摆。

〔2〕 [德]弗里德赫尔穆·胡芬:《行政诉讼法》,莫光华译,法律出版社 2003 年版,第 326 页。

〔3〕 参见刘春:《确认无效诉讼起诉期限的司法填补》,载《行政法学研究》2019 年第 3 期。

〔4〕 梁君瑜:《实然与应然:确认无效诉讼的起诉期限辨析》,载《行政法学研究》2021 年第 1 期。

〔5〕 [德]G. 平特纳:《德国普通行政法》,朱林译,中国政法大学出版社 1999 年版,第 137 页。

〔6〕 [德]哈特穆特·毛雷尔:《行政法学总论》,高家伟译,法律出版社 2000 年版,第 253 页。

在日本,行政诉讼的目的为“保护私人的行政法上的利益”而非“保障行政合法性”[1]。“无效确认诉讼可以说是‘乘坐定期公共汽车’而晚了点的撤销诉讼”[2],而无效等确认之诉区别于撤销诉讼的一个显著特征即为“即使已经超过起诉期限,仍然可以提起”[3]。日本同样对原告的资格以及诉讼类型的选择作出了严格限制,《日本行政事件诉讼法》第36条规定,凡有可能遭受该处分或裁决之后的处分的损害者,以及具有要求确认该处分或裁决无效的法律上的利益者,依据关于以该处分或裁决的存在与否或效力有无为前提的现存法律关系的诉讼,尚不能达到目的的,可以提起无效等确认之诉。杨建顺教授也提出,“行政处分的无效等确认诉讼,只有在通过现存法律关系的诉讼不能达到目的时才予以允许”[4]。

有学者认为,《行政诉讼解释》第94条第2款无法导出确认无效诉讼不受起诉期限约束。[5] 本书认为,从该条规定,似乎还是可以推论出无效行政行为并不受起诉期限的限制:一方面,原告提起确认无效之诉,法院审查认为不存在无效情形的,需向原告释明是否变更诉讼请求。这就意味着针对确认无效之诉,法院应当不问是否超过起诉期限而首先审查行政行为是否存在无效情形。另一方面,如经释明原告变更诉讼请求为撤销行政行为,若超过了起诉期限,法院直接裁定驳回起诉;而对于一开始请求撤销的诉讼请求,法院审查认为行政行为无效的,则应当判决确认无效。也就是说,是否受起诉期限限制是确认无效之诉与撤销之诉的显著区别,请求确认行政行为无效的,并不存在起诉期限的障碍。最高人民法院行政审判庭编著的书也肯认了这一观点,“确认无效诉讼和撤销诉讼的重大差别就在于确认无效诉讼没有起诉期限的限制,而撤销诉讼存在起诉期限的限制”[6]。

综上所述,无效行政行为不受起诉期限限制既是立法的导向也是学理上的普遍观点,在司法实践中也获得了一定的支持。《行政诉讼法》及《行政诉讼解

[1] 王天华:《行政诉讼的构造:日本行政诉讼法研究》,法律出版社2010年版,第25页。
[2] [日]盐野宏:《行政救济法》,杨建顺译,北京大学出版社2008年版,第153页。
[3] 杨建顺:《日本行政法通论》,中国法制出版社1998年版,第722页。
[4] 杨建顺:《日本行政法通论》,中国法制出版社1998年版,第706页。
[5] 参见梁君瑜:《实然与应然:确认无效诉讼的起诉期限辨析》,载《行政法学研究》2021年第1期。
[6] 最高人民法院行政审判庭编著:《最高人民法院行政诉讼法司法解释理解与适用》(上),人民法院出版社2018年版,第438页。

释》都没有对无效行政行为的起诉期限进行规定,这一问题也影响了《行政复议法》。不过,虽然行政复议法对于无效行政行为的行政复议申请期限规定阙如,但是前述观点讨论对于行政复议法大有镜鉴之作用。本书认为,一方面,《行政复议法》未来修法时可以考虑直接对申请期限体系进行完善;另一方面,行政复议机构在对无效行政行为进行审查时,可以采用"无申请期限说"或者"适当期限说",从而更大程度地保护行政相对人的权利,化解行政争议。

4. 关于无效行政协议的起诉(申请)期限的认定

《行政复议法》新增了行政协议案件的受理规定,其第 11 条第 13 项规定,行政复议机关可以受理行政机关不依法订立、不依法履行、未按照约定履行或者违法变更、解除政府特许经营协议、土地房屋征收补偿协议等行政协议的案件。因此,行政复议审理中也必然会涉及对于行政协议效力的判断问题。由于《行政复议法》未对无效行政协议的行政复议申请期限进行规定,行政诉讼中对于无效行政协议起诉期限的判定规则具有重要借鉴作用。

行政协议兼具民事性和行政性双重性质。在民事诉讼领域,无效民事合同一般没有诉讼时效的限制,当事人在任何时候均可主张其无效。无效民事合同不适用民事诉讼时效的相关规定可从《民法典》中推断,理论界的观点与司法实践中的相关判决支持也提供了确凿的依据。在行政诉讼领域,司法实践中也普遍持有"无效行政协议绝对受起诉期限限制"的观点。[1] 其中的原因可能包括两个方面:第一,对于无效行政行为的效力、起诉期限等问题已经形成了通说,但是对于无效行政协议却没有相关理论的供给。第二,从上文梳理可以看出,立法没有明确规定无效行政行为的起诉期限,司法实践也莫衷一是,何况是争议更多的无效行政协议。司法裁判中法官由于缺少法律依据不会认同无期限说,反之,出于说理的简易性、审理的方便性,法院更倾向于以无效行政行为有起诉期限而拒绝受案。

本书认为,无效行政协议的起诉/申请期限应不受限制,主要有两方面的原因:

第一,无效行政协议同时具有民事属性和行政法属性。在公法层面,无效行政行为只有有限公定力,公民享有无效确认权与抵抗权,为了保障行政相对

---

〔1〕 相关梳理可以参见王青斌、张莹莹:《论无效行政协议的起诉期限》,载《浙江学刊》2018 年第 5 期。

人对无效行为的抵抗权，必须在行政救济法体系上进行有针对性的制度创新。[1] 据此，无效行政协议的起诉期限也应遵循无效行政行为不受起诉期限限制的一般性原则。在私法层面，行政协议和民事协议具有本质上的相似性。行政协议是行政机关为了实现行政管理或者公共服务目标，与公民、法人或者其他组织协商订立的具有行政法上权利义务内容的协议，是民事合同原理在行政权作用上的运用和发展[2]。行政协议的合意属性决定了确定无效行政协议的起诉期限必须参照民事合同的诉讼时效，而无效民事合同在民事诉讼中一般被认为没有诉讼时效限制，故而无效的行政协议也应该不受起诉期限的限制。

第二，对于无效行政协议的诉讼期限限制的讨论需要建立在保障行政效率和保障实质正义的利益衡量基础上，并需要更加偏重保障实质正义。无效行政协议同时牵涉协议双方的利益，更涉及法的稳定性。如何平衡行政机关一定的预期利益、行政相对人的"过期"权益和救济的效率保障？毛雷尔认为："法的安定性原则要求赋予行政行为（临时的或撤销期限届满后确定的）存续力，即使行政行为可能存在瑕疵；但在行政行为具有明显并且重大瑕疵的情况下，不再适用法的安定性原则，而应当适用实质的正当性原则。"[3]行政救济制度的重心在于救济，起诉期限制度也应为救济这一目标而服务，而不是让步于司法效率。因此，随着形式法治国走向实质法治国，实质法治的题中之义就是要求国家应尽可能地在自由民主的价值秩序之下，追求形式正义之上的实质性正义。

综上所述，虽然《行政复议法》对无效行政协议的申请期限没有规定，但是行政协议的起诉/申请期限也应当遵循与无效行政行为一样的期限规则，即应当没有期限限制。此外，在具体的案件中，当法院/行政复议机关对行政协议的效力进行审查时，应坚持"无效实体审查优先"规则，即经审查发现被诉行政协议确实无效的，不问期限一律作出确认无效判决；被诉行政协议尚未达到无效情形的，则仍要受法定期限的约束和限制。[4]

章志远教授指出："在一个成熟而健康的法治社会中，行政纠纷的公正及时

---

〔1〕 参见王锡锌：《行政行为无效理论与相对人抵抗权问题探讨》，载《法学》2001年第10期。

〔2〕 参见[日]室井力主编：《日本现代行政法》，吴微译，中国政法大学出版社1995年版，第141页。

〔3〕 [德]哈特穆特·毛雷尔：《行政法学总论》，高家伟译，法律出版社2000年版，第251页。

〔4〕 参见王青斌、张莹莹：《论无效行政协议的起诉期限》，载《浙江学刊》2018年第5期。

化解只能冀望于国家正式救济制度的运转。”[1]前述四个问题只可能是未来行政复议实践中遇到的众多难题之一,但是能折射出行政复议法在行政救济体系中的漏洞。未来行政复议法修法的时候应修正此类问题,建立一套完善、全面的行政救济体系,充分化解行政争议。但是在新修订的《行政复议法》刚出台、短时间内不会修法的现实情况下,行政复议机关在受理和审查上述行为的过程中,在考虑权利保护必要性的前提下,也应当充分给予申请人足够的救济机会。

三、申请行政复议的形式

2023 年修订前的《行政复议法》曾规定行政复议申请可以以书面或口头的形式进行申请,但是 2023 年修订后的《行政复议法》取消了此条规定。申请形式总体上来说可以分为口头和书面两种形式,不同申请形式有不同的要求。

(一)书面申请

《行政复议法》第 22 条第 2 款规定:“书面申请的,可以通过邮寄或者行政复议机关指定的互联网渠道等方式提交行政复议申请书,也可以当面提交行政复议申请书。行政机关通过互联网渠道送达行政行为决定书的,应当同时提供提交行政复议申请书的互联网渠道。”《行政复议实施条例》第 18 条规定:“申请人书面申请行政复议的,可以采取当面递交、邮寄或者传真等方式提出行政复议申请。有条件的行政复议机构可以接受以电子邮件形式提出的行政复议申请。”这条规定是对于书面申请行政复议方式的进一步细化规定。据此,书面申请方式包括邮寄提出书面申请、传真提出书面申请、网上提交书面申请、当面提交书面申请等。

书面申请的优势在于有利于申请人全面、准确地提出自己的行政复议请求,陈述清楚行政复议申请的事实、理由和根据。书面申请的形式也更加严肃。对于行政复议机关而言,其也能全面掌握相关信息,及时快速地对行政复议申请作出大体的判断,以对后续处理有一个整体把握,更快、更准确地审查和

[1] 章志远:《行政法上的公民拒绝权研究——以人权三种存在形态理论为分析视角》,载《苏州大学学报(哲学社会科学版)》2010 年第 3 期。

结案。

申请人提交书面申请时,主要应当提交行政复议申请书。行政复议申请书中应当载明以下事项:(1)申请人的基本情况,包括公民的姓名、性别、年龄、身份证号码或者统一社会信用代码、工作单位、住所、邮政编码;法人或者其他组织的名称、住所、邮政编码和法定代表人或者主要负责人的姓名、职务。(2)被申请人的名称。(3)行政复议请求、申请行政复议的主要事实和理由。(4)公民的签名及捺印;法人的盖章及法定代表人签名;其他组织的盖章及主要负责人签名。(5)申请行政复议的日期。并附申请人身份证明的复印件。

此外,在上述条件外,如果出现法定情况,申请人还应当提供其他证明材料:(1)认为被申请人不履行法定职责的,提供曾经要求被申请人履行法定职责而被申请人未履行的证明材料;(2)申请行政复议时一并提出行政赔偿请求的,提供受行政行为侵害而造成损害的证明材料;(3)法律、法规规定需要申请人提供证据材料的其他情形。

行政复议申请格式应当尽量按照行政复议申请书的格式来写:对行政复议机关而言,可以提高行政复议效率,方便行政复议机关审查;对申请人而言,也可以减少程序诉累,避免因为行政复议申请事项不齐全而影响自己的权益。申请人可以通过以下方式提交申请。

1. 邮寄提出书面申请。申请人可以通过邮寄,将行政复议申请书邮寄给行政复议机关、行政复议机构,或其他接受申请的行政机关。这是较为普遍的行政复议申请方式,也是最典型的书面申请方式。其优点是简便易行,但存在身份确认问题。[1]《行政复议法》第 22 条第 2 款规定可以通过邮寄方式进行行政复议申请。在计算日期上,申请人以邮寄方式提交行政复议申请的,以行政机关签收之日为收到申请之日;以平常信函等无须签收的邮寄方式提交行政复议申请的,行政复议机关应当于收到申请的当日与申请人确认,确认之日为收到申请之日。

2. 传真提交书面申请。传真类似于邮寄,只能传真申请书。申请人采取传真、网上或者电话方式申请行政复议存在以下问题:一是难以确认申请人的真实身份;二是申请人提出申请时未能一并提交证据材料,不便于行政复议机关

---

〔1〕 参见《行政复议办案指南》编写组编:《行政复议办案指南》,中国法制出版社 2008 年版,第 70 页。

及时审查处理。[1] 应当注意,以收到此类电子式申请的日期为行政复议申请起算点,并据此计算行政复议申请期限。

3. 网上提交书面申请。随着互联网的普及,网上提交行政复议书面申请也将变得更为普遍和高效。申请人可以通过互联网渠道提交行政复议申请。在计算日期上,应以双方确认之日为收到申请之日。

4. 当面提交书面申请。此种申请方式是所有书面申请方式中最正式的。申请人亲自将申请的相关文件提交给行政复议机关,并且以提交之日为收到申请之日。

行政复议申请书(格式样本)

申请人:×××(填写申请人的基本情况。其中,公民申请行政复议的,须填写姓名、性别、年龄、具体工作单位及职务或具体所在地及身份;法人或其他组织申请行政复议的,直接填写单位全称即可)

身份证号码:××××××××××××××××××(法人或其他组织申请行政复议的,不列此项)

住(地)址及联系方式:××××××××××××××(公民申请行政复议的,填写身份证记载的住址、现住所(通信)地址及联系方式;法人或其他组织申请行政复议的,填写单位住所地通信地址及联系方式)

法定代表人(或主要负责人):×××(公民申请行政复议的,不列此项)

委托代理人:×××(没有委托代理人的,不列此项)

被申请人:××××××××××××××××××

地址:××××××××××××××××××××

法定代表人:××××××××××××××××××

案由:申请人×××不服被申请人×××作出的××××××(行政行为名称),向×××(行政复议机关名称)申请行政复议。

一、行政复议请求

(一)撤销被申请人作出的××××××(行政行为名称)或确认被申请人的××××××(行政行为名称)行政行为违法;

---

〔1〕 参见《行政复议办案指南》编写组编:《行政复议办案指南》,中国法制出版社2008年版,第70页。

二、申请行政复议的主要事实、理由和依据

(一)××××××××××;

此致

××××××(行政复议机关名称)

附件:

1. 身份证明复印件

2. 授权委托书(申请人没有委托代理人的,不列此项)

3. 证据材料清单及证据材料(申请人须在证据材料清单上签名或盖章)

申请人:×××(签名或单位盖章)

××××年××月××日

(二)口头申请

申请人口头申请的,行政复议机构应当当场制作行政复议申请笔录交申请人核对或者向申请人宣读,并由申请人签字确认。口头申请是与书面申请形式的并列形式,是对于后者的补充。口头申请形式是为了照顾一些文化水平较低的公民,平等保护其合法权益。口头申请对行政复议机关的记录和受理程序提出了较高要求:(1)申请人申请口头行政复议的,《行政复议法》第22条第3款规定,口头申请的,行政复议机关应当当场记录申请人的基本情况、行政复议请求、申请行政复议的主要事实、理由和时间。(2)根据《行政复议法实施条例》第20条的规定,申请人口头申请行政复议的,行政复议机构应当依照《行政复议法实施条例》第19条规定的事项,当场制作行政复议申请笔录交申请人核对或者向申请人宣读,并由申请人签字确认。换言之,行政复议机关应当帮助申请人填写行政复议申请书,申请内容应当与书面申请方式中的内容保持一致。

四、行政复议程序中申请人的权利

行政复议申请和后续的审理程序中,行政复议申请人有以下权利。根据权利内容的不同,本书将申请人在行政复议程序中的权利分为实体性权利与程序性权利。

(一)实体性权利

1. 根据案件性质的不同向不同行政复议机关进行行政复议申请的权利。

2. 委托代理人的权利。《行政复议法》第 17 条规定:“申请人、第三人可以委托一至二名律师、基层法律服务工作者或者其他代理人代为参加行政复议。申请人、第三人委托代理人的,应当向行政复议机构提交授权委托书、委托人及被委托人的身份证明文件。授权委托书应当载明委托事项、权限和期限。申请人、第三人变更或者解除代理人权限的,应当书面告知行政复议机构。”但是需要注意的是,如果要代为放弃、承认、变更行政复议请求,进行和解、调解、提出、放弃、承认、变更行政赔偿请求等,则需要申请人特别授权。

3. 申请法律援助的权利。《行政复议法》第 18 条规定:“符合法律援助条件的行政复议申请人申请法律援助的,法律援助机构应当依法为其提供法律援助。”

4. 提出行政赔偿的请求。申请人在申请行政复议时可以一并提出行政赔偿请求。

5. 提出规范性文件附带审查的权利。

6. 申请人有撤回行政复议申请权,即在行政复议机关作出行政复议决定前,经过行政复议机关确认,申请人可以撤回申请。根据《行政复议法》第 41 条的规定,申请人撤回行政复议申请,行政复议机构可以准予撤回。根据《行政复议法》第 74 条的规定,申请人撤回行政复议申请的,不得再以同一事实和理由提出行政复议申请。但是,申请人能够证明撤回行政复议申请违背其真实意思表示的除外。

撤回行政复议申请主要包括五种情形:第一种是向行政复议机关提出申请后,被申请行政机关改变或撤销了原行政行为,而申请人对于变动或撤销表示满意和接受,因此申请撤回申请。第二种是申请人认为申请较难被行政复议机关受理或者较难被行政复议机关支持,因此撤回复议申请。第三种是在提交申请后,行政复议机关、行政机关与申请人进行了调解与和解(和解内容不得损害国家利益、社会公共利益和他人合法权益,不得违反法律、法规的强制性规定),申请人撤回申请。第四种是申请人认为直接起诉更有助于解决问题,解决争议,因此直接向法院起诉,撤回行政复议申请。第五种是由于 2023 年修订后的

《行政复议法》中增加了听证程序的规定,如果申请人无正当理由拒不参加听证,视为撤回行政复议申请。

以上列举的撤回行政复议申请的典型情形,撤回行政复议申请都需要遵循以下原则:第一,撤回行政复议申请必须基于自愿原则,任何人、行政机关不得强迫申请人撤回申请。第二,不违反法律法规的强制性规定,不损害国家公共利益、第三人合法权益。第三,撤回行政复议申请的时间是在受理行政复议后、行政复议决定作出之前。第四,撤回行政复议申请需要说明理由,经过行政复议机关同意才能撤回申请。行政复议机关需要作出裁决书,作为撤回申请的依据。如果后续申请人直接起诉,该裁决书是行政复议活动终止的依据。

行政复议机构准予撤回行政复议申请、行政复议机关决定终止行政复议的,申请人不得再以同一事实和理由提出行政复议申请。

实践中也会出现申请人同时申请行政复议和起诉,并坚持要求双方同时审理的情形。根据最高人民法院的观点:"如果人民法院直接受理,就意味着替当事人决定放弃复议权直接进入诉讼,而如果裁定不予立案,则当事人复议后仍可以选择诉讼维护其权利,因此,一般应当首先予以释明,如果当事人拒不作出选择,则裁定不予立案。"[1]

7. 申请人有提出和解、调解的权利。2023 年修订后的《行政复议法》正式确立了行政复议调解制度。行政复议决定作出前,行政复议机关可以按照合法、自愿原则进行调解;同时,申请人与被申请人自愿达成和解后,由申请人向行政复议机关撤回行政复议申请。行政复议调解书具有和行政复议决定书相同的效力。

(二)程序性权利

1. 申请人有查阅权等权利。《行政复议法》第 47 条规定:"行政复议期间,申请人、第三人及其委托代理人可以按照规定查阅、复制被申请人提出的书面答复、作出行政行为的证据、依据和其他有关材料,除涉及国家秘密、商业秘密、

---

〔1〕 最高人民法院行政审判庭编著:《最高人民法院行政诉讼法司法解释理解与适用》(上),人民法院出版社 2018 年版,第 308 页。

个人隐私或者可能危及国家安全、公共安全、社会稳定的情形外,行政复议机构应当同意。"

2. 申请人有申请停止执行行政行为的权利。《行政复议法》第 42 条规定:"行政复议期间行政行为不停止执行;但是有下列情形之一的,应当停止执行:(一)被申请人认为需要停止执行;(二)行政复议机关认为需要停止执行;(三)申请人、第三人申请停止执行,行政复议机关认为其要求合理,决定停止执行;(四)法律、法规、规章规定停止执行的其他情形。"

3. 申请人有陈述、申辩权。申请人可以就行政复议请求或者主张事实向行政复议机关提出证据,陈述意见,对其他当事人的主张或者提交的证据表示认可或者进行反驳。

4. 申请人有请求行政复议机关调查证据的权利。如果申请人提供了证据或者线索,但是出于客观原因无法自行收集,可以申请行政复议机关向有关机关调取证据。此项权利并非法律法规直接规定的权利,但可根据法条推导出来。《行政复议法实施条例》第 33 条规定,行政复议机构认为必要时,可以实地调查核实证据;对重大、复杂的案件,申请人提出要求或者行政复议机构认为必要时,可以采取听证的方式审理。《行政复议法实施条例》第 34 条第 1 款规定,行政复议人员向有关组织和人员调查取证时,可以查阅、复制、调取有关文件和资料,向有关人员进行询问。从以上两条规定可以看出,行政复议机关在有必要时可以调查证据,但问题是上述规定只规定了调查的权力,没有规定调查的启动权。"复议机关对于复议案件并没有自己的需要,只是满足查明案件事实的需要,而案件是申请人提出的,行政复议机构也有必要依申请人的申请进行调查。"[1]因此,从上述两个条文可以推导出申请人要求行政机关调查证据的权利。

5. 申请人有权请求行政复议机关采取当面质证或陈述意见或听证等方式审理行政复议案件。《行政复议法》正式规定了听证程序制度,将听证权视为一项正式性的程序性权利。

---

〔1〕《行政复议办案指南》编写组编:《行政复议办案指南》,中国法制出版社 2008 年版,第 57 页。

第三节　行政复议的受理

受理是行政主体接受公民、法人或者其他组织提供的申请信息，并通过审查其是否符合法律规定，决定是否受理等一系列方式、手段、措施的法律规范所构成的行政程序制度。[1] 行政复议机关在收到行政复议申请后，并不当然意味着就一定受理，还需要经历审查和决定程序；只有通过受理审查阶段，才意味着行政复议申请成立，正式进入实体审理。

一、接受行政复议申请的机关

1. 法定机关。根据《行政复议法》第 30 条的规定，行政复议机关收到行政复议申请后，应当在 5 日内进行审查，对不符合规定的行政复议申请，在审查期限内决定不予受理并说明理由。《行政复议法》第 32 条规定："对当场作出或者依据电子技术监控设备记录的违法事实作出的行政处罚决定不服申请行政复议的，可以通过作出行政处罚决定的行政机关提交行政复议申请。行政机关收到行政复议申请后，应当及时处理；认为需要维持行政处罚决定的，应当自收到行政复议申请之日起五日内转送行政复议机关。"

2. 行政复议机关不再负责转送行政复议申请。根据《行政复议法》第 30 条的规定，对于不属于该行政复议机关受理的行政复议申请，"应当在不予受理决定中告知申请人有管辖权的行政复议机关"。2023 年修订前的《行政复议法》将转送行政复议申请作为行政复议机关的法定职责，但是在修订后，行政复议机关不再具有转送申请的职责，需要申请人自己向正确的行政复议机关提交申请。

3. 法定的原机关。《行政复议法》规定了部分特殊的行政复议是原级复议，由作出原行为的行政机关负责行政复议，例如国务院部委就负责审理自己作出的行政行为。

[1] 参见姜明安主编：《行政程序研究》，北京大学出版社 2006 年版，第 36 页。

二、对行政复议申请的审查

(一)审查内容

行政复议机关收到行政复议申请后,应当在5天内进行审查。对不符合行政复议法规定的行政复议申请,作出不予受理的行政复议决定,并书面告知申请人;对于符合行政复议法规定,但是不属于管辖范围的行政复议申请,应当告知申请人向有关的行政复议机关提出。

行政复议机关对行政复议申请进行审查,主要以形式审为主,实体审为辅。形式审查的主要是:(1)有明确的申请人,被申请人符合《行政复议法》的规定;(2)行政复议请求和理由具体明确;(3)属于法定申请期限;(4)属于受申请的行政复议机关的管辖范围;(5)是否向其他行政复议机关申请行政复议,且其他行政复议机关是否已经受理这一申请;(6)是否向法院提起行政诉讼,以及法院是否受理。实质审查的主要是:(1)申请人与行政行为是否存在利害关系;(2)行政复议申请是否属于行政复议受案范围。

(二)对行政复议申请的处理

行政复议机关在收到行政复议申请并审查后,根据实际情况不同可能会产生以下四种处理后果:

第一,受理。当行政复议申请符合法定情形时,且属于本行政复议机关管辖的予以受理。行政复议申请自行政复议机关相关机构收到之日起即为受理。

第二,申请材料提交不全的处理方式。无论是书面申请还是口头申请,材料不齐全的需要一次性补正。补正申请材料所用时间不计入行政复议审理期限。《行政复议法》第31条第1款规定:“行政复议申请材料不齐全或者表述不清楚,无法判断行政复议申请是否符合本法第30条第1款规定的,行政复议机关应当自收到申请之日起五日内书面通知申请人补正。补正通知应当一次性载明需要补正的事项。”第2款规定:“申请人应当自收到补正通知之日起十日内提交补正材料。有正当理由不能按期补正的,行政复议机关可以延长合理的补正期限。无正当理由逾期不补正的,视为申请人放弃行政复议申请,并记录在案。”此外，如果在行政复议申请审查期限届满时，行政复议机关未作出不予受理决定，审查期限届满之日起即为受理。

第三，不予受理。对于不符合申请条件的行政复议申请，行政复议机关决定不予受理。实质上，不予受理决定类似于行政诉讼中的驳回起诉，是一种程序性驳回。

第四，告知。当行政复议机关对该案件不具有管辖权时，应当告知申请人向具有管辖权的行政复议机关提出申请。行政复议机关并没有转送申请的义务。

三、受理审查的监督

申请人不服不予受理的决定，有如下两种救济方式：

第一种是行政救济方式。当行政复议机关不予受理或者不作为时，申请人可以寻求行政系统内部的救济方式，即向行政复议机关的监督机关或者上级机关反映。《行政复议法》第 35 条规定：“公民、法人或者其他组织依法提出行政复议申请，行政复议机关无正当理由不予受理、驳回申请或者受理后超过行政复议期限不作答复的，申请人有权向上级行政机关反映，上级行政机关应当责令其纠正；必要时，上级行政复议机关可以直接受理。”

第二种是诉讼救济方式。申请人在被拒绝受理后或者受理后超出法定期限没有收到回复，申请人可以选择在收到不予受理决定书 15 天内直接向法院起诉，让法院对行政复议机关的行为进行审查和监督。

四、受理的效果

受理意味着行政复议正式审理程序的启动，行政复议期限开始计算。没有法定事由，期限计算不能中断，行政复议机关必须在法定期限内作出行政复议决定。受理还意味着申请人不能同时就同一行政行为提起行政诉讼。《行政复议法》第 29 条第 1 款规定：“公民、法人或者其他组织申请行政复议，行政复议机关已经依法受理的，在行政复议期间不得向人民法院提起行政诉讼。”

第七章 行政复议的审理和决定

第一节 行政复议案件的审理原则

行政复议审理原则是行政复议审议程序的“灵魂”，对行政复议审理程序具有指导和引导作用。

一、口头审理原则

口头审理是指当事人在口头辩论期日出庭并以口头方式向法院提出诉讼资料的审理方式。[1] 口头审理作为一种审理方式，具有印象直接而鲜明，可以通过释明而明确疑点，容易把握当事人的真正意图等优点。[2]

（一）口头审理的实践介绍

部分国家和地区的行政复议制度经历了逐步肯定口头审理方式的过程。

韩国对行政复议审理方式的变革较为彻底。1995 年之前，《韩国行政审判法》以书面审理为原则，是否采取口

---

〔1〕 参见段文波：《一体化与集中化：口头审理方式的现状与未来》，载《中国法学》2012 年第 6 期。

〔2〕 参见［日］盐野宏：《行政救济法》，杨建顺译，北京大学出版社 2008 年版，第 20 页。

头审理的方式完全取决于行政审判委员会的裁量。这与推进行政复议的司法化相违背,不利于当事人(尤其是复议申请人)通过口头辩论的方式提出有利于自身的主张并举证,因此也招致不少批评。最终,1995 年韩国法律修订之后,书面审理的原则被废止,审理方式改为可以口头审理或者书面审理,但是当事人申请进行口头审理的,除非必须进行书面审理,行政审判委员会必须进行口头审理(《韩国行政审判法》第 26 条第 2 款)。但法律并没有明确行政审判委员会应当在何种情形下进行口头审理。[1]

德国的行政复议制度原则上采用的是书面审理的方式,但在实践中,这一方式已有所突破。《联邦德国行政法院法》第 71 条规定了听证:"如果复议程序中对具体行政行为的撤销或变更首次包含了一个负担在内,则应在纠正决定或复议决定之前听取相关人的意见。"但听证并不要求口头进行,原则上仍以书面进行。复议申请人或第三人无权要求复议机关以言词审理方式听取意见,听取意见的方式由复议机关视具体情形自行决定。但在莱茵兰 - 普法尔茨州等州中,由市和县法律委员会负责复议活动,这些委员会以市长或县长为(至少是名义上的)主席,但其成员并不受主席的指令约束,委员会在公开和言辞审理的基础上作出有关决定。[2]

我国台湾地区的"诉愿法"确立了书面审理方式,但并未排除口头审理方式。我国台湾地区"诉愿法"第 63 条规定:"诉愿就书面审查决定之。受理诉愿机关必要时得通知诉愿人、参加人或利害关系人到达指定处所陈述意见。诉愿人或参加人请求陈述意见而有正当理由者,应予到达指定处所陈述意见之机会。"第 65 条规定:"受理诉愿机关应依诉愿人、参加人之申请或于必要时,得依职权通知诉愿人、参加人或其代表人、诉愿代理人、辅佐人及原行政处分机关派员于指定期日到达指定处所言词辩论。"第 66 条规定:"言词辩论之程序如左:一、受理诉愿机关陈述事件要旨。二、诉愿人、参加人或诉愿代理人就事件为事实上及法律上之陈述。三、原行政处分机关就事件为事实上及法律上之陈述。四、诉愿或原行政处分机关对他方之陈述或答辩,为再答辩。五、受理诉愿机关对诉愿人及原行政处分

---

[1] 参见吕艳滨:《韩国的行政复议制度》,载周汉华主编:《行政复议司法化:理论、实践与改革》,北京大学出版社 2005 年版。

[2] 参见李洪雷:《德国的行政复议制度》,载周汉华主编:《行政复议司法化:理论、实践与改革》,北京大学出版社 2005 年版。

机关提出询问。前项辩论未完备者,得再为辩论。"可见,我国台湾地区的诉愿制度在以书面审理为原则的基础上,增加了陈述意见和言词辩论程序。其中,言词辩论程序就是一种由当事人双方都参加的公开听审程序。言词辩论程序的启动条件是诉愿人、参加人的申请或者是受理诉愿机关认为有必要时。

(二)《行政复议法》关于口头审理的规定

《行政复议法》已经确定了口头审理为原则、书面审查为例外的形式。《行政复议法》第49条规定:"适用普通程序审理的行政复议案件,行政复议机构应当当面或者通过互联网、电话等方式听取当事人的意见,并将听取的意见记录在案。因当事人原因不能听取意见的,可以书面审理。"但是"因当事人原因不能听取意见的,可以书面审理"。在这一规定下,口头审理原则更接近于开庭审理或者听证审理的审理模式。同时,《行政复议法》第50~51条还规定了相应配套的听证程序。

二、全面审理原则

我国的行政诉讼中,法院出于对行政权的尊重,在审理行政案件的过程中往往不愿意进行全面审查(主要是指合理性审查)。传统观点认为,对行政行为的司法审查以合法性审查为原则,以合理性审查为例外。王汉斌同志在1989年《关于〈中华人民共和国行政诉讼法(草案)〉的说明》中已阐明:"人民法院审理行政案件,是对具体行政行为是否合法进行审查。至于行政机关在法律、法规规定范围内作出的具体行政行为是否适当,原则上应由行政复议处理,人民法院不能代替行政机关作出决定。"随着《行政诉讼法》的修改和行政诉讼法理论的完善,这一传统观点已经逐渐被祛魅——合理性审查不再是法院的"禁区",但是传统观点仍然深深影响着法院的司法审查过程。同时也应看到,客观层面法院也缺乏相应的司法资源和专业能力对行政案件进行合理性审查,"司法审查对于罩着一层合法外衣的行政裁量行为而言,其控制的实际效果往往是不尽如人意的"[1]。

---

〔1〕 方军:《论中国行政复议的观念更新和制度重构》,载周汉华主编:《行政复议司法化:理论、实践与改革》,北京大学出版社2005年版。

行政复议相比于行政诉讼的主要优势，在于行政复议机关可以对案件进行全面审查。这一优势主要有两方面保障：一方面是行政复议人员专业素质的保障。行政复议人员具备更多的专业素养，更有能力解决行政争议中的专门问题。另一方面是组织法的保障，行政复议也是行政系统内部的纠错机制。“行政复议是行政机关的一种自我监督方式，在决定机关与复议机关不同一的情况下，还具有行政内部分权的功能。”[1]根据《地方各级人民代表大会和地方各级人民政府组织法》第 73 条第 2、第 3 项的规定，县级以上的地方各级人民政府行使下列职权：领导所属各工作部门和下级人民政府的工作；改变或者撤销所属各工作部门的不适当的命令、指示和下级人民政府的不适当的决定、命令。此种监督权是层级监督原则的体现，上级机关完全有权力全方位地对下级机关的行政活动进行判断和监督，因此不存在司法权对行政权的干涉之虞。

因此，行政复议中应坚持合法性审查和合理性审查并进的全面审查原则。正视司法审查的不足，重视利用行政复议的行政专业优势，对行政裁量权实施有效的控制。行政复议机关应当深入行政裁量过程，对行政裁量的合法性、合目的性、合理性进行透彻审视，积极主动地作出实体性行政复议决定，及早解决行政争议，发挥行政复议的制度功能。《行政复议法》第 68 条规定了行政复议审理的几方面内容：“行政行为认定事实清楚，证据确凿，适用依据正确，程序合法，内容适当的，行政复议机关决定维持该行政行为。”这条规定可以被视为对全面审理原则的体现。

三、行政复议停止执行原则

不停止执行原则不利于充分保护行政相对人的合法权益。行政复议及行政诉讼的主要功能都是对行政相对人的合法权益提供有效的救济途径，无论是在行政复议过程中还是行政诉讼过程中，各方当事人均应受到平等对待。“在争讼过程中，公益与私益应平等对待。立法中对公益与私益确定不同保护方式

---

〔1〕［德］汉斯·J. 沃尔夫、奥托·巴霍夫、罗尔夫·施托贝尔：《行政法》（第 2 卷），高家伟译，商务印书馆 2003 年版，第 271 页。

的做法,不能也不应适用于执法和司法领域。”[1]法律适用平等是法治的基本要求,争讼程序中各方当事人无论代表公益还是私益,都处于平等的法律地位,这应是原则要求而非例外。[2] 不停止执行原则的设计不利于对行政相对人权利的充分保护,阻碍了行政复议救济功能的发挥。行政复议和行政诉讼期间不停止执行,也容易出现违法行政行为造成的损害难以逆转的情形。

行政复议过程中原行政行为是否要继续执行,各个国家的规定并不一致,形成了三种模式。

1. 有国家规定复议过程中除非有特殊情况出现,否则应当停止原行政行为的执行。例如《联邦德国行政法院法》第 80 条第 1 款规定:“提起复议与撤销诉讼具有延宕效力。”这就对行政相对人形成了一个暂时性权利保护。当事人提起行政复议的目的在于请求行政机关对自己的权利加以保护,但由于行政复议程序的进行需要耗费时间,在行政机关作出最后的决定时,当事人的危险可能已转化为实害,且有的实害会进一步扩大,甚至可能丧失救济的实益。因此在行政机关作出复议决定前,有时必须采取一定的措施保护当事人的权利,这就是暂时性权利保护。[3] 1991 年的《奥地利普通行政程序法》第 64 条规定:“(1)于期间内适时提起之诉愿,有停止执行之效力。(2)如为一方当事人之利益,或因急迫之危险为公共福利有及时执行之必要时,官署得拒绝停止执行。”1968 年的《瑞士行政程序法》第 55 条规定:“诉愿有停止执行效力。行政处分非以金钱给付为客体者,前审机关得于诉愿中排除其停止执行效力,诉愿机关或受理诉愿为合议制官署时其主席于诉愿提起后亦有相同之权利。”

2. 有国家规定复议过程中以不停止执行为原则,停止执行为例外。如 1958 年的《西班牙行政程序法》第 116 条规定:“任何诉愿之提起,除法律有特别相反规定外,不停止不服行为的执行。但担当裁决诉愿之行政权力者,在不服行为之执行,有恢复不可能或有引起困难之损害之虞时,得依职权或当事人之申请停止执行。”1999 年的《西班牙公共行政机关法律制度及共同的行政程序法》第 111 条有关“中止执行”的规定则更加详细。该条规定:“1. 除非某项法规规定

[1] 石红心:《起诉不停止执行原则质疑》,载《行政法学研究》1997 年第 4 期。
[2] 参见刘东生:《行政复议制度重构》,中国政法大学 2006 年博士学位论文,第 208 页。
[3] 参见李洪雷:《德国的行政复议制度》,载周汉华主编:《行政复议司法化:理论、实践与改革》,北京大学出版社 2005 年版。

了相反的情形,任何申诉的提出均不得中止争议行为的执行。2.尽管上款如此规定,有权裁决申诉的部门在事先充分合理权衡中止可能对公共利益或第三者造成的损害及被诉行为直接效力对起诉者产生的损害后,如有下列情形之一者,均可依据职权或应申诉人要求,中止被诉行为的执行:(1)执行可能造成不可能或难以修复的损害;(2)依据为本法第62条第1款所规定的完全权利的无效原因之一者进行的反驳。"

3.依据是否将行政复议作为行政诉讼的前置程序,区别对待。如1991年的《葡萄牙行政程序法》第170条规定:"一、必要诉愿中止诉愿针对行为的效力,但法律另有规定,或作出行为者认为不立即执行该行为,将严重损害公共利益,不在此限。二、有权限审查诉愿的机关,可废止上款所指的决定,或当应作出行为者未作出决定时,有权限的机关得作出决定。三、任意诉愿不中止诉愿针对行为的效力。"也就是说,在行政复议是行政诉讼的必经前置程序时,原则上中止行政行为的执行;对于可以直接提起行政诉讼的,则不中止原行政行为的执行。

我国的行政复议制度确定了不停止执行为原则,停止执行为例外。《行政复议法》第42条规定:"行政复议期间行政行为不停止执行;但是有下列情形之一的,应当停止执行:(一)被申请人认为需要停止执行;(二)行政复议机关认为需要停止执行;(三)申请人、第三人申请停止执行,行政复议机关认为其要求合理,决定停止执行;(四)法律、法规、规章规定停止执行的其他情形。"

实际上,国家采用何种模式取决于一国的行政法理念和价值取向。结合我国行政复议制度的发展方向以及对行政复议停止执行的正当性分析,建议我国未来的行政复议制度中明确以停止执行为原则,不停止执行为例外。规定行政复议期间停止行政行为的执行,但行政行为的执行涉及重大公共利益,不执行将给公共利益造成难以弥补的损失时,行政复议机关可以依职权决定不停止执行。存在以上情形时,被申请人也可以申请不停止执行,行政复议机关认为其要求合理的,可以决定不停止执行。

第二节　行政复议的证据规则

在2023年修订前的《行政复议法》和《行政复议法实施条例》中，行政复议的证据规则较为简单，证据的程序规则更少。2023年修订后的《行政复议法》对行政复议的证据规则予以了完善规定。分析相关规定，可以发现其借鉴了《行政诉讼法》的大量相关规定；此外，对于《行政复议法》没有规定的部分，《行政诉讼法》及最高人民法院《关于行政诉讼证据若干问题的规定》（以下简称《证据规定》）等相应规定可以为行政复议所参照。可以认为，在行政复议程序逐渐转型为准司法程序后，行政复议的证据规则向行政诉讼领域的证据规则靠拢。

一、行政复议的证据种类

根据《行政复议法》第43条的规定，行政复议证据主要包括8个种类。这些证据必须经行政复议机构审查属实，能够反映案件真实情况，与待证事实相关联，来源和形式符合法律规定，才能作为认定案件事实的根据。

1. 书证

书证是指用文字、符号或图画表达的意思内容来证明案件事实的证据。《证据规定》第10条中规定："当事人向人民法院提供书证的，应当符合下列要求：（一）提供书证的原件，原本、正本和副本均属于书证的原件。提供原件确有困难的，可以提供与原件核对无误的复印件、照片、节录本；（二）提供由有关部门保管的书证原件的复制件、影印件或者抄录件的，应当注明出处，经该部门核对无异后加盖其印章；（三）提供报表、图纸、会计帐册、专业技术资料、科技文献等书证的，应当附有说明材料；（四）被告提供的被诉具体行政行为所依据的询问、陈述、谈话类笔录，应当有行政执法人员、被询问人、陈述人、谈话人签名或者盖章。"

2. 物证

物证，是指以物的外部特征、存在形式、质地规格等证明案件事实的证据。

《证据规定》第 11 条中规定:“当事人向人民法院提供物证的,应当符合下列要求:(一)提供原物。提供原物确有困难的,可以提供与原物核对无误的复制件或者证明该物证的照片、录像等其他证据;(二)原物为数量较多的种类物的,提供其中的一部分。”

3. 视听资料

视听资料,是指利用录音、录像等技术手段反映的声音、图像以及电子计算机储存的数据证明案件事实的证据。“由于视听资料易于通过技术手段加以篡改,因此,不能将存有疑点的视听资料作为认定案件的依据。经过技术处理能够消除疑点的视听资料仍然可以作为认定案件事实的证据。”[1]《证据规定》第 12 条中规定:“当事人向人民法院提供计算机数据或者录音、录像等视听资料的,应当符合下列要求:(一)提供有关资料的原始载体。提供原始载体确有困难的,可以提供复制件;(二)注明制作方法、制作时间、制作人和证明对象等;(三)声音资料应当附有该声音内容的文字记录。”

4. 电子数据

电子数据,是指“基于电子技术生成、以数字化形式存在于磁盘、磁带等载体,其内容可与载体分离,并可多次复制到其他载体的,能够证明案件事实的数据”[2]。当事人提交电子数据原则上应当提供有关资料的原始载体。确有困难的,可以提供复制件,同时需要注明制作方法、制作时间、制作人和证明对象等。

5. 证人证言

证人,是指了解行政复议案件情况并向行政复议机关等行政复议主体提供证词的人。证言,是指证人将其了解的案件事实向行政复议机关所作的发言。《证据规定》第 13 条中规定:“当事人向人民法院提供证人证言的,应当符合下列要求:(一)写明证人的姓名、年龄、性别、职业、住址等基本情况;(二)有证人的签名,不能签名的,应当以盖章等方式证明;(三)注明出具日期;(四)附有居民身份证复印件等证明证人身份的文件。”《证据规定》第 63 条第 7 项没有将与案件有利害关系作为证人资格的绝对排除条件,而是将其作为判断证明力大小

〔1〕 张卫平:《民事诉讼法》(第 5 版),法律出版社 2019 年版,第 220 页。
〔2〕 张卫平:《民事诉讼法》(第 5 版),法律出版社 2019 年版,第 221 页。

的一个因素，因此没有利害关系的证人应当可以出庭作证。

6. 当事人的陈述

当事人陈述，是指当事人将案件事实等告知行政复议机关以证明案件事实的陈述。当事人的陈述规则可以参照证人证言的相关规则。一般而言，很少在行政复议过程中也直接将当事人陈述作为证据，其仅仅是作为当事人对案件事实的描述，供行政复议机构更加了解案件全貌。

行政执法人员陈述是属于当事人陈述还是属于证人证言，《行政复议法》没有规定，《行政诉讼法》和《证据规定》的规定也模棱两可。但是从《行政诉讼解释》第41条“原告或者第三人要求相关行政执法人员出庭说明”的规定分析，应该否定行政执法人员的陈述为证人证言。本书认为，被申请人机关的行政执法人员本质上仍属于行政机关的人员，其陈述的真实性不够，只能视为当事人陈述；但被申请人机关之外的行政执法人员或可以作为证人出庭作证。

7. 鉴定意见

鉴定意见是专门的鉴定机构对案件中某些专业性或专门性问题进行分析、检验、鉴别和判断，从而得出的用以证明案件事实的书面结论。[1]《证据规定》第14条中规定：“被告向人民法院提供的在行政程序中采用的鉴定结论，应当载明委托人和委托鉴定的事项、向鉴定部门提交的相关材料、鉴定的依据和使用的科学技术手段、鉴定部门和鉴定人鉴定资格的说明，并应有鉴定人的签名和鉴定部门的盖章。通过分析获得的鉴定结论，应当说明分析过程。”

8. 勘验笔录、现场笔录

勘验笔录是指勘验人员对案件有关现场进行调查勘验并以一定形式制作的记录。现场笔录是指行政机关在实施行政行为时当场制作的关于案件事实的记录。一般而言，勘验笔录作出的主体和对象就本身意味着勘验的结果与案件所具有的相关性和中立性，从而确保了证据的真实性。在现场笔录有制作单位印章、有制作工作人员和当事人签字，有明确的时间记录的情况下，也可以认定该证据与案件事实有实质相关性。[2]《证据规定》第15条中规定：“被告向人民法院提供的现场笔录，应当载明时间、地点和事件等内容，并由执法人员和

---

〔1〕 参见阎巍：《行政诉讼证据规则：原理与规范》，法律出版社2019年版，第132页。
〔2〕 参见阎巍：《行政诉讼证据规则：原理与规范》，法律出版社2019年版，第133页。

当事人签名。当事人拒绝签名或者不能签名的,应当注明原因。有其他人在现场的,可由其他人签名。法律、法规和规章对现场笔录的制作形式另有规定的,从其规定。”

二、行政复议中的举证责任

行政复议的举证责任是指由法律预先规定,在行政案件的真实情况难以确定的情况下,由一方当事人提供证据予以证明,其如果提供不出证明相应事实情况的证据,则应承担“败诉”风险及不利后果的制度。[1] 行政复议过程中,申请人与被申请人的举证责任有较大差别。根据《行政复议法》第 44 条的规定,行政复议中双方的举证责任如下。原则上,被申请人对行政行为的实体合法性、程序合法性以及实体内容的适当性、合理性负有举证责任。申请人在行政复议过程中不承担举证责任。申请人有权提供证据辅助证明被行政复议的行政行为的违法性,而且申请人提供的证据即使不成立,也不免除被申请人对行政行为合法性、正当性的举证责任。在下列情形下,申请人需负担举证责任:

(1)证明行政行为造成的损害事实。申请人申请行政复议时一并提出行政赔偿请求的,应当“提供受行政行为侵害而造成损害的证据,但是因被申请人原因导致申请人无法举证的,由被申请人承担举证责任”。《国家赔偿法》第 15 条第 2 款规定:“赔偿义务机关采取行政拘留或者限制人身自由的强制措施期间,被限制人身自由的人死亡或者丧失行为能力的,赔偿义务机关的行为与被限制人身自由的人的死亡或者丧失行为能力是否存在因果关系,赔偿义务机关应当提供证据。”最高人民法院《关于审理行政赔偿案件若干问题的规定》第 11 条第 1 款规定,“行政赔偿诉讼中,原告应当对行政行为造成的损害提供证据;因被告的原因导致原告无法举证的,由被告承担举证责任”。

(2)申请人认为被申请人不履行法定职责的,提供曾经要求被申请人履行法定职责的证据,但是被申请人应当依职权主动履行法定职责或者申请人因正

---

〔1〕 参见姜明安主编:《行政法与行政诉讼法》(第 7 版),北京大学出版社、高等教育出版社 2019 年版,第 463 ~ 464 页。

当理由不能提供的除外。

(3)法律、法规规定需要申请人提供证据的其他情形。

三、行政复议过程中的调查取证规则

第一,行政复议机关有权向有关单位和个人调查取证,查阅、复制、调取有关文件和资料,向有关人员进行询问。调查取证时,行政复议人员不得少于两人,并应当出示行政复议工作证件。被调查取证的单位和个人应当积极配合行政复议人员的工作,不得拒绝或者阻挠。

第二,行政复议期间,被申请人不得自行向申请人和其他有关单位或者个人收集证据;自行收集的证据不作为认定行政行为合法性、适当性的依据。[1] 行政复议期间,申请人或者第三人提出被申请行政复议的行政行为作出时没有提出的理由或者证据的,经行政复议机构同意,被申请人可以补充证据。被申请人作为行政机关在行政程序中具有优势地位,也享有调取证据的主动权,禁止被申请人自行调取证据,是对申请人的实体权利和程序权利的保护。

第三,行政复议期间,申请人、第三人及其委托代理人可以按照规定查阅、复制被申请人提出的书面答复、作出行政行为的证据、依据和其他有关材料,除涉及国家秘密、商业秘密、个人隐私或者可能危及国家安全、公共安全、社会稳定的情形外,行政复议机构应当同意。

第三节　行政复议的审理程序

《行政复议法》对行政复议审理程序进行了体系性规定,例如规定了简易程序、普通程序、附带审查程序等。

---

〔1〕 这一点与《行政诉讼法》中的相关规定并不一致,《行政诉讼法》没有明确禁止被告自行调取证据。

一、简易程序和普通程序并存的二元转换结构

简易程序的功能在于提高行政效能、节省行政复议资源,同时也减少当事人的行政复议成本。对于较为简单、事实清楚、争议不大的行政复议案件,出于节约行政资源、提高行政效能的考虑,行政复议机关适用简易程序进行审理。

(一)简易程序的适用范围及顺序

简易程序的适用前提是行政复议案件事实清楚、权利义务关系明确、争议不大。根据《行政复议法》第53条的规定,在具体的适用范围上,如果被申请行政复议的行政行为是依法当场作出的,行政行为种类属于警告或通报批评的,案件涉及款额3000元以下的,属于政府信息公开案件的,都可以适用简易程序。此外,在上述适用范围外,只要当事人双方达成了一致,就可以适用简易程序。

在适用顺序上,行政复议机关应当首先考虑是否能适用简易程序,再考虑是否适用普通程序。

(二)普通程序

《行政复议法》规定了行政复议审理的"普通程序"。(1)行政复议机关需要听取当事人意见并记录在案。《行政复议法》第49条规定:"适用普通程序审理的行政复议案件,行政复议机构应当当面或者通过互联网、电话等方式听取当事人的意见,并将听取的意见记录在案。因当事人原因不能听取意见的,可以书面审理。"(2)行政复议机关在一定情形下需要组织听证。《行政复议法》第50条规定:"审理重大、疑难、复杂的行政复议案件,行政复议机构应当组织听证。行政复议机构认为有必要听证,或者申请人请求听证的,行政复议机构可以组织听证。听证由一名行政复议人员任主持人,两名以上行政复议人员任听证员,一名记录员制作听证笔录。"(3)行政复议机关需要保障相关人的听证权利。《行政复议法》第51条规定:"行政复议机构组织听证的,应当于举行听证的五日前将听证的时间、地点和拟听证事项书面通知当事人。申请人无正当理由拒不参加听证的,视为放弃听证权利。被申请人的负责人应当参加听证。

不能参加的,应当说明理由并委托相应的工作人员参加听证。”(4)根据《行政复议法》第52条第2款的规定,行政复议委员会也可以参与到普通程序的审理中。

二、口头审理和书面审理的二元审理机制

《行政复议法》确立了口头审理和书面审理的二元审理机制。口头审理有利于保障行政复议案件的公正性,因增加了公开和争议双方当事人当面质证、辩论程序,使审理者可以清晰、快速地厘清案件事实,进而作出公正的判断。从以书面审理为原则转向更多地采用口头审理,是保障行政复议申请人合法权益、推行行政复议司法化的必然要求。

(一)口头审理

口头审理应采取类似于法院庭审的方式进行,由行政复议机构组织审理。审理大致分为两个阶段,即调查阶段和辩论阶段。调查阶段由审理人员组织行政复议申请人和被申请人对证据展开质证,在充分抗辩的基础上查明事实。除了质证外,审理人员还可以对相关的事实问题发问,了解事实。辩论阶段则是在审理人员的主持下由行政复议申请人和被申请人分别就事实问题和法律问题陈述意见。但出于保持行政复议制度优势的需要,行政复议口头审理在具体的程序上不应完全照搬法院的庭审程序。对于口头审理的适用范围应当予以必要的限制,应主要限于以下类型的案件。一是事实问题存在较大争议的案件。对于事实问题存在较大争议的案件,仅采用书面方式难以查清事实;采用口头审理,由双方对证据进行质证,更利于查清事实。二是案情重大、复杂的案件。案情重大、复杂的案件一般包括:涉及人数众多或者群体利益的案件;社会影响较大的案件,主要是社会普遍关注的案件;法律关系复杂的案件;重大的涉外案件等。三是行政复议审理机构认为有必要的案件。除上述情形外,还应当赋予行政复议审理机构必要的裁量权,由其决定哪些案件采用口头审理。四是申请人也可以主动请求听证,行政复议机构可以(而不是必须)允许听证。

参与口头审理的人员应包括以下人员:(1)审理人员。一名行政复议人员任主持人,两名以上行政复议人员任听证员,一名行政复议辅助人员任记录员。

(2)证人。当事人有证人能够证明拟听证事项的,可以提前向行政复议机构申请证人参加听证,行政复议机构可以准许。(3)被申请人的负责人。被申请人的负责人应当参加听证。(4)申请人。(5)其他人员。

1. 听取意见(听证)

听证是行政复议案件审理过程的核心环节。现代行政复议制度从本质上应围绕言辞对抗和公开辩论展开。行政复议作为准司法程序,口头审理应成为其审理原则。相应地,听取意见也应当作为行政复议审理的基本原则。可将听证分为两类:一类是以维护利害关系人的权益为目的的司法型听证;另一类是以保障公民参与行政过程为目的的立法型听证。[1] 此处讨论前一种听证制度。

听证程序以"意见交换"为基本内容,这是听证的核心内涵。[2] 听取意见也被称为听证,即决定者在作出决定前,尤其是在作出不利于当事人的决定前,需要听取当事人的意见。听证发轫于英国自然正义原则,并随着自然正义原则成为行政法基本原则的组成部分。听证制度在各国被广泛规定。如《联邦德国行政程序法》第 28 条规定:在颁布影响参与人权利的行政行为之前,应给参与人陈述对有关决定为重要的事实的机会。美国更是将听证程序制度广泛用于行政法的每一个角落,不仅适用于行政行为的作出程序,还适用于正式规则制定、非正式规则制定等诸多程序中。美国 1946 年出台的《美国行政程序法》第 554 条就规定,机关应为一切有利害关系的当事人提供听证的机会。

2004 年,国务院发布《关于印发全面推进依法行政实施纲要的通知》确定"程序正当"为依法行政的基本原则之一。其中也阐述了听证权在我国的基本内涵:"注意听取公民、法人和其他组织的意见;要严格遵循法定程序,依法保障行政管理相对人、利害关系人的知情权、参与权和救济权。"听证制度不仅限于保障程序公正、保障公民基本权之作用,其也是行政参与原则的一种体现。听证作为一种沟通程序,使听证的过程也成为"行政主体行使行政权与私人参与行政形成的互动过程","这种互动过程意味着行政相对人不再是行政活动中被动的受体,而成为积极主动的主体一方"[3]。具言之,作为沟通互动程序的听

---

〔1〕 参见宋华琳:《中国的比较行政法研究:回顾与展望》,载《中国社会科学评价》2020 年第 3 期。

〔2〕 参见石肖雪:《面向行政任务的听证程序构造》,法律出版社 2019 年版,第 58 页。

〔3〕 周佑勇:《行政法的正当程序原则》,载《中国社会科学》2004 年第 4 期。

证程序有多方面功能:(1)保障行政机关对案件事实、申请人主张有更详细的了解;让申请人将自己的情况、困难向被申请人作更多的交代。(2)保证和提高行政决定的可接受性。让被申请人向申请人阐明详细作出行政决定的原因,尽力达到沟通理解的效果。因此,听证制度建构了申请人与被申请人之间良好的沟通渠道,可以帮助行政复议机关更早地化解行政争议。

美国的社会保障申诉委员会制度中,听证程序作为审查程序中很重要的内容存在。在听证制度的设置上,美国逐步推进听证官员的司法化、独立化改革,为了确保行政法官能够独立于所在的听证机关,在州内部设立统一的行政听证办公室,全部行政法官由该办公室任命和管理。[1] 在听证程序的具体设计上,申请人可以启动由联邦行政法官主持的听证。在该阶段,申诉人首次有机会和行政决定作出者展开面对面的交锋,申诉人及其代表人可以提交证人证言以及其他医疗证据,并对其主张加以简要评述与说明;在听证会之前或之后,行政法官可以要求职业卫生专家或医学专家来与申诉人或其他证人相互质证。该听证会是非对抗式的,在不同情况下听证会的正式化程度也各不相同。[2]

英国的行政复议制度对听证制度采取了较为谨慎的态度,不走司法化之路,也不引入公开听证等机制,使得听证制度更加符合行政复议灵活、高效的优势和特征[3];同时也控制听证的范围,允许独任听证,只在必要时才要求有两个或三个决策者参加听证。[4]

目前,我国《行政复议法》及部分行政复议规则对行政复议听证进行了规定。《行政复议法》第 50 条规定:"审理重大、疑难、复杂的行政复议案件,行政复议机构应当组织听证。行政复议机构认为有必要听证,或者申请人请求听证的,行政复议机构可以组织听证。听证由一名行政复议人员任主持人,两名以上行政复议人员任听证员,一名记录员制作听证笔录。"《北京市行政复议听证规则》第 2 条也规定:"本规则所称的行政复议听证,是指行政复议机关在办理行政复议案件过程中,为查明案件事实,组织行政复议案件的当事人,通过陈

[1] 参见曹鎏:《五国行政复议制度的启示与借鉴》,载《行政法学研究》2017 年第 5 期。
[2] 社会保障申诉制度类似于我国的行政复议制度,详见宋华琳:《美国的社会保障申诉委员会制度》,载《环球法律评论》2004 年第 1 期。
[3] 参见彭錞:《再论英国行政复议制度》,载《中国政法大学学报》2021 年第 6 期。
[4] 参见李洪雷:《英国行政复议制度初论》,载《环球法律评论》2004 年第 1 期。

述、举证、质证、辩论等形式，对行政复议案件的公开审理方式。”

在具体的程序设计上，行政复议听证应注意如下内容：(1)听证前的预备程序。在听证之前，行政复议机关可以先进行庭前调解和沟通，为双方当事人提供协商解决的机会，如果沟通失败就正式进入正式听证程序。(2)听证程序公开。具体应当包含四项公开，即公开听证事项的内容、公开与听证事项相关的信息、程序公开举行、听证结果公开。(3)认真听取被申请人的答辩意见，且允许行政相对人参与行政复议审理，给予他们充分表达意见的机会。当事人在听证中有权自己或通过律师发表意见和反驳对自己不利的事实和观点。[1] (4)完善行政复议机构口头听取意见程序。(5)增设言辞辩论的正式听证程序，加强质辩制度。(6)听证程序应当保持一定的灵活性，既包含书面听证程序，也包含口头听证程序。(7)行政复议机关增设说明理由和告知救济途径程序。《联邦德国行政法院法》第73条第3款就规定：“复议决定应说明理由，附具法律救济途径告知并送达。根据《行政送达法》的规定依职权送达。”

行政复议听证应具有案卷排他效力，否则听证制度将只落得“充点门面”的后果。如王名扬先生所说：“如果行政机关的裁决不以案卷为根据，则听证程序只是一种欺骗行为，毫无实际意义。”[2] 美国的正式听证程序遵守案卷排他性原则，行政法官裁决必须严格基于听证记录作初裁决定，同时遵守“一事不再理”原则，即当事人及案件标的争议原因相同且已经作出实质裁决后，同时在听证程序中又未发现明显严重错误或者明显不公，行政法官原则上不得进行二次裁决。[3] 听证笔录是指对听证会过程的记录，其核心内容是对案件调查人员、当事人陈述的意见和提供的证据所作的一种书面记载。[4] 听证笔录应具有以下效力：第一，根据案卷排他原则，行政复议机构的审理必须根据听证笔录作出；第二，听证笔录是依据，但是对行政复议决定并不有当然的约束力，行政复议机关仍具有一定的裁量权。

2. 回避制度

自然正义原则要求不做自己案件的法官。行政复议委员会在裁决中不能

---

〔1〕 参见周佑勇：《行政法的正当程序原则》，载《中国社会科学》2004年第4期。

〔2〕 王名扬：《美国行政法》(上)，北京大学出版社2016年版，第369页。

〔3〕 参见曹鎏：《五国行政复议制度的启示与借鉴》，载《行政法学研究》2017年第5期。

〔4〕 参见胡锦光、刘飞宇：《行政处罚听证程序研究》，法律出版社2004年版，第310页。

不考虑与被申请人的关系、整体与局部的关系,包括职能、编制、人员甚至利益上的关系等。由于《行政复议法》并未规定审理的回避制度,本书认为需要增加规定回避制度,不仅要提高行政复议裁决的专业化水平,避免简单套用一般行政程序而不必要地牵扯行政首长的精力,而且要建立防止不当干预的有效办法,消除社会上对行政复议的质疑。

(二)书面审理

书面审理应当是例外情形,只有在极少数情况下才适用。对于下列案件,行政复议机构可以决定适用书面方式进行审理:一是争议焦点为执法权限的案件,即行政复议申请人因行政机关超越权限作出行政行为而申请行政复议。通常表现为申请人对行政行为的认定事实没有争议(如认罚),但对处理主体及其权限存在疑问。[1] 对于这类案件,仅凭书面审理即可作出行政复议决定。二是对合法性不存在争议,仅对合理性有争议的案件。此类案件主要是对案件的事实认定及法律依据没有争议,但对于合理性有争议。三是轻微程序违法的案件。对于轻微程序违法的案件,通过双方当事人提交的相关材料就可以查清案件事实,对于此类案件,也可以采用书面审理方式。

三、行政复议的审理期限

行政复议审理期限是对行政复议机关进行审理、作出决定的时限要求,是对于行政复议申请人权利实现的制度保障。同时,审理期限也要求行政复议机关在合理时间内高效快速解决行政争议。

行政复议的审理期限首先是由 1989 年《行政诉讼法》规定的。由于当时《行政复议法》尚未出台,各类法律法规对行政复议审理期限的规定十分混乱,故而 1989 年《行政诉讼法》第 38 条第 1 款直接规定:“公民、法人或者其他组织向行政机关申请复议的,复议机关应当在收到申请书之日起两个月内作出决定。法律、法规另有规定的除外。”后来,随着 1999 年《行政复议法》的出台,《行政诉讼法》的该项规定不再具有必要性,其在 2014 年《行政诉讼法》的修正过程

---

〔1〕 参见郜风涛主编:《行政复议法教程》,中国法制出版社 2011 年版,第 228 页。

中被取消。

2023 年修订后的《行政复议法》第 62 条规定了行政复议决定的审理期限。首先,原则上行政复议机关需要在 60 日内作出行政复议决定,期限的起算点是行政复议申请受理之日。其次,例外是“法律规定的行政复议期限少于六十日的除外”。最后,行政复议作出期限可以延长,期限延长的批准主体是行政复议机关负责人:“情况复杂,不能在规定期限内作出行政复议决定的,经行政复议机构的负责人批准,可以适当延长,并书面告知当事人”;但延长期限“最多不得超过三十日”。此外,在行政复议审理期限外还有行政复议审理期限的中止制度,即在行政复议期间出现法定情形,影响行政复议案件审理的,行政复议中止。

第四节　行政复议附带审查程序

行政复议附带审查是指行政复议机关不能直接对规范性文件进行审查,而是必须依托对行政行为的审查,附带对规范性文件进行间接性的审查。附带审查程序包括附带审查启动程序、启动后的处理程序、附带审查结果、附带审查结果的处理方式等方面。

一、附带审查的启动程序

《行政复议法》第 56 条规定了附带审查的启动程序。申请人在申请行政复议时,对有关规范性文件一并提出附带审查申请的,或者行政复议机关在对被申请人提出的行政行为进行审查时,认为行为依据不合法,都可以进行附带审查。行政复议机关对该规定有权处理的,应当在 30 日内依法处理;无权处理的,应当在 7 日内按照法定程序转送有权处理的行政机关依法处理,有权处理的行政机关应当在法定期限内依法处理。处理期间,中止对行政行为的审查。由此可见:(1)附带审查的启动方式可以是依申请人申请,也可以是行政复议机关主动发起;(2)审查的处理主体是行政复议机关或者其他有权处理的国家机关;(3)附带审查时行政复议审理程序中止。

二、附带审查的审查程序

行政复议机关将规范性文件转交审查或自己审查时,应书面告知当事人中止行政复议。根据《行政复议法》第58条的规定,此时,行政复议机关有两种处理方式:一是书面通知,在行政复议中止之日起3日内以书面形式通知规范性文件或者依据的制定机关就相关条款的合法性提出书面答复。在收到书面通知后,制定机关应当对规范性文件进行审查,并在10日内提交书面答复及相关材料。二是当面听取,行政复议机构如果认为有必要,可以要求制定机关当面说明理由,制定机关有法定的配合义务。

三、行政复议机关对附带审查结果的处理方式

根据《行政复议法》第59条的规定,在行政复议机关有权处理有关规范性文件或者依据的前提下,行政复议机关对附带审查结果的处理方式分为两种情形:第一种情形是行政复议机关认为相关条款合法的,在行政复议决定书中一并告知;第二种情形是行政复议机关认为,相关条款超越权限或者违反上位法的,决定停止该条款的执行,并责令制定机关予以纠正。

《行政诉讼解释》对规范性文件不合法进行了详细的解释,可以作为前述条款"不合法"的补充和扩张解释。其第148条第2款规定:"有下列情形之一的,属于行政诉讼法第六十四条规定的'规范性文件不合法':(一)超越制定机关的法定职权或者超越法律、法规、规章的授权范围的;(二)与法律、法规、规章等上位法的规定相抵触的;(三)没有法律、法规、规章依据,违法增加公民、法人和其他组织义务或者减损公民、法人和其他组织合法权益的;(四)未履行法定批准程序、公开发布程序,严重违反制定程序的;(五)其他违反法律、法规以及规章规定的情形。"

根据内容对比可以发现,《行政复议法》规定的规范性文件不合法情形并未包括"未履行法定批准程序、公开发布程序,严重违反制定程序"。虽然规范性文件自身程序违法的情形也可以被解释为"违反上位法",但是在我国没有出台行政程序法等法律时,如"公布发布程序"等制定程序很难被归纳到"违反上位

法”的情形中。当然,从现有的规定看,也可以认为行政复议法立法者更重视规范性文件的实体违法情形,倾向于纠正规范性文件的实体违法内容,蕴含着法律工具主义理念。

四、其他指定机关对规范性文件的处理方式

根据《行政复议法》第60条的规定,有权处理的行政机关、国家机关应当在收到转送之日起60日内将处理意见回复给行政复议机关。

五、行政复议机关对违法规范性文件的处理方式

(一)排除违法规范性文件作为审理依据

当行政复议机关在审理案件时认为行政行为依据的规范性文件违法时,能否在审理中不予适用?本书认为,《行政复议法》虽然对此没有规定,但根据文义解释和体系解释,对违法规范性文件应予排除。从体系解释看,作为行政救济法之一的《行政诉讼法》第64条规定,人民法院在审理行政案件中,经审查认为规范性文件不合法的,不作为认定行政行为合法的依据,并向制定机关提出处理建议。由此可以推知,行政复议中也需要排除不合法的规范性文件的适用。《行政复议法》第57条规定:“行政复议机关在对被申请人作出的行政行为进行审查时,认为其依据不合法,本机关有权处理的,应当在三十日内依法处理;无权处理的,应当在七日内转送有权处理的国家机关依法处理。”如图3所示,虽然让行政复议机关将其无权处理的文件转交给有关机关,并让有关机关作出处理,但这并不代表行政复议机关无权对规范性文件的合法性进行审查:《行政复议法》第58条规定了制定机关应当书面或者当面向行政复议机关对规范性文件的合法性进行解释和答复;第59条规定:“行政复议机关……有权处理有关规范性文件或者依据,认为相关条款合法的,在行政复议决定书中一并告知;认为相关条款超越权限或者违反上位法的,决定停止该条款的执行,并责令制定机关予以纠正。”这说明行政复议机关虽然无权对规范性文件的内容作出改动,但是其完全可以根据答复内容自主决定判断规范性文件是否合法,以

及是否适用该规范性文件审理行政复议案件。

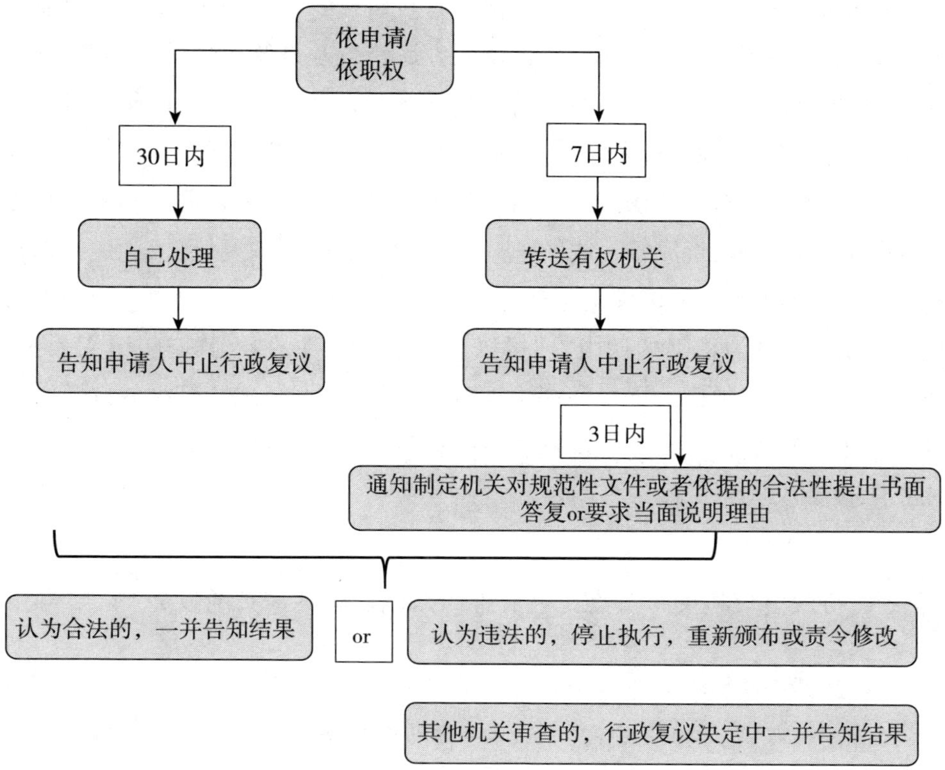

图3　行政复议附带审查流程

(二)在裁判理由中阐明理由

行政复议机关排除违法规范性文件作为审理依据时,在裁判理由中是否需要阐明理由?《行政诉讼解释》第149条第1款规定:“人民法院经审查认为行政行为所依据的规范性文件合法的,应当作为认定行政行为合法的依据;经审查认为规范性文件不合法的,不作为人民法院认定行政行为合法的依据,并在裁判理由中予以阐明……”有法官认为:“人民法院在裁判理由中对规范性文件是否合法、有效、合理、适当等进行评述,这种‘评述’仍然属于司法权中浅层次的评价权。”“真正意义上的司法权应当包括对于其他规范性文件的处分权、形成权,即经过合法性审查认为存在违法、无效、失效、不合理、不适当的,可以判决撤销、变更或者通过法定程序废止或者修订。"[1]在现有的体系下,司法权对于行政权的审查范围确实存在局限,但是在行政复议中,行政复议机关对制定机关的建议、对规范性文件的合法性阐明都属于行政系统内部的互相监督,属于行政权的行使范畴,不应当存在特别的藩篱。根据当然解释,法院都有权对规范性文件的合法性进行评价,行政复议机关作为行政机关更应当有权进行评价;而且行政复议机关的权力不应当仅限于评价,其甚至可以拥有判定规范性文件效力的处分权、形成权。这种深层次的评价权在《行政复议法》上应当这样体现:第一,如果行政复议机关有权处理该规范性文件,那么其可以在行政复议决定中阐明不作为依据的理由,并可以直接判定文件的效力为违法、无效等。第二,如果只有其他机关有权处理该规范性文件,那么行政复议机关也同样有阐明不作为依据的权力,并可以在获得其他有权机关的授权的前提下,对规范性文件的效力进行评断。

六、行政复议机关审查规范性文件时对制定机关享有的权力

《行政诉讼法》第64条规定了"人民法院……向制定机关提出处理建议";《行政诉讼解释》第149条规定:"人民法院经审查认为行政行为所依据的规范性文件合法的,应当作为认定行政行为合法的依据;经审查认为规范性文件不合法的,不作为人民法院认定行政行为合法的依据,并在裁判理由中予以阐明。作出生效裁判的人民法院应当向规范性文件的制定机关提出处理建议,并可以抄送制定机关的同级人民政府、上一级行政机关、监察机关以及规范性文件的备案机关。规范性文件不合法的,人民法院可以在裁判生效之日起三个月内,向规范性文件制定机关提出修改或者废止该规范性文件的司法建议。规范性文件由多个部门联合制定的,人民法院可以向该规范性文件的主办机关或者共同上一级行政机关发送司法建议。接收司法建议的行政机关应当在收到司法建议之日起六十日内予以书面答复。情况紧急的,人民法院可以建议制定机关或者其上一级行政机关立即停止执行该规范性文件。"上述两条规定规定了法院在认为规范性文件不合法后的相应权力,法院拥有常态情形、紧急情形等情形下的司法建议权,抄

[1] 梁凤云编著:《新行政诉讼法逐条注释》,中国法制出版社2017年版,第516页。

送相关规范性文件备案机关的权力以及拥有向上级法院报送备案的权力。

但这些权力没有对应地体现于《行政复议法》的规定中。不过,出于行政复议的“行政性”带来的便利性和特殊性,司法建议权转化为行政复议中的复议机关对制定机关的处理建议权,抄送权和备案权转化为行政复议机关对其他备案机关的抄送权并非难事。在行政系统内,行政复议机关拥有极强的沟通便利优势,可以与制定机关进行深层次的沟通和协商,从而对不合法的规范性文件进行妥善处理,从而发挥监督和维护行政职权行使的行政复议的制度功能。

第五节　行政复议调解[1]

行政复议调解制度的合理性根源于目前社会对行政复议调解有着强烈的现实需求。与原有单一的以“行政复议决定”形式结案的行政复议相比,行政复议调解具有无可比拟的优势,除了方便快捷、成本低廉外,更主要的优势在于调解更有利于发现行政纠纷产生的症结并注重解决争议。“在调解过程中,复议机关可以不受复议范围的限制,能够对当事人之间存在的多种矛盾和问题统筹进行调解,调解的结果也可以不受行政复议法规定的复议决定的种类的限制,并可以调动复议机关可以调动的各方面因素,多方面多途径地对行政争议予以彻底解决。”[2]如此一来,可能形成“双赢”的局面,真正做到案结事了。因而,通过完善行政复议调解制度进一步发挥行政复议在解决社会矛盾中的作用非常迫切。[3]

行政复议调解制度的确立,除了强烈的现实需求,还与调解制度符合我国的文化传统以及现代法律文化精神有关。一方面,“和为贵”思想在中国有着悠久的历史,中国先秦时期就提出“礼之用,和为贵”。“和为贵”思想体现在纠纷解决中,就是注重和解、调解。事实上,不仅是我国注重和解、调解制度,西方很多国家对此也尤为注重。人们越来越多地运用调解或仲裁裁决方式,而这可以

---

〔1〕 本部分系在笔者论文《论行政复议调解的正当性及制度建构》的基础上修改而成。参见王青斌:《论行政复议调解的正当性及制度建构》,载《法制与社会发展》2013 年第 4 期。

〔2〕 范愉:《非诉讼纠纷解决机制研究》,中国人民大学出版社 2000 年版,第 38 页。

〔3〕 参见曹康泰主编:《中华人民共和国行政复议法实施条例释义》,中国法制出版社 2007 年版,第 5 页。

减少法律的僵化性质导致的一些弊端，如典型的对抗制诉讼所表现出来的"要么全胜、要么全败"和"胜诉方全得"的哲学。[1] 另一方面，行政复议调解制度与现代法律文化精神也高度契合，"现代法律文化的核心概念就是选择、同意、自由和个人权利"[2]。行政复议调解这一纠纷解决机制正好体现了上述理念，是当事人自治在行政纠纷解决领域的具体体现。

《行政复议法实施条例》第 50 条首次规定了行政复议可以对部分案件适用调解制度。《行政复议法实施条例》规定两类行政复议案件适用调解：一是"行政机关行使法律、法规规定的自由裁量权作出的具体行政行为"，二是"行政赔偿或者行政补偿纠纷"。与此类似的还有《行政复议法实施条例》第 40 条关于和解的规定。在行政复议中是否可以适用调解的问题，在我国几经反复。我国 1990 年颁布的《行政复议条例》（现已失效）中对调解采取了否定的态度，该条例第 8 条规定："复议机关审理复议案件，不适用调解。"该条规定也与我国《行政诉讼法》第 60 条中的规定如出一辙："人民法院审理行政案件，不适用调解。"但 1999 年颁布的《行政复议法》带来了一定的变化，该法虽然取消了《行政复议条例》中不适用调解的禁止性规定，但也对在行政复议中是否可以适用调解未予以明确的表态，采取了回避的态度。这也使得《行政复议法实施条例》规定部分案件可以适用调解成为可能。《行政复议法》在历年修改中都未规定行政复议调解制度，直到 2023 年修订后的《行政复议法》出台，终于正式建立了行政复议调解制度。《行政复议法》第 5 条规定："行政复议机关办理行政复议案件，可以进行调解。调解应当遵循合法、自愿的原则，不得损害国家利益、社会公共利益和他人合法权益，不得违反法律、法规的强制性规定。"与此同时，《行政复议法》还规定了一系列与调解相关的配套制度。

《行政复议法》第 5 条虽然规定了行政复议调解制度，但对于行政复议调解仍然存在较多争论，如行政复议调解的理论基础、范围、效力等方面的问题。因此，有必要对行政复议调解的正当性从理论层面予以探究。

---

〔1〕 参见[美]E. 博登海默：《法理学：法律哲学与法律方法》，邓正来译，中国政法大学出版社 2017 年版，第 424 页。

〔2〕 [美]弗里德曼：《选择的共和国：法律、权威与文化》，高鸿钧等译，清华大学出版社 2005 年版，第 42 页。

一、“行政纠纷不可调解论”的解构

公法学界反对调解的声音由来已久。如有学者认为,公法是最为抵触用调解解决纠纷的领域。[1] 更有学者认为,从保护社会公众合法权益的角度观察,和解与执法懈怠、不履行法定职责等违法行为并没有本质区别。[2] 反对行政纠纷适用调解的主要理论根据是“行政权不得处分原理”。[3]

“行政权不得处分原理决定了行政纠纷不可调解”这一结论的成立基于两个假设:一是当事人具有实体处分权是案件调解的前提。“案件能否调解,基本的前提是当事人具有实体上的处分权。民事案件中之所以能够适用调解,就是因为双方当事人有实体上的处分权。如果没有处分权,没有实体权利的放弃,案件不存在调解的余地。”[4]二是行政权不得处分必然致使行政主体不具有实体处分权。要推翻行政纠纷不可调解的命题,必须从剖析前述的两个假设着手。具有实体处分权是案件调解的前提是学界的共识,但是,“行政权不得处分必然致使行政主体不具有实体处分权”这一结论则不然,其似乎更多是学界的误解。对此,下文首先从剖析两者的具体含义切入。

“行政权不得处分”作为一项原理在学界被普遍认可,这一原理的基本含义就是“行政主体不能抛弃或转让其权力”[5]。“处分”在此处的基本含义是“抛弃、转让”,此种意义上的“处分”与民法领域常用的“处分”含义基本相同,“处分行为是直接让与权利、变更权利内容设定权利负担或废止权利之法律行为”[6]。“处分权”是“以处分权利为内容的法律上的权力”“只有有处分权的

---

[1] See Daniel Stilitz, *ADR and Public Law*, 10 Judicial Review, 319(2004).

[2] 参见郑鹏程:《论现代反垄断法实施中的协商和解趋势——兼论行政垄断的规制方式》,载《法学家》2004 年第 4 期。

[3] 参见应松年主编:《行政法与行政诉讼法学》,法律出版社 2005 年版,第 492 页;叶必丰:《行政法学》,武汉大学出版社 2003 年版,第 124 页。叶必丰教授指出,行政法主体一般不得处分其权利,只有相对人能依法抛弃某些权利,行政法权利的处分是非常有限的。行政法律关系的这一特点,决定了行政纠纷的不可调解性,并区别于民事法律关系和宪法关系。

[4] 林莉红:《论行政诉讼中的协调——兼评诉讼调解》,载《法学论坛》2010 年第 5 期。

[5] 胡建淼主编:《行政法学》,复旦大学出版社 2003 年版,第 73 页。

[6] 参见朱庆育:《民法总论》(第 2 版),北京大学出版社 2016 年版,第 156 页。

所有权人才能够处分物的所有权并将其所有权转让给他人"[1]。就两者的关系而言,处分权是影响处分行为生效的要件之一,处分权具体包括"使既有权利消灭的权利;在既有权利上设定限制的权利;转移既有权利的权利"[2]。此种意义上的处分权也被我国物权方面的立法普遍接受,如《民法典》第240条规定的"所有权人对自己的不动产或者动产,依法享有占有、使用、收益和处分的权利"。由此观之,处分权是由所有权延伸出来的权能,但行政职权并非行政主体所固有的权力,而仅仅是基于法律的授予,代表人民行使该权力。因此,行政主体不具有对行政职权的处分权。行政主体不能抛弃或转让行政职权的另一个原因在于:"行政职权不仅表现为法律上的支配力,而且还包含着法律上的职责,是权力与职责的统一体。作为法定职责的要求就是行政主体不得自由处分行政职权,必须依法行使。因此,行政主体不仅不得随意放弃或者抛弃行政职权,否则构成行政不作为……"[3]正是行政职权并不仅仅是"权利(力)"的这一特性,决定了行政主体不能像其他的权利主体一样,可以对其"处分",即抛弃或转让自己的职权。

从上述分析中可以看出,"行政权不得处分"并无不当。那么,行政权不得处分是否必然导致行政主体不具有实体处分权?或者说,如果行政主体具有实体处分权,是否就必然违反"行政权不得处分",或者导致"行政权被抛弃或转让"?有必要对何谓行政主体的"实体处分权"进行分析。

"实体处分权"是与"程序处分权"相对应的概念。在诉讼领域,"处分"通常被理解为"是指当事人依法享有的民事权利和诉讼权利,是否行使以及如何行使由他自己自由支配"[4]。这一解释也被视为《民事诉讼法》有关处分权内容的直接展开。《民事诉讼法》第13条第2款规定:"当事人有权在法律规定的范围内处分自己的民事权利和诉讼权利。"该规定中,"民事权利"即为"实体权利",与之对应的即为"诉讼权利"。行政纠纷及其争议解决中同样存在"实体

---

[1] [德]汉斯·布洛克斯、沃尔夫·迪特里希·瓦尔克:《德国民法总论》,张艳译,中国人民大学出版社2019年版,第56页。

[2] 田士永:《出卖人处分权问题研究》,载《政法论坛》2003年第6期。

[3] 周佑勇:《行政法基本原则研究》(第2版),法律出版社2019年版,第171页。

[4] 柴发邦主编:《民事诉讼法学》,法律出版社1987年版,第90页。其他教科书关于处分的定义性表述也基本与此相同或相似。

权利”与“程序权利”的区分。在行政复议中,行政复议申请人的“程序权利”是提起行政复议申请以及撤回申请等权利;在诉讼领域中,行政诉讼的原告同样享有类似的权利。那么,在行政纠纷领域,何谓行政主体的“实体权利”？其是否就是“行政职权”？

行政行为是行政权运行的结果,其内容是为行政相对人设定、变更或者消灭权利义务关系。[1] 通过行政行为,行政主体在自身和行政相对人之间形成了行政法律关系,从而在影响行政相对人权利义务的同时,使自己具有了一定的“权利”或“义务”。根据行政行为内容的不同,行政行为可以分为授益行政行为以及负担行政行为。就授益行政行为而言,因为是赋予行政相对人利益,所以行政主体通常只有义务而无实体权利。但就负担行政行为而言,行政主体通过行政行为而享有了一定的实体权利,如通过罚款的设定,行政主体获得的“实体权利”是取得罚款的权利。由此观之,通过行政行为的作出,行政主体确实可以获得“权利”或者“义务”。需要注意的是,该权利并非“行政职权”,而仅是行政权运行结果的产物。

“实体处分权”是对“实体权利”进行处分的权利的简称。“处分”是指放弃、委托和负担直接权利,或者变更权利内容的意思表示。[2] 对实体权利进行处分,意味着行政主体对自身权利的减损或者放弃,而行政主体行使实体处分权的方式可以是变更、撤销或者重新作出行政行为;因而,“所谓‘处分’,实际上是行政机关如何行使行政职权的问题”[3]。我国当前的实践中有诸多行政主体对“实体权利”进行处分的例子。行政主体在人民法院宣判之前,可以变更所作出的行政行为,包括原来的行政行为依据的证据、认定的事实、作出的决定等,这些都是实体处分权利的内容。[4] 行政主体行使实体处分权的方式也可以是通过其他行为满足行政相对人的诉求,如给予赔偿、补偿等。

行政主体享有实体处分权,至少基于以下两个理由:一是违法行为的纠正权。对于自身的违法行为,行政主体可以予以纠正,这也是依法行政的具体体现。如《行政许可法》就规定了行政机关及其上级机关可以撤销违法的

---

〔1〕 参见叶必丰:《行政法学》,武汉大学出版社 2003 年版,第 179 页。
〔2〕 参见[日]南博方:《行政诉讼中和解的法理(上)》,杨建顺译,载《环球法律评论》2001 年第 1 期。
〔3〕 刘东亮:《论行政诉讼中的调解——兼与朱新力教授商榷》,载《行政法学研究》2006 年第 2 期。
〔4〕 参见吕武:《基于涉农纠纷的行政诉讼调解制度正当性证成》,载《商业研究》2012 年第 9 期。

行政许可。[1] 纠正违法的行政行为,事实上也是行政主体对实体权利的处分。二是行政主体在职权行使中具有一定的"自由"。"法律的约束性并非行政活动的唯一属性。实际上,所有的抽象或者具体的执法活动都位于完全的自由和严格的法律约束之间。即使受最严格指令约束的法律适用活动在方式和方法方面也存在一定的自由。"[2]这种"自由"具有不同称谓,常用的概念包括塑造空间、裁量空间、判断余地等。[3] 这种"自由"最为典型的表现形式是行政主体的裁量权。行政裁量权在现代法治中具有重要地位,已经成为现代法治必不可少的一部分。"现代法治并不是当然地排斥行政裁量,恰恰相反,行政裁量的存在,正是现代法治的必要补充和必然要求。"[4]行政裁量权的存在为行政主体合法地行使实体处分权奠定基础;但是,行政裁量权并不是完全"自由"的,而是应受到一定的限制。行政裁量除应遵守一般法律原则外,也应符合法令授权之目的,且不得逾越法定裁量范围。[5] 从上述分析可以看出,行政主体的实体处分权是客观存在的。

综上所述,行政主体行使实体处分权,是通过对行政行为进行变更、撤销等方式实现的,依然是运用行政权的结果,并不构成对行政权的抛弃或者转让。因而从行政权不得处分原理中不能推导出"行政主体不具有实体处分权"的结论。因此,将"行政权不得处分"原理作为"行政纠纷不能调解"的理由不能成立。

二、行政复议调解正当性的理论证成

行政复议调解的正当性基础除了行政主体具有实体处分权外,还有其他的相关理论。

---

〔1〕 参见《行政许可法》第69条第1款的规定:"有下列情形之一的,作出行政许可决定的行政机关或者其上级行政机关,根据利害关系人的请求或者依据职权,可以撤销行政许可……"

〔2〕 [德]汉斯·J.沃尔夫、奥托·巴霍夫、罗尔夫·施托贝尔:《行政法》(第1卷),高家伟译,商务印书馆2003年版,第346页。

〔3〕 参见[德]汉斯·J.沃尔夫、奥托·巴霍夫、罗尔夫·施托贝尔:《行政法》(第1卷),高家伟译,商务印书馆2003年版,第347页。

〔4〕 周佑勇:《行政裁量的治理》,载《法学研究》2007年第2期。

〔5〕 参见翁岳生编:《行政法》(上册),中国法制出版社2009年版,第269页。

(一)公众参与原则

公众参与指的是行政主体之外的个人和组织对行政过程产生影响的一系列行为的总和。[1] 公众参与是现代社会更强调“合作”的必然产物。在现代社会,人与人之间、组织与组织之间及国与国之间利益上的一致和行为上的合作,已成为社会发展的主流和人类的共识,人与人之间应当成为一种合作伙伴关系是当今社会的选择。[2] 同时,公众参与也是行政民主化的重要体现。“民主的最重要的原则是,当影响到他们的集体生活和利益的事态发生时,人民有权自己统治自己。”[3]此外,公众参与对规范行政权力的运行也不无裨益。在行政权力日益扩张并成为国家权力中心的现代社会,从制度上保证公众参与到行政过程中来,不仅是保护公民合法权益的重要手段,也是实现“权利制约权力”的需要。[4] 正因如此,“行政机关必须改变传统的单方管制观念,而允许相对人能够参与行政任务的执行或相互合作”[5]。

公众参与的过程是行政主体与行政相对人的互动过程,这种互动不仅包括行政行为作出过程中的互动,也应包括行政行为作出后双方的互动,以及行政争议解决过程中的互动。在这种互动过程中,行政相对人的意志可能影响行政主体的意志,而行政主体的意志也可能影响行政相对人的意志。正因如此,公众参与对于消除行政法律关系主体双方的分歧和冲突有着积极意义,各方一旦能够参与到程序中,就更易于接受行为结果,即使行政相对人有可能不赞成结果,也更有可能服从。

行政复议调解的过程是行政复议申请人和被申请人在行政复议机关的主持下达成共识的过程,这个过程正是公众参与在行政纠纷解决中的具体体现,展现出“公私合作的趋势”[6]。其中,行政复议机关的作用在于“组织和主持双

---

〔1〕 参见江必新、李春燕:《公众参与趋势对行政法和行政法学的挑战》,载《中国法学》2005 年第 6 期。

〔2〕 参见[英]A. J. M. 米尔恩:《人的权利与人的多样性——人权哲学》,夏勇、张志铭译,中国大百科全书出版社 1995 年版,第 44 页。

〔3〕 [美]伊安·夏皮罗:《政治的道德基础》,姚建华、宋国友译,上海三联书店 2006 年版,第 227 页。

〔4〕 参见王青斌:《论公众参与有效性的提高——以城市规划领域为例》,载《政法论坛》2012 年第 4 期。

〔5〕 陈春生:《行政法之学理与体系》(二),台北,元照出版有限公司 2007 年版,第 68 页以下。

〔6〕 章志远:《迈向公私合作型行政法》,载《法学研究》2019 年第 2 期。

方当事人开展协商对话,并以中立、客观和专业的立场判断双方所提事实证据的真实性、合法性和关联性,以及所提法律意见的准确性,说服、劝导双方认可、接受对方所提正确的事实证据和法律意见,从而最终达成共识”[1]。与行政复议中的调解类似,公众参与也同样体现在行政复议中的和解以及行政诉讼中的和解与调解。

当然,公众参与理论并不能回应调解中行政主体是否可以进行实体上的妥协和让步的问题[2],而只是为行政纠纷的调解提供了一个程序上的突破口和一个新的视角,证明了行政复议调解在程序上的正当性。换言之,公众参与理论并不能为行政复议调解提供全部的正当性,行政复议调解依然需要其他理论的支持。

(二)利益衡量理论

利益衡量是指国家的有关机关在法律所确认的利益之间发生冲突时,对冲突的利益进行权衡和取舍的活动。利益衡量常见于法院的审判活动,同时也广泛存在于其他领域,包括具有准司法性质的行政复议领域。

行政法律关系中常见的利益衡量是在公共利益与个人利益之间的衡量。行政法律关系并不是一种普通的利益关系,而是一种特定层次的公共利益与个人利益的关系。[3] 在行政法律关系中,代表公共利益的一方是行政主体,享有个人利益的一方是行政相对人。法律调整行政关系的目的亦在于协调公共利益和个人利益间的关系。“法律的目的在于保障利益”[4],法律保障利益的方法就是赋予主体以权利。正如奥斯汀所指出的,权利是实现利益的手段:权利之特质在于给所有者以利益”“授权性规范的特质在于以各种限制条件对实际利益进行划分[5]。因此,就利益与权利的关系而言,利益是权利的目的和基础。法律保障利益的基本方法就是将一些合理的要求在法律中确认,因而,权

---

〔1〕 叶必丰:《行政和解和调解:基于公众参与和诚实信用》,载《政治与法律》2008 年第 5 期。
〔2〕 参见张旭勇:《论行政诉讼和解的正当性困境及其化解》,载《法商研究》2010 年第 5 期。
〔3〕 参见叶必丰:《行政法学》,武汉大学出版社 2003 年版,第 119 页。
〔4〕 [荷]克拉勃:《近代国家观念》,王检译,商务印书馆 1936 年版,第 47 页。
〔5〕 参见张文显:《法哲学范畴研究》,中国政法大学出版社 2001 年版,第 302 页。

利是“得到社会承认并由国家加以维护的要求”[1]。在权利得到法律确认的情况下，人们维护利益的基本途径就是主张和行使自己的权利。与法律赋予行政相对人权利是为了维护个人利益类似，法律赋予行政主体职权的根本目的是维护和促进公共利益。“在民主法治国家、社会国家和环境国家，公共行政的目的是维护和促进公共利益或者大众福祉。”[2]由此观之，与个人利益相比，公共利益通常占据更重的分量。

法律赋予行政主体职权的目的在于维护和促进公共利益，因而，行政主体行使职权的根本目的就是维护和促进公共利益。在行政职权的行使过程中，必须对是否有利于公共利益进行衡量和判断。“行政机关不仅需对国家目的之实现，选择具体及直接之措施，在立法机关未提供价值判断之标准时，行政机关亦有责无旁贷之判断义务。”[3]在特定情况下，如果某一行政职权的运用无益于维护公共利益，那么对该职权的运用予以限制甚至暂时性地放弃行使就十分必要。对于冲突的利益，“根据法治原则，解决这种利益冲突的方式是限制或放弃较小价值利益的权衡规则”[4]。因而，正是为了更好地维护公共利益的需要，理应放弃采用强制驱散等强制性手段。

利益衡量理论强调行政职权的行使应有助于维护公共利益，因而，在一般情况下，公共利益优先于个人利益，这也是利益衡量的结果。体现公益优先的是“情况决定制度”。与私益相比，公共利益应当优先，但这并不意味着公共利益就是唯一的考量因素，或者说永远都是私益让位于公共利益。“利益衡量的结果应当促使各种利益尽可能的最大化。”[5]这就意味着在某些特定情况下，公益也可能让位于私益，但前提是私益的价值大于公益的价值。这种利益衡量的结果在比例原则中体现得较为明显。比例原则，“在于要求方法和目的之均衡”[6]，“涉及‘立法手段’与‘执行手段’的有无符合公益目的以及最小侵害原

---

[1] [英]鲍桑葵：《关于国家的哲学理论》，汪淑钧译，商务印书馆1995年版，第207页。

[2] [德]汉斯·J.沃尔夫、奥托·巴霍夫、罗尔夫·施托贝尔：《行政法》(第1卷)，高家伟译，商务印书馆2003年版，第323页。

[3] 吴庚：《行政法之理论与实用》，中国人民大学出版社2005年版，第50页。

[4] [德]汉斯·J.沃尔夫、奥托·巴霍夫、罗尔夫·施托贝尔：《行政法》(第1卷)，高家伟译，商务印书馆2003年版，第326页。

[5] R. Pound, *A Survey of Social Interests*, 58 Harvard Law Review 909(1943).

[6] 陈敏：《行政法总论》，台北，2011年自版发行，第87页。

则的尺度问题”[1]。该原则的实质就是要求行政主体在行使某项行政职权前,必须将其对行政相对人的损害与达成行政目的所可能获得的利益进行衡量,只有后者重于前者时才能行使该项职权。事实上,比例原则从表面上看是保护了行政相对人的利益,但其对于公共利益同样有益。因为如果完全不考虑行政相对人的利益,不仅会造成社会财富的损失,更可能恶化行政主体与行政相对人的关系,从而对公共利益造成更大的损失。从比例原则中还可以看出,依法行政原则也并非任何情况下都必须被坚持,因为“相互冲突的原则必须互相衡量或平衡,有些原则比另一些原则有较大的分量”[2]。在依法行政原则与比例原则冲突时,依法行政原则有可能会被放弃。

利益衡量理论为行政主体在特定情况下作出一定的妥协和让步提供了充分的理论根据,即为了公共利益的需要,行政主体可以在特定情况下作出妥协和让步。同时利益衡量理论也为行政主体处分“实体权利”提供了理论上的支撑。刑事和解的广泛适用也证明了在行政纠纷解决领域适用调解的正当性。“对于起诉不符合公共利益的案件,公诉机关可以通过不予起诉来体现对被追诉人的宽宥,或者以不起诉为代价来换取被追诉人的合作或妥协;被追诉人则以向公诉机关承诺履行一定的义务为代价来换取不起诉的法律后果。”[3]因此,“如果说检察官能够与严重的罪犯做交易那么为什么警官(或法官)却不能和轻微违法者谈判呢?”[4]

综上所述,行政职权是实现公共利益的手段,公共利益是重心。实践证明行政复议调解有助于化解矛盾,避免行政纠纷的发展和升级,从而可以进一步避免行政主体在解决行政纠纷方面投入更多的财力和人力。换言之,调解手段可能会更有利于公共利益的维护。中共中央、国务院印发的《法治政府建设实施纲要(2021—2025年)》也明确指出,应采用调解等方法,“坚持将矛盾纠纷化解在萌芽状态、化解在基层,着力实现人民群众权益受到公平对待、尊严获得应

---

[1] 陈新民:《行政法学总论》(第10版),台北,三民书局2020年版,第108页。

[2] [美]迈克尔·D.贝勒斯:《法律的原则——一个规范的分析》,张文显等译,中国大百科全书出版社1996年版,第13页。

[3] 卞建林、封利强:《构建刑事和解的中国模式——以刑事谅解为基础》,载《政法论坛》2008年第6期。

[4] 赵艳花、耿宝建:《行政诉讼中的调解:西方的经验与中国的选择》,载《行政法学研究》2009年第3期。

有尊重”。因此,行政复议调解因有助于维护和促进公共利益而具有了更高程度的正当性。

三、行政复议调解的制度建构

(一)行政复议调解的范围

从我国的实际出发,扩大行政复议调解的适用范围是必然趋势。一是出于实践的需要,因为“复议案件类型众多,如严格限制调解适用范围,将导致实践中大量的行政复议案件无法适用调解,行政复议制度会成为一种作用不大的摆设”[1]。二是扩大行政复议调解适用范围在理论上并不存在障碍。我国当前的行政复议调解范围仅限于针对行使自由裁量权的行政行为和行政赔偿、行政补偿,主要针对合理性存在争议的行政行为,而不包括合法性也存在争议的行政行为。但事实上,行政主体与行政相对人就行政行为的合法性争议,并非没有讨论空间。前文对行政复议调解正当性的论述中也阐述了行政行为的合法性亦可调解的理由。一方面,根据公共参与原则,在行政复议申请人充分参与案件的情况下,行政复议被申请人完全可能接受申请人的观点,从而改变自己在事实认定甚至法律适用方面的看法,进而改变之前对行政行为是否合法的判断。另一方面,根据利益衡量理论,行政行为的作出、改变等均应符合公共利益的需要,只要不违反公共利益,行政行为无论是否合法,其存废以及变更等问题都存在一定的讨论空间。违法的行政行为未必就不可保留,而合法的行为未必就不能撤回。[2] 对于违法行政行为而言,如果仅仅是程序违法,则其完全可以在取得行政复议申请人谅解的情况下继续保留。如果撤销违法行政行为会严重损害公共利益,则违法的行政行为不能被撤销,只能采取其他补救措施;而对于需要采取的补救措施,则完全可以通过调解确定。对于合法的行政行为而言,如果其违反了比例原则,则同样可以被撤回。此外,如果合法行政行为的继

[1] 郜风涛主编:《行政复议典型案例选编》(第2辑),中国法制出版社2011年版,第78页。
[2] 依照行政法领域的惯常用法,撤销的对象通常是违法的行政行为,对于合法的行政行为,通常用“撤回”。

续存在不仅不能有利于公共利益,反而可能损害公共利益,那么也应该被撤回。由此观之,将行政复议调解的范围仅限于针对合理性存在争议的行政行为以及行政赔偿、补偿争议,不仅难以满足实务的需要,而且在理论层面同样不能成立。

从《行政复议法》的立法上看,其没有明文规定限制行政复议调解的范围,但这并非意味着行政复议调解的范围可以不受任何限制。由于行政复议与行政诉讼的同质性,行政诉讼调解的有关理论也可适用于行政复议调解。从域外立法来看,行政诉讼的调解范围基本没有限制,只是将行政主体没有处分权的争议排除在外。如《联邦德国行政法院法》第 106 条部分规定:"为全部或部分终结法律争议,在当事人可以处置和解标的情况下,当事人可以以在法院或受委托法官或接受请求的法官面前作出笔录的方式达成和解。"

(二)行政复议调解的原则

行政复议调解的运行,应当遵循以下原则:

1. 合法原则。合法原则是行政复议活动的基本原则。在调解活动中,行政复议机关的行为不能违反法律、法规的强制性规定。

2. 自愿原则。自愿原则是所有调解均应遵守的原则,行政复议调解亦不例外。调解的本质内容是"双方合意",因此,无论是行政复议调解程序的启动,还是调解的结果等均应以双方当事人自愿为前提。在行政复议过程中,只有行政复议申请人和被申请人均出于自愿而接受调解时,行政复议机关才能够进行调解。行政复议机关在调解过程中不能有强迫当事人的意思表示,只有在双方当事人均自愿接受调解方案并达成协议时,行政复议机关才能够以调解结案。

3. 不违反公共利益原则。在行政复议调解中,应该确立"不违反公共利益原则"。在行政法律关系中,公共利益占据比个人利益更为重要的地位,维护公共利益也是国家授权行政主体的根本目的。因此,行政复议调解的运行,必须遵守"不违反公共利益原则",不得以损害公共利益为前提而换来息事宁人的结果。

（三）行政复议调解书的效力

《行政复议法实施条例》第 50 条中规定“行政复议调解书经双方当事人签字，即具有法律效力”，但没有明确调解书具体的效力内容。随之产生的问题是，经过行政复议达成调解的，当事人双方是否可以反悔？行政复议调解书是否可以作为申请执行的依据？

行政复议调解书的效力，应该与诉讼制度中的调解书效力相同。行政诉讼中的调解书具有与裁判文书一样的执行效力。《行政诉讼法》第 94 条规定：“当事人必须履行人民法院发生法律效力的判决、裁定、调解书。”第 95 条规定：“公民、法人或者其他组织拒绝履行判决、裁定、调解书的，行政机关或者第三人可以向第一审人民法院申请强制执行，或者由行政机关依法强制执行。”《行政诉讼解释》第 152 条第 1 款规定：“对发生法律效力的行政判决书、行政裁定书、行政赔偿判决书和行政调解书，负有义务的一方当事人拒绝履行的，对方当事人可以依法申请人民法院强制执行。”

《民事诉讼法》中同样有发生法律效力的调解书可以强制执行的规定。《民事诉讼法》第 52 条第 3 款规定：“当事人必须依法行使诉讼权利，遵守诉讼秩序，履行发生法律效力的判决书、裁定书和调解书。”第 243 条规定：“发生法律效力的民事判决、裁定，当事人必须履行。一方拒绝履行的，对方当事人可以向人民法院申请执行，也可以由审判员移送执行员执行。调解书和其他应当由人民法院执行的法律文书，当事人必须履行。一方拒绝履行的，对方当事人可以向人民法院申请执行。”

行政复议作为一种“准司法”的活动，在调解制度设计上应该借鉴《行政诉讼法》以及《民事诉讼法》的规定。《行政复议法》第 73 条第 1 款规定：“当事人经调解达成协议的，行政复议机关应当制作行政复议调解书，经各方当事人签字或者签章，并加盖行政复议机关印章，即具有法律效力。”同时该条第 2 款规定当事人可以反悔：“调解未达成协议或者调解书生效前一方反悔的，行政复议机关应当依法审查或者及时作出行政复议决定。”根据这一规定，在借鉴司法调解的基础上，应该明确生效的行政复议调解书具有以下效力：一是具有终结行政复议的效力。行政复议调解书与行政复议决定书一样，是行政复议终结的一种形式。这一点从《行政复议法》第 77 条第 1 款规定的“被申请人应当履行行政复议决定书、调解书、意见书”中也可以看出。二是行政复议调解不可诉。行政复议申请人不服行政复议决定的,可以依法提起行政诉讼。但由于行政复议调解是建立在双方当事人合意的基础上的,故应明确行政复议调解不可诉。但为保护行政相对人的合法权益,如果有证据证明调解违反了自愿原则,则应允许行政复议申请人提起行政诉讼,要求撤销行政复议调解书。三是行政复议调解书应具有被强制执行的效力。行政复议调解与行政复议决定一样,均是行政复议机关运用行政职权作出的准司法行为,行政复议调解是对双方当事人之间合意的一种确认,是一种准司法的“确认”行为,因而行政复议调解书应该与行政复议决定书一样具有强制力,可以作为强制执行的依据。对此,《行政复议法》第 78 条也规定了行政调解书可以作为执行依据。

第六节　行政复议的决定体系

一、概述

行政复议决定是指行政复议机关在收到行政复议申请后,对其审查后作出的对申请人权利义务产生影响的法律行为。行政复议决定是行政复议体系中的末端环节,也是极其重要的环节。

行政复议决定体系的外延较为模糊,需要厘清。行政复议中既有程序性的决定(如《行政复议法实施条例》第 41 条规定的中止决定等),也有实体性的决定,既有直接针对行政复议申请的基础性行政复议决定,也有“一并作出”的赔偿补充类行政复议决定。那么,行政复议决定应当包含哪些种类?本书认为,行政复议决定直接针对的是行政相对人的具体行政复议申请,也即针对申请人的公法请求权。行政复议决定应直接决定申请人的公法请求权能否实现以及在何种程度上实现,决定其主观权利是否能得到保护,否则不能被称为真正的行政复议决定。根据这一限定规则,行政复议决定种类应包括维持决定、履行法定职责决定、撤销决定、变更决定、确认违法决定、确认无效决定、重作决定、驳回决定、赔偿决定、补救措施决定。对于赔偿决定需要额外说明的是,有观点认为“(赔偿决定)对象针对的是申请人的赔偿请求,其法律依据是国家赔偿法的有关规定,并不是针对被申请复议的行政行为作出的合法与否以及适当与否的判断和处理"[1]。这一说法固然有一定的道理,即赔偿决定是对"一并提出"的行政复议申请的回应,理论上应当建立在其他行政复议决定的基础上另行作出;但是赔偿决定可以直接回应申请人的主观权利,一次性满足其全部请求,因此仍应当被看作行政复议决定之一。

《行政复议法》第61~72条规定了行政复议的决定类型,形成了行政复议决定体系。如图4所示,根据决定种类不同,可以分为肯定性决定、否定性决定和给付性决定。

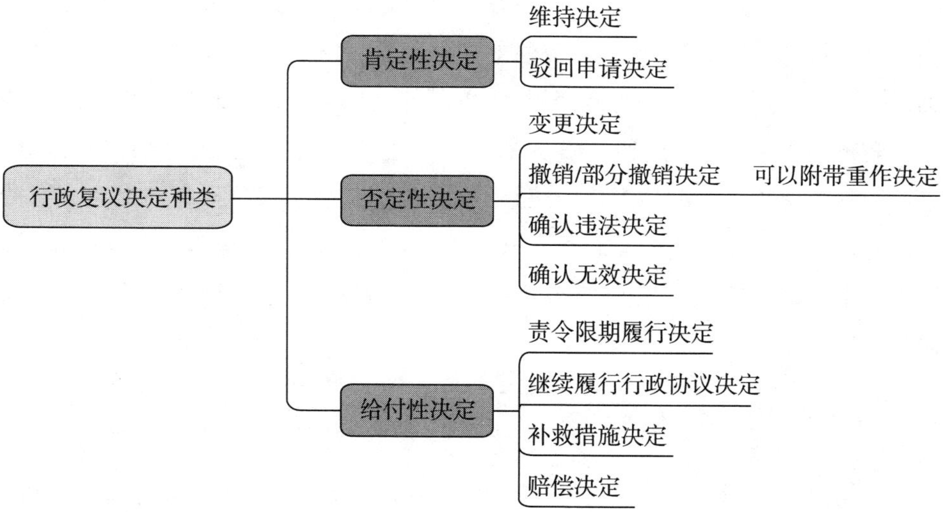

图4　行政复议决定体系

二、维持决定

维持决定最直接地体现了行政复议法的客观法面向。《行政复议法》的立法宗旨之一是"监督和保障行政机关依法行使职权"。维持决定长期占据行政复议决定的较大数量。根据本书第二章第四节表1的数据,2015年之前,维持决定一般保持在50%~60%,在2014年达到了59.73%。《行政诉讼法》2014

[1] 崔梦豪:《行政复议决定体系的重构》,华东政法大学2020年博士学位论文,第17页。

年修正后,由于新增“行政复议维持共同被告”制度等因素,行政复议维持率在2016年首次跌破50%,为48.48%。2016年后,行政复议维持决定占比一般维持在50%左右,在2020年、2021年,行政复议维持率分别为49.99%、48.25%。由此可见,虽然维持决定近年来适用概率有所减少,但是在行政复议机关看来,维持决定仍主要是用来“‘维护’(保障)行政机关行使职权”,而不是“‘监督’行政机关行使职权”。行政复议维持决定适用比例过高这一痼疾既反映出行政复议制度未有效和深度发挥其应有的制度价值的现状,也是直接导致这一问题的主要原因之一。

当然,行政复议维持决定仍应当在行政复议决定体系中占据核心地位。第一,维持决定直接体现了行政复议法的立法宗旨,即保障行政职权的依法行使。维持决定抑制了行政机关的撤销权,防止原行政机关滥用行政撤销权随意改变原行政行为[1],以防造成行政行为的不安定性,避免侵犯公民合法权益,这也是信赖利益保护原则的体现。第二,维持决定是对于原行政行为的强化。维持决定是在对原行政行为的重新审查基础上又作出的同一个决定。总结来说,维持决定是行政复议法立法目的与功能的主要体现之一,应当对其予以坚持和完善。

(一)维持决定的内涵阐释

维持决定的适用条件较为严苛,作出维持决定需要同时满足以下条件:(1)认定事实清楚;(2)证据确凿;(3)适用依据正确;(4)程序合法;(5)内容适当。该适用条件包含了实体合法事项与程序合法事项,体现了行政复议的全面审查原则,行政复议机关必须对原行政决定的实体合法性、程序合法性以及裁量的合理性进行深度审查,这对作出维持决定提出了较高要求。维持决定的对象针对的是行政作为,对于行政不作为显然不能用维持决定,因为没有行为可以用来维持。

---

〔1〕 对于行政撤销权的讨论参见王青斌:《行政撤销权的理论证成及其法律规制》,载《法学》2021年第10期。

(二)维持决定的范围限缩

何种行政复议决定才能称为“维持”,行政诉讼法司法实践对此有更精细的划分。《行政诉讼解释》第22条第1款规定:“……复议机关改变原行政行为所认定的主要事实和证据、改变原行政行为所适用的规范依据,但未改变原行政行为处理结果的,视为复议机关维持原行政行为。”换言之,即使行政复议机关在行政复议决定中改变了原行政行为,但是如果没有影响和改变最终对于原行政行为的处理结果,虽然这个决定名义上是“变更决定”,但其实际上仍然被视为“维持决定”。行政诉讼中存在“行政复议维持共同被告”规则,这一规定是为了防止行政复议机关为了避免自己作共同被告而故意采取规避措施,强制要求行政复议机关对于能够变更的行为作出改变,避免作出维持决定。在后续的处理中,法院对于行政复议维持案件需要将原行政行为和维持决定一起审理。例如,在“马某不予调查处理及行政复议案”中,法院认为:“复议决定没有改变原行政行为的处理结果,仅改变了原行政行为认定的事实、证据或者适用规范依据,原行政行为被改变之处已不再对行政相对人产生原有的法律效果,即原行政行为已不再是原来作出时的状态,而是以复议决定修正和补充后的形式表现出来。人民法院应将经复议机关改变后的事实、证据和规范依据统一到原行政行为之中去审查,即将复议维持决定与原行政行为作为一个整体来认识和把握,复议决定对于事实、证据和适用规范性依据的改变,已经成为原行政行为合法性的一部分。被诉复议决定修正和补充了原行政行为不当之处后,不需再撤销原行政行为。”〔1〕

应区分驳回决定和维持决定。在“高某诉西华县人民政府行政复议决定案”中,行政复议申请人就行政行为提起行政复议申请,但是其无法证明该行政行为存在,于是行政复议机关依据《行政复议法实施条例》的规定驳回了申请人的行政复议请求,申请人继而提起行政诉讼。再审中,最高人民法院认为,以行政复议申请不符合受理条件为由驳回,并不属于对原行政行为的实质意义上的维持,裁判要旨也确认:“所谓‘维持’,既包括明确表示的‘维持’,也包括‘复议机关驳回复议申请或者复议请求’,但实质效果是对原行政行为予以‘维持’的

〔1〕 北京市第一中级人民法院行政判决书,(2022)京01行终167号。

情形。分辨驳回复议申请或者复议请求是否属于对原行政行为‘维持’,关键是要看复议决定是否对原行政行为的合法性进行了实质审查判断。如果复议机关仅仅是以‘复议申请不符合受理条件’为由驳回,则无论是驳回复议申请,还是驳回复议请求,均因没有对原行政行为的合法性进行实质审查判断,而不能定性为‘维持’……如果复议机关以被申请的行政行为不存在为由驳回复议申请或者驳回复议请求,就不属于对于原行政行为的‘维持’,因为一个并不存在的行政行为无从维持。”[1]

三、驳回行政复议请求决定

根据本书第二章第四节表1的数据,驳回行政复议申请率在最近的10年中总体上保持升高的趋势。在2015年之后,驳回率一直维持在10%以上,在2021年更是首度达到了13%以上,2022年则达到了14.24%。驳回行政复议申请往往是行政复议机关针对行政复议请求作出的第二选择(第一选择是维持决定)。其在实践中适用较为频繁,有必要明晰其概念内涵。

《行政复议法》第69条规定:“行政复议机关受理申请人认为被申请人不履行法定职责的行政复议申请后,发现被申请人没有相应法定职责或者在受理前已经履行法定职责的,决定驳回申请人的行政复议请求。”行政复议机关必须在经过实体审理后才能对行政复议请求作出实体性决定。

“驳回行政复议请求决定”需要与“驳回行政复议申请决定”区分。根据《行政复议法》第33条的规定,行政复议机关受理行政复议申请后,发现该行政复议申请不符合受案条件的,应当决定驳回申请并说明理由。驳回行政复议申请裁定中,行政复议机关并未对案件进行实体审理,而只是进行了程序性审理。在“王某等人诉吉林省人民政府驳回行政复议申请案”中,最高人民法院认为:“复议机关对征收土地决定未进行实体审查,仅以复议申请不符合法定受理条件为由,从程序上驳回行政复议申请的,该复议决定只是对申请人的复议申请是否应当受理而作出的决定,与被申请复议的征收土地决定无关……不是法律规定的终局裁决行为……因此,复议机关作出的从程序上驳回申请人行政复议

[1] 最高人民法院行政裁定书,(2018)最高法行申2965号。

申请的决定,应当属于人民法院行政诉讼的受案范围。"[1]

驳回行政复议请求决定与驳回行政复议申请决定有以下几个不同点:第一,审查程序和步骤上的不同。在"驳回行政复议请求"时,行政复议机关进行的是实体审理,即只有实体审理完才能发现被申请人是否履行法定职责。在"驳回行政复议申请"时,行政复议机关则是程序审理,二者完全属于两个审查步骤。"驳回行政复议请求"类似于行政诉讼中的判决驳回诉讼请求,而"驳回行政复议申请"则类似于行政诉讼中的裁定驳回起诉。第二,审查对象上的不同。"驳回行政复议请求"针对的是行政机关不作为的情形,而"驳回行政复议申请"针对的则是行政复议申请的申请条件,可以说两项规定完全不存在逻辑上的一致性,法条语言规定上的极大相似度容易造成对"驳回行政复议决定"性质的误解。第三,行政复议决定效力上的不同。行政复议决定根据法律效力可以分为终局决定与非终局决定,非终局决定意味着申请人仍然可以提起后续的行政诉讼。驳回行政复议请求决定意味着行政复议机关确实对一个行政行为进行了全面的实体审理,因此产生终局效力;而驳回行政复议申请决定只是程序性审理,不产生终局效力。

由于驳回行政复议申请决定内部的割裂性,为了体现行政复议的准司法性以及行政复议与行政诉讼的衔接性、共通性,可以参考行政诉讼法中区分判决驳回诉讼请求与裁定驳回起诉的做法,在未来的法律修改中对两种驳回行政复议申请决定进行更精确的区分与规定。应该说,《行政复议法》在修改后分开规定了两种驳回决定类型,并规定了"驳回申请"和"驳回请求",已经明确和有效地区分了这两种决定类型;但现有规定仍然有可以继续完善之处。第一,应明确"驳回行政复议申请决定"的"裁定性"和"程序性审理"性质。行政诉讼中,法院对不符合起诉条件的起诉的处理方式是"裁定不予受理","裁定"的文字更利于人们对该行政复议决定性质的清晰理解。第二,可以考虑将规定"驳回行政复议申请"的《行政复议法》第33条和规定"不予受理决定"的《行政复议法》第30条合并规定,更加明确其"程序性""裁定性"的决定性质,因为这种决定本质上是对错误受理的后续纠正。

---

[1] 最高人民法院行政裁定书,(2016)最高法行再79号。

四、履行法定职责决定

《行政复议法》第66条规定："被申请人不履行法定职责的,行政复议机关决定被申请人在一定期限内履行。"履行法定职责决定针对的是原行政机关不作为的情形。实践中,随着依法行政的要求越来越高,行政问责的力度越来越大,行政机关工作人员的懒政思想有所抬头。[1] 履行法定职责决定针对的就是这种现状。根据本书第二章第四节表1的数据,履行法定职责决定在2014~2017年一直维持在2%以上,最高达到了2.69%(2015年),而在2018年以后,履行法定职责决定作出率一直维持在1%~2%的区间内,2020年为1.27%,2021年为1.31%,2022年为1.60%。数据的改善或可反映出实践中行政机关不作为情形的减少趋势。

(一)对"不履行法定职责"的理解

履行法定职责决定在以下行政复议案件中出现得较多:认为符合法定条件申请行政机关颁发许可证、执照、资质证、资格证等证书,或者申请行政机关审批、登记有关事项,行政机关没有依法办理的;申请行政机关履行保护人身权、财产权或者受教育权的法定职责,行政机关没有依法履行的;申请行政机关依法发放抚恤金、社会保险金或者最低生活保障费,行政机关没有依法发放的;其他不作为行政案件。[2] 不履行法定职责在实践中的形态繁多,需要对"不履行法定职责"的概念进行界定。

责令履行法定职责的适用条件是"被申请人不履行法定职责"。通说认为,不履行法定职责的认定因素有三,即具有法定履行义务、具有履行可能性、没有履行职责。[3]

---

[1] 参见信春鹰主编:《中华人民共和国行政诉讼法释义》,法律出版社2014年版,第191~192页。

[2] 参见方世荣、石佑启主编:《行政法与行政诉讼法》,北京大学出版社2011年版,第297页。

[3] 参见周佑勇:《行政不作为构成要件的展开》,载《中国法学》2001年第5期;黄学贤:《形式作为而实质不作为行政行为探讨——行政不作为的新视角》,载《中国法学》2009年第5期;章志远:《司法判决中的行政不作为》,载《法学研究》2010年第5期;郑琳:《论行政形式作为下的实质不作为——基于实证的分析》,载章剑生主编:《公法研究》第20卷,浙江大学出版社2020年版;等等。

1. 对“法定职责”的理解

如何理解“法定职责”与“不作为”较为复杂。“法定”中的“法”应作宽泛理解。第一，在法律、法规、规章之外，规定行政机关义务的规范性文件也应当属于“法”。根据行政自我规制原则，如果一部规范性文件对行政机关提出了更高的履行职责义务，就应当视其为“法”的范畴。第二，规范性文件以外，法定职责还应包括“行政协议、先行行为、行政承诺、信赖利益等名义”的法定职责。[1] 第三，行政主体发布的具有软法约束力的规范文件也应被认为属于“法”的范畴。[2] “白某诉苏州市教育局不依法履职案”中，行政复议机关认为：教育部等十一部门联合印发的《加强中小学生欺凌综合治理方案》对各地教育行政部门在处置学生欺凌事件方面的职责进行了明确规定，被申请人应当按照该方案履行相应职责。该治理方案对各级教育行政部门提出了履职要求。[3] 对“不作为”的认定更为复杂。一般而言，对不完全作为的认定较为简单，而对不完全作为的认定则较为复杂：如果行政机关作出的行为仅仅在强度上没有达到应作为的行为强度，则不能简单认定为不作为，只有当行政机关作出的行为在种类、数量、强度等方面都没有达到法规范要求时，才可能认定为不作为。比如在前案中，复议机关认为：原机关确已开展了大量工作，进行了相应的调查、指导、协助处理，并促使学校与申请人达成了协议。但被申请人的组织、指导、协调、监督未能按照《加强中小学生欺凌综合治理方案》的规定进行，未对案涉学校的处理结果提出明确的确认或者启动复查，构成未全面正确履行职责。

2. 具有履行可能性

在讨论语境下，一般所指的“具有履行可能性”指的是“现实可能性”，也可以理解为能够履行作为义务的主观意志能力。[4] 但是也有学者从行政学的角度指出，在现实可能性外还存在履行作为的理论可能性，即在行政机关具备替代性履职方案，可以进行行政资源的积极调剂，可以合理调节公众预期，存在监

---

〔1〕 参见杨东升：《行政给付诉讼类型研究》，东南大学出版社2020年版，第206～209页。

〔2〕 沈岿教授认为，“常规的行政主体因为在宪法和组织法上有依据，有权发布决定和命令，所以，其可以作为行政规则——无论是硬法性质的，还是软法性质的，抑或软硬法性质混合的制定主体”。参见沈岿：《软硬法混合治理的规范化进路》，载《法学》2021年第3期。

〔3〕 参见苏州市人民政府行政复议决定书，〔2018〕苏行复第53号。

〔4〕 参见刘群：《实质性解决行政争议视角下行政不作为诉讼研究》，中国人民公安大学出版社2022年版，第189页。

管工具和监管目标之间的匹配性等情况下，应当认定行政机关具有履行义务的理论上的可能性。[1] 申言之，应当从现实可能性和理论可能性两方面共同评价行政机关的履行可能性。

3. 没有履行法定职责

实践中“没有履行法定职责”的外观有两种：一是完全不履行法定职责，二是不完全履行法定职责。第一种外观又可以分为积极的不履行职责和消极的不履行职责。积极不履行职责主要表现为拒绝履行法定职责，即享有法定职责但是明确表示不履行法定职责。消极不履行职责则可能表现为程序上不履行、拖延履行、不回应申请人的请求等情形。拖延履行是指行政机关对属于自己法定职责范围内而法律未明确规定履行期限的事项故意拖延不办，或者对某些紧急事项不及时办理。[2] 第二种外观中，虽然行政机关确实在履行职责，但是可能没有完全回应申请人所有合理的正当的请求，也即没有实质履行职责。[3]

（二）“法定职责”的明确

责令履行行政复议决定应当尽量明确行政机关的“职责”。履行法定职责决定与行政诉讼中的履行法定职责判决相似。行政诉讼中的履行判决分为两种类型，即明确职责内容的具体判决和不明确职责内容的答复判决，也叫实体性判决和程序性判决。作为参考，履行法定职责决定也应区分两种情况，一种是责令履行特定法定职责（“具体职责决定”），另一种是责令履行法定职责，但行政复议机关不具体指明应履行何种职责（“答复决定”）。行政诉讼中由于法院需要尽量尊重行政机关的首次判断权，较少存在行政权无裁量余地的情形，故而法院大多数情况下会作出答复判决。但是在行政复议中，由于裁决者变为行政复议机关，监督形式变为行政机关上下级的监督，行政复议机关对于原行政行为享有完全的判断权，不需要过多地考量原机关的裁量余地，更无须遵守

---

[1] 参见卢超：《从司法过程到组织激励：行政公益诉讼的中国试验》，载《法商研究》2018 年第 5 期；林鸿潮：《履行行政职责的作为可能性》，载《法学研究》2022 年第 6 期。

[2] 参见方世荣、石佑启主编：《行政法与行政诉讼法》，北京大学出版社 2011 年版，第 297 页。

[3] 相关研究可以参见刘群：《实质性解决行政争议视角下行政不作为诉讼研究》，中国人民公安大学出版社 2022 年版，第 192 ~ 202 页。此外，上述研究和分类视角主要基于的是行为标准，而行政公益诉讼领域的相关研究则提出了判断行政不作为还应当注重结果标准。参见王清军：《环境行政公益诉讼中行政不作为的审查基准》，载《清华法学》2020 年第 2 期。

首次判断权理论。从实质性地解决行政纠纷的角度出发,在事实认定清楚的前提下,行政复议机关应尽量作出履行具体职责的决定,以答复决定为例外。

责令履行行政复议决定应当尽量明确履行的期限。目前,《行政复议法》和《行政复议法实施条例》都没有规定责令履行的期限,将责令履行期限的决定权完全交给了行政复议机关,行政复议机关享有完全的程序裁量权。[1] 但从督促行政机关及时履行、保障申请人合法权益的角度出发,仍应当对责令履行期限予以限制。从法体系解释的角度看,《行政复议法实施条例》第 49 条规定了责令重作的期限:“行政复议机关……责令被申请人重新作出具体行政行为的,被申请人应当在法律、法规、规章规定的期限内重新作出具体行政行为;法律、法规、规章未规定期限的,重新作出具体行政行为的期限为 60 日。”责令重作决定本质上和责令履行决定相近,因此“60 日”也可以成为责令履行决定最长履行期限的参考。明确责令履行期限可以督促行政机关尽快履行决定,保障申请人的救济请求权早日实现,也就意味着行政争议尽早被实质性地解决。因此,责令履行期限在法律规定上的空白不能成为常态,未来的立法应当予以补充规定。

(三)行政不作为案件中举报投诉人申请资格的构造路径

实践中行政相对人向有关行政机关投诉举报的案件较为普遍,即行政相对人在行政机关进行处理后,不服该处理行为(不作为行为)申请行政复议或行政诉讼。此时,行政相对人是否具有申请人/原告资格?对此应当如何判定?

首先需要明确的是,举报投诉权本身并非主观公权利。根据《宪法》第 41 条的规定,中华人民共和国公民对于任何国家机关和国家工作人员的违法失职行为,有向有关国家机关提出申诉、控告或者检举的权利。可见检举权针对的是违法失职行为,而非为了救济个人受损的权利。胡锦光教授、韩大元教授也认为控告权属于监督权的范畴。[2] 林来梵教授认为《宪法》第 41 条虽然属于监督和救济的混合规定,但是检举权依然“属于真正监督权的范畴”[3]。

---

[1] 在行政诉讼的履行职责判决中,司法实践对于“一定期限”的认定也不完全相同,拥有一定的司法裁量空间。参见杨东升:《行政给付诉讼类型研究》,东南大学出版社 2020 年版,第 209 ~ 210 页。

[2] 参见胡锦光、韩大元:《中国宪法》,法律出版社 2016 年版,第 272 ~ 276 页。

[3] 林来梵:《宪法学讲义》,法律出版社 2011 年版,第 399 页。

以《环境保护法》为例,其第 57 条第 1、第 2 款规定:“公民、法人和其他组织发现任何单位和个人有污染环境和破坏生态行为的,有权向环境保护主管部门……举报。公民、法人和其他组织发现……不依法履行职责的,有权向其上级机关或者监察机关举报。”该法规定的“举报权”是《宪法》规定的“检举权”在法律中的具体呈现,目的是督促行政机关履行职责以保护环境和生态,最终是为了保护公共利益,而非为了保护特定人的权利。举报权的设置是为了鼓励公众举报市场和社会上的违法线索,填充行政执法的盲区。[1] 故而,此类举报投诉权条款的设置展现了个人积极能动的角色地位,难以“将个人在我国公法中的地位限定为仅仅能够基于个人主观公权受损才能提起诉讼之被动、消极角色”,从原理上看也不能成为保护规范理论的规范依据。[2]

再如,《食品安全法》第 115 条规定:“县级以上人民政府食品安全监督管理等部门应当公布本部门的电子邮件地址或者电话,接受咨询、投诉、举报。接到咨询、投诉、举报,对属于本部门职责的,应当受理并在法定期限内及时答复、核实、处理;对不属于本部门职责的,应当移交有权处理的部门并书面通知咨询、投诉、举报人……”虽然该条规定了行政相对人的举报投诉权和行政机关对举报案件的处理职责,但是该规定仍然是客观法面向,不能以此直接证明行政相对人拥有主观权利。不过由于该条文规定了行政机关处理投诉举报的法定职责,故可以认为该规定直接赋予了投诉举报人直接提起客观救济的权利。

最高人民法院在指导性案例 77 号中区分了“自益性举报”和“公益性举报”[3],但这招致了学者的批评。有学者认为,举报权只是一种“作为特定法律技术的权利”,并非一个“值得法律保护的利益”。[4] 还有学者认为举报权根本就是一个启动行政机关调查的程序性权利[5],远没有达到实体性权利(要求行政机关在个案中介入和处理的主观权利)的重要程度。

投诉举报人的原告资格/申请人资格有两种分析路径。有学者认为,对于

---

〔1〕 参见宋华琳:《论政府规制中的合作治理》,载《政治与法律》2016 年第 8 期。

〔2〕 参见成协中:《保护规范理论适用批判论》,载《中外法学》2020 年第 1 期。

〔3〕 参见罗某荣诉吉安市物价局物价行政处理案,最高人民法院指导案例 77 号(2017 年)。

〔4〕 参见黄锴:《行政诉讼中举报人原告资格的审查路径——基于指导案例 77 号的分析》,载《政治与法律》2017 年第 10 期。

〔5〕 有学者称其为“程序参与请求权”。参见伏创宇:《行政举报案件中原告资格认定的构造》,载《中国法学》2019 年第 5 期。

投诉举报人的原告/申请人资格的认定应当确立“受害人诉讼”模式。[1] 这一观点有一定道理，但是仍有可扩展之处。

第一种构造路径是主观之诉的路径，即适用保护规范理论审查投诉举报人是否拥有主观权利。保护规范理论适用的前提是主观诉讼的功能假定。[2] 具言之，需要判定：(1)举报人是否是为自身合法权益而举报；(2)该合法权益是否有被行政机关不履行职责的行为侵犯的可能；(3)主观公权利在公法规范中是否有相关依据(保护规范)，或者涉诉的法律规范中至少有一部分是指向个人的私益。[3] 也就是从投诉举报权的规范中推断出法律保护投诉举报人的意思。例如，如果一个投诉举报人提起主观之诉，那么其不能直接引用《食品安全法》第115条的投诉举报权条款来证明自己拥有主观公权利，而应当对该条进行目的解释：《食品安全法》第115条规定了投诉举报权和对应的投诉举报处理职责，这意味着可以从其中推断出这是一条保护行政相对人权利的保护规范。在寻找到保护规范之后，申请人才能引用此条文作为自己提起主观之诉的依据。

第二种构造路径是客观诉讼路径。有学者认为，当法律规定可提起公益诉讼(属客观诉讼)时，原告适格将被直接认定。此时，应避免以保护规范理论与可能性理论对“主观公权利受损”作无谓解读。[4] 本书赞同这种看法，若法律、法规规定了原告具有投诉举报权利，同时规定行政机关对于投诉举报权具有相应的处理职责，那么行政机关不履行处理和回应投诉举报的法定职责就属于行政不作为，行政相对人就直接获得了提请行政救济的资格。换言之，当一部法律、法规授予行政相对人提请行政救济的客观诉讼资格，就不再需要根据主观保护规范理论推定其原告资格。例如，如果一个投诉举报人提起客观之诉，那么其可以直接引用《食品安全法》第115条的投诉举报权条款来直接提请行政复议或诉讼，而不需要再论证该条是一个保护规范。

对于申请人的行政复议请求、申请人资格构造的审查路径、申请人行政复议请求的审查路径应作为审查整体看待。主客观之诉的申请理由决定了后来截然不同的资格和请求的审查框架。事实上，在一些案例分析中，主观之诉的审查框

---

[1] 参见伏创宇：《行政举报案件中原告资格认定的构造》，载《中国法学》2019年第5期。

[2] 参见成协中：《保护规范理论适用批判论》，载《中外法学》2020年第1期。

[3] 参见赵宏：《保护规范理论的历史嬗变与司法适用》，载《法学家》2019年第2期。

[4] 参见梁君瑜：《论行政诉讼原告适格判定的两种进路》，载《甘肃政法学院学报》2020年第1期。

架中却运用了分析“行政不作为”这样的客观之诉的分析逻辑。分析逻辑的断裂可能会造成保护规范理论适用者的困惑，使两种诉讼类型的分析逻辑混淆，因此对其有澄清的必要。如果申请人在请求理由中申请救济自身合法权益，那么毫无疑问是一个主观之诉。此时，就应当将分析点着重放置于“保护规范的寻找或主观公权利的证成”以及“不履行职责的行为导致危害主观权利的可能性”上。在客观之诉中，如果申请人直接引用投诉举报权条款来证成自己的行政复议申请资格，那么只需要将分析点放置于“行政不作为的证成”上即可，这也是传统的不履行法定职责案件的分析思路。〔1〕此外，如果申请人在申请请求中既提到“维护自身合法权益”又提到“投诉举报权条款”，那么也应当认定为主观之诉，因为主观之诉的审查框架对于当事人的权利审视更彻底，保护力度更加深刻。

（四）不履行法定职责案件中的主观之诉审查框架

履行法定职责案件的审查框架应分为两部分：首先，行政复议机关审查行政复议是否可受理。其次，在审查通过后，行政复议机关才需要对行政复议请求是否可以被支持进行实体审理。〔2〕具体而言，对履行法定职责案件的审查步骤可以如图5所示展开。

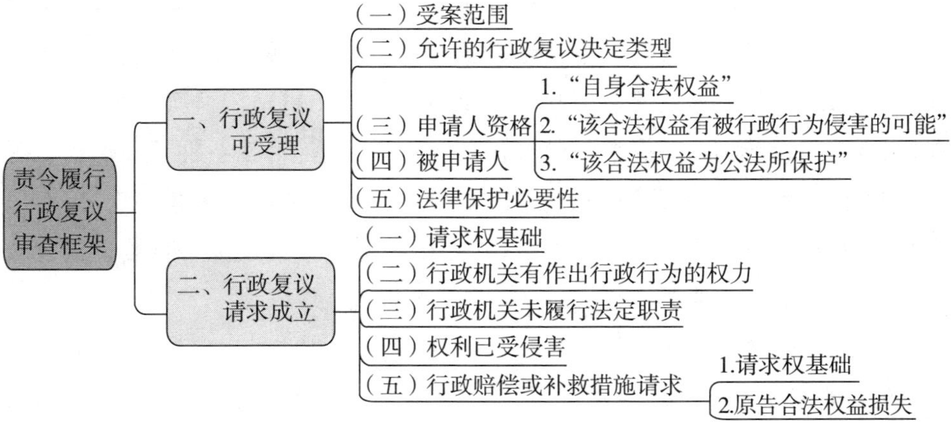

图5 责令履行行政复议审查框架

---

〔1〕对于行政不作为的分析可以参见张莹莹：《投诉举报案件中“不履行法定职责”的司法审查》，载《聊城大学学报（社会科学版）》2020年第5期。

〔2〕本框架的构建参考借鉴了赵宏教授、张冬阳博士关于“行政法鉴定式案例研习”的部分说明，以及可以参见章志远：《行政诉讼类型构造论》，法律出版社2021年版，第130～150页。

(五)履行法定职责决定的典型案例

在“王某不服W市食品药品监督管理局伪劣产品举报投诉处理案”[1]中,2010年8月,王某在W市辖区内某药房购买U姿减肥咖啡。2010年9月,王某向被申请人举报投诉该产品为冒用批准文号的伪劣产品,要求被申请人依法查处。被申请人于2010年12月作出《关于“减肥咖啡”举报调查情况的函》回复申请人。

申请人认为,该回复是对调查情况的反馈,并没有针对申请人的举报事项作出处理决定,因此申请行政复议,要求A省食品药品监督管理局责令被申请人继续履行法定职责。被申请人认为,接到申请人举报后,被申请人立即开展调查核实,于2010年12月15日向申请人书面答复核实情况,并于2011年1月底向有关部门去函查询,继续对举报事项开展调查核实,对申请人的举报事项已经依法履行法定职责。行政复议机关经审理认为,被申请人对保健食品负有监管职责,对群众投诉举报应认真核查。但被申请人接到申请人的举报后,没有对申请人的举报事项进行全面调查,对举报事项也没有作出最终的处理,显属未全面履行法定职责。故要求被申请人在30日内对申请人举报事项进行全面调查,依据相关法律、法规作出处理决定,并回复申请人。

本案申请人行政复议申请资格的判定路径有两条。主观之诉的判定路径是判定其是否具有举报投诉的主观公权利。在本案中,举报投诉人购买了涉案减肥咖啡,因此是为自身合法权益而举报;该合法权益也可能因为行政机关的不作为而被侵犯;从相关的食品领域法律规范对投诉举报权和行政机关对投诉举报的处理职能的规定可以推出存在相应的保护规范。因此本案申请人具有申请人资格。客观之诉的判定路径是判定被申请人是否不履行相应的法定职责。显然,在本案中,行政机关具有相应的处理和回复投诉举报的法定职能和义务,而行政机关并没有完全履行这种法定义务,因此申请人自动获得行政复议申请人资格。本案的行政复议机关采取的也正是客观之诉的判定思路。此外,行政复议机关也在后续的审查思路中延续了客观之诉的审查思路,即主要对行政机关的不作为情形进行判定。

[1] 参见甘藏春主编:《行政复议典型案例选编》(第3辑),中国法制出版社2013年版,第88~92页。

五、变更决定

变更决定是对原行政行为的否定类决定。《行政复议法》第 63 条第 1 款规定:“行政行为有下列情形之一的,行政复议机关决定变更该行政行为:(一)事实清楚,证据确凿,适用依据正确,程序合法,但是内容不适当;(二)事实清楚,证据确凿,程序合法,但是未正确适用依据;(三)事实不清、证据不足,经行政复议机关查清事实和证据。”第 2 款规定:“行政复议机关不得作出对申请人更为不利的变更决定,但是第三人提出相反请求的除外。”

一直以来,变更决定的数量在所有行政复议决定中的占比都是最少的,根据本书第二章第四节表 1 的数据,其数量占比长期保持在 0.5% 以下,2021 年的数据跌破到 0.2% 左右,而 2022 年的数据又恢复到 0.52% 。变更决定在实践中很少被采用的现状与其在行政复议决定体系中的重要地位极其不相符。

(一)变更决定相对于变更判决的优越性

相比于行政诉讼中的变更判决或履行特定职责判决而言,行政复议机关在作出变更或履行特定职责决定时,理论上的阻碍更小。在行政诉讼中,基于司法权和行政权分离,存在裁判时机成熟(Spruchreife)理论。该理论起源于德国,是指对于一个即将终结的关于诉讼请求的法院决定而言,所有事实和法律上的前提都已具备。[1] 具言之,在一个行政案件中,只有行政机关的裁量余地特别小或者为零时,法院才能直接代替行政机关作出一个明确义务内容的判决。这一理论虽然避免了法院过度干涉行政权,但是也给法院作出变更判决设置了较大的障碍;所以有学者认为,变更判决属于非常态的救济手段,是因触碰权力分立原则而只能作为撤销并重作判决的补充手段,仅当行政裁量权缩减至零时,才例外适用。[2] 但是在行政复议中则不存在这样的障碍,行政复议机关对行政行为进行全方位审查,这是行政复议相对于行政诉讼的巨大优势,也是将行

---

〔1〕 参见[德]弗里德赫尔穆·胡芬:《行政诉讼法》(第 5 版),莫光华译,法律出版社 2003 年版,第 443 页。

〔2〕 参见梁君瑜:《行政诉讼变更判决的适用范围及限度》,载《法学家》2021 年第 4 期。

政复议打造为实质化解行政争议主渠道的原因所在。也正是因此,在变更决定和履行特定职责决定等决定类型中,行政复议机关完全可以以自己的裁量代替原行政机关的裁量,剥夺其行政裁量余地。变更决定的优势在于正面回应了当事人的请求,保护其主观权利,同时“既否定了不当行政行为的效力,又解决了悬而未决的权利状态”〔1〕,还实质性地化解了行政争议。因此,“变更决定适用范围的宽与窄决定了其是否可以在更大的空间实现实质性化解行政争议”〔2〕。

(二)“变更”的语义辨析

何谓变更决定?司法实践中又如何认定“变更决定”?

根据 2000 年最高人民法院《关于执行〈中华人民共和国行政诉讼法〉若干问题的解释》(以下简称《执行行政诉讼法解释》)(已失效)第 7 条的规定,变更决定有三种类型:(1)改变原行政行为所认定的主要事实和证据的;(2)改变原行政行为所适用的规范依据且对定性产生影响的;(3)撤销、部分撤销或者变更原行政行为处理结果的。2015 年最高人民法院《关于适用〈中华人民共和国行政诉讼法〉若干问题的解释》(已失效)对此进行了大幅更改,其第 6 条第 2 款规定:“……‘复议机关改变原行政行为’,是指复议机关改变原行政行为的处理结果。”换言之,只有改变原行政行为结果才能视为变更决定。对此,起草者解释道:第一,一般情况下,处理决定的最终结果对当事人权利义务产生实质性的影响,而行政复议机关改变事实、证据和规范依据,一般不对其权利义务产生实际性影响。因此,一般应当坚持对原行政行为的审查。第二,如果行政复议机关改变事实、证据和规范依据,就认定其改变行政行为,行政复议机关将作为单独被告。行政复议机关可能在审查中即便发现原行政行为存在瑕疵,也不愿意去纠正,不利于发挥行政复议机关纠错的积极性。第三,行政复议机关改变事实、证据和规范依据,不等于其不当被告,而是作为共同被告。行政复议机关只对其改变的事实、证据和规范依据进行举证、答辩,对原行政行为处理结果的举证、答辩仍然需要原行政机关完成。第四,《执行行政诉讼法解释》第 7 条也贯彻了定性标准。该条第 2 项规定“改变原具体行政行为所适用的规范依据且对

---

〔1〕 张静:《论行政诉讼变更判决》,载《行政法学研究》2015 年第 2 期。

〔2〕 崔梦豪:《行政复议变更决定的异化与回归》,载《法学》2021 年第 4 期。

定性产生影响的”,仅仅改变适用的规范依据不能认定为“改变”,只有“对定性产生影响的”,才属于改变;这与德国行政诉讼制度中的“首次负担”理论是一致的。[1]

《行政诉讼解释》第22条第1款则规定:“……‘复议机关改变原行政行为’,是指复议机关改变原行政行为的处理结果。复议机关改变原行政行为所认定的主要事实和证据、改变原行政行为所适用的规范依据,但未改变原行政行为处理结果的,视为复议机关维持原行政行为。”申言之,其采取最狭义的认定方式,只把改变原行政行为结果视为变更决定,而其他情形仍然被视为维持决定。同时,根据《行政诉讼解释》第22条第2、第3款的规定,行政复议机关确认原行政行为无效或违法,均属于改变原行政行为;但行政复议机关以违反法定程序为由确认原行政行为违法不属于改变原行政行为。

由于变更决定是对原行政决定的深度检视与调整,可以极大程度地帮助化解行政争议,其应当成为行政复议决定种类中被优先选择和适用的决定种类。

(三)变更决定的典型案例

下面从行政复议的典型案例中选取几例变更决定的案例来更好地阐明行政复议变更决定的概念内涵。

案例1:在行政复议审理中,对于违反行政法原则的,行政复议机关可以直接作出变更决定。行政法原则,既包括行政法的基本原则,也包括由行政法基本原则衍生出来的行政法一般原则。在“吴某不服某海关行政处罚决定案”[2]中,行政复议机关认为:申请人携带超出自用合理数量的MP4播放器进境未向海关申报,已构成违反海关监管规定的行为,被申请人有权依法予以查处。原行政处罚决定认定事实清楚,适用法律、法规正确,程序合法。但在量罚幅度方面,鉴于申请人此前无被海关处罚、征税及退运记录,且能积极配合海关检查、主动承认有关事实,原行政处罚决定量罚偏重(原处罚为37,000元)。行政复议机关认为该案具备调解结案的条件和基础,遂进行了调解。在行政复议调解

---

〔1〕 参见江必新、梁凤云:《最高人民法院新行政诉讼法司法解释理解与适用》,中国法制出版社2015年版,第72页。

〔2〕 参见郜风涛主编:《行政复议典型案例选编》(第1辑),中国法制出版社2010年版,第249~252页。

的基础上,双方达成协议如下:被申请人变更原处罚决定,改处罚款人民币11,160元(漏缴税款额的30%)。

在本案中,原行政机关的处罚幅度并没有超过法律规定,但是,虽然法律规定可以在漏缴税款30%以上2倍以下范围内进行行政裁量,但是该行政裁量仍然要受到"过罚相当"行政处罚原则的限制。此外,过罚相当原则也是行政合理性原则的表现之一,原行政行为既违反了行政处罚法的法定一般原则,也违反了行政法的基本原则,因此行政复议机关可以直接作出变更决定。

案例2:对于公安机关作出的限制人身自由的行政处罚,行政复议机关一样有权进行变更。在"曹某不服某县公安局行政处罚决定案"[1]中,行政复议机关认为,申请人在劝架过程中随手殴打他人,造成他人轻微伤害,已构成侵犯他人人身权利的违法事实,应当给予其相应的行政处罚。但申请人并非主要违法行为人,造成他人轻微伤害,危害后果也不大,申请人的违法行为显著轻微,应依法从轻处罚。被申请人给予申请人治安拘留15日的行政处罚明显偏重,依法应予变更。故此,行政复议机关决定将被申请人的处罚决定中的治安拘留15日变更为罚款200元。

《行政处罚法》第18条第3款规定:"限制人身自由的行政处罚权只能由公安机关和法律规定的其他机关行使。"如果行政复议机关作出变更决定,就意味着实质上由行政复议机关行使了限制人身自由的行政处罚权。此时,行政复议机关可以被视为"法律规定的其他机关"。

案例3:在"蔡某不服某市人力资源和社会保障局工伤认定案"[2]中,申请人不服该行政机关作出的不予认定工伤决定书而申请行政复议。根据《工伤保险条例》第19条第2款的规定,用人单位不认为是工伤的,由用人单位承担举证责任。在用人单位不能举证后,由其承担相应的举证失败责任。行政复议机关认为,在已经认定申请人确实受的是工伤的情况下,如果撤销原行政行为并责令限期重作,则无疑会浪费行政资源,因此其直接作出行政复议决定,直接认定工伤。换言之,在事实已经调查清楚的情况下,行政机关裁量余地限缩为零,

---

〔1〕 参见郜风涛主编:《行政复议典型案例选编》(第1辑),中国法制出版社2010年版,第253~256页。

〔2〕 参见夏勇主编:《行政复议年度案例选评(2014—2015)》,中国法制出版社2015年版,第139~143页。

此时行政复议机关可以不用作出撤销决定而直接作出相应的变更决定。

六、撤销决定

撤销决定是指行政复议机关在审查后,认为原行政行为违反依法行政或合理原则,作出否定原行政行为效力的行政复议决定。撤销决定是常见的行政复议决定类型之一。根据本书第二章第四节表1的数据,2011~2015年,撤销决定率常年保持在5%~8%。2016~2020年,撤销决定率有一个显著的上涨,基本保持在9%~10%上下浮动。这个数据到2022年又有持续下滑,基本回到了2016年之前的水平,为7.41%。

撤销决定也是行政复议法中最早出现的决定类型之一。早在1990年,《行政复议条例》第42条就规定了撤销决定这一类型,不过,当时是将撤销和变更决定规定在一起,并规定了责令重作决定这一决定类型。后续的行政复议相关法律法规基本沿用了这一规定,变动不大。因此可以说,在否定类行政复议决定中,撤销决定无论是在数量上还是在地位上都是十分重要的决定类型,其他的决定类型诸如责令重作决定、变更决定、确认违法决定都是在不宜撤销后才可能考虑的决定类型。

根据《行政复议法》第64条的规定,撤销决定的适用情形有四种:(1)主要事实不清、证据不足;(2)违反法定程序;(3)适用的依据不合法;(4)超越职权或者滥用职权。但是,如果满足了撤销决定的适用情形,行政机关不一定要作出撤销决定,而是根据实际情况也可能作出确认违法决定。

撤销决定分为全部撤销决定和部分撤销决定。行政复议机关在作出撤销决定后也可以根据情况责令原行政机关在一定期限内重新作出行政行为。

七、责令重作决定

责令重作决定是指行政复议机关在审理并作出撤销决定后,作出责令被申请人重新作出一个新的行政行为的决定。在性质上,责令重作决定只能是一种附属性的决定,而不是独立的决定种类。责令重作决定必须依附于撤销决定,因此不能单独适用。[1] 重作的重点在于“重”，其必须建立在对原行政行为的否定的基础上，也必然需要有一个否定性行政复议决定作为先决基础，这可从行政复议机关没有把这一决定类型纳入统计数据中看出（见本书第二章第四节表1的统计数据）。当然，责令重作决定的依附性并不意味着责令重作决定就不重要，更不能说责令重作决定就存在严重弊端，需要取消“责令重作”制度。[2] 恰恰相反，撤销决定有时也需要责令重作决定才能完整发挥其功能，责令重作决定还在很大程度上影响撤销决定最终的法律效果和社会效果。

（一）责令重作决定的适用条件

根据《行政复议法》第64条的规定，行政复议机关在作出撤销决定或确认违法决定后，可以再作出一个责令重作决定。因此，责令重作决定应当只附属于“撤销决定”，其适用情形也是撤销决定的适用情形：（1）主要事实不清、证据不足；（2）违反法定程序或者适用的依据不合法；（3）超越职权或者滥用职权。

重作决定的适用要件还包含一些隐含条件。学界对“责令重作”的要件进行了讨论：刘欣琦博士认为，责令重作需要在一定时限内作出，同时需要考虑双方的基础法律关系，如原告确有违法行为需要受到制裁或原告的合法权益需要得到保护时，为督促行政机关依法行使职权，应当责令重作。[3] 邓刚宏教授认为，行政复议机关并不是当然要责令重作，其需要满足三个要件：一是出于维护公共利益与保护个人利益目的，且原行政机关仍有作出具体行政行为的必要和可能时；二是出于对原告的合法权益的保护，防止行政行为被撤销后行政主体产生懈怠情绪；三是重作行为属于被告的职权范围（如果超出了职权范围，可以向有权的行政机关提出建议重作行政行为）。[4] 较为新颖的视角认为：考量因素是被复议行为与申请人权利义务的关系，具体而言：（1）被复议的行为必须是纯粹制裁性质的；（2）被复议行为是为了促使申请人履行其本应该履行的法定义务；（3）被复议行为是为了确定申请人的不确定法律关系；（4）被复议行为是

---

〔1〕 参见郜风涛主编：《行政复议法教程》，中国法制出版社2011年版，第259页。

〔2〕 参见张宏、高辰年：《反思行政诉讼之重作判决》，载《行政法学研究》2003年第3期。

〔3〕 参见刘欣琦：《新〈行政诉讼法〉实施后重作判决适用探析》，载《政治与法律》2016年第5期。

〔4〕 参见邓刚宏：《行政诉讼中重作判决的理论基础与完善》，载《华东理工大学学报（社会科学版）》2014年第4期。

为了增加申请人的权利,因此行政复议机关作出重作决定的裁量空间并不大。[1] 还有观点认为:责令重作需要考虑行政行为被撤销、重作职责的存在与具有重作可能性三个要件。[2] 本书认为,重作可能性与重作职责要件确有存在之意义,但没有特别强调之必要。重作决定与责令履行决定一样,都属于给付类决定,原行政机关需要根据行政复议机关的指示作出一个新的行政行为,而重作行政行为的作出当然需要行政机关具有作出的可能性和相应职权,因此无须另外强调。再者,如果行政复议机关在履行职责决定或重作决定中要求行政机关作出超越其职责范围或不具有作为可能性的新的行政行为,则此行政复议决定自然也归于无效。此外,被复议行为的性质、被复议行为与申请人的关系等要素其实更是潜在的限制条件。

(二)重作决定的限制

第一,重作决定的"责令重作期限"应当是明确的。《行政复议法实施条例》弥补了《行政复议法》第 64 条在规定上的疏漏,其第 49 条第 1 款规定:"……被申请人应当在法律、法规、规章规定的期限内重新作出具体行政行为;法律、法规、规章未规定期限的,重新作出具体行政行为的期限为 60 日。"这样的规定既留给了行政机关一定的程序裁量空间,又对其裁量权进行了约束,保障了申请人的权利在预期的期限内得到保护。

第二,重作行为不能与原行为一致。《行政复议法》第 64 条第 2 款规定:"行政复议机关责令被申请人重新作出行政行为的,被申请人不得以同一事实和理由作出与被申请行政复议的行政行为相同或者基本相同的行政行为……"这个规定一方面是保障行政复议的权威性,节约行政成本,避免诉累;另一方面,也是为了发挥化解行政争议的行政复议目的。不过该款规定还规定了例外,即如果"行政复议机关以违反法定程序为由决定撤销或者部分撤销",则行政机关还可以作出一个与原行政行为相似或相同的行政行为。在很多情况下,行政机关的行政行为在结果上具有正当性,也可能是唯一解,如果仅因为程序

---

[1] 参见沈福俊、崔梦豪:《行政复议责令重作决定的反思与完善》,载《法治现代化研究》2019 年第 3 期。

[2] 参见李策:《行政复议重作决定的理论基础、适用要件与效力》,载《华东政法大学学报》2022 年第 4 期。

违法就要求其不得再作出一个与原行政行为同一结果的行政行为,显然是对行政机关提出了过高的要求。

第三,重作行为应当遵循禁止不利变更原则。需要重视行政复议重作决定中的禁止不利变更原则,重作决定的禁止不利变更原则应当从行政复议法的禁止不利变更原则析出。允许重作决定作出一个更加不利的决定,实际上是使申请人经过行政复议程序后获得了更加不利的处分,这“就相当于被申请人的违法行为在复议机关的帮助下使申请人的权益遭受更大的损害”[1],同时违反了行政复议的禁止不利原则。

《行政复议法》虽然没有在“重作决定”条款中规定该原则,但是其他条款和规定依然有相应的体现。例如,《行政复议法》第63条第2款规定:“行政复议机关不得作出对申请人更为不利的变更决定,但是第三人提出相反请求的除外。”该原则可以类推适用于“重作决定”中。如《海关行政复议办法》第76条规定:“海关行政复议机关依据本办法第七十二条规定责令被申请人重新作出具体行政行为的,除以下情形外,被申请人不得作出对申请人更为不利的具体行政行为……”《税务行政复议规则》第5条直接规定:“行政复议机关在申请人的行政复议请求范围内,不得作出对申请人更为不利的行政复议决定。”

第四,责令重作决定的内容虽然可以分为实体性裁判和程序性裁判,但是行政复议机关仍应当尽量作出实体性决定,促进行政争议的实质性解决。重作决定与履行职责决定很相似,都属于给付类决定,且都分为实体性决定和程序性决定。程序性决定的弊端在前文已述,即可能会产生程序新开的行政资源浪费、新的行政争议产生等问题,不利于行政争议的实质性化解。有观点认为实体性决定的作出并非任意的,需要符合一定的适用条件:如果案件事实已经查明,被申请人没有裁量余地的,复议机关应当作出实体性重作决定,责令被申请人重新作出特定行政行为。[2] 本书认为,行政复议机关无须尊重原行政机关的裁量余地,这是行政复议的独有制度优势之一。一方面,与行政诉讼不同,行政复议中没有司法权与行政权之分野,行政复议机关与被申请人机关基本上都

---

[1] 崔梦豪:《行政复议决定体系的重构》,华东政法大学2020年博士学位论文,第116页。

[2] 参见李策:《行政复议重作决定的理论基础、适用要件与效力》,载《华东政法大学学报》2022年第4期。

有隶属或领导关系,同时,《行政复议法》的修订也优化了行政复议管辖体制,行政复议机关可以基于层级监督原则行使行政复议权。另一方面,从实质性化解行政争议的角度出发,行政复议机关更应当尽量作出实体性的重作决定。

八、确认违法决定

确认违法决定在所有决定类型中出现较晚。《行政复议条例》中并没有规定确认违法决定这一类型,而只规定了维持决定、撤销决定、变更决定等决定类型。直到 1999 年《行政复议法》出台后,才删除了补正决定的相关规定,代之以确认违法决定。根据本书第二章第四节表 1 的数据,确认违法率在 2011 ~ 2015 年基本保持在 1% ~ 3% ,逐年攀升;2015 年之后,确认违法率都稳定在 3% 附近,相比于 2015 年的数据有一个小幅的提升。2019 年的数据为 3. 5% ,2020 年的数据为 3. 08% ,2021 年的数据为 3. 4% ,2022 年的数据为 4. 34% 。

(一)确认违法决定的适用情形

确认违法决定是指行政机关在审查后认为行政行为违法,在法定情形下不需要作出撤销决定或者责令履行决定,而只是确认其违法。根据《行政复议法》第 65 条的规定,确认违法决定的适用情形为:(1)行政行为依法应予撤销,但是撤销会给国家利益、社会公共利益造成重大损害;(2)行政行为程序轻微违法,但是对申请人权利不产生实际影响;(3)行政行为违法,但是不具有可撤销内容;(4)被申请人改变原违法行政行为,申请人仍要求撤销或者确认该行政行为违法;(5)被申请人不履行或者拖延履行法定职责,责令履行没有意义。

确认违法决定在适用顺序上应有备位性。有观点认为,确认违法决定是新增加的一种类型,需要通过实践不断完善,但是有一点是清楚的,可以作出撤销判决、变更决定的,原则上不宜以确认违法来解决。[1] 章剑生教授也认为,“法官在观念上的确认违法判决是在不能或者不宜以撤销判决的作出时,才转化为实在的确认违法判决”,即“撤销”应当被优先考虑,但其也认为“确认违法判决虽然是以被诉行政行为违法可以撤销为前提,但它仍是不从属于撤销判决的一

---

〔1〕 参见乔晓阳主编:《中华人民共和国行政复议法释解》,中国言实出版社 1999 年版,第 155 页。

种独立判决”。[1] 与此相反,王贵松教授认为,撤销判决的主要功能是撤销,但是“不可忽视的是,撤销判决还有一项功能,即确认违法功能,法院首先确认被诉行政行为违法,但仅仅宣告违法并不充分,这时才根据需要将其撤销”,因此“撤销判决在救济效果上与确认行为违法判决相比较而言更为充分,确认行为违法判决相对于撤销判决具有补充性。只有在不能作出撤销判决时,才能作出确认行为违法判决”。同时,王贵松教授还细分了确认违法判决的内部情形,认为“只有确认事实行为违法判决和确认无效判决具有独立性,其他的确认行为违法判决、确认不作为违法判决均为撤销诉讼、课予义务诉讼的衍生品”。[2] 胡建淼教授的观点与此相近,其认为“确认违法判决是一张可吸收的判决,常常被撤销判决所吸收”“确认违法判决是对撤销判决和履行判决的一种补充”[3]。何海波教授则似乎不太认可“补充说”,而认为确认判决是“撤销判决的替代方式”[4]。

前述学者观点都有一定的道理,可以对这些观点进行整合,即确认违法的行政复议决定虽然主要表现为对撤销决定的补充性,但是也具有一定的独立性,这两点并不矛盾。《行政复议法》第 65 条第 2 款的“不需要撤销或者责令履行”就展现了确认违法决定的补充性:这里的“不需要”就表明其实可以作出撤销决定,但是作出确认违法决定更为妥当。《行政复议法》第 65 条第 1 款的“依法应予撤销,但是撤销会给国家利益、社会公共利益造成重大损害”(不撤销该行政行为,但是确认该行政行为违法)则展现了确认违法决定的“独立性”:此时确认违法决定几乎是行政复议机关唯一的选择,其并不是对于其他决定类型的补充,故而具有一定的独立性。综上所述,在行政复议中,确认违法决定和撤销决定并不是单纯的补充关系,在不同情形的案件中,适用顺序也是不一样的。

在何种情况下适合作出确认违法决定呢?没有疑问的是,在“行政行为违法,但是不具有可撤销内容”的情形下,行政复议机关的裁量空间并不大,只能作出确认违法决定。但是在“撤销会给国家利益、社会公共利益造成重大损害”或“程序轻微违法,但是对申请人权利不产生实际影响”的情形下,行政复议机关就有极大的裁量空间选择作出撤销决定还是确认违法决定。尤其在面临第

---

〔1〕 章剑生:《论利益衡量方法在行政诉讼确认违法判决中的适用》,载《法学》2004 年第 6 期。
〔2〕 王贵松:《论我国行政诉讼确认判决的定位》,载《政治与法律》2018 年第 9 期。
〔3〕 胡建淼:《行政诉讼法学》,法律出版社 2019 年版,第 468 ~469 页。
〔4〕 何海波:《行政诉讼法》(第 3 版),法律出版社 2022 年版,第 485 页。

一种情形时,行政复议机关需要在“撤销会给国家利益、社会公共利益造成重大损害”和个人利益之间进行衡量与平衡。有学者认为需要将其限定为“特别重大损害”:“只有在撤销被诉具体行政行为将会给国家利益和公共利益造成特别重大损失时”[1],才能确认违法。然而,无论是“重大损害”还是“特别重大损害”,终究是一个不确定的法律概念,仍需要依靠行政复议机关的行政裁量。因此,学者引进了利益衡量的分析工具。章剑生教授认为,在一个行政行为被认为违法时,法官需要引入利益衡量方法来考虑作出何种判决,并认为利益衡量需要从“框定个案的具体案情”“利益的分类与定位”“利益张扬最大化、牺牲最小化”三个方面来判定。同时要注意利益衡量时对多方利益和个人利益的维护:“个人利益必须列入确认违法判决所衡量的利益次序,国家利益、公共利益不能成为否定个人利益的理由”“利益衡量作为一种法律解释方法必须在确认违法判决保护下的利益与补救措施下的利益之间找到一种几方都可以接受的方案。”[2]本书认为,在引进利益衡量分析工具的基础上,仍应当进一步地限缩行政复议机关作出“基于公益考量”的“确认违法决定”的裁量空间。

(二)确认违法决定和赔偿、补救措施决定的衔接

行政复议机关在作出确认违法决定后,应当及时作出赔偿决定或者责令采取补救措施决定。根据《行政复议法》第72条的规定,在确认行政行为违法后,应当同时决定给予赔偿,还可以同时责令被申请人采取补救措施。换言之,赔偿和补救措施可以同时作出以救济申请人因原行政行为而遭受的损失。

(三)确认违法案件的主观之诉审查框架

行政复议申请人申请行政复议机关作出确认违法决定的请求框架图如图6所示。确认违法案件的审查框架分为两大部分:第一部分是审查申请人的行政复议申请能否被行政复议机关受理;第二部分审查的是行政复议请求能否被行政复议机关支持。

---

〔1〕 叶平:《不可撤销具体行政行为研究——确认违法判决适用情形之局限及补正》,载《行政法学研究》2005年第3期。

〔2〕 章剑生:《论利益衡量方法在行政诉讼确认违法判决中的适用》,载《法学》2004年第6期。

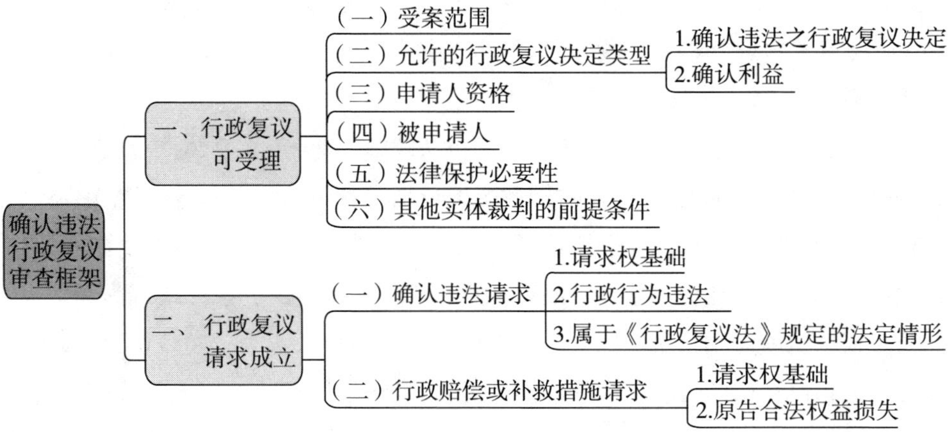

图6　确认违法行政复议案件审查框架

九、确认无效决定

确认无效决定是指行政复议机关在审理后认为行政行为存在无效情形，作出确认行政行为无效的决定。确认无效决定是一类独立决定类型。“从理论上说，确认无效判决是宣告行政行为无效，而确认行为违法判决是宣告行为违法而保留其有效性，两者有很大差别。这两类判决是相互独立的。”[1]

《行政复议法》第67条规定：“行政行为有实施主体不具有行政主体资格或者没有依据等重大且明显违法情形，申请人申请确认行政行为无效的，行政复议机关确认该行政行为无效。”据此，行政行为无效的情形包括：行政行为的实施主体不具有行政主体资格[2]、没有依据以及其他重大且明显违法情形[3]。德国法理论中行政行为无效的情形更加多样。根据《联邦德国行政程序法》第44条第2、第3款的规定，绝对无效理由包括：(1)没有标明作出行为机关；(2)通过颁发证书作出，但是没有遵守形式要求；(3)违反地域管辖规定；(4)客

〔1〕 王贵松：《论我国行政诉讼确认判决的定位》，载《政治与法律》2018年第9期。

〔2〕 不具有行政主体资格，是指没有被授权的行政组织以自己的名义作出行政行为。有人认为，这属于超越职权的一种，法院应当判决无效，而不是判决撤销。参见蔡小雪：《行政行为的合法性审查》，中国民主法制出版社2020年版，第250页。

〔3〕 行政协议无效的情形与行政行为无效的情形稍有不同。梁凤云法官认为，把握行政协议的无效标准，除了要把握行政行为无效的情形和民事法律规范关于合同无效的情形，还要积极推动对行政协议的瑕疵补正，使其重归有效。参见梁凤云：《行政诉讼讲义》（下），人民法院出版社2022年版，第770页。

观原因无法实施；(5)要求实施犯罪；(6)违反善良风俗。相对无效事由包括：(1)违反有关地域管辖其他规定；(2)依法应当回避的人员没有回避，但是本案关系人除外；(3)未依法经过其他机关附和。

对公民而言，无效的行政行为产生两类法律效果：一是在实体法上，无效行政行为自始不产生预期的法律效果，因此公民自然也就不需要服从这种毫无拘束力的行为，对其拥有抵抗权。因此，确认无效行政行为的行政复议请求也没有申请期限的限制。二是在程序法上，任何人在任何时间都可以主张行政行为无效，因此公民自然也就无须在法定期限内要求撤销无效的行政行为。实践中，行政机关自己撤销自己作出的行政行为的意愿不足，而且从保护行政相对人合法权益的角度看，最好在法定期限内申请确认行政行为无效，否则如果仅仅是申请人自己认为行政行为无效，而行政复议机关持相反意见，就会损害申请人的合法权益。因此，公民在法定期限内要求确认行政行为无效才是明智之举。[1]

十、继续履行行政协议决定

根据《行政复议法》第71条的规定，被申请人不依法或按照约定订立、履行或者违法变更、解除行政协议的，行政复议机关可以决定被申请人承担继续履行行政协议的责任。对行政复议决定体系而言，继续履行决定可以弥补行政协议复议案件决定的空白。对行政复议的履行职责决定体系而言，继续履行决定是一种制度补充。以往对于不履行法定职责的情况，行政复议机关一般作出确认违法或者责令其履行法定职责的决定，但是不会责令其继续履行，故继续履行行政协议决定可以弥补这一履行方式。

履行行政协议在很多情形下也属于履行法定职责的范围，故而继续履行决定其实是对于履行法定职责决定的扩张。

十一、赔偿、补偿、补救措施决定

赔偿、补偿和补救措施决定都是对原行政行为造成的损害后果的补偿性决

〔1〕 参见[德]哈特穆特·毛雷尔：《行政法学总论》，高家伟译，法律出版社2000年版，第254页。

定,是指通过行政复议决定主文责令被申请人采取相应的补偿方式,以扭转违法行政行为造成的不利益状态的行政复议决定形式。[1] 赔偿、补偿决定意味着行政机关需要根据《国家赔偿法》等法律的有关规定对申请人进行赔偿、补偿。补救措施决定只是要求行政机关作出补救性的措施,而不将措施局限于行政行为。换言之,从实质性化解行政争议、彻底救济申请人权利的角度出发,行政机关可以作出所有类型的行为来进行补救。赔偿、补偿、补救措施决定的作出分为以下两种情况:

一种是直接作出型,即只有在行政协议案件中,行政复议机关才能直接作出这种决定。《行政复议法》第 71 条规定:"被申请人不依法订立、不依法履行、未按照约定履行或者违法变更、解除行政协议的,行政复议机关决定被申请人承担依法订立、继续履行、采取补救措施或者赔偿损失等责任。被申请人变更、解除行政协议合法,但是未依法给予补偿或者补偿不合理的,行政复议机关决定被申请人依法给予合理补偿。"

另一种是附属作出型,即在行政协议案件之外的其他案件中,作出赔偿、补偿、补救措施决定必须建立在先前行政复议决定的基础上。[2] 第一,申请人在申请行政复议时可以一并提出行政赔偿请求,行政复议机关依照《国家赔偿法》的有关规定应当不予赔偿的,在作出行政复议决定时,应当同时决定驳回行政赔偿请求;对于符合《国家赔偿法》的有关规定而应当给予赔偿的,在决定撤销、部分撤销、变更行政行为或者确认行政行为违法时,应当同时决定被申请人依法给予赔偿;确认行政行为违法的,还可以同时责令被申请人采取补救措施。第二,申请人在申请行政复议时没有提出行政赔偿请求的,行政复议机关在依法决定撤销、部分撤销、变更罚款,撤销或者部分撤销违法集资、没收财物、摊派费用以及对财产的查封、扣押、冻结等行政行为时,应当同时责令被申请人返还财产,解除对财产的查封、扣押、冻结措施,或者赔偿相应的价款。

---

[1] 该定义主要参见陈思融:《行政诉讼补救判决研究》,法律出版社 2019 年版,第 31 页。

[2] 有学者认为,补救判决的主判决形式只有三种,即撤销判决、确认违法判决和确认无效判决。参见陈思融:《行政诉讼补救判决研究》,法律出版社 2019 年版,第 142 页。

第八章　行政复议的法律责任

行政复议法律责任，是指行政复议法律关系中的主体，因为违反行政复议法的规定而承担相应的法律责任。行政复议法律责任追究体系是行政复议法的重要配套制度，有利于督促行政复议机关认真履行行政复议职责，进而有利于保护人民的合法权益。根据《行政复议法》和《行政复议法实施条例》的规定，行政复议机关及其工作人员等行为主体，如果在行政复议活动中出现违法行为，应当承担相应的行政责任和刑事责任。

第一节　《行政复议法》的责任体系

没有规定法律责任的法律是“没有牙齿的老虎”。行政复议法律责任追究的范围，涉及对行政复议机关的监督力度，也就涉及保护人民合法权益的程度。

一、《行政复议法》的旧有责任体系

（一）对旧有规定的梳理

国务院 1990 年发布的《行政复议条例》（现已失效）对

于行政复议活动中的法律责任规定只有3条,即第52～54条。其只针对3种违法行为进行追责:(1)被申请人拒绝履行复议决定的;(2)复议人员失职、徇私舞弊的;(3)复议参加人或者其他人拒绝、阻碍复议人员依法执行职务并使用暴力、威胁方法的。相应的责任有以下几种:(1)行政处分;(2)批评教育;(3)治安管理处罚;(4)刑事责任。[1] 然而这三类违法情形相较于行政复议实践中的各类违法情形是远远不足的。因此,在《行政复议条例》原有条文的基础上,1999年通过的《行政复议法》调整和增加了相应条文。

2023年修订前的《行政复议法》对行政复议机关的法律责任规定了34～38条共5个条文。在行政机关的过错形式上,共包括如下9种情形:(1)无正当理由不予受理依法提出的行政复议申请;(2)不按照规定转送行政复议申请;(3)在法定期限内不作出行政复议决定;(4)行政复议活动中出现徇私舞弊等渎职、失职行为;(5)不提出书面答复;(6)不提交作出具体行政行为的证据、依据和其他有关材料;(7)阻挠、变相阻挠公民、法人或者其他组织依法申请行政复议;(8)对申请人进行报复陷害;(9)不履行或者无正当理由拖延履行行政复议决定。以上过错形式中,(1)到(3)是行政复议不作为的具体情形展现,(4)是行政复议活动中的渎职、失职情形,(5)到(8)是行政复议活动中被申请人阻挠复议申请活动的具体情形,(9)是被申请人不完全履行行政复议决定的情形。

责任主体上,2023年修订前的《行政复议法》的规范对象包括以下三种主体:(1)直接负责的主管人员;(2)其他直接责任人员;(3)行政复议机关工作人员。从文义解释看,工作人员与直接责任人员并非完全相同的一类人。

责任形式上,2023年修订前的《行政复议法》的责任形式包括以下三类:(1)由低到高的警告、记过、记大过、降级、撤职、开除的行政处分;(2)行政复议机关负责法制工作的机构向有关行政机关提出建议,有关行政机关应当依照本法和有关法律、行政法规的规定作出处理(第38条);(3)刑事责任。从内容上看,(1)和(2)的处理形式应该大部分是重叠的,但是从文义解释看,(2)中的"处理"内容范围应该比(1)中的行政处分范围大。一方面是因为"处理"可以

---

[1] 1990年《行政复议条例》(现已失效)第54条:"复议参加人或者其他人拒绝、阻碍复议人员依法执行职务未使用暴力、威胁方法的,由公安机关依照《中华人民共和国治安管理处罚条例》第十九条的规定,处十五日以下拘留、二百元以下罚款或者警告。以暴力、威胁方法阻碍复议人员依法执行职务的,依法追究其刑事责任。"

包含内部处理和外部处理,而不仅仅停留于内部的行政处分;另一方面是因为“处理”的程度可以比现有的行政处分程度更轻,例如监察机关可以对相关责任人进行内部的完全不产生后果的口头告诫,这比最低程度的书面警告的处分程度还低。所以基于这种理解,可以将(2)中的“处理”理解为对“行政处分”形式的补充和兜底规定。

(二)旧有规定的问题

1. 追究责任情形规定的问题

(1)2023年修订前的《行政复议法》只规定了不受理申请、不转送复议申请、不作出决定共三种有限的行政复议不作为情形,而现实情形中还有更多不作为的情形,例如遗漏行政复议请求、逾期作出行政复议决定或延期未告知当事人等诸多情形,但是2023年修订前的《行政复议法》没有对这些情形进行有效规制。

(2)对于阻挠、拒绝搜集、调查取证等行为的追究。行政复议证据是行政复议审理的重要环节。在行政复议实践中,由于惧怕承担法律责任,行政机关或行政相对人可能会作出影响调查取证的行为,但是2023年修订前的《行政复议法》却不能对这些行为进行有效的责任追究。作为对比,在诉讼法领域,有大量的保障调查取证过程的规定。例如,《民事诉讼法》第117条第1项规定,有义务协助调查、执行的单位有拒绝或者妨碍人民法院调查取证的行为的,人民法院除责令其履行协助义务外,并可以予以罚款。再如《公安机关办理行政案件程序规定》第28条第1款规定:“公安机关向有关单位和个人收集、调取证据时,应当告知其必须如实提供证据,并告知其伪造、隐匿、毁灭证据,提供虚假证词应当承担的法律责任。”《行政诉讼法》第59条也规定对于影响和阻挠调查取证的主体将会追究行政责任或刑事责任。因此,为了保障行政复议审理的顺利性,也为了彰显行政复议机关的权威性和准司法性,行政复议法有必要增加对影响调查取证行为的法律责任的追究条款。

(3)没有规定行政复议机关对原行政机关在行政行为作出过程中的不作为、滥用职权等行为以及职务犯罪等违法犯罪问题的责任追究条款。第一,在追责不作为等行为的问题上,行政复议对于不作为、滥用职权、明显不当等行为的判断和责任追究有独特的优势。行政复议是一种行政体系内部的救济、监督机制，根据行政官僚阶层的架构和相应的组织隶属关系，行政复议机关有权对下级原行政机关进行监督和追责。反观行政诉讼，由于司法权和行政权的分野，法院对于不作为的行为判断也更难，同时很少也不愿意对滥用职权等行为进行认定。“明显不当与滥用职权同属行政裁量之司法审查标准，但二者的司法境遇不同”“对于滥用职权标准多采用‘转换型审查’或‘隐匿性审查’——以形式合法性审查标准取代该（滥用职权）标准”[1]，这样一来的后果也导致法院很少适用滥用职权条款判定行政行为的效力。[2] 再者，即使法院去审查滥用职权等行为，囿于司法权的壁垒也不能直接去追究行政机关的行政责任，这也导致行政诉讼中法院很难去追究行政机关滥用职权等行为的法律责任，很难给予否定性评价。第二，在追究职务违法犯罪的问题上，行政复议也具有先天性的制度优势。在发现原行政机关有职务违法犯罪等问题时，行政复议机关作为上级行政机关拥有一定的调查和纠正权力，可以直接对违法行为进行初步调查。同时，行政复议机关可以直接在行政系统内部将违法犯罪线索和材料移交给相关的人事机关或者监察机关。但根据《行政诉讼法》第 66 条的规定，法院需要将材料移送给相应的监察机关或行政机关，相比于此，行政系统内部转交材料显然更加方便和快捷。

2. 责任主体类型规定的问题

2023 年修订前的《行政复议法》对于责任主体的规定也有待完善。因为其只规定了责任人员和主管人员，区分不够明显。在行政复议委员会制度出现后，应当区分公职人员和非公职人员。同时也要注意到，阻碍调查证据行为的行为主体不一定就是公职人员，还有可能是公职人员通过其他社会人士对证据搜集调查进行阻挠和干预，而根据 2023 年修订前的《行政复议法》只能对工作人员进行行政机关的内部追责，对于负有直接责任的非工作人员则无法进行追责。因此，《行政复议法》需要破除这一藩篱。

3. 追究责任类型的问题

由于 2023 年修订前的《行政复议法》在追究责任情形规定和责任主体类型

---

〔1〕 陈太清：《行政处罚明显不当的说理依据》，载《南大法学》2022 年第 3 期。
〔2〕 参见余凌云：《对行政机关滥用职权的司法审查——从若干判案看法院审理的偏好与问题》，载《中国法学》2008 年第 1 期。

规定方面并不全面，因此相应的责任类型规定也不够完善。

第一，缺少外部性责任种类。目前来看，原有的责任类型只有内部的行政责任和外部的刑事责任，这些责任对应的是相应的公职人员，但是当非公职人员违反行政复议法规定的时候，却没有相应的问责机制。因此，当非公职人员作出阻挠调查取证等违反行政复议法的行为的时候，行政复议机关应该可以对这些人员追究行政责任，进行行政处罚。

第二，缺少公职人员的外部责任规定。一直以来，行政复议一直都被视为行政系统内部的自我纠错，行政复议法律追责更是自我纠错体系下的内部行政追责，因而这样的内部追责容易流于形式。而且《行政复议法实施条例》虽然增加规定了外部责任，但是适用的情形和主体都很狭窄[1]，对于行政复议相关工作人员的外部追责程度仍然不够。

二、《行政复议法》修订后的责任体系

2023 年修订后的《行政复议法》对行政复议法的责任体系进行了较大程度的修改和完善。根据《行政复议法》第 80 ~ 86 条的规定，行政复议法的相应责任条款规定如下。

（一）行政复议不作为的法律责任

根据《行政复议法》第 80 条的规定，行政复议机关不依照《行政复议法》规定履行行政复议职责，存在不依法告知、没有正当理由拒绝受理等不作为情形的，将承担一定的法律责任：(1)对负有责任的领导人员和直接责任人员依法给予警告、记过、记大过的处分；(2)经有权监督的机关督促仍不改正或者造成严重后果的，依法给予降级、撤职、开除的处分。

（二）行政复议机关工作人员渎职失职的法律责任

根据《行政复议法》第 81 条的规定，行政复议机关工作人员在行政复议活

---

〔1〕 根据《行政复议法实施条例》第 63 条的规定，拒绝、阻挠行政复议人员调查取证、查阅、复制、调取有关证据的，由公安机关对有关责任人员依法给予治安管理处罚。

动中，徇私舞弊或者有其他渎职、失职行为的，将根据情形的严重程度被追究三类法律责任：(1)情节一般的，依法给予其警告、记过、记大过的处分；(2)情节严重的，依法给予降级、撤职、开除的处分；(3)如果渎职、失职情节非常严重以至于构成犯罪的，将根据《刑法》第九章"渎职罪"的相关条款依法追究刑事责任。

(三)被申请人扰乱行政复议活动的法律责任

在行政复议活动中，由于被申请人担心会承担责任，有时会出现被申请人阻挠申请人等干扰正常行政复议活动的违法行为。为了保障行政复议活动的正常进行及行政复议制度目的的顺利实现，有必要对这一类违法行为追究责任。

根据《行政复议法》第 82 条的规定，被申请人违反行政复议法的规定，不提出书面答复或者不提交作出行政行为的证据、依据和其他有关材料，或者阻挠、变相阻挠公民、法人或者其他组织依法申请行政复议的，对负有责任的领导人员和直接责任人员：(1)依法给予警告、记过、记大过的处分；(2)如果相关人员对申请人进行报复陷害的，依法给予降级、撤职、开除的处分；(3)相关人员的行为构成犯罪的，依法追究刑事责任。

(四)被申请人不履行行政复议决定的法律责任

保障行政复议决定的顺利履行是实现行政复议制度目标的关键保障。根据《行政复议法》第 83 条的规定，被申请人不履行或者无正当理由拖延履行行政复议决定书、调解书、意见书的，对负有责任的领导人员和直接责任人员：(1)依法给予警告、记过、记大过的处分；(2)经责令履行仍拒不履行的，依法给予降级、撤职、开除的处分。

(五)干扰行政复议人员调查取证的法律责任

行政复议作为一项准司法性的行政活动，证据在行政复议活动中具有重要地位。根据《行政复议法》第 84 条的规定，无论是公职人员还是非公职人员，只要拒绝、阻挠行政复议人员调查取证，故意扰乱行政复议工作秩序的，都将被追究法律责任。如果是公职人员干扰调查取证，将对其依法给予处分；如果是非公职人员干扰调查取证，将对其处以治安管理处罚；构成犯罪的，依法追究其刑事责任。

三、未来对《行政复议法》责任体系的完善

针对 2023 年修订前的《行政复议法》在责任体系上存在的问题，2023 年修订后的《行政复议法》进行了较大幅度的完善，但是仍有一些问题值得完善。未来应当继续在责任情形规定、责任主体类型、责任类型等问题的规定上进行完善，扩张行政复议法的追责范围。

首先，应当在现有行政复议活动责任类型规定的基础上继续对责任类型进行丰富和细化。目前《行政复议法》已经在四个问题上进行了完善：一是直接对于所有不履行行政复议法规定的行政复议职责的复议行为进行规制，不再拘泥于具体的不作为情形，避免挂一漏万。二是规定行政复议机关不作为的行政责任，同时促进行政复议机关和原行政机关有效履行职责。三是增加规定，对于拒绝、阻挠行政复议人员调查取证、查阅、复制、调取有关证据的行为进行追责。四是明确行政复议机关对于原行政行为中涉嫌职务违法、犯罪（贪污贿赂、失职渎职等）等问题的初步调查权。未来修法时还可以考虑继续增加规定责任种类，例如行政复议委员会的相关委员未履行相关义务、相关公职人员程序违法（如应回避而未回避、听证程序不正当）等相关责任。

其次，应当在现有责任人员种类规定的基础上继续调整和增加相关的责任主体，保证全方面覆盖到行政复议活动中可能涉及的相关人员群体。2023 年修订后的《行政复议法》已经在两个问题上进行了完善：一是从“行政复议工作人员”中分离出“公职人员”，强化规定其行政责任。二是规定行政复议活动中非公职人员的责任。例如，如果行政机关指示非公务人员阻碍调查证据，则行政复议机关可以依据《行政复议法》对这些人员进行惩戒。三是规定非公职人员的行政责任。未来修法时还可以考虑继续增加规定人员种类。例如，在行政复议委员会制度出现后，就有非公职人员同时又是行政复议工作人员的情况出现，因此，法律需要对这部分责任主体规定相应的责任。

再次，应当在现有行政责任种类和责任范围规定的基础上继续完善和丰富。2023 年修订后的《行政复议法》已经在三个问题上进行了完善：第一，

2023 年修订前的《行政复议法》规定了“行政处分”的责任类型，但是近年来监察体制的巨大变革使得原来的规定不再适宜，因此 2023 年修订后的《行政复议法》将《公务员法》和《监察法》两部法律的相关规定考虑了进去。《公务员法》第 61 条规定：“公务员因违纪违法应当承担纪律责任的，依照本法给予处分或者由监察机关依法给予政务处分；违纪违法行为情节轻微，经批评教育后改正的，可以免予处分。对同一违纪违法行为，监察机关已经作出政务处分决定的，公务员所在机关不再给予处分。”该条规定明确将处分区分为《监察法》规定的“政务处分”与《公务员法》规定的“处分”两个种类，因此 2023 年修订后的《行政复议法》明确规定了“处分”这一责任类型。第二，2023 年修订前的《行政复议法》只规定了行政处分和刑事追责两类责任，而 2023 年修订后的《行政复议法》增加对于有关人员的外部责任规定，规定相应的行政处罚等行政责任。第三，2023 年修订后的《行政复议法》对行政复议不作为和原行政机关不作为的情形进行严格追责，规定了更为严格的内部责任。例如，对于行政复议不作为的行为，2023 年修订前的《行政复议法》第 34 条只规定了“记大过”这一类行政处分类型，而缺少“撤职、开除”的行政处分类型，而 2023 年修订后的《行政复议法》增加了此规定。未来《行政复议法》可以继续遵循这一修改思路，对相关责任主体的行政责任种类和责任范围进行更严格和广泛的规定。

最后，未来应当增加规定行政复议追责的时效制度，保障责任人合法权益的同时也督促行政复议机关尽快对责任主体进行追责。

第二节　行政复议不作为的法律责任[1]

行政不作为一直是理论界和实务界十分关注的话题。长期以来，理论界和实务界主要关注的是行政执法领域的不作为问题，但对于行政复议领域的不作

---

〔1〕 本部分系在笔者发表的《行政复议不作为的法律治理》文章基础上修改而成。参见王青斌：《行政复议不作为的法律治理》，载《现代法学》2020 年第 3 期。

为关注得并不多。[1] 行政纠纷解决的过程中，行政复议机关选择不去纠正违法行政行为，这种不作为的背后隐藏着行政复议机关不愿意当行政诉讼被告的心理。这一现象在2014年《行政诉讼法》修改的过程中有所改观，在此次修法中，《行政复议法》改变了行政复议机关维持原行政行为的情况下不作被告的规则，而是规定了行政复议机关在维持原行政行为的情况下要与作出原行政行为的行政机关作为共同被告。[2] 从《行政诉讼法》修改后的情况看，行政复议机关的维持率有了明显下降，而撤销率有了大幅提升。这说明行政复议机关当被告制度确实在一定程度上起到了倒逼行政复议机关积极作为的作用。但对于行政复议机关当被告的制度设计，也有学者提出了不同的见解，认为行政复议机关当被告制度的设计，可能导致两个最直接的后果：一是行政复议机关可能会以不符合受理条件为由而不受理行政复议案件，二是行政复议机关受理后可能倾向于不作为。[3] 也正因如此，研究行政复议不作为具有理论和实践意义。理论上对不作为概念莫衷一是，而且未提出对行政复议不作为进行源头治理的策略。实践中，行政复议不作为现象普遍，行政复议机关作共同被告制度作为一剂“中药方”并未取得预期的效果[4]，反而有“头痛医头脚痛医脚”的嫌疑。因此，本文拟在厘清行政复议不作为的概念、样态及其形成原因的基础上，试图提出相应的法律治理路径。

一、行政复议不作为的认定

概念是解决法律问题必需的和必不可少的工具，没有限定严格的专门概

[1] 对于行政复议不作为的问题，只有少数文章给予关注。笔者于2020年1月4日在中国知网的“中国期刊全文数据库”以“行政复议不作为”为关键词检索，排除无关重复论文，有关行政复议不作为的文章仅有3篇，分别为胡弘弘：《复议机关不作为行为初探》，载《河北法学》1995年第2期；余辛文：《行政复议不作为的司法监督范围与方式》，载《人民司法》2000年第3期；喻少茹：《论行政复议不作为的法律补救》，载《甘肃行政学院学报》2002年第1期。但以上论文对行政复议不作为的界定并不一致，对行政复议不作为的救济往往局限于行政复议法律规范规定的情形之内。

[2] 2014年《行政诉讼法》第26条第2款规定：“经复议的案件，复议机关决定维持原行政行为的，作出原行政行为的行政机关和复议机关是共同被告；复议机关改变原行政行为的，复议机关是被告。”

[3] 参见王春业：《论复议机关作被告的困境与解决》，载《南京社会科学》2015年第7期。

[4] 参见中国法学会行政法学研究会、中国政法大学法治政府研究院编：《行政复议法实施二十周年研究报告》，中国法制出版社2019年版，第43页。

念，我们便不能清楚和理性地思考法律问题。[1] 但在目前，有关行政不作为的概念以及认定标准等都存在较大的争议。我国《行政复议法》虽然规定了行政复议不作为的众多情形，但对“行政复议不作为”缺乏专门的概念阐释。行政复议不作为认定标准的不明确，导致了在实践中难以判定行政复议机关是否构成不作为，对行政复议不作为进行追责也就无从谈起，也就使得行政复议不作为有了较大的生存空间。

清晰的概念表达是一切科学研究的逻辑起点，我们在探讨如何治理行政复议不作为的问题之前，有必要对何为行政复议不作为进行厘清，并在此基础上梳理出行政复议不作为的主要样态。

（一）行政复议不作为的概念

行政不作为是指行政主体的不作为，与之类似，行政复议不作为是指行政复议机关的不作为。但对于何为“不作为”，则是众说纷纭，至今尚无定论，具有代表性的观点主要有三：一是认为行政不作为是指行政主体负有某种作为的法定义务，并且具有作为的可能性，而在程序上逾期有所不为的行为。[2] 二是主张对行政行为或不作为的划分和界定应以该行为是否变更现有的法律状态即权利义务关系为标准。行政不作为，就是维持现有法律状态不变的一种行政行为。[3] 三是主张行政不作为应当包括“形式作为而实质不作为”的行政行为。形式作为而实质不作为是指，行政主体虽然启动了行政程序但是并未实质性地履行法定义务。[4]

从前述有关行政不作为的三种观点来看，第一种观点和第二种观点的区别主要在于行政不作为的范围不同，第一种观点对构成不作为的条件进行了严格的限定，主张只有在行政主体负有作为义务而且具有作为的可能性，但在程序上有所不为的，才构成行政不作为。程序上的不为，既包括没有作出任何明确

---

〔1〕 参见[美]E. 博登海默：《法理学：法律哲学与法律方法》，邓正来译，中国政法大学出版社 2017 年版，第 504 页。

〔2〕 参见周佑勇：《行政法原论》（第 3 版），北京大学出版社 2018 年版，第 192 页。

〔3〕 参见叶必丰：《行政不作为略论》，载《法制与社会发展》1996 年第 5 期。

〔4〕 参见黄学贤：《形式作为而实质不作为行政行为探讨——行政不作为的新视角》，载《中国法学》2009 年第 5 期。

的意思表示,也包括没有完成一系列的程序行为,以及行政主体在程序上的不作为已经超过一定的时限。[1] 对行政不作为进行严格限定的结果,就是行政不作为因为程序上的消极"不为"而在实体上或程序上的作为义务得不到履行,从而构成违法。这种观点无法将拒绝明显符合受理条件的行政复议申请等明示行为纳入行政复议不作为范围,与现行的行政复议法规范也不尽一致。第二种观点则主张只要是维持现有法律状态或没有改变现有法律状态的,就是行政不作为,如不予答复或拒绝颁发许可证等。"拒绝的言行是一种方式上有所'为',但其反映的内容则是'不为',实质仍是不作为。"[2] 该观点提出行政不作为与不合法行为间显然是不能画等号的,主张行政法上的默示行为属于不合法行为,但经推定的行政作为或行政不作为却属于合法行为。这样的推定本身就是对默示的不合法性的法律补救。[3] 这种观点以结果为导向,聚焦行政相对人的最终法律状态,容易忽视对行政机关作为义务的考察,不当地扩大行政不作为的范围。第三种观点则是在第一种观点的基础上将"不作为"的范围予以扩大,还主张从行政主体的主观原因方面判断是否构成不作为,强调"形式作为而实质不作为行政行为中行政主体具有或者应当具有履行该行为的现实可能性,且这种可能性是显而易见因而也是便于考察的"[4]。行政审判实践中,当事人往往会在认为行政机关没有履行实体作为义务的情况下(无论程序上有无作为),以行政机关不履行法定职责为由提起诉讼。法院也将其列入不作为类案件。若原告的理由成立,法院通常会责令行政机关履行一定的义务,尽管行政机关在程序上已经有所作为。[5] 可见,第三种观点更接近于全面考察行政行为的合法性与合理性,也更契合当前从形式法治走向实质法治的需要。

司法实践中,行政不作为主要体现为不履行法定职责。[6] 随着实践的深

---

[1] 参见周佑勇:《行政法原论》(第3版),北京大学出版社2018年版,第192~195页。

[2] 周佑勇:《行政不作为构成要件的展开》,载《中国法学》2001年第5期。

[3] 参见叶必丰:《行政不作为略论》,载《法制与社会发展》1996年第5期。

[4] 黄学贤:《形式作为而实质不作为行政行为探讨——行政不作为的新视角》,载《中国法学》2009年第5期。

[5] 参见沈岿:《论可复议的行政不作为》,载《华东政法大学学报》2011年第5期。

[6] 关于不履行法定职责与行政不作为的关系,一般认为,行政机关不履行法定职责包括对作为义务的不履行和对"不作为"的不履行,对作为义务的不履行即行政不作为,对"不作为"义务的不履行,构成作为。行政复议中,行政复议机关有受理行政复议申请、作出行政复议决定的复议义务,因此,这种情形下,二者的内涵具有一致性。

入,已经有支持前述第三种观点的判决出现,如在“汤某诉当涂县劳动局不履行保护人身权、财产权法定职责案”中,当涂县劳动局虽然已经将汤某的申请转交给当涂县物资局处理,在形式上已经有所作为,但法院依然认定当涂县劳动局未履行法定职责:“当涂县劳动局把要求查处违法行为的来信批转无处理权的物资局去处理,自己既不履行监督检查的职责,也不向物资局了解监督的结果如何,并且不给来信人答复,不能认为其已履行了法定职责”[1]。此外,对于行政主体实体内容上的“拒绝”行为,亦有司法判决认为构成不履行法定职责。如在“彭某诉上海市工商局不履行法定职责纠纷案”中,上海市工商局已经口头作出了有关节目不属于广告,不予立案的结论;而法院则认定彭某所投诉的专题报道从形式上具备了相关规定认定医疗广告的基本特征,工商局对彭某的投诉应予以调查处理,因而判决上海市工商局在 3 个月内履行对相关专题报道是否构成违法医疗广告进行调查处理的法定职责。[2]

结合对行政不作为的理论分析和司法实践看,对于行政复议不作为宜界定为:行政复议机关具有行政复议的法定义务并且有作为的可能性,但行政复议机关消极履行行政复议义务的行为。[3] 该界定不仅将程序上的不作为涵盖其中,也将那些形式上作为但实质上还是消极不作为的行为也涵盖其中。从该定义中可以明晰行政复议不作为的构成要件:主体要件、法定义务要件、行为要件、作为可能性要件。主体要件为行政复议机关及其行政复议工作人员;法定义务要件为《行政复议法》等有关行政复议法律规范规定的作为义务;行为要件主要指行政复议机关不履行、拖延履行或者不完全履行行政复议义务的行为;作为可能性要件主要是指行政复议机关有作为的能力,从而排除不可抗力等客观原因导致的行政复议不作为,如地震等原因导致行政复议活动逾期等。

(二)行政复议不作为的样态

行政复议不作为的本质是行政复议机关拒绝履行或者消极履行行政复议

---

[1] 汤某诉当涂县劳动局不履行保护人身权、财产权法定职责案,载《最高人民法院公报》1996 年第 4 期。

[2] 参见彭某诉上海市工商局不履行法定职责纠纷案,载《最高人民法院公报》2003 年第 5 期。

[3] 该定义下的行政不作为实际上是指行政不作为违法的内涵,排除行政不作为合法的部分特殊情形,如因不可抗力等客观原因而行政复议不作为。

义务,实践中主要有以下六种样态:

一是对行政复议申请不予理睬。根据《行政复议法》第 30 条的规定,行政复议机关收到行政复议申请后,应当在 5 日内进行审查并作出相应的处理行为。但在实践中,却存在另一种情况,即行政复议机关既不作出不予受理的决定,也不转送给其他机关处理,同时没有对行政复议申请进行审查,而是采取了对行政复议申请不予理睬的做法。“邓某等诉梓潼县人民政府行政复议不作为案”[1]中,行政复议机关的行为即属于此类情况。虽然根据《行政复议法》的规定,这种情况应当视为行政复议机关已经受理,但从行政复议机关的行为样态看,其则属于明显的行政复议不作为。又如在“蔡某诉国家新闻出版广电总局行政不作为案”中,蔡某向国家新闻出版广电总局邮寄了行政复议申请,国家新闻出版广电总局未能提交证据证明在该段时间内未收到该邮件,法院认定:“根据在案证据可以认定被告已收到原告的行政复议申请。”“被告在法定行政复议期限内未针对上述复议申请作出行政复议决定,已构成行政复议不作为违法。”[2]

二是拒绝受理明显符合受理条件的行政复议申请。与前述第一种完全不予理睬行政复议申请人的情况不同,在该种样态下,行政复议机关从形式上看作出了行为,该种行为具体体现为拒绝受理,但其拒绝的是明显符合受理条件的行政复议申请,因而该种情形下行政复议机关实质上拒绝启动行政复议程序,属于较为典型的行政复议不作为。在实践中,该种拒绝既可以是拒绝接收行政复议申请人的材料而不作出任何决定,也可以是以书面形式拒绝明显符合受理条件的行政复议申请。如在“李某等 29 人诉四川省人民政府不履行行政复议职责案”中,针对四川省人民政府作出的土地征收决定,原告向四川省人民政府申请行政复议,四川省人民政府作出内容为“将材料转交至成都市人民政府处理并及时向其反映处理情况”的《关于妥善处理李某等人提起的行政争议的函》,对行政复议申请拒绝受理。法院认为:对土地征收决定的行政复议申请,被告四川省人民政府应当依照《行政复议法》的相关规定,对原告李某等 29

---

[1] 四川省绵阳市中级人民法院行政判决书,(2017)川 07 行初 22 号。

[2] 北京市第一中级人民法院行政判决书,(2016)京 01 行初 105 号。

人的行政复议申请予以受理,并作出行政复议决定。[1] 同样,在“宁波某金属材料有限公司与浙江省国土资源厅行政复议案”[2]以及“深圳市某科技发展有限公司与盘某、广东省食品药品监督管理局不服不予受理行政复议决定案”[3]中,法院所作的判决均是撤销不予受理决定并责令被诉行政复议机关受理行政复议申请或重新作出处理决定。但需要强调的是,如果行政复议机关对不符合受理条件的行政复议申请作出了不予受理的决定,则不属于行政复议不作为。

三是对于提交给错误行政复议机关的行政复议申请依法应当告知而不予告知。目前我国行政复议管辖规定存在一定的复杂性,且行政复议权限规定不明确,即便是专业人士有时也难以把握应向哪一主体申请行政复议,一般的行政复议申请人对于行政复议管辖大多数情况下更是无从知道。为方便行政复议申请人提出行政复议申请,2017 年修正的《行政复议法》设立了行政复议申请的转送制度(2023 年修订的《行政复议法》取消了转送制度,而新增了告知制度)。据此,行政复议机关对于不应由自己受理的行政复议申请,具有告知申请人正确的行政复议机关的义务。如果行政复议机关对于错误的行政复议申请依法应当告知而不予告知,则构成行政复议不作为。在“王某等 120 人诉西安市长安区人民政府撤销不予受理行政复议决定案”中,被告西安市长安区人民政府收到原告提出的行政复议申请后,对属于其他行政复议机关受理的行政复议申请,应当自接到原告的行政复议申请之日起 7 日内转送有关行政复议机关,但是被告在收到行政复议申请之日起 7 日内未转送有关行政复议机关,而是径行作出不予受理行政复议申请决定书。法院最终认定被告构成行政复议不作为,应当依法履行法定职责。[4]

四是逾期作出行政复议决定或延期未告知当事人。行政复议机关在受理行政复议申请后,应当在法定期限内积极审查行政复议申请并在法定期限内作出行政复议决定。行政复议机关如未在法定期限内作出行政复议决定,则构成行政复议不作为。在“徐某诉纳雍县人民政府行政复议不作为案”中,纳雍县人

---

〔1〕 参见最高人民法院行政裁定书,(2017)最高法行再 59 号;四川省成都市中级人民法院行政判决书,(2018)川 01 行初 582 号。

〔2〕 参见杭州市西湖区人民法院行政判决书,(2011)杭西行初字第 47 号。

〔3〕 参见广东省广州市中级人民法院行政判决书,(2015)穗中法行初字第 620 号。

〔4〕 参见西安铁路运输中级法院行政判决书,(2016)陕 71 行初 106 号。

民政府在受理行政复议申请后，作出行政复议延期审理决定，但在行政复议法定期限届满的情况下，仍未作出行政复议决定书。法院认定：纳雍县人民政府受理了徐某的行政复议申请后，无法定事由，在行政复议期限届满后仍未作出行政复议决定，其行政复议不作为行为违法。[1] 此外，根据《行政复议法》的规定，行政复议延期的，需要办理批准手续并告知申请人和被申请人。如果行政复议机关办理了行政复议延期手续但未履行告知义务，也构成行政复议不作为。

五是遗漏行政复议请求。相比于前几种行政复议不作为而言，遗漏行政复议请求这一行政复议不作为的情形并不容易识别，甚至存在一定的争议。在行政复议实践中，行政复议申请人往往会提出多项行政复议请求，行政复议决定若遗漏了行政复议请求，则可能会被司法机关认定为行政复议不作为。如在"方某等与国家药品监督管理局行政复议案"中，法院认定：国家药品监督管理局在法定期限内未对方某等人提出的第一项和第二项行政复议请求作出行政复议决定，而仅仅对方某提出的第三项行政复议请求作出了行政复议决定，属于未履行行政复议职责。[2] 但是，是否需要对行政复议请求一一作出行政复议决定，本身是一个需要从理论上进行探讨的问题，特别是在很多行政复议请求与被复议的具体行政行为之间并无关联的情况下。就本书看来，行政复议请求应当是针对被复议的行政行为的，在被复议的行政行为已经明确的情况下，对于与被复议的行政行为无关的行政复议请求，只需要在行政复议决定中作出说明即可，没有一一作出行政复议决定的必要。

六是维持无效的被复议行政行为。最为典型的行政不作为是在程序上逾期有所不为的行为。单纯从程序不为的角度而言，行政复议机关对行政行为作出维持无效决定，不属于行政复议不作为。但是，从行政复议机关工作人员心理状态的角度而言，其则属于"不作为"，也就是形式上有所为而实质上不为。理论和实践中，不乏将维持行为等同于行政复议不作为的主张，如有观点提出"之所以对《行政诉讼法》作出这样的修改，立法者的考虑因素之一是要通过加

---

〔1〕 参见毕节市中级人民法院行政裁定书，(2015)黔毕中行初字第 18 号。

〔2〕 参见北京市高级人民法院行政判决书，(2018)京行终 5748 号。

大复议机关的责任，倒逼复议机关积极作为”[1]。修改后的《行政诉讼法》规定行政复议机关作共同被告制度，目的之一就是倒逼行政复议机关积极作为。但是，并非所有作出维持决定的均属于行政复议不作为，如行政复议机关经过审查而对合法的行政行为予以维持的情况，显然不属于不作为。在行政复议机关作出维持决定的情况下，判断哪些维持决定属于行政复议不作为，是一项颇为复杂且难度较大的工作。鉴于此，本书主张只宜将行政复议机关维持无效的被复议行政行为的行为认定为不作为。“一般认为，行政行为在成立时具有重大且明显的违法情形，即构成无效。”[2]对于无效的行政行为，作为专司行政行为审查职能的行政复议机关的工作人员，理应能够轻易识别出来。如在“程某与乐平市房地产管理局、乐平市人民政府房屋登记纠纷案”中，法院认定被告与第三人所签订的行政协议构成明显事实不清、证据不足，属于重大且明显违法情形，依法应确认无效，故应当撤销乐平市人民政府作出的行政复议维持决定。[3]

二、行政复议不作为的弊害

行政复议权是一种带有司法特点的行政权，对行政复议的理论定位，既要充分考虑其所具有的行政性，也要认真顾及其所具有的司法性。[4] 正因为行政复议权是一种具有司法性质的行政权，其功能也主要体现为“通过解决行政争议，监督行政机关依法行使职权，保护公民、法人和其他组织的合法权益，这是行政复议的整体目标”[5]。因此，行政复议不作为在很大程度上也类似于司法不作为，其弊害主要体现在以下方面。

（一）损害行政相对人合法权益

有权利必有救济，行政复议与行政诉讼一样，都是行政相对人维护自身权

---

〔1〕 童卫东：《进步与妥协：〈行政诉讼法〉修改回顾》，载《行政法学研究》2015年第4期。

〔2〕 王贵松：《行政行为无效的认定》，载《法学研究》2018年第6期。

〔3〕 参见江西省景德镇市珠山区人民法院行政判决书，（2018）赣0203行初15号。

〔4〕 参见甘藏春：《关于行政复议基础理论的几点思考》，载《行政法学研究》2013年第2期。

〔5〕 应松年：《对〈行政复议法〉修改的意见》，载《行政法学研究》2019年第2期。

益的重要救济途径。保护行政相对人的合法权益,不仅是行政复议的首要功能,也是行政诉讼最为核心的功能。行政复议存在的首要意义就是解决行政纠纷,救济行政相对人的权利。行政复议不作为的直接结果就是行政复议的救济功能不能发挥作用,进而损害行政相对人的合法权益。

行政复议不作为会造成行政相对人合法权益的损害,主要原因有以下两点:一是在行政复议前置和行政复议终局的情况下,行政复议不作为会直接阻塞行政相对人的救济渠道。其中,在行政复议前置的情况下,行政复议不作为不仅会造成行政相对人通过行政复议维护自身权益的意图落空,而且还会直接影响行政相对人通过行政诉讼来维护自身的权益。相比于行政复议前置,在行政复议终局的情况下,行政复议不作为对行政相对人的影响更大,可能直接导致行政相对人的权利无法得到救济。二是行政复议不作为会导致行政相对人救济成本的增加。在不属于行政复议前置和行政复议终局的情况下,行政复议不作为同样会损害行政相对人的合法权益,这种损害主要体现为造成行政相对人权利救济的时间延迟和成本的增加。在行政相对人已经申请行政复议的情况下,如行政复议机关在法定期限内未作出行政复议决定,行政相对人有两个选择,即选择起诉原行政行为或者起诉行政复议机关不作为。其中,选择起诉原行政行为的,作出原行政行为的行政机关是被告,选择起诉行政复议机关不作为的,行政复议机关是被告。[1] 在此情况下,无论行政相对人作出何种选择,均会造成行政相对人救济权利的时间延迟和救济成本的增加,在行政相对人选择起诉行政复议机关不作为的情况下更是如此。因为在行政相对人选择起诉行政复议机关不作为的情况下,行政相对人不能同时选择起诉原行政行为,所以造成的局面就是先解决行政复议不作为的争议,待此争议解决后才能再解决原行政行为的争议,从而造成行政相对人救济权利的时间延迟和救济成本的增加。

(二)增加行政成本和司法成本

行政复议不作为还会造成行政成本和司法成本的增加。在行政复议不作为的情况下,行政相对人往往会选择起诉行政复议不作为,在此情况下,行

---

〔1〕 参见《行政诉讼法》第26条第3款。

政争议就由一个原行政行为争议变成了两个，即原行政行为争议和行政复议不作为争议。行政复议机关应对诉讼需要付出一定的成本，具体包括行政复议工作人员的时间成本、交通出行成本、办公成本以及律师费用等。原行政争议和行政复议不作为争议同时涌入法院，也会增加司法机关办理案件的成本。

行政复议不作为同样也不符合行政复议及时原则和便民原则。行政复议不作为导致原行政行为所引发的争议长期处于悬置状态，行政纠纷得不到及时解决，行政复议申请人得不到及时救济，合法权益得不到有效维护。行政复议机关的行政效率大打折扣，行政复议高效、便捷的制度优势也得不到发挥。在行政复议不作为导致复议不作为争议的情况下，必然造成行政成本和司法成本的增加。当事人寻求通过行政复议获得有效行政救济的成本增加，必然导致公民倾向于选择放弃行政复议救济，从而最终导致行政复议救济渠道的不断萎缩。

（三）降低行政复议公信力

相较于行政诉讼，行政复议在公信力方面存在天然劣势。我国行政复议的公信力危机甚是阻碍我国行政复议制度在解决争议方面发挥更大作用的主要因素之一。

行政复议不作为对行政复议公信力的损害十分明显。无论是行政复议机关程序上的不作为，如对行政复议申请不予理睬受理或者依法应当告知而未告知等，还是实质上的不作为，如遗漏行政复议请求或维持无效的被复议行政行为等，带来的必然后果就是行政相对人对行政复议的进一步不信任，甚至出现公民不申请行政复议而去信访的现象。没有行政复议的申请，行政复议的基本功能也无从发挥，行政复议公信力急剧下降，最终不利于法治政府、法治社会的建设。

三、行政复议不作为的根源探究

综合来看，导致行政复议不作为的因素主要包括以下三个方面。

（一）部分行政复议工作人员缺乏法治思维

行政复议工作人员思想上的懈怠导致了行政复议不作为的发生，而缺乏法治思维则是行政复议工作人员出现思想上懈怠的主要原因。所谓"法治思维"，是指执政者在法治理念的基础上，运用法律规范、法律原则、法律精神和法律逻辑对所遇到或所要处理的问题进行分析、综合、判断、推理和形成结论、决定的思想认识活动与过程。[1] 缺乏法治思维是导致行政复议工作人员出现思想上懈怠的主要原因，进而导致行政复议不作为的发生。这具体体现在：第一，部分行政复议工作人员缺乏受规范和程序约束、指引的思维，导致了超期作出行政复议决定、拒绝受理符合条件的行政复议申请、该告知而未告知等现象的出现。第二，部分行政复议工作人员缺乏限制、约束权力的思维，导致了在行政复议中无所谓的态度，致使发生行政复议不作为。第三，部分行政复议工作人员缺乏实现公平、正义，保护权利、自由的思维，导致了对行政复议申请不予理睬、遗漏行政复议申请、维持无效的原行政行为等不作为现象的发生。

（二）司法监督的力度不够

解决行政争议、保护行政相对人权益、监督行政机关依法行政是《行政诉讼法》为行政诉讼预设的三大功能。[2] 行政诉讼监督行政的直接功能，首先体现在对被诉行政行为的合法性进行审查并作出相应的判决上，其次还可能体现在法院向有关机关发出司法建议上。[3] 在2014年《行政诉讼法》修改之前，由于行政复议机关在维持原行政行为的情况下不作被告，部分行政复议机关消极复议并作出维持的行政复议决定。2014年《行政诉讼法》修改后，在维持的情况下行政复议机关要作为共同被告，因而行政复议机关消极复议并作出维持的行政复议决定的情况有所减少，但是依然存在监督力度不够的情形。依照现行《行政诉讼法》第26条第3款的规定，只有行政复议机关在法定期限内未作出行政复议决定且原告选择起诉行政复议机关不作为的情况下，法院才会对行政

---

〔1〕 参见姜明安：《再论法治、法治思维与法律手段》，载《湖南社会科学》2012年第4期。

〔2〕 《行政诉讼法》第1条规定："为保证人民法院公正、及时审理行政案件，解决行政争议，保护公民、法人和其他组织的合法权益，监督行政机关依法行使职权，根据宪法，制定本法。"

〔3〕 参见何海波：《行政诉讼法》（第3版），法律出版社2022年版，第52页。

复议机关的不作为进行审查。如果原告选择起诉作出原行政行为的机关，则行政复议机关的不作为就会被“遗忘”，行政复议机关也不用承担任何责任。与此同时，我国长期存在的司法“行政化”[1]与司法“地方化”[2]也在一定程度上降低了司法监督的力度。因此，司法监督的力度不够使行政复议不作为有了更多的生存空间。

（三）法律责任规定疏漏和依法行政考评指标不完善

法律责任规定的疏漏以及依法行政考评指标的不完善给行政复议不作为进一步留下了生存空间。新《行政复议法》相对于旧《行政复议法》而言，虽然对行政复议不作为有一定的限制并规定了法律责任，但相关规定仍然未涵盖所有行政复议不作为的类型，显然还达不到足以遏制行政复议不作为的效果。此外，当下行政系统组织的法治政府考核以及评估对于推动行政机关依法行政有积极意义，相比于当被告，行政复议机关及其工作人员更为忌惮的是被考核与追责。但目前的一些法治政府考核以及评估中，几乎均未将行政复议不作为纳入考评范围。以中央全面依法治国委员会办公室 2021 年发布的《市县法治政府建设示范指标体系（2021 年版）》为例，其并未将行政复议不作为纳入考评范围。在近年来颇具影响的中国政法大学法治政府研究院所作的法治政府评估报告中，也未将行政复议不作为的情况作为考评指标。[3]

四、行政复议不作为的法律治理路径

在明晰了行政复议不作为的根源后，行政复议不作为的治理路径也就可以随之确定了。对于行政复议不作为，应当从以下四个方面进行治理。

---

〔1〕 司法行政化，主要是指在法院的内部管理以及上下级法院的关系上，以简单化的行政管理代替司法管理。司法行政化最为突出的表现是院长、庭长使用其行政管理权对个案的审理、决定施加影响。参见陈光中、龙宗智：《关于深化司法改革若干问题的思考》，载《中国法学》2013 年第 4 期。

〔2〕 司法地方化，是指人民法院体现出较为强烈的“地方化”色彩，较容易受到地方党政机关对司法权的不当干预。参见陈卫东：《司法机关依法独立行使职权研究》，载《中国法学》2014 年第 2 期。

〔3〕 参见中国政法大学法治政府研究院编：《法治政府蓝皮书：中国法治政府评估报告（2017）》，社会科学文献出版社 2017 年版，第 568 ~ 572 页。

(一)提升行政复议工作人员的法治思维和法律素养

如前文所述,法治思维需要行政复议工作人员具备权力行使受规范和程序约束、限制权力任意行使、实现公平正义的思维以及良好的逻辑推理和法律解释技术。因此,首先要强化行政复议人员的法律意识,依法行使行政复议权。从规范法学的角度看,法治思维最根本的是"根据法律的思考",即把法律当成思考解决法律问题的出发点和归宿,在思维决策过程中释放法律的意义。[1]因此,行政复议人员应严格按照《行政复议法》的相关规定,强化期限意识,提高办案效率。除特别复杂、疑难的行政复议案件外,所有案件均应坚持在法定期限内审结,不轻易延期,不随便中止,不产生积案,充分发挥行政复议高效便民的制度特色。其次,行政复议人员要树立公平正义意识。法治思维系以合法性为出发点,以追求公平正义为目标,按照法律逻辑和法律价值观思考问题。[2]行政复议是行政复议机关对行政争议进行居中裁决的活动,因此行政复议必须具备公正性,否则行政相对人会趋向选择行政诉讼、信访等救济渠道。行政复议人员必须是公正的,能够排除行政干扰,独立办案。最后,要加强行政复议工作人员对行政法基础理论的学习。市、县的行政复议能力建设尤为薄弱,机构不健全、编制不到位、队伍不稳定、素质不够高等问题突出。[3] 行政复议不作为频繁出现,隐因之一是行政复议人员的行政法基础理论匮乏。通过集中授课、疑案评析、专题讲座等方式,对行政复议应诉人员进行专题培训,提升行政复议人员受程序规范和实体法律规范约束的意识,使其掌握良好的行政法律规范解释技术。通过对典型案例的评析研讨做到以案释法、以案反思,深化对行政复议案件办案规律的认识,统一审查标准,减少行政复议权力的任意行使。此外,从事行政复议的工作人员还应具备较高的法律素养,通过法律职业资格考试,熟悉行政复议的各项规定。

---

〔1〕 参见陈金钊:《高度重视法治思维的作用》,载《环球法律评论》2014 年第 1 期。

〔2〕 参见胡建淼:《法治思维的定性及基本内容——兼论从传统思维走向法治思维》,载《国家行政学院学报》2015 年第 6 期。

〔3〕 参见曹康泰主编:《中华人民共和国行政复议法实施条例释义》,中国法制出版社 2007 年版,第 7 页。

(二)扩大司法建议的适用范围

目前,我国《行政诉讼法》规定了在两种情况下法院可以提出司法建议:一是被告经传票传唤无正当理由拒不到庭,或者未经法庭许可中途退庭。[1] 二是行政机关拒绝履行判决、裁定、调解书。[2] 此外,《行政诉讼解释》又分别规定了在行政首长不出庭应诉又拒绝说明理由,以及规范性文件不合法的情形下可以提出司法建议的规定。[3] 如果从规范角度分析,我国并无司法建议监督行政复议不作为的规范依据。但是,从行政诉讼司法建议的制度实践来看,司法建议的功能扩张已是大势所趋。

行政诉讼司法建议实施之初是作为保障法院生效判决执行的监督机制而运行的,而后随着司法政策的变迁,最高人民法院出台了一系列司法文件,尤其是以2007年《关于进一步加强司法建议工作为构建社会主义和谐社会提供司法服务的通知》为标志,司法建议的作用得到了前所未有的重视,一些地方法院甚至创造性地运用司法建议。如在"周某诉张家港市安全生产监督管理局行政处罚再审复查案"中,法院认为:鉴于该程序瑕疵并不足以影响张家港市安全生产监督管理局依据事实和法律对周某作出行政处罚决定的结果,故二审判决驳回上诉,维持原判。同时就本案存在的程序瑕疵,本院二审已向相关部门发出了司法建议。[4] 行政诉讼司法建议的范围已经从督促行政机关履行法院判决扩张至对规范性文件不合法的修正以及行政程序的瑕疵补正等领域。行政诉讼司法建议既能弥补行政判决的不足,通过诉讼外途径,间接维护当事人的合法权益,又能对行政活动展开监督,指出行政活动中的个案问题,完善行政执法活动。行政诉讼司法建议在实践中逐渐发展出两种类型:其一是针对个案提出司法建议;其二是综合性司法建议,即针对某类相同案件或者一段时间内反映

---

〔1〕《行政诉讼法》第66条第2款规定:"人民法院对被告经传票传唤无正当理由拒不到庭,或者未经法庭许可中途退庭的,可以将被告拒不到庭或者中途退庭的情况予以公告,并可以向监察机关或者被告的上一级行政机关提出依法给予其主要负责人或者直接责任人员处分的司法建议。"

〔2〕《行政诉讼法》第96条规定:"行政机关拒绝履行判决、裁定、调解书的,第一审人民法院可以采取下列措施……(四)向监察机关或者该行政机关的上一级行政机关提出司法建议。接受司法建议的机关,根据有关规定进行处理,并将处理情况告知人民法院……"

〔3〕参见《行政诉讼解释》第129条和第149条的规定。

〔4〕参见苏州市中级人民法院行政裁定书,(2014)苏中行监字第00010号。

出行政案件的共同问题，通过行政审判白皮书、行政审判年报等形式向行政机关提出司法建议。[1] 司法建议不断扩展的功能体现出行政诉讼司法建议事实功能与法定功能的疏离，维稳压力、协调和解政策与地方发展型政府的模式变迁，诱发了对于行政诉讼司法建议的制度性需求。[2]

为了弥补司法判决的不足，对于行政复议机关没有作为被告的，司法机关发现行政复议机关不作为的，可以作出司法建议；如果行政复议不作为现象较为普遍，法院可以行政审判白皮书的形式告知行政复议机关。但是行政诉讼司法建议不能放弃“底线正义”，法院绝不能主动指挥被告如何具体改变被诉行政行为；一旦被告接受法院提供的改变行政行为的事实、理由、依据和结果，那么后果将不堪设想。[3]

（三）拓宽司法机关对行政复议不作为的监督范围

行政复议制度实施之初，针对行政复议机关不作为，行政相对人选择原行政行为作出机关为被告，行政复议机关逃避法律责任而避免作被告问题，受制于不告不理以及行政诉讼法的规定，立法者认为这类问题不是法院能够解决的，其属于行政程序中的问题，应通过建立行政机关内部的监督机制来解决。行政诉讼对行政复议活动的监督侧重于对不予受理或者延期不作出答复行为的监督，针对部分属于行政复议终局裁决情形而行政复议不作为的，法院无法进行司法监督。同时，针对部分行政复议前置情形而行政复议不作为的，司法救济存在滞后性。

因此，一方面，要明确规定在行政复议前置与行政复议终局的情形下，行政复议机关不作为的，行政相对人可以直接提起行政诉讼。立法之初，规定行政复议前置与行政复议终局情形，是为了便于发挥行政机关的管理经验和专业知识优势，在方便申请人的前提下，通过较简便、经济的方式公正、合理、

---

〔1〕 相关研究可以参见章志远教授关于行政审判司法建议和行政审判白皮书的研究。参见章志远：《社会转型与行政诉讼制度的新发展》，北京大学出版社 2019 年版，第 33、41～60 页。

〔2〕 参见卢超：《行政诉讼司法建议制度的功能衍化》，载《法学研究》2015 年第 3 期。

〔3〕 参见黄学贤、丁钰：《行政审判中的司法建议制度运行分析——以江苏法院为视角》，载《行政法学研究》2011 年第 3 期。

合法地解决行政争议,不致使行政争议久拖不决。[1] 终局复议仅是排除法院对某类行为实体上的司法审查权,并未排除法院对行政复议机关程序上的司法审查权,否则当事人将丧失救济途径。[2] 《行政复议法》也部分规定了此种情形[3],但未形成严密的司法监督体系。因此,未来修改法律时应当明确将行政复议不作为纳入行政诉讼的受案范围。另一方面,应修改《行政诉讼法》关于"行政复议不作为选择被告"的规定,明确"起诉原行政行为的,作出原行政行为的行政机关是被告,人民法院对原行政行为作出判决的同时,应当对行政复议不作为一并予以审查"。针对实践中行政复议机关普遍存在的"怕出庭,怕当被告,怕败诉"的心理,为了避免行政复议机关不作为并逃避司法审查的情况出现,规定在以作出原行政行为的行政机关为被告的案件中,法院应当对行政复议不作为行为一并予以审查,从而有效制约行政复议机关的不作为。

(四)增加行政复议不作为的成本

要通过加大行政系统内部的监督力度,增加行政复议不作为的成本。一方面,要发挥"依法行政考核"对行政复议工作的监督作用,将是否存在行政复议不作为的情形作为重要指标纳入评判行政复议工作以及法治政府考核、政务环境评估的指标范围。此外,还可以通过执法监督程序请求上级机关予以监督或督促解决,联合组织、监察、检察等部门对行政复议不作为案件达到一定数量的行政机关及其负责人,进行约谈、通报。针对行政复议不作为,行政复议机关的上级机关显然是最直接、最有效的监督部门。[4]

另一方面,对行政复议机关不履行法定职责、逾期答复等玩忽职守行为导致败诉的,要严格追责。《行政复议法》第六章专门规定了法律责任,行政

---

〔1〕 参见布小林主编:《行政复议理论与实践》,内蒙古大学出版社 2003 年版,第 123 页。

〔2〕 参见甘文:《行政诉讼法司法解释之评论——理由、观点与问题》,中国法制出版社 2000 年版,第 104 页。

〔3〕 2017 年《行政复议法》第 19 条:"法律、法规规定应当先向行政复议机关申请行政复议、对行政复议决定不服再向人民法院提起行政诉讼的,行政复议机关决定不予受理或者受理后超过行政复议期限不作答复的,公民、法人或者其他组织可以自收到不予受理决定书之日起或者行政复议期满之日起十五日内,依法向人民法院提起行政诉讼。"

〔4〕 参见郜风涛主编:《行政复议典型案例选编》(第 1 辑),中国法制出版社 2010 年版,第 42、118 页。

复议法规定的责任虽然严格,但恰恰是因为没有追究的启动程序,责任还是不免被虚置。[1] 另外,对行政复议实践中大量存在的形式作为而实质不作为尚缺乏明确的追责规定,如实践中为了缓解行政应诉和案件积压带来的压力,行政复议机关常常主动对行政复议案件采取行政复议中止的行为,行政复议中止的时间在半年到几年不等,甚至出现"复议终止"现象。法院往往认为行政复议中止行为属于程序性行为而不予受理,从而导致行政复议申请人救济无门。对此,《行政复议法》第 80 条规定,对"行政复议机关不依照本法规定履行行政复议职责,对负有责任的领导人员和直接责任人员"给予相应的行政处分。

第三节　对违法公职人员的责任追究

在行政复议审理的过程中,行政复议机关发现行政机关工作人员有违法行为的,会启动相应的责任追究程序。

一、违法线索的移送与处理

《行政复议法》第 85 条规定:"行政机关及其工作人员违反本法规定的,行政复议机关可以向监察机关或者公职人员任免机关、单位移送有关人员违法的事实材料,接受移送的监察机关或者公职人员任免机关、单位应当依法处理。"第 86 条规定:"行政复议机关在办理行政复议案件过程中,发现公职人员涉嫌贪污贿赂、失职渎职等职务违法或者职务犯罪的问题线索,应当依照有关规定移送监察机关,由监察机关依法调查处置。"

对于不同类型的违法行为,行政复议机构可以根据具体情况决定向人事机关或者监察机关移送案件材料,请求其作出相应的处理。因此,行政复议活动与纪检监察的衔接程序如图 7 所示。

---

〔1〕 参见应松年主编:《当代中国行政法》(第 7 卷),人民出版社 2018 年版,第 2987 页。

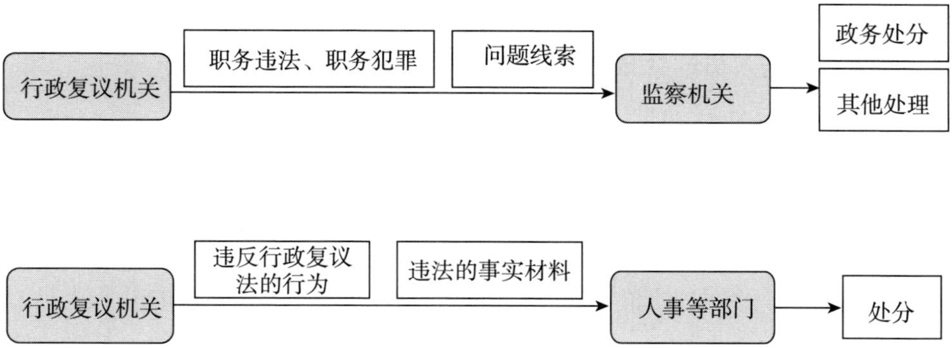

图7　行政复议活动中违法线索的移送与处理

对于一般的违纪违法情形,《公务员法》第61条规定:“公务员因违纪违法应当承担纪律责任的,依照本法给予处分或者由监察机关依法给予政务处分;违纪违法行为情节轻微,经批评教育后改正的,可以免予处分。对同一违纪违法行为,监察机关已经作出政务处分决定的,公务员所在机关不再给予处分。”

如果还存在更严重的违法和犯罪行为,即《行政复议法》第86条规定的“涉嫌贪污贿赂、失职渎职等职务违法或者职务犯罪的问题线索”,那么根据《行政复议法》第85、第86条和《公务员法》第57条第3款的规定,应当将问题线索移送监察机关处理。

监察机关在接收移送的案件后,在进行监督、调查后,根据《监察法》第45条的规定,可以作出如下处置:(1)对有职务违法行为但情节较轻的公职人员,按照管理权限,直接或者委托有关机关、人员,进行谈话提醒、批评教育、责令检查,或者予以诫勉;(2)对违法的公职人员依照法定程序作出警告、记过、记大过、降级、撤职、开除等政务处分决定;(3)对不履行或者不正确履行职责负有责任的领导人员,按照管理权限对其直接作出问责决定,或者向有权作出问责决定的机关提出问责建议;(4)对涉嫌职务犯罪的,监察机关经调查认为犯罪事实清楚,证据确实、充分的,制作起诉意见书,连同案卷材料、证据一并移送人民检察院依法审查、提起公诉;(5)对监察对象所在单位廉政建设和履行职责存在的问题等提出监察建议。当然,如果监察机关经调查后,发现没有证据证明被调查人有违反行政复议法的违法犯罪行为,则应当撤销案件,并通知被调查人所在单位。

二、对违法人员的处分与政务处分

在行政复议机关移送案件后，根据人事机关或监察机关的处理，可能会产生处分和政务处分两种后果。处分和政务处分并不完全相同，需要予以区分。

2020 年 6 月 20 日第十三届全国人民代表大会常务委员会通过《公职人员政务处分法》。该法正式确立了“政务处分”和狭义“处分”并行的公职人员双轨并行的二元处分制度。[1]《公职人员政务处分法》第 2 条规定：“本法适用于监察机关对违法的公职人员给予政务处分的活动。本法第二章、第三章适用于公职人员任免机关、单位对违法的公职人员给予处分……”第 3 条规定：“监察机关应当按照管理权限，加强对公职人员的监督，依法给予违法的公职人员政务处分。公职人员任免机关、单位应当按照管理权限，加强对公职人员的教育、管理、监督，依法给予违法的公职人员处分……”

处分与政务处分在很多方面是一致的。在目的上，处分与政务处分都要求促进公职人员依法履职、秉公用权，加强对所有公职人员的监督。在功能上，二者都含有惩罚、教育、引导等方面的功能。在内容上，二者都有六类且内容完全一样：警告、记过、记大过、降级、撤职、开除（《公务员法》第 62 条、《公职人员政务处分法》第 7 条）。在其他程序上，根据《公职人员政务处分法》第二章、第三章的规定，政务处分与处分在种类、期间、适用的违法情形，从重、从轻或者减轻、免予或者不予处分，违法利益的处理等方面也都完全一致。

处分与政务处分也有一定的区别，二者的区别主要体现为主体不同：政务处分的作出主体是监察机关，处分的作出主体是公职人员所在的任免机关、单位。由任免机关、单位给予所管理的公职人员处分，由监察机关对公职人员给予政务处分。二者按照不同的管理权限分别对违法的公职人员给予处分或者政务处分，保障了监督范围的全覆盖。政务处分的处分对象也比处分的处分对象范围更广，政务处分的对象为所有行使公权力的公职人员，而处分的对象是公务员，即依法履行公职，纳入国家行政编制，由国家财政负担工资福利的工作

---

〔1〕 对于“处分”概念及源流的考察可以参见屠凯：《公职人员双轨惩戒制度的宪法基础》，载《法学家》2022 年第 1 期；王宏哲：《“处分”概念的三次分离及其统一》，载《前沿》2022 年第 4 期。

人员，故公职人员的范围比公务员的范围更加广泛。此外，由于监察机关和任免机关、单位的职责权限不同，政务处分与处分在程序、申诉等方面也不完全一致。

参考文献

(一)党的文献

1. 习近平:《习近平著作选读》(第 2 卷),人民出版社 2023 年版。

2. 习近平:《高举中国特色社会主义伟大旗帜　为全面建设社会主义现代化国家而团结奋斗——在中国共产党第二十次全国代表大会上的报告》,人民出版社 2022 年版。

3. 习近平:《论坚持全面依法治国》,中央文献出版社 2020 年版。

4. 习近平:《决胜全面建成小康社会　夺取新时代中国特色社会主义伟大胜利——在中国共产党第十九次全国代表大会上的报告》,人民出版社 2017 年版。

5. 中共中央文献研究室编:《习近平关于全面依法治国论述摘编》,中央文献出版社 2015 年版。

(二)书籍

1. 王名扬:《美国行政法》(上、下),北京大学出版社 2016 年版。

2. 王名扬:《法国行政法》,北京大学出版社 2016 年版。

3. 王名扬:《英国行政法、比较行政法》,北京大学出版社 2016 年版。

4. 龚祥瑞:《比较宪法与行政法》,法律出版社 2003

年版。

5. 应松年、朱维究主编:《行政法与行政诉讼法教程》,中国政法大学出版社1989年版。

6. 应松年、袁曙宏主编:《走向法治政府:依法行政理论研究与实证调查》,法律出版社2001年版。

7. 应松年主编:《行政法学新论》,中国方正出版社2004年版。

8. 应松年主编:《当代中国行政法》(第7卷),人民出版社2018年版。

9. 罗豪才、湛中乐主编:《行政法学》(第2版),北京大学出版社2006年版。

10. 马怀德主编:《行政诉讼原理》,法律出版社2003年版。

11. 马怀德主编:《司法改革与行政诉讼制度的完善》,中国政法大学出版社2004年版。

12. 马怀德主编:《行政诉讼法学》(第5版),北京大学出版社2019年版。

13. 江必新、李江编著:《行政复议法释评——兼与行政复议条例之比较》,中国人民公安大学出版社1999年版。

14. 蔡小雪:《行政复议与行政诉讼的衔接》,中国法制出版社2003年版。

15. 蔡小雪编撰:《行政诉讼30年:亲历者的口述》,法律出版社2019年版。

16. 蔡小雪:《行政行为的合法性审查》,中国民主法制出版社2020年版。

17. 梁凤云编著:《新行政诉讼法逐条注释》,中国法制出版社2017年版。

18. 梁凤云:《行政诉讼讲义》(上、下),人民法院出版社2022年版。

19. 郜风涛主编:《行政复议法教程》,中国法制出版社2011年版。

20. 胡锦光、韩大元:《中国宪法》,法律出版社2016年版。

21. 林来梵:《宪法学讲义》(第3版),法律出版社2018年版。

22. 苏力:《法治及其本土资源》(第3版),北京大学出版社2015年版。

23. 姜明安主编:《行政程序研究》,北京大学出版社2006年版。

24. 姜明安主编:《公法理论研究与公法教学》,北京大学出版社2009年版。

25. 姜明安主编:《行政法与行政诉讼法》(第7版),北京大学出版社、高等教育出版社2019年版。

26. 姜明安:《行政诉讼法》(第4版),法律出版社2021年版。

27. 叶必丰:《行政法学》,武汉大学出版社2003年版。

28. 叶必丰:《行政法与行政诉讼法》,高等教育出版社2015年版。

29. 叶必丰:《行政行为原理》,商务印书馆 2019 年版。

30. 杨解君:《行政法与行政诉讼法》,清华大学出版社 2009 年版。

31. 周黎安:《转型中的地方政府:官员激励与治理》(第 2 版),格致出版社、上海三联书店、上海人民出版社 2017 年版。

32. 周汉华主编:《行政复议司法化:理论、实践与改革》,北京大学出版社 2005 年版。

33. 朱庆育:《民法总论》(第 2 版),北京大学出版社 2016 年版。

34. 杨小君:《我国行政复议制度研究》,法律出版社 2002 年版。

35. 周佑勇:《行政法基本原则研究》(第 2 版),法律出版社 2019 年版。

36. 周佑勇:《行政法原论》(第 3 版),北京大学出版社 2018 年版。

37. 胡建淼:《行政法学》,法律出版社 2015 年版。

38. 胡建淼:《行政诉讼法学》,法律出版社 2019 年版。

39. 张树义主编:《行政诉讼法学》,中国政法大学出版社 2007 年版。

40. 方世荣、石佑启主编:《行政法与行政诉讼法》,北京大学出版社 2005 年版。

41. 余凌云:《行政法讲义》(第 3 版),清华大学出版社 2019 年版。

42. 刘飞:《德国公法权利救济制度》,北京大学出版社 2009 年版。

43. 何海波编:《行政法治奠基时:1989 年〈行政诉讼法〉史料荟萃》,法律出版社 2019 年版。

44. 何海波:《行政诉讼法》(第 3 版),法律出版社 2022 年版。

45. 杨建顺:《日本行政法通论》,中国法制出版社 1998 年版。

46. 杨海坤主编:《跨入 21 世纪的中国行政法学》,中国人事出版社 2000 年版。

47. 杨海坤、章志远:《中国行政法基本理论研究》,北京大学出版社 2004 年版。

48. 章志远、杨海坤主编:《行政诉讼法专题研究述评》,中国民主法制出版社 2006 年版。

49. 章志远:《社会转型与行政诉讼制度的新发展》,北京大学出版社 2019 年版。

50. 章志远主编:《中性行政行为研究》,北京大学出版社 2021 年版。

51. 章志远:《行政诉讼类型构造论》,法律出版社 2021 年版。

52. 章志远:《行政法学总论》(第 2 版),北京大学出版社 2022 年版。

53. 章剑生:《现代行政法总论》(第 2 版),法律出版社 2019 年版。

54. 王万华:《行政复议法的修改与完善研究:以实质性解决行政争议为视角》,中国政法大学出版社 2020 年版。

55. 赵宏:《法治国下的目的性创设——德国行政行为理论与制度实践研究》,法律出版社 2012 年版。

56. 赵宏:《行政法学的主观法体系》,中国法制出版社 2021 年版。

57. 王天华:《行政诉讼的构造:日本行政诉讼法研究》,法律出版社 2010 年版。

58. 任东来、胡晓进、江振春等:《民众为何支持:美国最高法院的历史轨迹》,中国法制出版社 2019 年版。

59. 石佑启、杨勇萍编著:《行政复议法新论》,北京大学出版社 2007 年版。

60. 耿宝建:《行政复议法修改展望》,法律出版社 2016 年版。

61. 蔡小雪:《行政行为的合法性审查》,中国民主法制出版社 2020 年版。

62. 杨临宏:《行政诉讼法:原理、制度与程序》,中国社会科学出版社 2020 年版。

63. 张越:《行政复议法学》,中国法制出版社 2007 年版。

64. 熊文钊:《现代行政法原理》,法律出版社 2000 年版。

65. 范愉:《非诉讼纠纷解决机制研究》,中国人民大学出版社 2000 年版。

66. 樊华辉:《行政复议制度新论》,法律出版社 2012 年版。

67. 张旭勇:《行政判决原论》,法律出版社 2017 年版。

68. 曹鎏:《中国特色行政复议制度的嬗变与演进》,法律出版社 2020 年版。

69. 杨红:《行政复议与行政诉讼衔接研究》,中国政法大学出版社 2016 年版。

70. 刘群:《实质性解决行政争议视角下行政不作为诉讼研究》,中国人民公安大学出版社 2022 年版。

71. 杨东升:《行政给付诉讼类型研究》,东南大学出版社 2020 年版。

72. 田勇军:《论行政法上的意思表示——兼论行政行为构成中的意识要件》,法律出版社 2017 年版。

73. 胡煜:《行政课予义务诉讼研究》,法律出版社 2020 年版。

74. 石肖雪:《面向行政任务的听证程序构造》,法律出版社 2019 年版。

75. 林俊盛:《行政诉讼起诉期限制度研究》,法律出版社 2014 年版。

76. 陈思融:《行政诉讼补救判决研究》,法律出版社 2019 年版。

77. 张松波:《行政不作为的司法审查》,东南大学出版社 2021 年版。

78. 中国法学会行政法学研究会、中国政法大学法治政府研究院编:《行政复议法实施二十周年研究报告》,中国法制出版社 2019 年版。

79.《行政复议办案指南》编写组编:《行政复议办案指南》,中国法制出版社 2008 年版。

80. 最高人民法院行政审判庭编著:《最高人民法院行政诉讼法司法解释理解与适用》(上、下),人民法院出版社 2018 年版。

81. 吴庚:《行政法之理论与实用》(增订 8 版),中国人民大学出版社 2005 年版。

82. 吴庚、张文郁:《行政争诉法论》(修订 9 版),台北,元照出版公司 2018 年版。

83. 翁岳生教授六秩诞辰祝寿论文集编辑委员会编辑:《当代公法理论:翁岳生教授六秩诞辰祝寿论文集编辑委员会编辑》,台北,月旦出版社 1993 年版。

84. 翁岳生编:《行政法》(上、下),中国法制出版社 2009 年版。

85. 陈清秀:《行政诉讼法》,台北,元照出版有限公司 2015 年版。

86. 陈敏:《行政法总论》,台北,2011 年自版发行。

87. 蔡志方:《行政救济法新论》,台北,元照出版有限公司 2007 年版。

88. 陈春生:《行政法之学理与体系》(二),台北,元照出版有限公司 2007 年版。

89. 陈新民:《行政法学总论》(第 10 版),台北,三民书局 2020 年版。

90. 黄锦堂:《行政组织法论》,台北,元照出版有限公司 2021 年版。

91. [德]G. 平特纳:《德国普通行政法》,朱林译,中国政法大学出版社 1999 年版。

92. [德]弗里德赫尔穆·胡芬:《行政诉讼法》,莫光华译,法律出版社 2003 年版。

93. [德]格奥格·耶利内克:《主观公法权利体系》,曾韬、赵天书译,中国政法大学出版社 2012 年版。

94. [德]汉斯・J. 沃尔夫、奥托・巴霍夫、罗尔夫・施托贝尔:《行政法》(第 1 卷),高家伟译,商务印书馆 2003 年版。

95. [德]汉斯・J. 沃尔夫、奥托・巴霍夫、罗尔夫・施托贝尔:《行政法》(第 2 卷),高家伟译,商务印书馆 2003 年版。

96. [德]汉斯・J. 沃尔夫、奥托・巴霍夫、罗尔夫・施托贝尔:《行政法》(第 3 卷),高家伟译,商务印书馆 2007 年版。

97. [德]哈特穆特・毛雷尔:《行政法学总论》,高家伟译,法律出版社 2000 年版。

98. [德]贡塔・托依布纳:《法律:一个自创生系统》,张骐译,北京大学出版社 2004 年版。

99. [德]奥托・迈耶:《德国行政法》,刘飞译,商务印书馆 2013 年版。

100. [德]施密特・阿斯曼:《秩序理念下的行政法体系建构》,林明锵等译,北京大学出版社 2012 年版。

101. [日]美浓部达吉:《行政裁判法》,邓定人译,中国政法大学出版社 2005 年版。

102. [日]盐野宏:《行政法》,杨建顺译,法律出版社 1999 年版。

103. [日]盐野宏:《行政救济法》,杨建顺译,北京大学出版社 2008 年版。

104. [日]室井力主编:《日本现代行政法》,吴微译,中国政法大学出版社 1995 年版。

105. [美]伯纳德・施瓦茨:《行政法》,徐炳译,群众出版社 1986 年版。

106. [美]本杰明・N. 卡多佐:《法律的成长,法律科学的悖论》,董炯、彭冰译,中国法制出版社 2002 年版。

107. [美]理查德・A. 波斯纳:《法律的经济分析》,蒋兆康译,中国大百科全书出版社 1997 年版。

108. [美]E. 博登海默:《法理学:法律哲学与法律方法》,邓正来译,中国政法大学出版社 2017 年版。

109. [美]迈克尔・D. 贝勒斯:《法律的原则——一个规范的分析》,张文显等译,中国大百科全书出版社 1996 年版。

110. [美]杰罗姆・巴伦、托马斯・迪恩斯:《美国宪法概论》,刘瑞祥等译,中国社会科学出版社 1995 年版。

111. [美]肯尼斯·卡尔普·戴维斯:《裁量正义——一项初步的研究》,毕洪海译,商务印书馆 2009 年版。

112. [美]弗里德曼:《选择的共和国:法律、权威与文化》,高鸿钧等译,清华大学出版社 2005 年版。

113. [美]理查德·J. 皮尔斯:《行政法》(第 2 卷)(第 5 版),苏苗罕译,中国人民大学出版社 2016 年版。

114. [法]孟德斯鸠:《论法的精神》(上卷),许明龙译,商务印书馆 2015 年版。

115. [法]古斯塔夫·佩泽尔撰写:《法国行政法》,廖坤明等译,国家行政学院出版社 2002 年版。

116. [英]鲍桑葵:《关于国家的哲学理论》,汪淑钧译,商务印书馆 1995 年版。

117. [英]边沁:《道德与立法原理导论》,时殷弘译,商务印书馆 2000 年版。

118. [英]马丁·洛克林:《公法与政治理论》,郑戈译,商务印书馆 2013 年版。

119. [英]威廉·韦德、克里斯托弗·福赛:《行政法》(第 10 版),骆梅英、苏苗罕、周华兰、卢超、王瑞雪译,中国人民大学出版社 2018 年版。

120. Stephen G. Breyer, Richard B. Stewartet et al., *Administrative Law and Regulatory Policy*, Wolters Kluwer(Law & Business), 2011.

(三)期刊论文

1. 应松年:《行政复议应当成为解决行政争议的主渠道》,载《行政管理改革》2010 年第 12 期。

2. 应松年:《把行政复议制度建设成为我国解决行政争议的主渠道》,载《法学论坛》2011 年第 5 期。

3. 应松年:《行政诉讼法律制度的完善、发展》,载《行政法学研究》2015 年第 4 期。

4. 应松年:《对〈行政复议法〉修改的意见》,载《行政法学研究》2019 年第 2 期。

5. 陈光中、龙宗智:《关于深化司法改革若干问题的思考》,载《中国法学》2013 年第 4 期。

6. 陈光中、兰哲:《监察制度改革的重大成就与完善期待》,载《行政法学研究》2018 年第 4 期。

7. 马怀德:《〈国家监察法〉的立法思路与立法重点》,载《环球法律评论》2017 年第 2 期。

8. 马怀德、李策:《行政复议委员会的检讨与改革》,载《法学评论》2021 年第 4 期。

9. 马怀德:《论我国行政复议管辖体制的完善——〈行政复议法(征求意见稿)〉第 30 – 34 条评介》,载《法学》2021 年第 5 期。

10. 韩大元:《论国家监察体制改革中的若干宪法问题》,载《法学评论》2017 年第 3 期。

11. 胡锦光、刘飞宇:《论国家行为的判断标准及范围》,载《中国人民大学学报》2000 年第 1 期。

12. 苏力:《关于能动司法与大调解》,载《中国法学》2010 年第 1 期。

13. 何勤华:《新时期中国移植西方司法制度反思》,载《法学》2002 年第 9 期。

14. 童卫东:《进步与妥协:〈行政诉讼法〉修改回顾》,载《行政法学研究》2015 年第 4 期。

15. 叶必丰:《行政不作为略论》,载《法制与社会发展》1996 年第 5 期。

16. 叶必丰:《需上级指示行政行为的责任——兼论需合作行政行为的责任》,载《法商研究》2008 年第 5 期。

17. 叶必丰:《行政和解和调解:基于公众参与和诚实信用》,载《政治与法律》2008 年第 5 期。

18. 叶必丰:《行政复议机关的法律定位》,载《法学》2021 年第 5 期。

19. 陈瑞华:《论监察委员会的调查权》,载《中国人民大学学报》2018 年第 4 期。

20. 朱芒:《概括主义的行政诉讼"受案范围"——一种法解释路径的备忘录》,载《华东政法大学学报》2015 年第 6 期。

21. 王锡锌:《行政行为无效理论与相对人抵抗权问题探讨》,载《法学》

2001 年第 10 期。

22. 湛中乐:《论我国〈行政复议法〉修改的若干问题》,载《行政法学研究》2013 年第 1 期。

23. 张树义:《行政主体研究》,载《中国法学》2000 年第 2 期。

24. 周佑勇:《完善对行政规范的复议审查制度》,载《法学研究》2004 年第 2 期。

25. 周佑勇:《行政法的正当程序原则》,载《中国社会科学》2004 年第 4 期。

26. 周佑勇:《行政裁量的治理》,载《法学研究》2007 年第 2 期。

27. 谢永霞、周佑勇:《论行政法的效益原则》,载《湖南社会科学》2014 年第 1 期。

28. 周佑勇:《我国行政复议立法目的条款之检视与重塑》,载《行政法学研究》2019 年第 6 期。

29. 周佑勇:《行政复议的主渠道作用及其制度选择》,载《法学》2021 年第 6 期。

30. 甘藏春:《关于行政复议基础理论的几点思考》,载《行政法学研究》2013 年第 2 期。

31. 王旭:《国家监察机构设置的宪法学思考》,载《中国政法大学学报》2017 年第 5 期。

32. 胡建淼:《法治思维的定性及基本内容——兼论从传统思维走向法治思维》,载《国家行政学院学报》2015 年第 6 期。

33. 李洪雷:《行政复议制度改革应处理好四组关系》,载《法学研究》2004 年第 2 期。

34. 李洪雷:《英国行政复议制度初论》,载《环球法律评论》2004 年第 1 期。

35. 沈岿:《论可复议的行政不作为》,载《华东政法大学学报》2011 年第 5 期。

36. 沈岿:《解困行政审批改革的新路径》,载《法学研究》2014 年第 2 期。

37. 沈岿:《论行政法上的效能原则》,载《清华法学》2019 年第 4 期。

38. 沈岿:《软硬法混合治理的规范化进路》,载《法学》2021 年第 3 期。

39. 于安:《我国行政法的体系建构和结构调整》,载《中国法律评论》2023 年第 1 期。

40. 余凌云:《对行政机关滥用职权的司法审查——从若干判案看法院审理的偏好与问题》,载《中国法学》2008 年第 1 期。

41. 余凌云:《论行政复议法的修改》,载《清华法学》2013 年第 4 期。

42. 余凌云:《行政协议的判断标准——以“亚鹏公司案”为分析样本的展开》,载《比较法研究》2019 年第 3 期。

43. 余凌云:《取消“双被告”之后法院对行政复议决定的评判》,载《法学》2021 年第 5 期。

44. 刘莘:《行政复议的定位之争》,载《法学论坛》2011 年第 5 期。

45. 刘莘、陈悦:《行政复议制度改革成效与进路分析——行政复议制度调研报告》,载《行政法学研究》2016 年第 5 期。

46. 王敬波:《面向整体政府的改革与行政主体理论的重塑》,载《中国社会科学》2020 年第 7 期。

47. 杨伟东:《复议前置抑或自由选择——我国行政复议与行政诉讼关系的处理》,载《行政法学研究》2012 年第 2 期。

48. 薛刚凌:《行政主体之再思考》,载《中国法学》2001 年第 2 期。

49. 宋华琳:《美国的社会保障申诉委员会制度》,载《环球法律评论》2004 年第 1 期。

50. 宋华琳:《论政府规制中的合作治理》,载《政治与法律》2016 年第 8 期。

51. 宋华琳:《中国行政法学总论的体系化及其改革》,载《四川大学学报(哲学社会科学版)》2019 年第 5 期。

52. 宋华琳:《中国的比较行政法研究:回顾与展望》,载《中国社会科学评价》2020 年第 3 期。

53. 林莉红:《论行政诉讼中的协调——兼评诉讼调解》,载《法学论坛》2010 年第 5 期。

54. 林鸿潮:《党政机构融合与行政法的回应》,载《当代法学》2019 年第 4 期。

55. 林鸿潮:《履行行政职责的作为可能性》,载《法学研究》2022 年第 6 期。

56. 章剑生:《论利益衡量方法在行政诉讼确认违法判决中的适用》,载《法学》2004 年第 6 期。

57. 章剑生:《行政诉讼“解决行政争议”的限定及其规则——基于〈行政诉

讼法〉第 1 条展开的分析》,载《华东政法大学学报》2020 年第 4 期。

58. 章剑生:《论作为权利救济制度的行政复议》,载《法学》2021 年第 5 期。

59. 章剑生:《行政协议复议审查的范围、规则与决定方式》,载《法律科学(西北政法大学学报)》2023 年第 2 期。

60. 刘飞、谭达宗:《内部行为的外部化及其判断标准》,载《行政法学研究》2017 年第 2 期。

61. 刘飞:《行政协议与单方行为的界分》,载《中国法学》2023 年第 2 期。

62. 刘飞:《行政协议的识别方式　以“永佳纸业案”为例的考察》,载《中外法学》2023 年第 3 期。

63. 黄学贤:《形式作为而实质不作为行政行为探讨——行政不作为的新视角》,载《中国法学》2009 年第 5 期。

64. 黄学贤、丁钰:《行政审判中的司法建议制度运行分析——以江苏法院为视角》,载《行政法学研究》2011 年第 3 期。

65. 黄学贤:《关于行政复议委员会的冷思考》,载《南京社会科学》2012 年第 11 期。

66. 章志远:《我国行政复议与行政诉讼程序衔接之再思考》,载《现代法学》2005 年第 4 期。

67. 章志远:《行政法上的公民拒绝权研究——以人权三种存在形态理论为分析视角》,载《苏州大学学报(哲学社会科学版)》2010 年第 3 期。

68. 章志远:《司法判决中的行政不作为》,载《法学研究》2010 年第 5 期。

69. 章志远:《新〈行政诉讼法〉实施对行政行为理论的发展》,载《政治与法律》2016 年第 1 期。

70. 章志远:《当代中国行政行为法理论发展的新任务》,载《学习与探索》2018 年第 2 期。

71. 章志远:《迈向公私合作型行政法》,载《法学研究》2019 年第 2 期。

72. 莫于川:《复议机关做行政诉讼被告的制度变化及其理据分析——我国〈行政诉讼法〉首次修改中的一个争议点检讨》,载《南都学刊》2016 年第 1 期。

73. 莫于川、杨震:《行政复议法的主渠道定位》,载《中国政法大学学报》2021 年第 6 期。

74. 高家伟:《论行政复议机关实质性化解争议的角色与功能定位》,载《法律科学(西北政法大学学报)》2023 年第 2 期。

75. 练育强:《功能与结构视野下的行政复议制度变革》,载《法学》2021 年第 6 期。

76. 练育强:《行政复议的功能定位与受案范围之关系》,载《国家检察官学院学报》2023 年第 2 期。

77. 赵宏:《行政行为作为行政法教义学核心的困境与革新——兼论我国行政行为学理的进化》,载夏戴乐主编:《北大法律评论》第 15 卷 · 第 2 辑,北京大学出版社 2014 年版。

78. 赵宏:《保护规范理论的历史嬗变与司法适用》,载《法学家》2019 年第 2 期。

79. 赵宏:《主观公权利、行政诉权与保护规范理论——基于实体法的思考》,载《行政法学研究》2020 年第 2 期。

80. 赵宏:《规划许可诉讼中邻人保护的权利基础与审查构造》,载《法学研究》2022 年第 3 期。

81. 赵宏:《行政行为在德国法中的思想溯源、争议问题与新近发展》,载沈岿主编:《行政法论丛》第 28 卷,法律出版社 2022 年版。

82. 赵宏:《公法邻人保护中的"考虑要求"》,载《法学家》2023 年第 1 期。

83. 陈爱娥:《行政任务取向的行政组织法——重新建构行政组织法的考量观点》,载《月旦法学教室》2003 年第 3 期。

84. 葛云松:《法人与行政主体理论的再探讨——以公法人概念为重点》,载《中国法学》2007 年第 3 期。

85. 王万华:《新行政诉讼法中"行政行为"辨析——兼论我国应加快制定行政程序法》,载《国家检察官学院学报》2015 年第 4 期。

86. 王万华:《行政复议法的修改与完善——以"实质性解决行政争议"为视角》,载《法学研究》2019 年第 5 期。

87. 谭宗泽、杨靖文:《行政诉讼功能变迁与路径选择——以法与治的关系为主线》,载《行政法学研究》2016 年第 4 期。

88. 王学辉、刘海宇:《行政诉讼最长起诉期限制度的合目的性反思及其规则重塑》,载《行政法学研究》2022 年第 6 期。

89. 王贵松:《作为利害调整法的行政法》,载《中国法学》2019 年第 2 期。

90. 王贵松:《论我国行政诉讼确认判决的定位》,载《政治与法律》2018 年第 9 期。

91. 王贵松:《行政行为无效的认定》,载《法学研究》2018 年第 6 期。

92. 王锴:《行政诉讼中变更判决的适用条件——基于理论和案例的考察》,载载《政治与法律》2018 年第 9 期。

93. 成协中:《保护规范理论适用批判论》,载《中外法学》2020 年第 1 期。

94. 成协中:《从相邻权到空间利益公平分配权:规划许可诉讼中"合法权益"的内涵扩张》,载《中国法学》2022 年第 4 期。

95. 曹鎏:《五国行政复议制度的启示与借鉴》,载《行政法学研究》2017 年第 5 期。

96. 曹鎏:《作为化解行政争议主渠道的行政复议:功能反思及路径优化》,载《中国法学》2020 年第 2 期。

97. 王天华:《行政委托与公权力行使——我国行政委托理论与实践的反思》,载《行政法学研究》2008 年第 4 期。

98. 王天华:《主观公权利的观念与保护规范理论的构造》,载《政法论坛》2020 年第 1 期。

99. 王天华:《分配行政与民事权益——关于公法私法二元论之射程的一个序论性考察》,载《中国法律评论》2020 年第 6 期。

100. 石佑启、王成明:《论我国行政复议管辖体制的缺陷及其重构》,载《环球法律评论》2004 年第 1 期。

101. 王克稳:《我国行政复议与行政诉讼的脱节现象分析》,载《行政法学研究》2000 年第 4 期。

102. 陈卫东:《司法机关依法独立行使职权研究》,载《中国法学》2014 年第 2 期。

103. 张力:《寻求法治国与比较的限度——评〈法治国下的目的性创设〉》,载章剑生主编:《公法研究》第 20 卷,浙江大学出版社 2020 年版。

104. 张力:《党政机关合署办公的标准:功能、问题与重构》,载《政治与法律》2018 年第 8 期。

105. 沈福俊:《论"穷尽行政救济原则"在我国之适用——我国提起行政诉讼的前置条件分析》,载《政治与法律》2004 年第 2 期。

106. 沈福俊:《复议机关共同被告制度之检视》,载《法学》2016 年第 6 期。

107. 沈福俊、崔梦豪:《行政复议责令重作决定的反思与完善》,载《法治现代化研究》2019 年第 3 期。

108. 温泽彬、曹高鹏:《论行政诉讼履行判决的重构》,载《政治与法律》2018 年第 9 期。

109. 沈开举、郑磊:《论我国行政复议改革的逻辑起点和现实路径》,载《甘肃行政学院学报》2009 年第 4 期。

110. 刘权:《党政机关合署办公的反思与完善》,载《行政法学研究》2018 年第 5 期。

111. 刘权:《主渠道视野下行政复议与诉讼关系的重构》,载《中国政法大学学报》2021 年第 6 期。

112. 高秦伟:《寻找实现行政正义的最佳方式——英国行政复议制度的发展与课题》,载《中国政法大学学报》2021 年第 6 期。

113. 李大勇:《行政复议与行政诉讼的制度竞争》,载《法律科学(西北政法大学学报)》2023 年第 2 期。

114. 王春业:《论复议机关作被告的困境与解决》,载《南京社会科学》2015 年第 7 期。

115. 邓刚宏:《行政诉讼中重作判决的理论基础与完善》,载《华东理工大学学报(社会科学版)》2014 年第 4 期。

116. 张静:《论行政诉讼变更判决》,载《行政法学研究》2015 年第 2 期。

117. 彭錞:《再论英国行政复议制度》,载《中国政法大学学报》2021 年第 6 期。

118. 黄锴:《行政诉讼中举报人原告资格的审查路径——基于指导案例 77 号的分析》,载《政治与法律》2017 年第 10 期。

119. 黎军:《行政复议与行政诉讼之关系范畴研究》,载《法学评论》2004 年第 3 期。

120. 伏创宇:《行政举报案件中原告资格认定的构造》,载《中国法学》2019 年第 5 期。

121. 陈征:《党政机关合并合署与行政活动的合法化水平》,载《法学评论》2019 年第 3 期。

122. 陈太清:《行政处罚明显不当的说理依据》,载《南大法学》2022 年第 3 期。

123. 范伟:《行政诉讼起诉期限功能定位之反思与修正》,载《行政法学研究》2021 年第 2 期。

124. 王欢:《论党政合署在行政法中的融入》,载《吉林大学社会科学学报》2019 年第 3 期。

125. 梁君瑜:《论行政诉讼原告适格判定的两种进路》,载《甘肃政法学院学报》2020 年第 1 期。

126. 梁君瑜:《实然与应然:确认无效诉讼的起诉期限辨析》,载《行政法学研究》2021 年第 1 期。

127. 梁君瑜:《行政复议的功能定位再辨——兼评〈行政复议法(修订)(征求意见稿)〉》,载《苏州大学学报(法学版)》2021 年第 2 期。

128. 梁君瑜:《行政诉讼变更判决的适用范围及限度》,载《法学家》2021 年第 4 期。

129. 黄宇骁:《行政诉讼受案范围与原告资格关系之辨》,载《政治与法律》2021 年第 2 期。

130. 黄宇骁:《行政法上的客观法与主观法》,载《环球法律评论》2022 年第 1 期。

131. 张旭勇:《论行政诉讼和解的正当性困境及其化解》,载《法商研究》2010 年第 5 期。

132. 张旭勇:《论行政复议的"三位一体"功能及其实现的制度优势——兼论〈行政复议法(征求意见稿)〉之完善》,载《苏州大学学报(哲学社会科学版)》2022 年第 3 期。

133. 赵德关:《新时期行政复议制度的定位与展望》,载《行政法学研究》2016 年第 5 期。

134. 赵德关:《行政协议纳入行政复议审查问题研究》,载《行政法学研究》2021 年第 4 期。

135. 邓佑文:《行政复议调解的现实困境、功能定位与制度优化》,载《中国行政管理》2023 年第 1 期。

136. 王世杰:《保护规范理论的始源形态——布勒公权论的再认识》,载《行政法学研究》2021 年第 1 期。

137. 王世杰:《行政法上第三人保护的权利基础》,载《法制与社会发展》2022 年第 2 期。

138. 李月军:《当代中国地方政府与社会之间的行政争议关系——基于 2011 - 2020 年全国行政复议数据的分析》,载《政治学研究》2022 年第 4 期。

139. 卢超:《行政复议改革的“政策试验”机制及其反思》,载《中国政法大学学报》2021 年第 6 期。

140. 王子晨:《论行政复议机关的多重人格——一个从组织社会学的观察视角》,载沈岿主编:《行政法论丛》第 28 卷,法律出版社 2022 年版。

141. 杨官鹏:《日本行政法的“处分性”判断与判例动向研究》,载沈岿主编:《行政法论丛》第 28 卷,法律出版社 2022 年版。

142. 王由海:《论行政协议复议审查的标准与方式》,载《哈尔滨工业大学学报(社会科学版)》2022 年第 3 期。

143. 游伟:《行政复议的行政性研究》,载姜明安主编:《行政法论丛》第 21 卷,法律出版社 2017 年版。

144. 梅献中:《试论我国行政复议官制度的创建》,载《西南政法大学学报》2023 年第 1 期。

145. 赵大光、李广宇、龙非:《复议机关作共同被告案件中的审查对象问题研究》,载《法律适用》2015 年第 8 期。

146. 赵艳花、耿宝建:《行政诉讼中的调解:西方的经验与中国的选择》,载《行政法学研究》2009 年第 3 期。

147. 程琥:《解决行政争议的制度逻辑与理性构建——从大数据看行政诉讼解决行政争议的制度创新》,载《法律适用》2017 年第 23 期。

148. 程琥:《党和国家机构改革与行政诉讼制度创新发展》,载《法律适用》2020 年第 19 期。

149. 程琥:《党政机构合并合署改革的行政法回应》,载《治理研究》2021 年第 5 期。

150. 梁凤云:《行政复议机关作共同被告问题研究——基于立法和司法的考量》,载《中国政法大学学报》2016 年第 6 期。

151. 梁凤云、朱晓宇:《关于行政复议法修改若干重大问题的思考》,载《浙江工商大学学报》2021 年第 6 期。

152. 龙飞:《论国家治理视角下我国多元化纠纷解决机制建设》,载《法律适用》2015 年第 7 期。

153. 张文郁:《我国台湾地区诉愿制度之过去、现在与未来》,载《行政法学研究》2015 年第 3 期。

154. 梁志建:《德国行政复议制度探析》,载《河海大学学报(哲学社会科学版)》2002 年第 1 期。

155. 张寄:《台湾诉愿法对构建大陆行政复议制度的启示》,载《台湾法研究》2006 年第 2 期。

156. 吕艳滨:《日本、韩国的行政复议制度——行政复议司法化的若干实例》,载《环球法律评论》2004 年第 1 期。

157. 贾圣真:《行政任务视角下的行政组织法学理革新》,载《浙江学刊》2019 年第 1 期。

158. 赵清林:《类型化视野下行政诉讼目的新论》,载《当代法学》2017 年第 6 期。

159. 程延军:《诉讼经济原则的法理学解析》,载《内蒙古民族大学学报(社会科学版)》2008 年第 1 期。

160. 杨小军:《行政诉讼原告与被告资格制度的完善》,载《行政法学研究》2012 年第 2 期。

161. 黄娟:《行政委托内涵之重述》,载《政治与法律》2016 年第 10 期。

162. 郑琳:《论行政形式作为下的实质不作为——基于实证的分析》,载章剑生主编:《公法研究》第 20 卷,浙江大学出版社 2020 版。

163. 王清军:《环境行政公益诉讼中行政不作为的审查基准》,载《清华法学》2020 年第 2 期。

164. 周婉玲:《我国行政复议组织与程序的改革》,载《法学研究》2004 年第 2 期。

165. 郑烁:《论美国的"穷尽行政救济原则"》,载《行政法学研究》2012 年第 3 期。

166. 段文波:《一体化与集中化:口头审理方式的现状与未来》,载《中国法学》2012 年第 6 期。

167. 陈锦波:《难以承受之重:行政复议双被告制之省思》,载《内蒙古社会科学》2022 年第 4 期。

168. 刘东亮:《论行政诉讼中的调解——兼与朱新力教授商榷》,载《行政法学研究》2006 年第 2 期。

169. 崔梦豪:《行政复议变更决定的异化与回归》,载《法学》2021 年第 4 期。

170. 张宏、高辰年:《反思行政诉讼之重作判决》,载《行政法学研究》2003 年第 3 期。

171. 刘欣琦:《新〈行政诉讼法〉实施后重作判决适用探析》,载《政治与法律》2016 年第 5 期。

172. 刘群:《实质解决行政争议视角下的行政履行判决适用研究》,载《行政法学研究》2019 年第 2 期。

173. 李策:《行政复议重作决定的理论基础、适用要件与效力》,载《华东政法大学学报》2022 年第 4 期。

174. [日]南博方:《行政诉讼中和解的法理(上)》,杨建顺译,载《环球法律评论》2001 年第 1 期。

175. [德]哈特穆特·鲍尔:《新旧保护规范论》,王世杰译,载《财经法学》2019 年第 1 期。

176. [日]本多滝夫:《日本行政系统的转换和行政不服审查法的“现代化”》,江利红译,载《行政法学研究》2015 年第 3 期。

177. R. Pound, *A Survey of Social Interests*, 58 Harv Law Review 909(1943).

178. Cass R. Sunstein, *Cognition and Cost-Benefit Analysis*, 29 The Journal of Legal Studies 1059(2000).

179. William Funk, *Exhaustion of Administrative Remedies*, 18 Pace Environmental Law Review 1(2000).

180. Daniel Stilitz, *ADR and Public Law*, 110 Judicial Review 299(2004).

181. James E. Moliterno, *The Administrative Judiciary's Independence Myth*, 41 Wake Forest law Review 1191(2007).

后　记

本书是笔者第二本关于行政复议的专著,但本书并不是一本真正意义上的全新专著。2013 年,笔者出版了第一本行政复议的专著《行政复议制度的变革与重构——兼论〈行政复议法〉的修改》,正值《行政诉讼法》与《行政复议法》的修改窗口期,当时的着眼点也主要在于《行政复议法》的修改。由于各种原因,《行政诉讼法》早在 2014 年就完成了修正,但《行政复议法》的修订却迟迟没有落地,直到该书出版 10 余年后,《行政复议法》的修订方于 2023 年 9 月 1 日尘埃落定。在《行政复议法》的修订过程中,第一本专著的一些观点已经被采纳,如关于行政复议调解的范围、条件,关于扩大行政复议前置范围的观点等。在第一本关于行政复议的专著出版后,笔者又陆续发表了一些关于行政复议的文章,对于行政复议制度也有了一些新的观点。因此,方有了修订该书的想法。但鉴于《行政复议法》已经修改,再叫原来的名称——“行政复议制度的变革与重构”显然并不合适。而且,从内容上讲,本书虽然保留了一些第一本行政复议专著的观点,但保留的篇幅并不算大。因此,笔者将本书名称确定为《行政复议原理》,定位于对行政复议制度作理论上的阐释和解构。

作为行政诉讼之外的另一个解决行政争议的重要渠道,行政复议的功能目前并未充分发挥,行政复议也并未得到学术界的充分重视，国内的研究群体也相对较小。期望本书的出版，能够进一步引起学界对行政复议制度的重视和研究，也期望行政复议制度能够真正发挥“化解行政争议的主渠道作用”，并促进我国行政法治的进步。

王青斌

2023 年 9 月 4 日于北京